大学生心理健康教育与发展

主编：陆　洪　宋　彤

参编：叶淑先　朱晓坤

北京理工大学出版社
BEIJING INSTITUTE OF TECHNOLOGY PRESS

图书在版编目（CIP）数据

大学生心理健康教育与发展/陆洪，宋彤主编．—北京：北京理工大学出版社，2017.9
（2022.9重印）

ISBN 978 – 7 – 5682 – 4752 – 8

Ⅰ. ①大…　Ⅱ. ①陆…　②宋…　Ⅲ. ①大学生 – 心理健康 – 健康教育 – 高等学校 – 教材
Ⅳ. ①G444

中国版本图书馆 CIP 数据核字（2017）第 208891 号

出版发行 / 北京理工大学出版社有限责任公司	
社　　址 / 北京市海淀区中关村南大街 5 号	
邮　　编 / 100081	
电　　话 / (010) 68914775（总编室）	
(010) 82562903（教材售后服务热线）	
(010) 68944723（其他图书服务热线）	
网　　址 / http：//www. bitpress. com. cn	
经　　销 / 全国各地新华书店	
印　　刷 / 三河市天利华印刷装订有限公司	
开　　本 / 787 毫米 × 1092 毫米　1/16	
印　　张 / 17.5	责任编辑 / 梁铜华
字　　数 / 420 千字	文案编辑 / 梁铜华
版　　次 / 2017 年 9 月第 1 版　2022 年 9 月第 7 次印刷	责任校对 / 周瑞红
定　　价 / 31.00元	责任印制 / 李志强

序 言

    大学生心理健康教育问题一直受到党和国家的高度重视。习近平总书记在全国高校思想政治工作会议上指出："要坚持不懈促进高校和谐稳定，培育理性平和的健康心态，加强人文关怀和心理疏导，把高校建设成为安定团结的模范之地。"《中共中央、国务院关于进一步加强和改进大学生思想政治教育的意见》、教育部、卫生部、团中央联合下发的《关于进一步加强和改进大学生心理健康教育的意见》及教育部颁发的《关于加强普通高等学校大学生心理健康教育工作的意见》等文件指出：加强和改进大学生心理健康教育是新形势下全面贯彻党的教育方针、推进素质教育的重要举措，是促进大学生健康成长、培养高素质合格人才的重要途径，是加强和改进大学生思想教育的重要任务；要求各高校把大学生心理健康教育工作纳入学校的重要议事日程；要重视心理健康教育，根据大学生的身心发展特点和教育规律，注重培养大学生良好的个性心理品质和自尊、自爱、自律、自强的优良品质，增强大学生克服困难、经受考验、承受挫折的能力。

    21 世纪健康的主题是心理健康，心理健康是 21 世纪的通行证。心理学教授乔治·斯格密指出："如果说人生的成功是珍藏在宝塔顶层的桂冠，那么，健康的心理就是握在我们手中的一柄利剑。只有磨砺好这柄利剑，才能一路披荆斩棘，最终夺得成功的桂冠。"心理健康是大学生实现人生理想和成才目标的前提；心理健康是大学生培养健康人格的基础；心理健康是大学生学懂科学文化知识的必要条件；心理健康是大学生快乐生活的基本条件。

    《大学生心理健康教育与发展》旨在帮助每一个大学生更好地适应大学生活，提前做好走向社会的准备。在内容上涵盖了学业、人际、情绪情感、恋爱等多个篇章，对大学学习生涯中面临的各种问题，提供具体的解决方法和解决途径；在形式上立足体现实用性和针对性的特点，做到教学做一体，以"项目"为引领，以"任务"为驱动，结合每个项目中不同任务的需要，设计了"心理训练营"模块，通过心理训练帮助学生学习知识、提升技能、丰富情感。该教材是"2016 年度教育部高校示范马克思主义学院和优秀教学科研团队建设项目"（项目批号：16JDSZK042）的科研成果之一，既可以作为高校大学生心理健康教育课程的专门教材，又可以作为青年朋友们的课外读物。

    心理健康是毕生的学问，我们愿与大学生一道，共同探索其中的奥秘，努力让自己的精神世界变得丰盈而美好。祝愿所有的大学生朋友都能拥有一颗健康、快乐、充满活力的心灵，在人生的道路上越走越好！

    在本书编写过程中，得到多位领导和老师的支持帮助，在此谨致谢意。由于我们水平有限、时间仓促，难免有疏漏与不妥之处，敬请批评指正。

编 者

2017 年 4 月 20 日

目 录

把握人生，适应生活

智慧的本质就是适应。

——皮亚杰

随机应变是才智的试金石。

——莫里哀

社会犹如一条船，每个人都要有掌舵的准备。

——易卜生

学习目标

知识目标：了解心理健康的含义和大学生心理健康的标准，树立健康的新理念，能够客观评价自身的心理状况；了解适应的概念和适应的心理过程。

技能目标：能够适应环境、生活、学习、管理方式的变化。

情感目标：帮助大学生尽快融入新的学习和生活环境；达到心理上的平衡和适应。

任务一 健康从"心"开始

案例导入

雷庆瑶，女，1990 年 1 月生，四川省夹江县人。2008 年，考上乐山师范学院教育科学学院心理学专业，本科毕业。现任四川省成都市温江区残联肢残协会副主席，四川博爱感恩文化传播有限公司总经理，成都广播电视台主持人。

雷庆瑶 3 岁时被电击致失去双臂，但她凭着惊人的毅力和对美好生活的渴望，学会了用双脚穿衣、做饭、吃饭、写字、缝补衣裳、骑自行车、游泳、绘画等，用双脚书写出了精彩的人生。因成功出演电影《隐形的翅膀》女主角，获 2007 年华表奖优秀儿童女演员奖。其作品于同年获得华表奖优秀儿童电影奖。雷庆瑶被称为"东方维纳斯""断臂天使"。2010 年已有 158 年历史的世博会在上海举行，首次设立残疾人综合馆"生命阳光馆"，雷庆瑶在现场向世界展示自己特有的书画技能。2011 年 8 月，荣获第二届"四川省助人为乐道德模范"称号；9 月，获第三届全国道德模范提名奖。2012 年 3 月，雷庆瑶参加《非诚勿扰》节目一经播出，感动了所有观众。2014 年 5 月，雷庆瑶荣获第十八届"中国青年五四奖章"。

案例启示

（1）雷庆瑶只有积极调节自己的心理状态，才能正确面对自己严重残疾的身体，正确认识并客观准确评价自我，体验自己的价值。

（2）大学生要能够掌握心理健康的标准，树立正确的心理健康观，学会应对自身的心理困扰，这样才能不断发展和完善自我。

知识链接

一、心理健康的含义

心理健康是一种持续且积极的心理状态，人在这种状态下，能够做到积极适应，并能充分发挥自身潜能。从广义上讲，心理健康是指一种高效而满意的、持续的心理状态。从狭义上讲，心理健康是指人的基本心理活动的过程内容完整、协调一致，即认识、情感、意志、行为、人格完整和协调，能适应社会，与社会保持同步。

二、心理健康的标准

关于心理健康的标准，国内外心理学家有过许多论述。1946 年第三届国际心理卫生大会将心理健康定义为："所谓心理健康是指在身体、智能以及情感上与他人的心理健康不相矛盾的范围内，将个人心境发展成最佳的状态。"

美国人本主义心理学家马斯洛和米特尔曼概括了心理健康的 10 条标准，即：充分的安全感；充分了解自己，并对自己的能力作适当的估价；生活的目标切合实际；与现实环境保持接触；能保持人格的完整与和谐；具有从经验中学习的能力；能保持良好的人际关系；适度的情绪表达与控制；在不违背社会规范的条件下，对个人的基本需要作恰当的满足；在不违背团体的要求下，能做有限度的个性发挥。

王效道提出了判断心理健康的三项原则：心理与环境的同一性；心理与行为的统整性；人格的稳定性。

郑日昌则认为心理健康包括两方面：一是能积极调节自己的心理状态，顺应环境；二是能有效地、富有建设性地发展和完善个人生活。

樊富珉认为：心理健康既指一种高效而满意的、持续的心理状态，又指人的基本心理活动的过程内容完整、协调一致。

三、大学生心理健康教育的意义

（一）开展心理健康教育是大学培养高素质人才的需要

大学生是青年中的高素质群体，代表着国家的未来和民族的希望，良好的心理素质是大学生发展综合素质的心理基础。大学生的心理素质对其思想道德素质、专业素质、文化素质、身体素质具有重要影响。所以，加强心理素质教育是高校培养高素质人才的需要。

（二）开展心理健康教育是促进大学生全面发展的需要

激烈的社会竞争和生存淘汰，使大学生面临着前所未有的机遇和挑战，同时，也面临着更多的压力和困惑，生存和发展成为摆在他们面前的重要命题。对大学生开展心理健康教育，既是时代发展的需要，也是促进大学生全面发展的需要。

（三）开展心理健康教育是高校完成立德树人根本任务的需要

习近平总书记在全国高校思想政治工作会议上强调："高校思想政治工作关系到高校培养什么样的人、如何培养人以及为谁培养人这个根本问题。要坚持把立德树人作为中心环节，把思想政治工作贯穿教育教学全过程，实现全程育人、全方位育人，努力开创我国高等教育事业发展新局面。"心理健康教育作为高校思想政治工作的重要组成部分，是确保人的全面发展的基础，也是高校全面提高人才培养能力的关键。

技能导入 ▸▸▸

一、树立科学的健康观

（一）大学生心理健康标准

1948 年世界卫生组织（WHO）在成立宪章中指出："健康乃一种身体上、精神上和社会上的完满状态，而不仅仅是没有疾病和虚弱现象。"

世界卫生组织还规定了健康的十条标准：

（1）有充沛的精力，能从容不迫地对付日常生活和工作而不感到过分紧张。

（2）处事乐观，态度积极，勇于承担责任。

（3）善于休息，睡眠良好。

（4）应变能力强，能适应外界环境的各种变化。

（5）能够抵抗一般性的感冒和传染病。

（6）体重合适，身体匀称而挺拔。

（7）眼睛明亮，反应敏锐。

（8）头发具有光泽而头屑少。

（9）牙齿清洁无龋，牙龈无出血且颜色正常。

（10）肌肤富有弹性，走路轻松。

身体健康和心理健康是密不可分的，可以说，没有一种病是纯粹心理方面的，也没有一种病是纯粹身体方面的。一个健康的人既要有健康的身体，又要有健康的心理，缺一不可。

（二）掌握心理健康评价标准

（1）智力发展正常，能保持对学习较浓厚的兴趣和求知欲望。

（2）能正确认识自我，悦纳自我。

（3）能控制情绪，保持良好的心境。

（4）能保持良好的环境适应能力。

（5）能与周围的人建立和谐的人际关系。

（6）心理行为符合年龄特征。

（三）正确评价自己的心理健康状况

人的心理是一种复杂的精神现象，在不同情境中每个人对自己心理状况的判断存在很大的差异，具有主观性；人的心理健康状态是发展变化的，心理健康与不健康之间是一个连续谱，异常心理与正常心理之间只是程度的差异，心理健康具有相对性；大学生心理健康的标准反映了大学生个体社会适应一般要求，而不是最高境界，大学生都应根据自身的心理状况，去追求心理健康和心理发展的更高层次，最大限度地发挥自己的潜能，促进自己的全面发展。

二、能够应对自身的心理困扰

（一）大学生要注重自身的心理建设

通过学习心理健康教育课程、阅读相关书籍、参与社团活动，掌握心理健康的知识和心理保健的方法和技巧；培养健康的生活方式，学会合理安排自身的学习和生活；优化自己的人格品质，增强心理的免疫力；积极参加社会实践，将所学的心理健康知识内化为素质、外化为行为。

（二）大学生要学会寻求心理帮助

1. 心理咨询的含义

"咨询"一词，译自英文 counseling，也有人译为"咨商""辅导"。咨询的实质是一种职业性的帮助。心理咨询是运用心理学的知识、理论和技术，通过咨询者与求询者的交谈、协商、指导的过程，帮助求询者认识自己，接纳自己，进而欣赏自己，克服成长障碍，发展个人潜能。简单地说，心理咨询是一个助人自助的过程。

2. 心理咨询的原则

（1）平等性原则：建立平等信赖的关系，这是咨询能否取得成效的基础和前提。

（2）发展性咨询为主、障碍性咨询为辅的原则：学校的心理咨询主要面对全体心理正常的学生，解决在适应、发展中出现的心理困惑，同时也帮助少数有心理问题的学生克服心理障碍。

（3）多样性的原则：心理咨询的形式多种多样，有个体咨询、团体咨询、当面咨询、电话或书信咨询等。

（4）保密性原则：这是心理咨询重要的也是基本的要求。因为在心理咨询过程中会涉及求询者的个人隐私，保守秘密是心理咨询员的职业道德。

3. 心理咨询的特点

为了让大学生了解心理咨询的特点，澄清对心理咨询的一些模糊认识，这里借用岳晓东博士对心理辅导（咨询）的阐述。岳晓东认为：

辅导不是说教，而是聆听；

辅导不是训示，而是接纳；

辅导不是教导，而是引导；

辅导不是控制，而是参与；

辅导不是制止，而是疏导；

辅导不是做作，而是真诚；

辅导不是改造，而是支持；

辅导不是解答，而是领悟；

辅导不是包办解决问题，而是协助成长；

辅导不是令人屈服，而是使人内心悦服。

三、大学生如何将心理健康知识学以致用

（一）明确工作任务，把握重点难点

要明确每一个单元的一个或多个工作任务，就要从导入的案例入手，认真学习知识链接的内容，学深学透以便于指导应用和实践；由于心理学的研究成果大都来自科学实验，教材中也会用部分测试和实验来佐证理论，适当了解即可，如：SCL90 心理健康测试量表，只是用来判断某一特定时期我们的心理状况，而不能轻易作为判断自身心理健康水平的唯一依据；技能要求是要通过拓展训练来帮助提升的。

（二）理论联系实际，注重学以致用

在学习本教材内容时，对相关概念、理论和技能要求都要有系统的认识，并能够准确地把握关键点，这样我们才能真正理解并运用知识；同时，要学会联系自身的实际情况主动思考、重视实训，这样才能有助于我们自身的成长、成才。

（三）善于独立思考，积极指导实践

要在学习中学会多角度、全方位观察问题、分析问题和解决问题，要善于多视角、全面看待心理现象、分析和解决心理问题，这样才能把心理学知识灵活运用到自己的现实生活中，发挥学习这门课程的真正作用。

任务二　适应大学生活，积极迎接未来

案例导入 ▶▶▶

（1）小于是人力资源专业的新生，河北省人，入学成绩很高，自尊心极强，而且非常敏感。开学后不久宿舍同学发现，小于非常脆弱，时常想家，几乎每天晚上爸爸妈妈都要与她在宿舍视频到深夜。宿舍室友都得穿戴整齐，伴随着她的哭声等到后半夜才能洗漱、更衣、睡觉，觉得非常不方便。为此，他们找到辅导员老师反映情况。辅导员找到小于了解情况，小于痛哭流涕，万分委屈。

老师在帮她分析了大学的学习生活与中学的不同后，对她说："要尽快融入新的环境，实现'自然人'向'社会人'的转变。"听了老师的话，小于若有所思。

（2）藏族学生洛桑是秘书专业的新生，由于家住青海牧区，接到录取通知比较晚，没

有在新生报到的当天赶到学校。期间辅导员多次给该学生家里打电话都没人接听，三天后的中午，洛桑在爸妈的陪同下来到学校报到，老师和同学们热情地接待了他，给他安排了宿舍并为他和家人安排了午餐。下午洛桑与同学一起参加了学校组织的入学教育。但是，第二天早上交警队传来消息："昨晚，洛桑在与父母外出就餐途中，因在快速路跨越隔离带，遇到车祸丧生。"

案例启示

（1）小于的成长环境及父母的过度关注使她一时无法面对变化了的环境；同样，藏族学生洛桑的悲剧也是不能快速适应新的变化所致。

（2）大学生要能够顺应环境，扬长避短，乐观自信，提高自身的适应能力，这样才能更好地适应大学的学习生活。

知识链接

一、适应的含义

（一）适应的概念

1. 适应的定义

适应是一个与人的需要和满足相联系的心理过程，是个人通过不断做出身心调整，在现实生活环境中维持一种良好的有效的生存状态的过程。

2. 适应的含义

所谓适应，是指有机体想要满足自己的需求，而与环境发生调和作用的过程，它是一种动态的、交互的、有弹性的历程。当个人需求与环境发生作用时，若不能如愿以偿，通常会造成两种情形：其一为形成悲观消极心理；其二为从失败中学习适应方法。成功的适应才能增进心理健康，养成健全人格，失败的适应就会造成心理不健康和不良人格。

心理学家沃尔曼（Wolman）对适应作如下定义："一种与环境融洽和谐的关系，包括满足一个人的绝大多数需要，并且拥有符合生理和社会方面的绝大多数要求的能力；人满足需要和符合要求所必需的行为变化，以便一个人能与环境建立起一种融洽和谐的关系。"简言之，适应就是一个与人的需要和满足互相联系的心理过程，是个人通过不断做出身心调整，在现实生活环境中维持一种良好的、有效的生存状态的过程。适应的目的是为个体充分发展提供良好的条件，以促进新的适应。社会的每一次变化，人的每一个阶段的发展与成长，都需要个体去适应这种变化，而个体的每一次适应，实际上也是个体的一次成长。

（二）对适应的理解

适应是心理健康的标志之一。适应是有机体与环境的一种平衡状态。心理学家皮亚杰指出：智慧的本质就是适应。我国古人也曾说："识时务者为俊杰。"古往今来的杰出人才都是先适应环境而后再改造环境。达尔文曾尖锐地指出：适者生存。人类必须以最大的努力去适应环境，否则生命将难以维持。有适应才有发展。

适应是长期以来"被遗忘的角落"。人们重视智力开发和传授各种技术，却忽略了适应对人才发展的作用。适应有多种方式，积极的适应是一种健康的适应，它应有两种含义：一是改变自己以顺应环境或顺应环境中的某些变革；二是不断地抗争和选择，从一个目标走向另一个目标，这是发展的适应。消极的适应是一种不健康的适应，它以牺牲个体的发展为代价，甚至会导致精神疾病。

二、适应的心理过程

"适应"是著名的英国生物学家达尔文《进化论》中的基本观点。他通过对生物的长期观察和调查研究，得出生物界著名的基本规律——"适者生存"和"用进废退"。他精辟地阐明，生物界包括人类本身，只有适应环境才能生存和发展；对于生物及人的各器官功能来说，只有不断使用、锻炼，其效能、结构才能完善和发展，否则会退化、淘汰，甚至消失。人类正因为具备了良好的生物学适应功能，才能在变化多端的自然界中生存并且不断进化，逐渐把自己从动物界中提升出来，有了高度完善的大脑神经结构和功能，创造了人类灿烂的精神文明和物质文明。

可以说，适应人人都能做到，而且也是能够做好的。但适应是一个过程，这个过程人人都要经历，只不过有的人需要的时间短一些，有的人需要的时间长一些。从心理学的角度研究适应的心理过程，主要包括以下几个步骤：

（一）需要（动机）的存在

需要是人对客观事物的欲望和追求，是推动人类从事各种社会实践的最重要的心理动力。例如，每个大学新生都抱着自己的需要或动机来到学校，希望学知识、学技能、追求政治进步、为今后顺利就业打下基础。

（二）阻挠存在

阻挠是指个体不能利用其现有习惯机制来满足自己已经产生的需要（动机）的情况。例如：虽然新生抱着各种需要和动机来到大学，但是旧有的习惯，如不会自主安排学习、独立生活能力差、自由散漫、贪图安逸等，不适应大学的要求，致使新生的需要和动机得不到满足。面对阻挠状况，人们便会产生不同程度的紧张与焦虑，这也是许多新生来到学校后出现的现象。

（三）反应

反应指当人们面临一种新的情境，用以往习惯的反应方式尝试解决问题失败时，就会主动寻找一种新的能够解决问题的反应方式。人适应环境的效果很大程度上取决于他不断变更自己的反应，直到取得成功为止。但当人们还未能找到一种成功地解决问题的反应方式时，常常在情绪上表现出紧张、焦虑和沮丧。

例如，有的新生来到学校后，旧有的习惯使他不适应大学自主学习和生活的方式，而出现紧张、焦虑的情绪。如果能够积极地寻找解决问题的方法，如及时向学长和老师讨教，从他们那里学习合理安排学习和生活的方法，很快就能适应大学的生活，而有些新生则完全处于被动或消极状态，一时难以适应大学生活。

（四）适应

从心理学的观点看，适应的标准就是减轻或消除紧张。大学新生来到新的环境，找到了正确的反应方式，减轻了刚入学时的紧张，并且逐渐驾轻就熟，和大学学习、生活节奏保持和谐一致，完全消除了紧张，他就达到了完全适应的状态。

上述适应心理过程告诉我们，当人们面对不适应时，要积极地寻找成功解决问题的反应方式；尚未找到成功的反应方式时，也要保持一种积极地解决问题的心态。任何消极的心态都不利于问题的解决。

当本人没有找到或是受客观环境限制而不能找到满足需要的解决问题的方式时，就要求助他人。例如学生要求进入学生会，但受名额限制满足不了时，辅导员一席安慰鼓励的话或心理医生的帮助，就为他提供了一种新的适应心理，缓解或减轻了其内心的紧张和焦虑。从心理学的观点看，只要一种解决方式能够减轻个体内驱力（需要、动机）引起的紧张，它就算是一种适当的解决问题的方式。

三、大学生面临的心理适应性问题

在刚刚踏入大学校门时，很多人认为大学生活应该是丰富多彩的，而大学校园则是荣誉与欢乐、健康与文明的乐土。但是处在新旧观念更迭、生活节奏加快以及人际关系复杂、社会竞争加剧的时代，大学生产生了许多心理困惑。

（一）环境的改变造成他们心理上的不适应

1. 学校环境的影响

新生升入大学后，远离了父母、长辈的呵护和照料，许多事情，包括理财、购物都要独自处理，需要更加合理的安排上课、活动、休闲和交往的时间；同处在一个宿舍的同学因习俗、文化的差异，生活方式、卫生习惯、待人接物的不同，都让他们一时难以适应。

2. 家庭环境的影响

家庭环境与大学生的身心成长有着紧密的联系，在他们的成长过程中父母的教育方式和期望水平极大地影响着他们的思维方式和心理状态。过于严格的要求、过高的期望水平或过度保护、过度干涉都会造成大学新生心理上的不适应。

（二）学习方式的变化造成心理上的不适应

与中学相比，大学的学习方式发生了较大的变化。中学生学习文化基础知识，而大学既要学习基础知识，又要掌握专门技能，还要学习专业发展的最新成果；与中学相比，大学强调启发式教学，课堂讲授时间相对减少，在很大程度上由学生自主安排学习时间，更加强调各种能力的培养。让一些同学感到无所适从，茫然不知所措。

（三）人际关系及人格中的问题造成大学生的适应不良

大学新生思想活跃，精力充沛，兴趣广泛，人际交往的需要极为强烈，但是由于大家来自不同的地域、不同的家庭、不同的阶层，由于各自成长的环境不同，性格不同，生活习惯不同，行为方式也是不同的，学生之间的磨合成为一个新的问题。加之大学新生社会阅历有限，客观环境的限制使其不能够全面了解社会，了解人的整体面貌，因而人际交往中常常带有理想的模型，然后据此在现实生活中寻找知己，一旦理想与现实不符，则产生障碍，心理出现忧伤。有的学生个性抑郁，缺乏自信，由于自我评价过低而产生自卑甚至自闭心理，长期处在忧虑之中。

（四）对经济的适应

进入大学以后，大学生要独自安排自己的生活及学习开支。大学生没有太多的"理财"经验，如果计划不当，就会导致"过度消费"，把后面的伙食费提前花掉。国家助学贷款制度的建立和学校提供的多种形式的勤工助学岗位，为一些经济困难学生解了燃眉之急。但仍有部分学生由于观念和现实的原因，受到经济方面的困扰。

（五）管理方式的变化造成大学生心理的不适应

管理方式的变化主要体现在教学管理。中学采用直接管理，事事由学校和老师安排，大学则强调学生的自我教育、自我管理和自我服务；中学通过班主任实施管理，而大学采取全员育人的方式，学校各个职能部门都直接参与学生管理，如思想教育管理、学籍管理、宿舍管理、后勤管理等。

随着环境的变化，许多同学能够通过自身的"微调"，来积极地顺应环境；而有些同学却不能很快改变以往的生活模式，如面对大学的学习仍沿用中学时的学习方法，导致学习成绩不理想，产生焦虑、紧张等不良心理。适应的延迟常常会导致大学生的适应困难或适应障碍。

技能导入 ▶▶▶▶

一、完成大学生活适应过程

（一）能够适应环境的变化

大学新生离开熟悉的环境，离开相处多年的老师和同学，离开疼爱自己的父母，来到一个全新的环境，尽快适应这个环境非常必要。大部分学生能够通过不断调适自己的心理环境而很快融入新环境，顺利地度过适应期；也有些学生因未能根据所处环境的变化调整自己的认知，导致行为不能符合生活环境的新要求，出现各种适应不良。

由于大学的社会化程度较高，大学新生首先要尽快熟悉校园的内外环境，多同高年级的同学交流，参加社团组织，同时还应该主动参加志愿服务和社会实践活动以接触社会。

（二）能够适应生活状态的变化

大学生活具有"集体性、自理性"的特点，即学生生活空间呈现出集体性、个人生活呈现出自理性。

1. 思想上要独立

不要再妄想父母或他人的帮助，清楚明白地告诉自己要学会独立，自己的事自己干。不要嫌学校的条件不好或不够好，不要嫌家务事太麻烦，这些都是一个人生存在世的基本能力要求，而且这些事你是为自己做的，没什么可抱怨的。

2. 充分熟悉环境

如果接受了新的环境，就是在适应的路上迈出了一大步，例如食堂的每一个窗口都去试试，找出最好吃的一家；每家超市都去转转，比出哪家更物美价廉……人的恐惧感经常是因为陌生而导致的，与环境的接触其实也像人与人的相处一样，接受是适应的前提。

3. 要学会自己理财

攥着父母的血汗钱，算计每月的吃、穿、用，既要考虑物质产品，又要考虑精神食粮。要做好计划，避免出现财政赤字。

4. 向学长学姐学习

别人已经经历或正在经历同样的问题，他人的处理方式是我们很好的借鉴。

附：生活状态适应提示：

> （1）能够树立科学的现代健康观。能够积极安排自己的各种生活活动，使自己的理智和情感融为一体，生活和精神充满生机。
>
> （2）能够积极参加健康有益的课余活动。让新生在娱乐中放松身心，调适情绪，增强自信心，减轻由不足引起的挫折感；参加社会实践、文艺创作、科技创新、各种竞赛等发展性活动，从中拓展素质，陶冶情操。
>
> （3）能够学会驾驭生活，了解生活的真谛，认识生活的价值和自己在生活中的位置；引导学生学会在生活中把握自己、发展自己，实现自己的理想追求。

（三）能够适应学习方式的变化

大学学习具有"选择性、自觉性"的特点，即学习内容呈现出选择性，学习方式呈现出自觉性。

大学的学习方式完全不同于中学，不再是老师追着学生，而是要学生主动求教老师；大量的时间需要自己去安排，而不是被老师占有；要学会研究性学习，善于发现和提出问题。大学的学习是变被动为主动，学习自主性与自觉性都大大增强，课堂讲授相对减少，学生需自己安排自习、阅读、钻研的时间，学习也不再一味要求精确记忆，而是要学会独立思考与融会贯通。学习途径多样化，课余学习的比重加大，具有一定的研究和探索性质。由此，学习方面的变化带来的新生活适应不良的现象比较常见。

从旧的学习方法向新的学习方法过渡，这是每个大学新生都必须经历的过程。尽快适应新的学习方法，可以少走弯路，减轻心理压力，促进学业成绩的提高。入学后，新生应及时调整学习方法，重视自主学习能力的培养，变接受型学习为研究型学习，从单一注重考试分数到注重自身素质的综合提高。学会高效管理时间，安排学习计划，善于有效利用校园内的一切教学资源。当学习中遇到困难时，可以向有经验的高年级同学和任课教师请教。

附：大学学习方式提示：

> （1）在学习目标上。大学的学习目标是在人的全面发展的前提之下，掌握更加广博的专门知识和精湛的专业技能，全面提升综合素质，成为高层次的专门人才。因此，大学生必须努力学习马列主义、毛泽东思想、邓小平理论和"三个代表"重要思想，以先进的政治理论武装自己；必须掌握本专业广博的基础知识，提高专业素养；必须具有从事本专业工作的知识和技能；应该训练创新思维，提高创业素质。而中小学则是德智体打基础的阶段，获得基础知识、锻炼体魄、健全素质。

（2）在学习内容上。大学生的学习内容更加强调精深和广博，在广博的基础上求专长、练技能；在专业学习的基础上求拓展和创新。大学生主要是就某一学科知识的学习，同时兼顾相关内容。而中小学的学习比较注重基础性，学习的内容一般都是稳定的知识体系，只是在学习过程中力求去不断发现和适当培养自己的兴趣爱好。所以，有人曾经描述过，从学习的知识内容来讲，学习上最轻松单纯的是大学生，最辛苦全面的是中小学生。

（3）在学习方式上。大学生的学习方式以自学为主，教师做启发性的指导和答疑解惑，大量的时间要靠大学生自己去支配。学习什么？怎么学？复习课堂和自己查阅资料、补充笔记和课余思考怎样分配时间。大学生要根据自己的学习能力和时间安排，自我确定学习的内容和选修课程。而中小学生的学习方式则更加强调在教师的指导下，按部就班地、循序渐进地学习相关知识内容，学习的被动性和依赖性较强。正由于这样，很多新生进入大学后都或多或少会出现一个心理不适应期。这个时期，他们会产生许多困惑和疑虑。诸如"大学里到底应该如何学习？""为什么大学老师不按照书本讲课？""考试中的问题怎么书本上找不到？"等等。

（4）在教学管理上。中小学教学内容更加强调按照既定的教学计划进行教学，无论是对教师，还是对学生，都有具体而细致的规定。而在高等学校，大学的学习是按照专业培养目标，根据自己的兴趣爱好，发挥自己的创造性。因此，高等学校的教学更加强调大学生的学习自主性。

（5）在社会实践上。虽然现在的基础教育中也强调研究性学习，各个学校也都根据自己的条件争创特色，但中小学开展社会实践的并不多。在高等学校里，除了课堂教学之外，大学生的素质教育活动和志愿服务活动丰富多彩，这就为他们提前接触社会提供了条件。

只有了解大学的学习特点，才能尽早平稳过渡"心理不适应期"，才能树立起新的学习观，才能真正在大学里达到全面发展的目标。

（四）能够适应人际关系的变化

大学人际关系具有"重要性、广泛性"的特点，即人际关系对于大学学习生活具有重要的影响，人际关系的内容、类型更加广泛。

首先，要接受不同的生活习惯和价值观，如果感觉别人的生活方式有碍于你，你可以委婉地与其沟通，沟通不好要适当地进行自我调整，切忌以自我为中心。在平时的生活中，做到"三主动"：即主动与同学打招呼、主动和同学讲话、主动帮助别人。

通过主动和积极的人际沟通，新生不仅可以建立和谐的人际关系，增进彼此的理解，开阔心胸，还可取得更多的社会支持，从而使自己感受到充足的安全感、信任感和激励感，大大增强学习和生活的信心和力量。

附：大学人际关系变化提示：

提示1：调整心态

很多大学生带着良好的人际关系期望与同学来往，但最终都失去了耐心和宽容。很多学生都在历数交往中别人的缺点与不是，一再抱怨，"大学生太自私了""太难相处了"……几乎大家都在感慨大学的人际关系复杂。

但是，一味地抱怨别人和慨叹世态并不能帮你找到建立人际关系的捷径，要把时间花在如何解决问题上，不是花在抱怨上面。要想建立良好的人际关系，就应在与人交往的过程中，保持诚实、宽容和谅解。在新的交往关系中双方都会有本能的戒备心理，因为警惕心有时会表现出过度的敏感，这就要求在初识时具备被人误解、嘲笑、鞭策的承受能力，有时候别人的指责的确不公平，但是对方这么做往往是无心的，耿耿于怀只能加剧双方的误解。反过来，对待别人的错误和生涩，你也不要冷嘲热讽，你要学会做人、学会爱周围的人，主动关爱他人。一定不要瞧不起别人，每个人都有自己的长处。还有就是形成集体中融洽的关系，并积极向外拓展自己的交际面。

学习发展成熟的人际关系，培养人际交往能力，主要包括沟通能力、合作能力和主动关心别人的意识。要学会表达自己的观点、意见和见解，也要学会倾听、理解和尊重对同一问题的不同观点和态度。要学会与他人合作，共同完成学习和成长的任务，培养合作精神和合作能力。

提示 2：找到方法

方法 1：打造和谐宿舍

在大学生活中，宿舍室友是与我们相处时间最长的人。与宿舍成员搞好关系非常重要。融洽的室友关系，不仅使我们心情舒畅，有利于学习，也有利于身心健康。反之，若关系紧张，就会给生活带来不快。那么，如何处理好宿舍关系，使宿舍真的成为一个温馨的家呢？

新宿舍快速融合的方法：四字真言——集体行动。一起去吃饭，一起参观校园……如果是女生，可以全宿舍一起去逛街，男生的话，来场篮球赛会是个不错的主意，还可以叫上旁边宿舍的人加入。想尽一切办法让大家熟起来。但必须坚决摒弃以自我为中心，需要调整自己的生活规律来适应集体生活。同时，要学会如何交朋友，要善于辨别谁是我们真正的朋友，要学会与人建立和发展友谊关系。

室友和谐相处秘诀：

（1）尽量与室友统一作息时间，在日常起居生活中给予包容和理解。

（2）不搞"小团体"，应当以平等的态度对待每一个人，不要和一部分人打得火热，而对另一部分人疏远不理。

（3）不触犯室友的隐私。尤其注意的是，未经室友同意，不可乱翻其衣物。

（4）积极参加宿舍集体活动。宿舍活动不单纯是一次活动，更是室友之间联络感情的重要形式。

（5）给予别人关心，有难要帮。自己有事也要求助室友。良好的人际关系是以互助为前提的。

（6）不拒绝零食和宴请。倘若不论零食或宴请，你都一概拒绝，时日一久，别人难免会认为你清高孤傲，就对你"敬而远之"。

（7）不要逞一时之快。你夸夸其谈，想处处表现得比别人聪明，最后只会引起别人反感，长此以往会没有朋友。

（8）维护共同的生活环境，完成该做的杂务。

（9）学会赞美，不吝啬对别人的夸奖。

（10）用合理的方式解决日常矛盾。

以上10点，虽都是日常生活中的小事，倘若都能做到，对处理好宿舍关系能起到事半功倍的作用。反之，小小"蚁穴"也能够将良好宿舍关系的"千里之堤"毁掉。

方法2：打造和谐班级

重视新生见面会：班级新生见面会上，同学们的自我介绍要用心听，记住每位同学的样子和名字，这是一种礼貌和尊重，而且这有可能是你与某些同学在大学期间唯一的相识机会。

积极参加班级活动：班级旅行，野外郊游，节日聚餐，联谊晚会……大一的班级活动尤其丰富，意在让大家尽快熟悉，形成一个团结紧密的班集体。

为班级尽心尽力：当需要你为班级出力的时候，你一定要挺身而出。例如校运会、班级文艺演出等，千万不要因为怕苦怕累，甚至是不想"抛头露面"而拒绝。你作为班级的一员，对班级要有一种责任感。

（五）能够适应管理方式的变化

大学的学生管理采取自我管理、自我服务、自我教育的形式。

大学中的管理是外松内紧，有一定的自由度，即各种管理形式看似轻松，但实质上更严格。这种严格不仅来自外部压力，来自他律，更重要的是来自自律，来自新的教育目标和竞争环境所引起的新的自我发展需求的压力。中学时也有压力，也感受到学校的管理，但这种管理是外力型的。同时，大学的教学管理和生活管理也与中学阶段有差异。大学的教师不像中学教师那样管得具体、细致，大学辅导员、班主任虽是关心同学们的日常生活、起居事宜，但他们的职责更多是通过指导、组织学生开展多种活动，培养与发展学生自主、自立、自理的能力。

二、提高大学生适应能力的方法和途径

适应不是一个消极被动的过程，而是一个积极主动的过程。大学生要求得发展，就要有意识地调整自己，主动地适应环境，保持与环境的和谐与平衡。具体地讲，大学生应从以下几个方面提高自己的适应能力。

（一）认识自我，体验成功

进入大学以后，有部分同学因为自己的学校、专业和学科不如别人而自卑，因为自己来自农村、山区或贫困地区而自卑，或因自己的知识、才艺、人际关系、家庭背景、身材容貌不如别人而自卑。大学生要克服由自卑导致的不适应感，就要努力发现自己的长处和潜力，接受自我的不完美，获取成功的体验。

1. 发现自己的长处和潜力

每个人身上都有闪光的地方，正所谓"尺有所短，寸有所长"。要克服自卑，树立自

信，关键要正确地认识自我，发现自己的长处与潜力。缺乏自信的同学，常常以己之短比人之长，并从一方面不如人推广到事事不如人。中国家喻户晓的"龟兔赛跑"的故事，在某种意义上是拿乌龟之短比兔子之长。这种比赛的结果只能是越比乌龟越气馁、越自卑。如果换一种思路，比游泳和长寿，那赢家一定是乌龟而不是兔子了。这个寓言故事从反面告诉我们，不能盲目地和别人攀比，大学生要善于发现自己的长处与潜力，要坚信"天生我才必有用"。

2. 接受自我的不完美

部分同学进入大学以后，一直处于对自我的不满之中，不满意自己的专业或学校，不满意自己的学习成绩与口才，不满意自己的乡音等，终日郁郁寡欢，唉声叹气，在怨恨与痛苦中虚度大学光阴，这是很不理智的做法。一个人只有悦纳自我，与自己友好相处，才能以积极的概念进行自我指导，自觉驾驭自己的行为，充满信心地适应和改造环境，把握自己的命运。其实世界就是由许多不完美的事物组成的，完美只是一个最终的理想而已。当大学生面对不完美的自我时，应用现实主义的态度来对待，要认识到每个现实的人都不完美，要学会带着问题生活。要懂得并没有人因为你的"不完美"而轻看你，不要让"完美主义"束缚自己的手脚，增加自身的压力，降低自己的创造性。心理学家发现，生活中力求完美无缺的人，比不刻意追求完美的人精神压力大，而且他们并非都能获得极大的成功。

3. 积极努力，体验成功

心理学家认为，人们获得的成功经验对增加自信极为重要。获得成功时产生的"高峰"情绪体验是一种强烈的、醉心的、兴奋的情绪，它能使人体验到自己的力量，产生自信心和决断意识，是人自强不息的强大推动力。成功的体验使人奋进、向上，失败的体验使人沮丧、退缩乃至消沉。大学生应积极进取，努力获得成功的体验，这对提高适应能力很有帮助。例如：某大学生在一次演讲比赛中获奖，受到老师和同学的好评，就会体验到一种成功的喜悦，增加自信，认为自己有能力、有魅力、受人尊敬和喜爱，并能将这种自信保存下来。反之，如果这名大学生在演讲比赛中失败，由于情绪紧张而忘了词或表现很一般时，就会有一种失败的、不愉快的情绪体验，会产生自卑心理，认为自己无能，事事不如人，会被人瞧不起。大学生应努力使自己尽早感受成功的体验，哪怕是很小的成功，也能受到鼓舞，为获得更大的成功带来希望。体验成功要从小事做起，如：成功地进行了一次产品推销、成功地搞成一个小发明等。成功的体验能使人充满信心，感到自己在这个环境中是被人喜爱的、为他人所需要的，是个能干的人，进而摆脱因缺乏自信而带来的困扰。只有这样，才能从心底产生对生活的热爱，坦然面对任何风雨而坚韧不拔。

（二）改变认知，调控情绪

大学生的情绪丰富、强烈、起伏较大，一些大学生常被孤独、自卑、压抑、恐惧等情绪所困扰。若得不到及时调整，就会影响对大学生活的适应，影响正常的学习和生活，阻碍人际交往，有碍身心健康。因此，学会情绪调整，使自己的情绪基本处于愉快和稳定的状态，是大学生适应良好的需要。具体可从以下几方面着手：

1. 改变认知

有些事情发生后就不会改变，但我们可以通过改变对事情的评价来缓解内心的冲突。

如：没有竞选上学生会主席，我们可以说"重在过程，竞选本身就是一种锻炼和提高"；失恋了，我们可以说"长痛不如短痛，总比结婚后再分手好"。此外，任何事情都有利与弊两个方面，即使最糟糕的事情，最低限度也可以让我们吸取教训。因此，事情发生后，与其让悲观的认知和评价腐蚀我们的情绪，不如寻找一个能使自己尽快恢复心理平衡的乐观解释，因为很多时候，是我们的观念而非事实本身使我们产生困惑。

不对他人期望过高，以免受到不良情绪困扰。要认识到任何人都不是完美无缺的，要学会容忍别人的缺点，不苛求他人，和同学友好相处，共享生活，这一点对于过着集体生活的大学生尤为重要。如果一个人对他人期望过高，当需求不能得到满足时，就会抱怨他人，倍感失望，产生不良的情绪反应。学会对人、对事不苛求，就不会因不满足而心生烦恼。

运用情绪自我调控的方法，排解消极情绪。要维护和保持心理健康，必须学会对情绪进行自我控制。如果对不良情绪不加以调节，就会导致心理失衡。当有了某种负面情绪时，要正视它、体验它，在不伤害他人的前提下，当哭则哭，当笑则笑，把这种不良情绪宣泄出来，缓解内心的压力。此外，控制情绪还可运用如下方法：及时告诫和提醒自己制怒；接受他人劝解，及时离开现场；转换角度认识问题；合理宣泄；转移不良情绪；情绪升华等。

2. 依靠社会支持系统

当大学生因某种原因产生不良情绪时，应及时进行调整和宣泄，要主动找朋友、老师或自己信任的同学，将积聚内心的不良情绪倾吐出来，使压抑的心情得到缓解和减轻。这样，一方面能使不良情绪得到宣泄，另一方面可使大学生在倾诉烦恼的过程中，获得更多的情感支持和理解，获得认识和解决问题的新思路，增加克服困难和挫折的勇气、信心和办法。

3. 求助于心理咨询机构

通过心理咨询，可以在专业人员的帮助下，找出心理问题产生的原因，探讨摆脱困境的对策，从而缓解心理冲突，恢复心理平衡，提高适应能力，促进人格完善。心理咨询是大学生学会适应的有效途径，应充分利用这一宝贵的资源。

（三）积极乐观，体验幸福

1. 正视和接受现实

进入大学以后，部分大学生可能会由于学校不是名牌、学习环境不理想、对所学专业不喜欢，或大学"校园不是很大、很美""设施不是很好"等，产生困惑、失落等负性情绪。大学生追求理想、追求真善美的生活是对的，但是由于大学生阅历简单，与社会接触不多，容易对现实产生幻想，会有意无意地认为或要求现实应该是完美的。这种用理想套用现实的做法，加之大学生容易偏激的特点，很容易使他们产生强烈的负性情绪反应。大学生应该认识到现实是不完美的，完美的都不是现实，绝对的完美只存在人们的理念中。只有面对现实，接受现实的不完美，才能适应现实，进而调节自身与现实的关系，努力使自己对客观环境和自身的认识更加真实、全面和深刻。对于不良的条件，要在适应的前提下去改善它。大学生与其悲叹命运不济、环境不佳、现实令人失望，终日为现实中的缺憾和不足所困扰，不如静下心来，冷静地审视现实，找出有利的一面，充分地利用它，积极地适应现实。

2. 培养积极乐观的心态

积极乐观的心态是大学生心理健康最主要的品质，是走向自我完善最重要的保证。大学生如果具备了积极乐观的人生态度，能以友好的态度对待自己和他人，以愉快的眼光看待周围的事物，就能对学习、工作和生活充满热情，使心理潜能得到充分的发挥。培养积极乐观的心态，可从以下方面着手：

1）体验幸福

幸福不是虚幻的，它来源于对生活的常新体验，幸福就在每个人的身边。能在平凡的生活中品尝到生活的甜美，需要积极的价值观和敏锐的洞察力。世界上并不缺少美，只是缺少发现美的眼睛。其实，读到一本好书是幸福，看一部好影片是幸福，与朋友倾心交谈也是幸福。大学生要有一颗善于体察的心灵，使自己时时体验到当前的充实、愉快，这样才有助于面对现实，使自己每天都有好心情。

2）学会宽容

一个对人对事都十分苛刻、挑剔的人，是不可能有积极乐观的心态的。学会宽容，学会坦然接受一些并不如意的事实，是适应环境的重要内容。也许你不具备唱歌的天赋，也许校园环境让你感到失望，也许你的专业不是自己的最爱，也许你的班主任脾气不好等，面对种种的不如意，要学会善待自己、宽容待人。只有学会宽容，才会使自己的心灵得到放松，才会发现生活的美好和学校、老师、同学的可爱，才有信心去开始新的努力。

3. 学会化消极心理为积极心理

对于同一个问题，如果从不同的角度去理解，就会有完全不同的认知和心情。例如：一个人在茫茫沙漠中走了半天，终于看到了一个杯子，里面装有半杯水。从积极的角度去看，这个人会产生"啊，真好，还有半杯水"的心态；而如果从消极的角度去理解，他就会产生"太惨了，才有半杯水"的负面情绪。面对同样的半杯水，着眼点的不同，会产生完全不同的心理感受。进入大学以后，面对同样的学校、老师和同学，有的人看到的是美丽的校园，设备齐全的实验室，博学且与学生平等相待的老师，洋溢着青春活力的、多才多艺的同学；而有的人看到的却是校园角落里的垃圾，实验室某个仪器上的灰尘，个别严肃有余、亲切不足、让人有距离感的老师，以及几个或衣着怪异，或谈吐不雅的同学。其实，来到一个全新的环境，不可避免地会遇到不顺心的事，在这种时候，应努力提醒自己，不要被眼前的烦恼所困扰，要跳出目前的视角，换个角度想问题，也许问题并不像想象的那么糟。因为任何事情既有不利的一面，也有有利的一面，塞翁失马，焉知非福。远离家乡和亲人，会让大学生体会想家和思念亲人的惆怅，但还可以锻炼自理和自立能力，使自己变得更有主见，更加成熟。在日常的学习和生活中，如果能跳出思维定式，以另一种眼光看自己、看他人、看世界，表现出一种灵活性，那么乐观的态度就比较容易保持下去。

4. 积极行动

1）重新确立合理的目标

大学时期是大学生认识自我和完善自我的重要时期。大学生在发展和完善自我的过程中，必须在充分认识自己的基础上，确立新的目标，并围绕目标制定出实现目标的步骤和方式，最后通过自己的努力去实现目标。升入大学后，中学时代的梦想实现了，新的目标尚未建立起来，如果这一状况得不到及时的调整，就会出现迷惘和空虚。大学生应时刻牢记，上大学不是目标的终结，而是得到了一次深造的机会，新的学习刚刚开始。确立合理的目标，能使人明确自己的努力方向，使自己的思想和行动具有了目的和意义，从而避免迷失自己。目标的制定，应符合自己的实际。目标过低，会缺乏动力；目标过高，又会因目标难以达到而失望和沮丧。要根据自己和环境的特点，重新确立新的目标。为了便于操作，可将目标分解为阶段性目标，如一年级侧重掌握学习方法，锻炼交往能力；二年级通过英语四级考试；三年级学习第二外国语和计算机软件设计；四年级通过英语六级考试，并考取研究生等。这样的目标既远大又具体，可对自己起到导向和激励作用。一旦达到某一目标，就会激发自己进一步成长的愿望，从而去实现下一级目标。这种良性循环，会成为大学生奋斗不已的源泉和动力。

2）积极行动

目标确立起来后，就需要踏踏实实地努力，去付诸行动，让理想变为现实。积极行动是适应大学生活的关键。当我们来到一个新的环境时，常会遇到一些不熟悉或不满意的事情，这时只要你能积极行动，为自己或他人做些与新环境有关的事情，你就会逐渐了解和熟悉环境，别人也会从你的行动中了解并接纳你。同时，积极行动还可以摆脱由于对环境的不适应而产生的孤独、苦闷、空虚等负面情绪，在行动中你会感受到充实和愉快。当我们全身心地投入某件事情时，往往就忽略了自己的烦恼与不快。因为"勤劳的蜜蜂是没有时间和精力考虑烦恼的事情的"。一旦我们专注于学习或工作等事情，就没有时间烦恼，心情也会好起来。所以，大学生应该积极行动，行动会使你进步，行动会给你带来快乐和心理健康。戴尔·卡耐基说："如果想要快乐，就为自己立个目标，使它支配自己的思想，放出自己的活力，并鼓舞自己的希望。"这种把自己全部的精力注入实现理想的具体行动之中，不为环境所左右，不为一时的得失所困扰的态度，会使生活更加充实而有意义，使大学生乐在其中，并乐此不疲。

心理训练营

一、心理体验

心灵体验：怎样才算心理健康？

活动目的：通过活动让同学思考自己的心理是否有不健康的时候；让大家通过讨论，对心理健康有一个全面的认识，更全面地理解心理健康的内涵，并对自己的心理状况有所认识。

活动时间：20分钟。

活动方法：请静静地思考一下"心理健康"是什么感受，并在白纸上写出5条你所认为的自己心理健康表现在哪些方面，如心理健康是愉悦的心情、与朋友和谐的相处……（请更关注那些直觉的、第一印象的内容，而非理性思考的内容和感受），写完后每个同学在小组里与大家分享自己的答案及感受。

结果分享：

（1）你在活动中有何感受？

（2）对你而言，心理健康的感受是什么？它对你的过去和现在的生活、工作有何影响？

（3）其他人的心理健康状况对你有何影响？

（4）最后每个小组将有代表性的心理健康的感受写到黑板上在全班进行分享，教师进行点评补充、总结。

二、心理训练

（一）心灵体操

1. 猜猜我是谁

活动目的：帮助大学生在新环境中尽快结识更多的朋友。

活动时间：30 分钟。

活动要求：准备好 32 开纸若干张，在纸的背面贴上双面胶。

活动步骤：以列为单位进行比赛。

每列的第一位同学先站起来介绍自己"大家好，我叫×××"；第二位同学接龙下去，说"大家好，我是×××后面的×××"；第三位同学说"大家好，我是×××后面的×××后面的×××"，依此类推。各列最后一位同学要说出前面所有同学的名字。看哪一列的同学做得最好？

活动启示：结识新朋友最简单、最重要的方法之一，就是记住别人的名字。这世界上最动听的语言，就是听到别人叫出自己的名字！记住他人的名字，会让别人觉得自己很重要，很受重视，你也能迅速获得他人的好感。

再要好的朋友，也是从陌生开始；再陌生的感觉也可以通过记住对方的名字慢慢变得熟悉。

2. 坦诚相见

活动目的：帮助大学新生在交流中加深了解、建立友谊。

活动时间：40 分钟。

活动要求：以 4~6 人组成一个小组。

活动步骤：以小组为单位比赛。

在规定的时间内互相介绍自己并认识他人。介绍自己的时候，可以说说你的姓名、来自哪个学校、兴趣爱好、性格、理想等。当其他成员介绍自己时，请你尽可能记住他人的这些信息。最后看哪个小组的成员在最短的时间内获得朋友最多的信息。

活动启示：想要认识新的朋友并开启新的友谊，我们首先要主动开放自己，打开自己的心窗，让身边的新同学更多地了解、认识你。在课余时间，我们可以多与同学交流，在交流中加深彼此的了解。

结果分享：

（1）你在活动中有何感受？

（2）对你而言，认识新朋友的感受是什么？这对你未来的大学生活有何影响？

（二）心灵氧吧

推荐书籍：《心态决定状态》（孙郡锴，华侨出版社）

心态决定了一个人的状态，能攀多高，能走多远，都是心态问题。心有多高，生命状态就有多高；失败者之所以失败是因为内心空虚；成功者之所以成功是因为内心充满着力量。内心的力量是成功的关键。它带给我们勇气，带给我们自信，带给我们智慧。

内心的力量来自"心合一"，来自内心的平静，来自良好的心态。让我们关注自己的内心，因为它是智慧与力量的源泉；让我们关注内心的修为，因为这是事业成功的根本。

本书多方位、多层次地探讨了心态—状态—人生成败之间的辩证关系，尤其是从状态这个角度，对心态进行了进一步的探讨。

推荐影片：《当幸福来敲门》

《当幸福来敲门》是一部很有教育意义的电影。故事看似发生在一个中年男人身上，但其实对于现在作为大学生的我们也很有启发意义。影片取材于真实故事，主角是当今黑人投资专家克里斯·加纳（Chris Garder）。克里斯·加纳用尽全部积蓄买下了高科技治疗仪，到处向医院推销，但由于价格高昂，接受的人不多，最终妻子迫于经济压力选择离家，从此他带着儿子相依为命。

实现梦想多晚都不嫌晚，但最主要的是要心中有梦，还要有实现的能力并为之付出。"如果能让自己不再为光阴虚度，才华被耗尽而流泪，如果能让自己坚定，我不要似是而非的人生，我要自己做的每一件事都刻骨铭心。"有梦想，就要去捍卫，这就是幸福来敲门的捷径。

（三）心灵感悟

案例解读

贝多芬，德国最无敌的音乐家之一。出生于德国的平民家庭，很早就显露了音乐上的卓越才能，8岁开始登台演出。1792年在维也纳深造，艺术上进步飞快。贝多芬信仰共和，崇尚英雄，创造了大量富有时代气息的优秀作品，如：交响曲《英雄》、《命运》；钢琴协奏曲《悲怆》、《月光》、《暴风雨》、《热情》；序曲《哀格蒙特》等。一生坎坷，没有建立家庭。他26岁开始耳聋，晚年全聋，只能通过谈话册与人交谈。但孤寂的生活没有使他沉默和隐退，在一切进步思想都遭到禁止的封建复辟年代里，他依然坚守"自由、平等"的政治信念，通过言论和作品，为共和理想奋臂呐喊，写下不朽名作《第九交响曲》。他的作品个性鲜明，较前人有了很大的发展。在音乐表现上，他几乎涉及当时所有的音乐体裁，大大提高了钢琴的表现力，使之获得交响性的戏剧效果，使交响曲成为直接反映社会变革的重要音乐形式。贝多芬集古典音乐之大成，同时开辟了浪漫主义道路，对世界音乐的发展有着举足轻重的作用，被尊称为"乐圣"。

请问：这则故事说明了什么道理？它对你的大学生活有什么启示？

（四）自我测试

1. 大学生心理适应能力自测指标

1 - 1. 自测题
请仔细阅读如下各题，从答案中选出最符合自己实际情况的一种，在"□"中打"√"。
A——很符合　　　B——较符合　　　C——不确切
D——较不符合　　E——很不符合

                                                          A B C D E

(1) 我是自己独自一人或尽管有家人陪同，但是自己拿着入学通知书办理
    一切入学手续的。   ☐ ☐ ☐ ☐ ☐

(2) 每一次离开家到一个新的地方，我总爱闹点毛病，如失眠、拉肚子、
    皮肤过敏等。   ☐ ☐ ☐ ☐ ☐

(3) 我到大学的当天，就差不多将学校转了个遍。   ☐ ☐ ☐ ☐ ☐

(4) 上街或看电影等，如果没有伴，我一般是不会独往的。   ☐ ☐ ☐ ☐ ☐

(5) 我很快进入了老乡的圈子，并在中间扮演着联络员的角色。   ☐ ☐ ☐ ☐ ☐

(6) 假如把每次考试的试卷拿到一个安静、无人监考的房间里去做，我的
    成绩会好一些。   ☐ ☐ ☐ ☐ ☐

(7) 大一时，我对学校的各种活动兴致盎然，只要看到有社团或学生会等
    贴出的招聘广告，我都积极报名参加。   ☐ ☐ ☐ ☐ ☐

(8) 我总与寝室的某些同学处理不好关系，于是我常有换寝室的想法。 ☐ ☐ ☐ ☐ ☐

(9) 我能使用比较标准的普通话，所以在大学里没有语言上的障碍。   ☐ ☐ ☐ ☐ ☐

(10) 每次上活动课，我都想站起来，可就是缺乏勇气。   ☐ ☐ ☐ ☐ ☐

(11) 我具有较强的独立生活能力，不需要靠父母或花钱请人洗衣服。   ☐ ☐ ☐ ☐ ☐

(12) 我经常遇事不冷静，感情用事，事后很后悔，觉得自己不够成熟。 ☐ ☐ ☐ ☐ ☐

(13) 上大学后，我自己经常能挣些钱。   ☐ ☐ ☐ ☐ ☐

(14) 在图书馆或大教室自习时，如果有一个异性离我很近，我会很不安的。 ☐ ☐ ☐ ☐ ☐

(15) 我有一定的理财经验，花钱很有计划，几乎没有出现"超支"现象。 ☐ ☐ ☐ ☐ ☐

(16) 见到系领导或辅导员时，我一般能躲就躲，不敢上前跟他们打招呼。 ☐ ☐ ☐ ☐ ☐

(17) 我认为，大学里评价人的标准比高中苛刻得多，有挫折感是很正常的。 ☐ ☐ ☐ ☐ ☐

(18) 大学同学比中学的同学冷漠多了，我几乎找不到知心朋友。   ☐ ☐ ☐ ☐ ☐

(19) 我很有领导才能，无论是否担任班干部，总能影响一些人。   ☐ ☐ ☐ ☐ ☐

(20) 我最怕与人打交道，尤其是求人的事，我是怎么都张不开口的。   ☐ ☐ ☐ ☐ ☐

1-2. 评分标准

凡单号题（1，3，5…），从第一到第五种回答依次计 5，4，3，2，1 分；凡双号题
（2，4，6…），从第一到第五种回答依次计 1，2，3，4，5 分。20 题得分之和即为个体的心
理适应性指标，其标准为：

A：71 分以上　　适应性强

B：41~70 分　　适应性一般

C：40 分以下　　适应性差

说明：

A：你的心理适应能力强。你对生活中的千变万化应付自如，你像春天里的一条嫩柳，
移栽哪里就能在哪儿生根、抽枝、成荫。这种品质使你犹如持有新世纪的通行证，一路畅
通，事事如意。从长远看也有利于你的身心健康。

B：你的心理适应能力中等。你对一般的变化尚能较快适应，对于生活中较大的变化，

则需要一个较长的适应过程。对此，应有心理上的准备，并努力锻炼以缩短这个过程。

C：你的心理适应能力差。这会给你的精神带来苦恼，给学习、工作带来麻烦。多方面的不适应还可能损害身心健康。不过，你不必悲观，适应能力的强弱是可以相互转化的。建议你充分利用大学的时光，迅速锻炼自己。

2. PSTR 压力测试表

2－1. 压力测试表

仔细考虑下列每个项目，看它究竟有多少适合你，然后将你对每一项目的评分，根据下面这个发生频率表（表 1－1）列出来。

频率：总是——4　　经常——3　　有时——2　　很少——1　　从未——0

表 1－1　PSTR 压力测试表

项　　目	评　　分
（1）我受背痛之苦。	
（2）我的睡眠不定且睡不安稳。	
（3）我有头痛。	
（4）我腭部疼痛。	
（5）若须等候，我会不安。	
（6）我的后颈感到疼痛。	
（7）我比多数人更神经紧张。	
（8）我很难入睡。	
（9）我的头感到紧或痛。	
（10）我的胃有病。	
（11）我对自己没有信心。	
（12）我对自己说话。	
（13）我忧虑财务问题。	
（14）与人见面时，我会窘怯。	
（15）我怕发生可怕的事。	
（16）白天我觉得累。	
（17）下午我感到喉咙痛，但并非由于染上感冒。	
（18）我心情不安、无法静坐。	
（19）我感到非常口干。	
（20）我心脏有病。	
（21）我觉得自己不是很有用。	
（22）我吸烟。	
（23）我肚子不舒服。	
（24）我觉得不快乐。	
（25）我流汗。	

续表

项　　目	评　　分
（26）我喝酒。	
（27）我很自觉。	
（28）我觉得自己像四分五裂。	
（29）我的眼睛又酸又累。	
（30）我的腿或脚抽筋。	
（31）我的心跳过速。	
（32）我怕结识人。	
（33）我手脚冰冷。	
（34）我患便秘。	
（35）我未经医师指示使用各种药物。	
（36）我发现自己很容易哭。	
（37）我消化不良。	
（38）我咬指甲。	
（39）我耳中有嗡嗡声。	
（40）我小便频繁。	
（41）我有胃溃疡。	
（42）我有皮肤方面的病。	
（43）我的咽喉很紧。	
（44）我有十二指肠溃疡病。	
（45）我担心我的工作。	
（46）我口腔溃烂。	
（47）我为琐事忧虑。	
（48）我呼吸浅促。	
（49）我觉得胸部紧迫。	
（50）我发现很难做决定。	

2－2. PSTR 压力程度分析（表 1－2）

表 1－2　PSTR 压力程度分析表

分　数	PSTR 压力程度分析
98 （93 以上）	这个分数表示你确实正以极度的压力反应伤害自己的健康。你需要专业心理治疗师给予一些忠告，他可以帮助你消减你对于压力器的知觉，并帮助你改良生活的品质
87 （82～92）	这个分数表示你正经历太多的压力，这正在损害你的健康，令你的人际关系产生问题。你的行为会伤害自己，也可能会影响其他人。因此对你来说，学习如何减除自己的压力反应是非常重要的。你可能必须花许多时间做练习，学习控制压力，也可寻求专业人员的帮助

分　数	PSTR 压力程度分析
76 (71 ~ 81)	这个分数显示你的压力程度中等，可能正开始对健康不利。你可以仔细反省自己对压力如何做出反应，并学习在压力出现时，控制自己的肌肉紧张，以消除生理激活反应。好老师会对你有帮助，要不然就选用适合的肌肉松弛录音带
65 (60 ~ 70)	这个分数指出你生活中的兴奋与压力量也许是相当适中的。偶尔会有一段时间压力太多，但你也许有能力去享受压力，并且很快地回到平静的状态，因此压力对你的健康并不会造成威胁。但做一些松弛的练习仍是有益的
54 (49 ~ 59)	这个分数表示你能够控制自己的压力反应，你是一个相当放松的人。也许你对于所遇到的各种压力，并没有将它们解释为威胁，所以你很容易与人相处，可以毫无惧怕地担任工作，也没有失去自信
43 (38 ~ 48)	这个分数表示你对所遭遇的压力很不为所动，好像并没有发生过一样。这对你的健康不会有什么负面的影响，但你的生活缺乏适度的兴奋，因此趣味也就有限
32 (27 ~ 37)	这个分数表示你的生活可能是相当沉闷的，即使刺激或有趣的事情发生了，你也很少作反应。可能你必须参与更多的社会活动或娱乐活动，以增加你的压力激活反应
21 (16 ~ 26)	如果你的分数只落在这个范围内，也许意味着你在生活中经历的压力经验不够，或是你并没有正确地分析自己。你最好更主动些，在工作、社交、娱乐等活动上多寻求些刺激。做松弛练习对你没有什么用，但找一些辅导也许会有帮助

三、思考与作业

（1）心理健康的人是否总是快乐、没有烦恼？

（2）当你来到一个新环境或遇到新问题时，你会采用什么方法去应对？

（3）到大学毕业时，你的人生目标是什么？为实现这个目标，你的具体计划是什么？

认识自我，悦纳自我

心灵格言

知人者智，自知者明。胜人者有力，自胜者强。

——老子

本世纪最大的发现，就是发现了任何人都能通过改变自己的观念来改变人生。

——威廉·詹姆斯

一个人真正伟大之处，就在于他能够认识自己。

——约翰·保罗

学习目标

知识目标：了解自我意识的含义；健全的自我意识的标准；影响大学生自我意识发展的因素；自我意识的矛盾。

技能目标：了解自我意识的发展规律；能够面对自我意识发展中的矛盾；学会自我调试和训练；可以对照健全自我意识的标准为自己设定目标。

情感目标：帮助大学生能够关注自我内在素质的发展；提高自我评价的能力；增强自尊心和自我控制能力；自身独立性得到提高。

任务一　正确认识自我，全面评价自我

案例导入

张明同学，男，18 岁，大学一年级学生，来自北方一个偏僻农村，自幼勤奋刻苦，学习成绩优秀，他考上了大学，全家甚至全村人都为他高兴。但到大学后他高兴不起来了，总觉得自己处处不如人，满嘴家乡话常常引起同学哄笑；穿着举止土里土气；因为中学时不重视体育，所以到了体育场动作笨拙，自己觉得难看；又没有文艺特长和业余爱好，在宿舍聊天别人侃侃而谈、见多识广，而自己见识少，显得拙嘴笨腮，常惹得同学发笑。自己觉得丢脸，内心充满自卑。但是又不甘心如此，于是天天拼命学习，想以出类拔萃的学习成绩弥补

自己的不足。可是又不能集中精力，天天惶惶不可终日。

案例启示

（1）张明同学应该正确对待由于城乡生活环境的不同造成的同学之间的差别，在新环境中做好自身角色的转变，克服内心的矛盾和冲突，调整好焦虑和紧张的情绪；应该给自己设定切合实际的目标，为实现目标不断努力。

（2）大学生要能够正确地认识自我意识的含义、特点及相关理论，了解大学生自我意识发展的特点，这样才能正确地认识自我。

知识链接

一、自我意识的含义

自我意识是人对自己、自己与他人、自己与周围环境关系的认识，是人的意识发展的高级阶段，是一个包含认知、情感、意志等多种心理机能的、完整的、多维度、多层次的心理系统。它具有目的性、社会性、能动性等特点，对个性的形成、发展起着调节、监督、校正的作用。一般说来，它包括以下三方面的内容。

（一）个体对自身生理状态的认识和体验

个体对自身生理状态的认识和体验是指对自己身高、体重、容貌、身材、性别等的认识以及生理病痛、温饱饥饿、劳累疲乏的感受等。

（二）个体对自身心理状态的认识和体验

个体对自身心理状态的认识和体验是指对自己知识、能力、情绪、兴趣、爱好性格、气质等的认识和体验。

（三）个体对自己与周围关系的认识与体验

个体对自己与周围关系的认识与体验是指对自己在群体中的地位、作用以及自己和他人相互关系的认识、评价和体验。

二、自我意识结构

心理学家对自我的解释和研究，一般从两个观点出发：一是自我的结构，旨在探讨自我包含些什么成分；二是自我的发展，旨在了解自我成分如何发展而来。关于"自我的结构"概括起来有以下几种说法：

（一）认识自我、体验自我、监控自我

此种观点认为：自我意识既是心理活动的主体，又是心理活动的客体，具有认知的、情绪的和意志的成分，即所谓的自我认识、自我体验、自我监控。

自我认知主要涉及"我是一个什么样的人""我为什么是这样的人"等，它包括自我感觉、自我观念、自我分析、自我批评等。

自我体验属于情绪范畴，它以情绪体验的形式表现出人对自己的态度，主要涉及"我是否接受自己""我是否满意自己""我是否悦纳自己"等，它主要是一种自我的感受，以自尊、自爱、自卑、自弃、自恃、自傲、责任感、义务感、优越感等表现出来。

自我控制主要表现为人的意志行为，它监督、调节自己的行为活动，调节、控制自己对自己的态度和对他人的态度，它涉及"我怎样节制自己""我如何改变自己""我如何成为理想的那种人"，表现为自主、自立、自强、自制、自律、自卫……

以上三者互相联系、有机组合、完整统一，便成为一个人个性中的核心内容。

（二）躯体我、社会我、精神我

美国实用主义心理学家詹姆斯认为，人最先从自己的身体知道自己存在（躯体我），而后与人交往，从他人对自己的反应中以及自己的社会角色中体验出自己的社会我，最后从生活的成败得失经验以及心理发展，逐渐形成精神自我，支配自己的一切意识行动。

（三）本我、自我、超我

精神分析学派创始人弗洛伊德在其人格结构理论中深入探讨了自我结构。他认为人初生时有一个本能的我（本我），其功能一切为生存，其行为表现多属原始性的冲动，其遵循的原则只为快乐，肆无忌惮，且个人多不自知。它像一个幼儿，容不得紧张、希望得到满足、易冲动、非理性、无组织；自我是人与外部世界的媒介，它适应环境中的一些条件和限制，代表人的学习、训练和经验，遵循现实原则；超我是社会规范中是非标准与价值判断的代表，它遵循道德原则，支配监督个人的一切。

（四）个人自我、社会自我、理想自我

这种观点主要是从自我意识的内容上划分的。个人自我是指个体对自己各种特征的认识，它包括自己的躯体特点、行为特点、人格特点以及性别、种族、角色特点等自己所感知到的个人特征等，个人自我纯属个体对自己的看法，主观性强，是自我概念中最重要的内容；社会自我是指个体所认为的，他人对自己各种行为的看法；理想自我是个人根据两个我的经验，建构自己所希望达到的理想标准，它引导个体达成理想中的个人自我。

以上几种说法，名称各不相同，但内容上都有共同点。他们都强调，自我的结构并不是一成不变的，而是随着个体的经验发展不断发生变化。心理健康的人自我结构相对稳定，而且还能根据新的环境或新的经验进行适当的调整。而心理有障碍的人则往往不能及时协调自己的自我结构，从而对心理和行为产生不良影响。

三、自我意识的特点

（一）自我意识的个体性

自我意识是在个体身上发生和发展的。每个个体都是一个血肉之躯，有着与众不同的身材、容貌和神经系统，有着带有独自特点的感知觉、记忆、思维、需要、情感、动机、理想、性格等诸多的心理特点。每个个体从孩提时代起，就在特定的家庭、学校和社会环境中与周围的物质环境以及精神环境发生互动作用，形成对自己以及自己与周围环境关系的稳定的认识和态度，每个个体的自我意识都以完整的、系统的形式存在着，表现出一个人与其他人的不同之处。因此，虽然自我意识是在和他人的互动中形成的，但同时又具有相对的独立性和个体性。

（二）自我意识的社会性

自我意识是人类祖先向现代人演化过程中，为适应群体的协作方式而产生的。群体劳动必须有分工协作，个体活动必须服从社会群体的要求。这样，个体要反思自己的行为及其结果是否有利于群体的协作。反思是自我意识的开始，自我意识随着社会的发展、人际关系的复杂化愈来愈具有更多的社会性、群体性。

从个体发展来看，自我意识的发生和发展也是一个社会化的过程。初生婴儿还不能将自己从环境中分离出来，随着年龄的增长，在与周围人们的交往中，观察别人对自己的态度和评价，将这些印象加以内化、整合为自己的心理模式，并以此作为认识、评价与完善自己的标准。这就是个体自我意识社会化的实质。

"自我"的个体性与社会性是统一的，"我"应是无数人中独特的一个，又要努力成为一群人中"和谐"的一个。

（三）自我意识的能动性

客观环境是自我意识产生与发展的源泉，人之所以成为人就是因为人有自我意识。自我意识的发生与发展是人的意识区别于动物心理的重要标志。动物只能适应外界环境，而具有自我意识的人，能够在劳动中能动地掌握自己和改造世界。人不仅能意识到客观世界，还能意识到自我以及自我与外界环境的关系，将自己从周围环境中分离出来。人的自我意识是以完整、独特的形式存在着，成为自身的心理活动与行为的调控系统，能动地指引和确定个体行为的方向，协调个体和环境的关系，自觉地创造世界，同时也创造自己。

（四）自我意识的同一性

随着时间的推移和环境的变化，自我意识也在不断地变化和发展。但是，个体对自己的本质特点、理想、信仰、价值观以及诸多的身心特点的基本认识和态度始终保持一贯性。因此，受自我意识调控的工作态度、生活方式等会在不同的场合具有一致性，这就是自我同一性。这种自我同一性在个体与他人以及环境的逐日交往中得到反映，每个人都具有一种独特的、稳定的自我同一性。自我意识的同一性标志着个体的内部状况与外界环境的协调一致。倘若自我同一性发生紊乱，将会引起紧张、担忧和痛苦的情绪，甚至会出现人格障碍。

自我同一性是一种发展的结构，是自我形成与转化的形式。自我同一性的发展是一个动态的过程，真正的自我同一性必须由青少年自己在与外界的互动中，将自己在别人眼中的形象和适合自己的职业相结合的过程中，才能铸炼而成。可以这样说，自我同一性本质上就是在不断寻找理想自我与现实自我的最佳接合点。

四、有关自我的理论

很多心理学家通过多年的研究，形成了自我意识的理论。主要的流派有：

（一）弗洛伊德的人格三分结构论

奥地利著名的精神病学专家、精神分析理论的创始人弗洛伊德把自我融入人格研究中，认为人格由本我（id）、自我（ego）、超我（superego）三个部分构成。三个我的含义和作用等已在前面介绍过，这里就不再赘述。

(二) 艾里克森的自我发展渐成学说

弗洛伊德的人格体系蕴含自我心理学思想，但其继承者、美国著名的精神病专家、新精神分析学派的代表人物艾里克森（Erikson）在前人研究的基础上，极大地推动了完整的自我心理学体系的建立。艾里克森认为，人的自我意识发展持续一生，但要经历不同的发展阶段，每个阶段都有一个核心课题。他把自我意识的形成和发展划分为八个阶段，详见表2－1。

表2－1　艾里克森的发展阶段

年龄段	心理—社会转变期的矛盾
婴儿（0~1.5岁）	信任感—怀疑感
儿童早期（1.5~3岁）	自主感—羞怯感
学步期（3~5岁）	主动感—内疚感
学龄初期（6~12岁）	勤奋感—自卑感
青春期（12~18岁）	自我同—自我混乱
成年早期（18~25岁）	亲密感—孤独感
成年期（25~65岁）	创造力—自我专注
成熟期（65岁以上）	完美感—失望感

艾里克森认为人的自我意识必须经历这八个阶段，每个阶段都不可逾越，但时间早晚因人不同。自我在人生经历中不断获得或失去力量，保证个人适应环境，健康成长。

(三) 马斯洛的"自我实现论"

马斯洛（A. H. Maslow, 1908—1970）是世界著名的人本主义心理学家，是心理学第三思潮的主要代表人物。他从人的需要出发，提出了"自我实现理论"。马斯洛认为，人有两类基本的需要：生理的需要和心理、精神的需要。由两类基本需要又派生出许多需要，归纳起来主要有五个层次。

(1) 生理需要：食物、饮料、住所、性、睡眠和氧气等，与机体生存有直接关系。

(2) 安全需要：工作、秩序、安全、稳定、可预料、减少生活中的不确定性。

(3) 社交需要：社会交往，团体、组织、家庭等的归属。

(4) 尊重需要：自己尊重自己，要求他人尊重自己。

(5) 自我实现需要：所为符合自己的本性，潜在能力和天资不断发展，实现理想。

人只有在满足了低级需要时才会追求更高层次的需要，但并不是每种需要都不可逾越或一定被满足。马斯洛认为人的最高需要是自我实现。作为需要和动机，自我实现是以生物学和心理学为依据的内在价值追求，它是丰满人性的实现。他认为自我实现的人有很多特点，如关心人类、欣赏人生经验、行为思想一致、人际关系良好、有幽默感……总之，自我实现的人是心理健康的人，是潜能和才能充分发挥的人。

技能导入 ////

一、自我意识的发生发展及模式

（一）自我意识的发生发展

自我意识不是先天具有的，而是个体在生活环境中通过与客观环境的相互作用逐渐形成和发展起来的，并且随着语言思维的发展而发展。自我意识的发展直接关系到人的心理健康，同时标志着人格形成与发展的水平。

人认识自己需要经过一个比认识外界事物更为复杂、更为长久的过程。个体的自我意识从发生、发展到相对稳定，要经历二十多年的时间。人初生时，并不能区分自己和非自己的东西，生活在主客体未分化的状态；七八个月大的婴儿开始出现自我意识的萌芽，即能意识到自己的身体，听到自己的名字会明确做出反应；两岁左右的儿童，掌握第一人称代词"我"的使用，这一点在自我意识的形成中是一大飞跃；3岁左右的儿童，开始出现羞耻感、占有心，要求"我自己来"（要求自主性），其自我意识有新的发展。但是这一时期的幼儿其行为是一种以自我为中心的行为，以自己的身体为中心，以自己的想法和情感来认识和投射外部世界。因此这一时期的自我意识被认为是生理自我时期，也有人称之为自我中心期，它是自我意识最原始的形态。

从3岁到青春期（3～14岁）这段时期，是个体接受社会教化影响最深的时期，也是角色学习的重要时期。儿童在幼儿园、小学、中学接受正规教育，通过在游戏、学习、劳动等活动中不断地练习、模仿和认同，逐渐习得社会规范，形成各种角色观念，如性别角色、家庭角色、同伴角色、学校中的角色等，并能有意识地调节控制自己的行动；道德心也在发展。虽然青春期少年开始积极关注自己的内部世界，但他们主要从别人的观点去评价事物、认识他人，对自己的认识也服从于权威或同伴的评价。因此，这一时期个体自我意识的发展被称为"社会自我"发展阶段，也被称为"客观化"时期。

从青春发动期到青年后期，是自我意识发展的关键期。其间自我意识经过分化、矛盾、统一趋于成熟。此时个体开始清晰地意识到自己的内心世界，关注自己的内在体验，喜欢用自己的眼光和观点去认识和评价外部世界，开始有明确的价值探索和追求，强烈要求独立，产生了自我塑造、自我教育的紧迫感和实现自我目标的驱动力。这一时期被称为心理自我发展时期，也被称为自我意识"主观化"时期。青年的世界观、人生观、价值观的形成是心理自我成熟的标志。

（二）自我意识发展的模式

自我意识的发展呈一种螺旋式上升的趋势，其发展模式为分化、矛盾和统一，即经历着分化—矛盾—统一——再分化—矛盾—统一的过程。个体经由每一次的自我分化、矛盾和在一定条件下的统一后，自我意识便向前发展了一步。

1. 自我分化

自我分化是自我意识发展的开始。个体进入青春期后，儿时那种笼统的"我"被打破了，明显地出现两个"我"：客我与主我。自我的明显分化，使个体主动地关注到自己的内心世界和行为，开始意识到自己那些尚未被完全注意到的"我"的各方面，于是自我内心活动复杂多了，自我观察、自我沉思明显地多了起来。写日记或向朋友倾诉也多了，从而促进了个体自我意识的发展。

2. 自我矛盾

在自我意识的发展过程中，随着自我的分化，主我在认识和评价客我时，发觉现实自我与理想自我之间、现实自我与想象自我之间往往有较大的差距，于是出现内心冲突，甚至不安和痛苦。这种自我矛盾是自我意识发展过程中不可避免的，是一种正常的现象。

3. 自我统一

自我矛盾的产生虽给个体带来不安或苦恼，但正是这种矛盾和冲突激发了个体奋发进取的积极性，促使个体去正确地认识自我，实事求是地修正理想自我中某些不切实际的过高标准，并努力奋斗，改善现实自我，有效地控制自我，使理想自我与现实自我互相趋近、求得自我的统一。而不是那种放弃理想自我，让理想自我去迁就现实自我，也不是过高地估计现实自我，认为理想自我能够轻而易举地实现。这是一种积极、健康的统一，是自我认知、自我体验与自我调控的统一，是主体与客观现实的统一。

二、大学生自我意识发展的特点

大学生的自我意识在大学阶段得到了迅速的发展。由于大学生群体独特的教育环境和知识背景，他们的自我意识具有鲜明的特点，具体表现在：自我认识更加全面、深刻。

（一）更加关心个人的成长

进入大学以后，大学生对自我的认识更加深入、更加透彻。他们非常关心自己今后的命运，更加积极主动地探索自我，围绕个人发展、个人与社会的关系等问题进行了深入的思考。如"我有风度和气质吗？""我将成为什么样的人？""我的未来会是怎样的？"等等。

（二）自我评价更加趋于客观

随着大学生知识的积累，生活经验的丰富，其感性认识与理性认识趋于成熟，绝大多数大学生对自己的分析与评价逐步趋于全面和客观。如："我有较强的动手能力""我的口才很好""大家是喜欢我的"等。大多数学生对自我的评价与外界的认识和评价基本一致，并且能自觉按照社会要求来评价和认识自己。

（三）自我认识以肯定性评价为主

大学生对自我的评价绝大多数是正面的、积极的，优点多于缺点，肯定多于否定，绝大多数同学能把优点看成自己的主流。但是由于人的心理活动的复杂性，一个人要认识自己并不容易，加之大学生认识能力还不够成熟，因而大学生在认识、评价自我时还缺乏客观性和正确性，对自我的理解和判断也流于浅表，甚至出现自我否定或盲目自大。

（四）自我体验丰富而复杂

大学生有着丰富的情感世界，他们时而情绪高涨，豪情满怀，体验到自尊、自信、好胜；时而情绪低落，意志消沉，体验到自怨、自责、自卑等。随着年龄的增长，大学生开始萌发了对异性的关注与爱慕之情，从而增加了对爱情的情绪体验。大学生积极与消极的情绪体验，体现了大学生自我体验的丰富性；但大学生的自我体验也比较复杂。他们有时表现为敏感、多疑、闭锁，在一定程度上具有波动性。例如对他人的言行与态度有时极为敏感，但又常常把自己的情感体验闭锁于内心，产生复杂的自我体验。同时，大学生对国家乃至国际的重大事件也极为关注。他们的自我体验常常与国家、民族的利益紧密相连。但大学生的自我体验会随着情绪的波动而上下起伏，如情绪好时自我肯定多些，充满了自信；一旦情绪低落，自我否定占多数，容易产生自卑、内疚等情绪。

（五）自我控制能力明显提高

随着年级的增高，大学生的自我控制能力有了很大的提高，其自觉性、独立性、稳定性和坚持性都有了显著的发展。绝大多数同学能够积极主动地调控自己的言行，设定自己的成才计划，并根据自我设计与规划自觉调节自己的行为。他们渴望独立，渴望摆脱依赖与管束，希望做自己行动的主人。他们喜欢独立思考和行动，不喜欢父母的指点和老师的管教，希望自制和自立，摆脱旁人过多的干涉。但大学生自我控制的水平还不是太高，不善于及时、迅速地调整自己的目标和行为，也不善于用意志控制自己的行动。大学生中的打架斗殴、破坏公物等现象反映了大学生自我完善的主动性还不够。

任务二　欣然接受自我，恰当展示自我

案例导入

刚上大学时，于丽丽是个人见人爱的女生，她有着苗条的身材、白皙的皮肤，尤其是一双会说话的大眼睛，让人过目不忘。她不仅长得漂亮，还能歌善舞，琴棋书画样样精通。由于她能力强，语言表达清晰、有思想、有工作方法，老师把班里许多工作交给她去做，而且她做得非常好，所以老师们都特别喜欢她。她在家是独生女，父母也将她看作掌上明珠。但渐渐地她越来越自命不凡，对待班里同学她谁都看不起，与同学的关系逐渐疏远。当老师在学生干部改选前征求她的意见时，她不是说这个同学太笨，就是说那个同学不会说话，对谁都不满，就自己最好。她对人的这种态度让同学们非常反感，在改选时她落选了。看到结果后，她哭着跑了出去……

案例启示

（1）于丽丽同学应该在正确认知自我的前提下，进行自我调节，只有这样才能被同学们认可和接纳，重新回到群体之中。

（2）大学生要能够了解自我意识发展的规律和缺陷，具备一定塑造健全自我意识的能力，这样才能够更好地接纳和完善自我，积极地展示和超越自我。

知识链接

一、大学生自我意识发展的规律

大学生的自我意识在大学阶段有了迅速的发展，他们的自我认识、自我体验、自我控制逐步趋于一致。在自我意识发展的过程中，大学生从不成熟逐步走向成熟，经历了分化、矛盾、统一和转化的过程。

（一）自我意识的分化

自我意识的分化，标志着大学生逐步走向成熟。原来笼统的"我"被打破，出现了两个"我"，即主观的"我"和客观的"我"。主观的我是对自己活动的观察者，客观的我是被观察到的身心活动。西方心理学家习惯于将主观我用"I"来表示，客观我用"me"来表示。这里，大学生既是观察者又是被观察者。例如：当我们评价自己"我认为我自己是怎样的人"时，第一个"我"是主观我，是对自己行为的观察者，是人脑功能的体现；后一个"我"是客观我，是被观察的对象，是个人身心活动所体现出来的"怎样的人"。伴随着主观我和客观我的分化，也出现了"理想我"与"现实我"的分化。自我意识的分化，使得大学生更加关注自己的内心世界与行为反应，产生了新的认识，同时也经历了丰富的情感体验，有了更多的思考，促进了自我的发展。

（二）大学生自我意识的矛盾

自我意识的分化一方面使大学生对自己有了新的认识，开始意识到以前不曾注意到的关于"我"的方面和细节，促进了自我的发展；另一方面，自我意识的分化也带来了理想我与现实我的矛盾，并深刻感受到两者之间的差距。使大学生的自我冲突加剧，自我不能统一，从而陷入烦恼与不安之中。具体地说，大学生自我意识的矛盾主要表现在以下几个方面：

1. 理想我与现实我的矛盾

大学生思想活跃，情感丰富，具有远大的理想、强烈的成就愿望，对未来充满了美好的憧憬与希望。由于大学生几乎是从家门到校门，较少接触社会，理想与现实有一定差距。当他们付诸行动的时候常常发现理想自我与现实自我相差甚远。例如：常有大学生希望自己能在人际交往中受人喜爱和欢迎，成为众人瞩目的焦点，但是在现实生活中自己却发怵在众人面前讲话，讲话时要么结结巴巴、语无伦次，要么满脸通红、不知所云。虽然理想我与现实我之间的差距给大学生带来了苦恼与不安，但是也能激发大学生奋发进取，去逐步缩小理想我与现实我之间的差距，从而实现自我的成长与发展。但是，如果理想自我与现实自我长期不能趋近于统一，就会引起自我的分裂，导致一系列的心理问题。

2. 独立意向与依附心理的冲突

进入大学以后，大学生的独立意向迅速发展。他们希望摆脱家庭、学校、老师的管教与约束，自己能在思想、学习、生活、经济上独立，能够独立自主地处理遇到的一切问题。但是当他们面临比较棘手的问题时，由于自己能力有限，缺乏社会经验，常常会感到无所适从，对自己缺乏应有的信心。由于他们在心理上不能完全摆脱对学校、家长、老师的依赖，在经济上不能做到独立自主，无法做到人格上的完全独立，因此导致独立意向与依赖心理的冲突。

3. 交往需要和自我闭锁的冲突

大学生有强烈的交友愿望，他们渴望得到他人的理解与信任，盼望能同知心朋友一起探讨人生的真谛，共同分担痛苦、分享快乐。但是，大学生也同时存在自我闭锁的倾向。在交往中，他们常常存有一定的戒备心理，有意无意地与他人保持一段距离。许多人不愿敞开自己的心扉，而是把自己的心事隐藏起来，在公开场合较少说出自己的真实想法。这种闭锁心理是大学生渴望交往但又不能得到满足所导致的防御现象。交往的需要与自我闭锁的矛盾，使得大学生常常陷入孤独之中。

4. 自尊心与自卑感的冲突

大学生有较强的优越感和自尊心。他们被称为"天之骄子"，受到社会的赞誉，老师、父母的喜爱，同龄人的羡慕。他们有远大的理想，对自己充满了自信。进入大学以后，在人才济济的新环境中，出现了新的排序，当发觉自身的优势不在或遇到挫折之后，他们就会陷入自我否定之中，怀疑自己，不能接受自己，从而产生了自卑心理。

5. 追求上进与自我消沉的冲突

大学生对未来充满美好的憧憬，对生活充满信心，希望通过自己的努力，实现自己的理想。但是，在追求理想的过程中，难免会遇到挫折。由于大学生的成长比较顺利，挫折体验较少，心理比较脆弱，在困难与挫折面前容易消极退缩，对事业、生活容易失去信心。他们虽然消沉，但是又不甘自暴自弃，依然想通过自己的努力奋发向上；但是又感到困难重重，内心处于矛盾之中，表现出烦躁不安与焦虑。

由自我意识发展而引发的矛盾与冲突是大学生从不成熟走向成熟的集中体现，也是大学生自我发展过程中的正常现象。任何事物都有其两面性。一方面由于自我意识的矛盾使大学生陷于苦恼与不安之中，并有可能影响其心理发展和心理健康；另一方面，也会激发大学生去设法解决这些矛盾，以达到自我意识的统一。因此，自我意识出现矛盾并非坏事，因为有矛盾才会有发展，在发展中大学生才会走向成熟。

（三）自我意识的统一

由自我意识的矛盾所引发的苦恼会促使大学生为解决内心的矛盾冲突而不懈努力，以达到自我意识的统一。这种统一集中地表现为理想自我与现实自我的统一。

1. 自我意识统一的实现途径

（1）努力改善现实自我，使现实自我逐渐向理想自我接近。

（2）修正理想自我中不切实际的地方，使理想自我切实可行，通过努力奋斗可以实现。

（3）放弃理想自我而迁就现实自我。

从心理卫生学的角度分析，自我意识的统一有积极与消极、健康与病态之分，评判的标准主要是看统一后的自我是否完整、协调、充实、有力，这种统一是否有助于个体的心理健康和发展，有助于社会的进步与文明。

2. 大学生自我意识统一的几种情况

1）积极的统一

积极的自我意识的统一，是正确的"理想自我"与进步的"现实自我"的统一，并转化为积极的自我。他们对"现实自我"有比较清晰、全面、客观的认识；对"理想自我"的认识也比较积极、准确，既符合社会要求，又符合自己的实际，是通过自身的努力能够达到的。统一后的自我完整而有力，既适应社会的发展，又有助于自身的健康成长。例如：某名同学的"理想自我"是做一个具备较强的英语听、说、读、写能力的人，于是他为自己规划了奋斗目标：通过英语六级考试。于是他刻苦努力，终于在大四时通过了六级考试，实现了"理想自我"与"现实自我"的统一。

2）消极的统一

由于对现实自我的不正确认识，产生了消极的自我意识。表现为两种情形：自我否定和自我扩张。

自我否定型的特点是由于大学生对现实自我的评价过低，理想自我与现实自我的差距太大，经过努力仍无法接近目标，从而导致自信心缺乏，自卑感加重，在心理上呈现出一种消极的防御状态。例如：某名同学的梦想是成为一名硕士研究生，但她的外语水平和数学功底太差，几次考试都失败了，垂头丧气、情绪低落，痛定思痛之后，她决定放弃考研的念头。这种类型的学生不是通过改变现实中的自我，以达到与理想自我的趋近，而是在一定程度上放弃理想自我，趋同于现实自我，以求得自我意识的统一。

自我扩张型的特点是对现实自我的评价过高，以至于形成不切实际的、错误的自我，并认为理想自我的实现轻而易举，从而导致理想自我与现实自我达到虚假的统一。例如：小杨学的是国际贸易专业，他一直梦想着自己能成为一家国际跨国公司的大老板，他整天想入非非，学习成绩却一塌糊涂。这种类型的学生由于以幻想中的我代替了现实中的我，其自我具有白日梦的特点。他们往往盲目自尊、爱慕虚荣，具有很强的心理防御倾向，容易导致心理变态和行为障碍。

3）难于统一

理想自我与现实自我无法协调，导致自我意识的矛盾难以达到统一。具体分为两种情况：自我矛盾型和自我萎缩型。

自我矛盾型的大学生，理想自我和现实自我难以统一，自我意识矛盾强度大，延续时间长，自我认识、自我体验、自我控制缺乏稳定性和确定性，新的自我无从统一。

自我萎缩型的特点是极度自卑和自我拒绝，理想自我极度缺乏或丧失。这种类型的大学生认为理想自我难以实现，放弃了对理想自我的追求。对现实自我不满意，可又觉得无法改变现实自我。不但使理想自我与现实自我难以统一，还会出现自怨、自责、自卑，甚至自暴自弃、消沉沮丧等，严重者会导致心理变态。

二、大学生自我意识发展的缺陷与调整

从心理卫生的角度看，自我意识过强或过弱都是不好的。大学生正处在心理迅速成熟但又尚未完全成熟的时期。在复杂多变的社会环境的影响下，在多元化的人生观和价值观的冲击下，大学生自我意识的发展容易出现偏差。大学生自我意识方面的缺陷主要表现在以下几个方面。

（一）过度的自我接受与过度的自我拒绝

1. 概念

1）自我接受

自我接受是指自我认可，肯定自己的价值，喜欢自己的个性，对自己的优点与缺点、能力与才华有客观的认识和评价，不过多地抱怨和谴责自己。自我接受是心理健康的表现。

2）过度的自我接受

主要是由过高地估计自己引起的。过度的自我接受者一方面对自己的肯定评价过高，用

放大镜看待自己的长处，甚至视短处为长处；另一方面，看不起别人，拿显微镜看待别人的短处，甚至细微的缺点也能挑出来。他们的人际交往模式属于"我好—你不好"型。过度的自我接受的人容易产生盲目乐观情绪，自我欣赏、自以为是，会影响其人际关系，并遭遇社会挫折。

3）自我拒绝

自我拒绝是指自我否定，不喜欢自己，不能容忍自己的缺点和弱点，抱怨和指责自己。过度的自我拒绝是更严重的、多方面的、经常的自我否定，它是由严重低估自我引起的。他们的人际交往模式属于"我不好—你好"或"我不好—你也不好"型。

4）过度的自我拒绝

看不到自己的价值、只看到自己的不足、过度自我拒绝的人认为自己什么都不如别人，处处都低人一等，丧失信心，自我嫌弃，严重者会走向自我毁灭。

2. 过度的自我接受与过度的自我拒绝的调整

过度的自我接受和过度的自我拒绝是自我评价不当引起的两个极端。其调整方法如下：

1）树立正确的认知观念

俗话说："金无足赤，人无完人。"要认识到每个人都有缺点和优点，一个人不可能事事都行，也不可能事事都不行。揪住自己缺点不放的人是不明智的，要懂得悦纳自己，肯定自己的价值，但又不要自以为是，狂妄自大。

2）确立合理的评价参照体系和立足点

确立合理的参照体系有助于正确地认识自己。如果以弱者为参照物，则会萌生自大；如果以强者为标准，则会导致自卑。因此人应该选择合适的标准来评价自己。大学生应立足于自己的长处，改进自己的短处；在困难时多看到成绩和优势，以提高克服困难的信心和勇气；在成功时多反省自己的缺憾，再接再厉，总结经验。

3）培养独立健康的人格品质

如自信而不狂妄，自尊而不自傲，谦虚而不自卑，乐观但不盲目等。

（二）过多的自我中心与过多的从众心理

1. 自我中心

自我中心指强烈地关注自我，做事往往从自我的角度和标准去认识、评价和行动。

2. 过多地以自我为中心

做任何事均从"我"字出发，都以自我为核心，不能设身处地为他人着想。如：爱指使别人，处事总认为自己正确，别人错误，盛气凌人，爱把自己的意愿强加给他人等。由于过多地以自我为中心，他们常常不能赢得他人的好感与尊重，人际关系多不和谐。

3. 如何克服过多的自我中心

（1）要摆正自己的位置，既重视自己也尊重他人，自觉把自己、他人与集体结合起来，走出狭隘的自我。

（2）要恰如其分地评价自己，既不高估自己，也不自我轻视；再次要尊重他人。只有尊重和信任他人的人才能获得他人的尊重与信任。

（3）要学会换位思考，能从他人的角度思考问题，关心他人，为他人着想。

4. 过多的从众心理

1）概念

从众心理人皆有之，但过强的从众心理就会阻碍个人的发展。有过多从众心理的人往往缺乏主见和独立意向，常常人云亦云，遇到问题束手无策，导致自主性被阻碍，创造力受到抑制。

2）如何克服从众心理

要克服从众心理，就要建立自信心，培养独立思考问题的能力，勇于创新，敢于与众不同，保持自己的独立性和个性，做独一无二的自己。

（三）过强的自尊心与过强的自卑感

1. 概念

1）过强的自尊心

自尊心强的大学生，不是认为自己比别人优越，而是相信能够克服自己的缺点，取得进步，对自己充满信心，这是应予以肯定的。而有过强自尊心的同学，常常认为自己比别人优越，骄傲自大，缺乏自我批评，听不进别人的意见，好比是"老虎屁股摸不得"。这样的同学回避或否认自己的缺点，缺乏自知能力，容易与他人发生冲突。

2）过强的自卑感

自卑感是对自己不满、鄙视和否定的情感，往往是自尊心屡屡受挫的结果。有过强自卑感的同学，过度自卑，斤斤计较于自己的缺点、不足和失误，结果因自卑而心虚胆怯，遇有挑战性场合即逃避退缩。过强的自卑感往往通过过强的自尊心表现出来。

2. 如何克服这些不良的心理特征

过强的自尊心与过强的自卑感是密切联系的。自尊心表现得越强烈，往往自卑感越重。可以从以下几个方面着手：

（1）对过强的自尊心和过强的自卑感的危害有清醒的认识，并鼓足勇气改善自己的弱点。

（2）正确认识自己，能够全面、客观地评价自己的长处和短处，扬长避短。

（3）树立自信，正确地表现自己，不卑不亢。

（4）正确对待得与失、成功与失败，不为外界的议论所左右，勇于坚持真理，改正失误。

（四）过分的独立意向与过分的逆反心理

1. 独立意向和逆反心理

1）独立意向和过分独立意向

独立意向是大学生自我意识发展的重要标志之一，过分的独立意向表现为把独立理解为"万事不求人"，不需要别人的帮助，当遇到挫折和困难时，也拒绝他人的帮助，因此会走很多弯路。其实，独立并不意味着独来独往、我行我素和不顾社会规范，而是指在感情上、行为上个体能对自己负全部责任。一个真正成熟的人是独立的，他对自己负责任但不排除接受他人的帮助。

2）逆反心理和过分逆反心理

逆反心理是青年心理发展的必然过程。逆反心理是大学生为了寻求独立和自我肯定，为了保护自我，抵抗外来压力的一种力量。有过分逆反心理的大学生往往采取非理智的反应方式，在内容上一概排除正确与错误、精华与糟粕；在手段上只是简单地拒绝和对抗，带有很大的情绪性；在目的上只是为了反抗而反抗，逆反的对象多是家长、老师、典型人物等权威。

2. 如何克服过分的独立意向与逆反心理

（1）要正确理解独立的真正含义，发挥独立性本身的积极作用，清除过分逆反所带来的种种弊端。

（2）要勤学多思，提高识别正确与错误的能力，敢于反抗并善于反抗；最后要正确对待自己、他人和社会，多接触社会，加速自我的社会化和人格的成熟。

大学生在自我意识发展过程中出现的种种失误与偏差是其心理发展还不成熟的表现，这不是某个人的缺点，而是所有大学生或多或少都要经历的，是这个年龄阶段的特征，是普遍而正常的现象，但又是必须加以调整的。

技能导入

一、大学生要塑造健全的自我意识

（一）正确认识自我，全面评价自我

正确认识与评价自我是自我调控的重要因素，是塑造、完善自我意识的基础。大学生对自己的存在价值、想法、愿望、动机、品德、个性特征以及自己的所作所为有一个正确、全面的认识与评价，就能够取长补短，控制自我、发展自我和完善自我，就能够提高自己参与社会的积极性，协调自己与他人的交往，处理好个人与社会、个人与他人的关系。否则对自己评价过高或过低，不能全面地、恰如其分地评价自己的心理和行为，势必不能发扬长处，也不利于克服弱点，从而造成人际关系的不适应。

真正认识自己、全面评价自我并非易事。大学生可以从以下几个方面努力。

1. 从与他人的比较中认识和评价自己

个人认识与评价自己的能力、自己的价值、自己的品德以及个性特征往往是通过与他人的比较而实现的。一般而言，一个人总是通过与自己条件相似的人作比较来评价自我。大学生将来是国家的栋梁，因此，大学生不要仅仅与自己情况差不多的人相比，更要与优秀的人们相比，与理想的人物和标准相比，并且要像古人所说，"见贤思齐"。

2. 从他人对自己的态度中认识和评价自我

人们总是要与他人交往的，在相互交往中，不断深化对自己的认识，同时也在认识和评价他人；在评价他人的过程中，也接受他人对自己的评价。

艾里斯和霍姆斯的一项实验说明了个人对自己的评价往往是以他人对自己的评价为参照的。让大学生参加10分钟的会谈。在交谈的前两分钟，主试对大学生的态度反应为中性，两分钟后，通过微笑次数和声调等非语言行为对一部分大学生表现出感情深厚，对另一部分大学生以冷淡的态度对待。会谈后，他人的态度就是一面镜子，可以用来观测自己，求得对自己的正确认识。只要多用几面就能够看清自己。因此，大学生应该观察和分析大多数人的态度，从中认识自我。

3. 通过反省自己的心理活动和行为来认识和评价自我

研究表明，自我评价是不完全以他人评价为依据的，而是通过自我分析独立完成的。大

学生必须经常反思自我，勇于并善于将自我作为一个认识的对象，严于解剖自我，敢于批评自我。

4. 积极参与实践活动，借活动成果认识和评价自我

大学生均有各自潜在的天赋和才能，如果不加以发现和发展，就可能被淹没，甚至连他们自己也不知道。因此，大学生应打破自我封闭，积极参加多方面的实践活动和社会交往，使自己的各种天赋与才能有机会表现出来，取得优异的成绩，被自己所认识，以便进一步全面评价自我和发展自我。

5. 客观、辩证地认识与评价自我

大学生不论在与别人相比较，或从他人对自己的态度中，或通过自我反省等获得关于自我的信息，都应该进行分析、综合与比较，实事求是地全面评价自我，不要以偏概全，不以一时一事作结论。通过客观、辩证的分析与综合，才能正确认识自我和全面评价自我。

（二）欣然接受自我，恰当展示自我

对大学生来说，认识自我固然不易，接受自我、展示自我常常更难。欣然接受自我，就是对自己本来的面目抱以认可、肯定和喜悦的态度。

1. 欣然接受自我的意义

1）悦纳自我有助于心理健康

一个不能悦纳自我的人就不会自然地展示自我，竭力掩饰自己的真实面貌，希望给别人一个与己不同的印象。这就必然带来沉重的心理负担，他要时时防备，别让自己的真实面目暴露出来，他要装扮得像。生活变成了演戏，长此以往，势必有碍于心理健康，甚至引起心理疾病。一些学者根据资料分析认为，不能自我展示的人是不健康的，但"过分开放"也是不健康的。健康人格者能因人因事地适当展示自我。

2）悦纳自我、展示自我有助于密切人际关系

自我展示是表达情感和才华的一种渠道。人们在交往中，你想了解别人，就必须首先让别人了解自己，展示自我。向别人展示自我，就表明你信任他，从而取得别人的信任。只有这样，才能建立彼此信任的密切的人际关系。一个不肯接受自我的人，往往不能欣然接受别人，对他人抱过分警惕的态度，势必造成人际关系的紧张。

3）如实展示自己有助于正确认识自我和评价自我

如人际交流乔哈里窗，揭示了一个人自我的四个部分（见下图）。

约瑟夫·鲁夫特（Joseph Luft）和哈里顿·英格拉姆（Harrington Ingram）提出一个介绍自我和相互了解的模型。他们把人的内心世界比作一个窗子，它有四格：开放区、盲区、隐藏区、未知区。

自知	自不知
1. 开放区	2. 盲　区
3. 隐藏区	4. 未知区

开放区：代表所有自己知道、他人也知道的信息。

盲　区：代表关于自我的他人知道而自己不知道的信息。

隐藏区：代表自己知道而他人不知道的信息，这些信息有的是知识性的、经验性的，甚至是创造性思维的结果。

未知区：这个区域指的是自己不知道、他人也不知道的信息，是潜意识、潜在需要。这是一个大小难以确定的潜在知识。

我们可以依循"乔哈里窗"的理论架构，来找出在群体中如何挖掘自我、展示自我的方法。通过建立在目标、信任基础上的交流，扩大开放区，缩小盲区和隐藏区，揭明未知区，从而实现自我的功能。

实践表明，一个人开放区的部分愈大，其自我认识就愈正确。自我评价愈全面，心理就愈健康、愈有利于自身发展，因此大学生应如实地展示自我，并主动地征求他人的意见，留心观察和分析他人对自己的态度，力求缩小盲区的部分，力争全面认识自我；同时按照自己的本来面目展示自己，决不有意掩饰自我，以缩小隐藏区的部分。企图以假象求得别人的好感，那将造成沉重的心理负担，不利于自我成长。

4）欣然接受自我有助于自我成长

唯有欣然接受自我，才能自重自爱，珍惜自己的人格和声誉，努力进行自我修养，谋求自身的发展。相反，不肯接受自我的年轻人必然会觉得自己并无可取之处而自暴自弃，自轻自贱，甚至破罐子破摔。这对自我成长是极其不利的。

2. 如何欣然接受自我

1）要全面、正确地评价自己

个人固然有短处，但更多的是有很多长处。即使短处也总有一定的限度。因此，万万不能只看到短处，否定自己，也不能只盯住短处，将它轻易扩大，认为自己一无是处。大学生对自己的评价要恰到好处，既不要夸大，也不能贬低。骄傲固然不好，妄自菲薄也非常有害，不利于欣然接受自我。

2）要正确对待自己的短处

短处有两种：一种是能够改进的，如不良的习惯、坏脾气等；另一种是无法补救的，如先天的身材矮小、其貌不扬等。对前一种短处，要闻过则改，而不要文过饰非。对后一种短处，则要鼓起勇气，面对现实，承认它、接受它，不以此为羞，决不掩饰。掩饰固可遮羞于一时，但带来的心理负担是沉重的。

3）要正确对待过往失败的经历

一个人在成长的过程中总会有成功，也必会有失败。有的人面对失败一味地自责，贬低自己，使自己丧失信心。常常贬低自己的人，应该理性地考虑问题，对成功和失败都应当恰当地归因，这是调整自我、提高自尊和悦纳自我的重要条件。另外，大学生应清醒地认识到，眼前的失败只是一时的、一个方面的失败，人生的道路是广阔的，它并不预示着其他方面不再成功。古人云"失之东隅，收之桑榆"，大学生应成为生活的强者。

二、努力塑造自我，积极超越自我

认识自我、接纳自我是为了塑造自我、超越自我，只有自觉地塑造自我的大学生才能更好地发挥人所特有的自我教育的功能。如何认识自我、塑造自我，不同的人有着不同的诠释。

（一）按照社会的需要和个人的特点设计自我

大部分大学生都想干一番大事业，不愿平凡度过一生，这种追求宏伟的人生目标，追求体现社会价值的人生，是大学生宝贵的品质。但是，大学生对什么是事业、如何实现人生目标、今后会遇到什么困难等，往往缺乏思想准备。大学生应将自我设计建立在牢固的现实基础上，在设想自己的未来时，不能只从个人的愿望出发，必须将自己的人生目标建立在社会需求的基础上，根据自己的特点和社会提供的可能性来设计自我，不受虚荣心诱惑。大学生应将理想与现实结合起来，遵循社会的需要，从自己的特点着眼来发展自己，不去做力不能及的事，这样就一定能施展自己的聪明才智，为社会做出自己的贡献。

（二）努力发掘与充分利用自己的潜能

每个大学生都应该努力挖掘自身潜能，开发自我、激励自我。心理学的相关研究表明，脑是心理的器官，人的心理是脑的机能。大脑为自我超越提供了无限发展的可能性。每个人都拥有自己的特有潜能。除了人与人之间有共同尚未充分利用的大脑潜能之外，还有着与他人不同的身心特点，如感觉器官的结构与功能，神经活动的特点等。如前所述，大学生应通过各种活动发掘自己的天赋与潜能，并加以发扬光大，这是塑造自我与超越自我的重要条件。

（三）努力奋斗，有效地调控自我

塑造自我、超越自我是一个不断实践的过程。有效地调控自我是塑造自我与超越自我的根本途径。

大学生在追求理想、塑造自我的过程中，应将根据社会需要和自己特点确定的远大理想分解成符合实际的、经过努力可以达到的子目标，将长远目标与阶段目标结合起来，循序渐进，逐步加以实现。排除大而无当、好高骛远的想法，对切实可行的目标、力所能及的事情，要切切实实地去做。把塑造自我和超越自我的意识贯彻到每一个具体的行动中去，集中精力，从一点一滴的小事做起。

在塑造自我与超越自我的过程中，还要增强自信心与自制力。一个人在学习、工作和生活中，都不可能是一帆风顺的。自我调控是自我意识在意志中的表现，是有明确目标的实际行动与环境相互作用的过程。自制力强的人能够理智地对待周围发生的事件，有意识地调控自己的思想和情绪，约束自己的行为，成为驾驭现实的主人。大学生应不断提高自己的自信心与自制力，即使遇到暂时的困难和曲折，也要找到问题的症结，以顽强的精神力量战胜惰性，艰苦奋斗，坚持不懈地在不断克服困难、实现理想的过程中，塑造与超越自我。

心理训练营

一、心理体验

心灵体验：认识你自己

活动目的： 通过活动让同学思考对自我的认识。

古希腊时期"认识你自己"这句刻在德菲尔神庙上的名言就激励着人们不断探索自我、实践自我、超越自我。

活动时间：30 分钟。

活动方法：请静静地思考一下"我是谁"，并从学习、社会活动、人际关系、个性特点等方面在白纸上回答出 20 个"我是谁"。

写完后每个同学在小组里向大家分享自己的答案及感受。

结果分享：

（1）你在活动中有何感受？

（2）对你而言，梳理自我的感受是什么？它对你的过去和现在的生活、工作有何影响？

（3）其他人的回答对你有何影响？

（4）最后每个小组将有代表性的心理感受写到黑板上在全班进行分享，教师进行点评、补充、总结。

二、心理训练

（一）心灵体操：滚雪球

活动目的：

（1）增加学生对自我的觉察。

（2）提供机会使学生重新认识自我、悦纳自我、发展自我。

（3）帮助学生学会欣赏他人、关心他人、信任他人，正确处理与他人的关系。

活动时间：1 小时。

活动要求：6~8 人为一小组。

活动步骤：

第一阶段：初始阶段

预期目标：增进彼此认识；促进相互信任。

活动内容：

1）滚雪球

学生开始在教室里自由走动，遇到同学就停下来，微笑握手，然后继续走动，尽可能与每位同学握手。自由走动约 4 分钟后，每位同学对面的人就成为他今天的朋友，两人互相介绍。

接着 4 人为一组，互相介绍，最后合并成 8 人小组，连环介绍，每人用一句话介绍自己。话中必须包括姓名、个人特征、家乡。如第一位说"我是来自甘肃平凉的性格内向的王涛"，下一位则说"我是来自甘肃平凉的性格内向的王涛旁边的来自北京丰台的活泼的刘静"。以此类推，每个人都必须从第一位说起。介绍完毕，各小组推荐一个代表，把全组成员向全班一一介绍。同学们一方面看到了自己的潜力，另一方面团体向心力开始出现并不断增强。

2）信任之旅

介绍完毕后，让全体同学站成一圈，按"1、2"依次报数。报"1"（或报"2"）的同学向前一步，同时，要求全体同学从此刻起保持绝对安静。内圈的同学扮盲人，用布条、眼罩或其他物品蒙住眼睛，然后原地转三圈。"盲人"体会此时感受，然后由剩下的扮演"向导"的同学每人任选一位"盲人"，带领他走出教室去"旅行"，但二人不能有任何言语交流。约10分钟后回到教室，摘下眼罩，二人充分交流各自感受约3分钟。然后，互换角色，而且也要换同伴，重复之前的活动。

3）老师带领大家讨论

（1）蒙上眼睛后有什么感受？你想到了什么？

（2）你对你的"向导"满意吗？为什么？你对自己或他人有什么新发现？

（3）作为"向导"，你是怎样理解你的伙伴的？你是怎样设法帮助他的？这使你想起什么？

活动总结：此次活动的目的在于促进同学间的信任，只有自己先做出使对方信任的行为才能实现相互信任。在交流中，只有不断调整、多体会、多反馈，沟通才能顺利。重要的是，使同学们体会到同情心的意义与功能。

第二阶段：自我探索

预期目标：促进自我认识、接纳自我；认识他人特点，接纳他人。

活动内容：

1）热身

自做名片。恢复最初的8人小组，每人制作一张"名片"，贴在胸前。"名片"上写下自己最想让别人叫的昵称，然后，每个人按"名片"，依次叫一遍其他人的昵称。

2）性格、气质量表测验

组织同学做性格、气质量表，班主任或者辅导员解释结果。解释时应使组员理解，每个人的气质都不同，并没有好坏优劣之分。

3）小小动物园

每位小组成员选择一种最能代表自己的动物写在卡片上，如兔子、狗、小鸟等，写完后大家同时出牌，看都有哪些动物，请组员为自己设计一件有特色的T恤衫，看会选择什么样的图案。画完后，贴在墙上让其他成员观摩。然后，请每位设计者讲自己的考虑，其他人可以提问以促进设计者进一步思考，比如：色彩、内容、构图等，想表达什么？想展现什么？

4）设身处地

请组员列出曾经怨恨过的人，然后扮演对方的角色，从对方的立场出发，为他或她找理由，试着原谅对方。

第三阶段：自我成长

预期目标：使成员得到进一步的成长；解答成长中的困惑；为结束活动做准备。

活动内容：

1）生命线

请每位成员画条线段，左端为出生时间，右端是预测的死亡年龄（根据本人健康状况、家族健康状况、生活地区的平均寿命进行预测），再找出你今天所在的位置。画完后思考下面两个问题：

（1）过去对你影响最大或最令你难忘的三件事。

（2）今后你最想做的三件事或最想实现的三个目标。

想好后写在一张纸上，每个人都拿出自己的生命线与其他人员一起分享交流。交流中，边展示边说明，注意自己与他人内心的反应。

2）自我探索

给每位成员发几张白纸，请每组成员写出三个"我"：理想中的我，现实中的我，别人眼中的我。然后请愿意分享自我的同学读出自己的三个"我"，同组中人给予回应，帮助该名同学共同探索和纠正对自我的认识，促进个人的成长。

3）热座模式

给每位成员发几张白纸条，每张纸条写上自己的名字和一个最困扰、最想得到帮助的问题，问题必须是相同的。然后把纸条发给其他成员，请他们回答。回答者应认真思考，根据自己的经验，怀着真诚的心情回答，没有对错之分，只要写出自己真实的看法，不用署名。回答完毕，将纸条放进署有相应名字的信封。成员取回自己的信封，阅读纸条。最后，每个人谈自己读完意见后的感想。

第四阶段：结束

预期目标：自然结束活动；对活动进行评价性反馈。

活动内容：

1）大家都来说

全体同学坐在一起轮流发言。发言前，班主任或者辅导员发言："这是最后一次活动，你会用什么话来描述你对活动结束的感受？"或者："你对自己在活动中的进步与改变的满意程度如何？"

2）填写团体成员主观评估量表

3）留出时间让同学们自由结合，自由交谈

（二）心灵氧吧

推荐书籍：《少有人走的路》

作者：（美国）M·斯科特·派克（M. Scott Peck）

M·斯科特·派克，我们这个时代最杰出的心理医生，他的杰出不仅在其智慧，更在于他的真诚和勇气。他第一次说出了人们从来不敢说的话，提醒了人们从来不敢提醒的事，这就是：几乎人人都有心理问题，只不过程度不同而已；几乎人人都有程度不同的心理疾病，只不过得病的时间不同而已。在近二十年为美军军官做心理医生的职业生涯中，他治愈了成千上万的病人，他以从业经验为基础写作的《少有人走的路》，创造了出版史上的一大奇迹。

推荐影片：《三傻大闹宝莱坞》

本片是印度宝莱坞于 2011 年 12 月 8 日在中国大陆上映的影片，创下了宝莱坞电影上映首日、上映首周和全球票房的最高纪录。影片主人公兰彻让人意识到做自己的重要，告诉我们人要做自己，要有勇气，要追逐爱，要为激情而活。

作为一名大学生，我们即将走入社会，更好地认识自我、活出自我，有勇气接纳自我和改正自我的不足是大学生活中完善自我最为重要的任务。

（三）心灵感悟

我国台湾文人林清玄说："人生的缺憾，最大的就是和别人比较。与高人比较，使我们自卑；与俗人比较，使我们下流；与下人比较，使我们骄傲。外来的比较是我们心灵动荡不能自在的来源，也使得大部分人都丧失了自我，屏蔽了自己的心灵原有的氤氲馨香。"

你就是这个世界上独一无二的一个，所以要充分地认识自己，让自己扬长补短，散发自己独特的个人魅力！

三、思考与作业

（1）大学生应怎样认识自我与接纳自我？

（2）如何发挥人所特有的自我教育的能动性去塑造自我与超越自我？

学会学习，成就未来

如果不想在世界上虚度一生，那就要学习一辈子。

——高尔基

缺乏智慧的灵魂是僵死的灵魂，若以学问加以充实，它就能恢复生气，犹如用水灌溉荒芜的土地一样。

——培根

求学的三个基本条件是：多观察、多吃苦、多研究。

——凯瑟拉尔

知识目标：了解大学学习的意义；了解学习的本质，理解学习归因倾向；认清学习与心理健康的关系；了解大学生常见学习心理问题及危害。

技能目标：分辨学习中的问题；能制定相应的学习策略，能训练学习能力；能针对学习问题进行调试；掌握有效学习方法。

情感目标：帮助大学生理想看待学习问题，并能进行有效调试；帮助学生学会学习，学会思考，具备科学的学习方法。

任务一　理解学习内涵，增强学习动机

小田，男，20岁，某北方高校大二学生，是一位来自山区、家庭经济困难的大学生，学习成绩一直优异。上大学后，他忽然感到心中迷茫，学习没有动力，生活没有目标。每当想到辍学在家的妹妹和日益衰老的父母，他心中极度愧疚，觉得自己不争气，但又找不到奋斗的方向和学习的动力。在学习上他仍旧马马虎虎，盲无目的，上课打不起精神。后来他渐渐迷上了上网聊天和网络游戏，以打发无聊空虚的时间。

（1）小田无明确的学习目标和动力，又感觉愧对家庭，感到学习上的困惑。其实他的学习困扰来源于学习动机不足，只有认清这一点才能走出困扰。

（2）大学生要能够掌握学习的特点，认清大学生学习与自身成才和心理健康之间的关系和意义，这样才能学会学习，提升学习动力。

一、学习的含义

学习是一种复杂的心理现象，其概念有广义和狭义之分。

（一）广义的学习

广义的学习是指人和动物在生活过程中，凭借经验产生的行为或行为潜能的相对持久的变化。广义的学习具有三层含义：

（1）凡是能产生条件反射的生物，只要能够出现行为的改变，就可以认为其出现了学习活动。例如：黑熊经过训练可以骑自行车，猩猩会蹬上箱子摘到高处的香蕉等。

（2）学习活动有别于动物的本能活动。例如：婴儿生来就会吮奶，鸭子出生就能游泳等，都不能称为学习活动。

（3）学习活动必须是相对持久和稳定的行为或行为潜能的变化，它区别于由药物、疾病等因素引起的行为变化。例如：运动员通过服用兴奋剂短暂地提高了比赛成绩就不属于学习活动。

（二）狭义的学习

狭义的学习概念把学习归结为人类特有的心理活动。例如，我国著名的心理学家潘菽把学习定义为"在社会生活实践中，人类以语言为中介，自觉地、积极主动地掌握社会和个体经验的过程"。

学习是人类学习活动中的一种特殊形式，是学生在教师的指导下，有目的、有计划、有组织、系统地进行的学习，是在较短的时间内接受前人积累的科学文化知识，并以此来充实自己的过程。

二、学习的特点

学习活动作为一种复杂的心理现象，具有自身鲜明的特点，这些特点表现在：

（1）学习者必须具备一定的生理和心理基础才能进行学习活动。大脑是学习的重要物质器官，它的成熟决定了学习活动能否顺利开展。同时，正常的学习也要求学习者的心理发展达到一定的水平，例如：注意力的保持、情绪的稳定程度等因素，都会影响学习的效果。

（2）学习的内容主要是书本知识，即人类经过长期积累获得的间接经验。学习活动的主要场所是各级各类的学校。

（3）学习活动的进行需要其他心理活动的密切配合。例如：感觉、知觉、注意、记忆以及意志等心理活动都与学习密不可分，只有这些心理因素共同作用，才能取得较好的学习效果。

（4）学习活动有着很强的现实性，它与学习者人格的完善、能力的发展、未来的职业选择甚至终身幸福都有着密切的关系。

三、大学生学习活动的特点

与中学的学习相比，大学生的学习活动由于其学习环境、学习内容和学习方式等方面的变化而发生了明显的改变。主要表现在：

（一）学习内容更具专业性

专业性是高等教育的重要特征。大学生一入学就要进入相关的院系和专业，要根据国家的培养目标和自己的意愿选择专业方向，进行专业定向。学习的内容涉及相关专业的各种知识和技能。同时，专业学习与大学生未来的职业选择和生涯规划有着密切的关系，是大学生从事工作、发展事业的基础。

（二）学习过程中的自主性增强

大学生生理和心理的进一步成熟促使他们在学习过程中自主性提高。这表现在：

（1）他们在一定程度上可以自主选择学习的内容。如高校普遍开设各种选修课，大学生们可以根据自己的意愿选择课程。

（2）大学生可以自由地决定学习方法、学习时间和学习地点，摆脱了中学时代由教师控制学习过程的状态。

（3）在评价教师和自身的学习状况方面，大学生也不再盲从权威，而是以自己的视角独立地做出判断。

（三）学习活动更具多样性

大学生学习活动的多样性主要表现在学习方式的多样性和学习兴趣的多样性两个方面。

1. 学习方式的多样性

大学阶段的学习具有开放性特点，打破了从小学到中学以课堂教学为主的单一形式。可供大学生选择的学习方式很多，特别是计算机、"信息高速公路"高科技产品和服务的迅猛发展，为大学生的学习活动提供了更为广阔的平台，如很多大学生都通过网络学习各种知识。

2. 学习兴趣的多样性

大学生的学习兴趣广泛而丰富。大学生活为每个人提供了一个展现自我、发展个性的舞台。如：在大学生当中涌现的电脑爱好者、音乐发烧友、摄影家和运动健将等，他们在锻炼才干的同时还培养了未来的职业素养，为今后的发展打下了坚实的基础。

（四）研究、实践和探索成为学习的重要任务

掌握科学的研究方法、培养独立探索的能力是大学生在学期间的重要任务。经过中学阶段基础知识的积累，大学生开始深入学习自然科学和社会科学领域的各种知识，接触到了许多未知的领域，这极易引起大学生的好奇心、激发其探求新知的欲望。同时，学习自主性的增强和课余时间的增多，为大学生探寻书本之外的新领域提供了必要的主客观条件。他们当中涌现出相当一部分"学生专家"，如北京某高校一名大二学生已经申报并获批了十几项专利。

以上四个方面相辅相成，互为依托，贯穿整个大学阶段的学习过程。此外，大学生的学习活动还具有与社会、学校和家庭紧密联系的特点。

四、学习对大学生成才的重要意义

（一）学习是大学生完成学业的需要

学习是大学生的主要任务，这是由国家对大学生的培养目标决定的。现在，全国各高等院校都明确规定了学生离校前在学业上要达到的标准，将其作为学生是否具备毕业资格和能否取得学位的条件。例如：英语水平达到四级或六级，计算机通过国家二级考试，师范类院校的毕业生要通过普通话等级考试等。否则，大学生就不具备毕业的资格，就拿不到毕业证或学位证。

（二）学习是大学生求职择业的重要手段

一方面，市场经济和我国加入世界贸易组织，为大学生带来了巨大机遇，但也不可避免地造成了更加激烈的竞争。另一方面，双向选择的就业制度，使昔日的"天之骄子"们失去了往日的优越感。大学生只有在学期间努力学习，不断充实和提高自己，才能在择业竞争中稳操胜券，这也是目前大学生中出现"考研热""考证热"的主要原因。同时，知识经济的到来，"唯才是举"社会风气的形成也为大学生提供了施展才华的舞台，只要学有所成、具备过硬的本领，就能先人一步，早日实现自己的理想。

（三）大学阶段的学习为大学生的终身学习奠定基础

学习的时代已经到来，学习是现代人赖以生存的条件。世界各国都把终身学习作为加速未来发展的战略性问题来对待，社会学习、家庭学习、职业学习、发展学习等学习理念已深入人心。大学生作为走在时代前列的群体，更应该顺应历史的发展，把学习作为终生的事业和追求。大学阶段的学习一方面使大学生学到了新的知识，开阔了视野，掌握了科学探索的方法，另一方面也为大学生终身学习和事业的成功创造了条件。

五、大学生的学习活动与心理健康的关系

（一）健康的心理状态是有效学习的必要前提

学习活动离不开良好的心理状态。这是因为，大脑作为人类学习活动的主要器官，也是各种心理活动的物质载体。因此，在学习活动的进行中必然会伴随着由大脑产生的心理活动。这种心理活动的影响有积极和消极之分。

（1）积极、健康的心理状态有利于学习活动的顺利进行。例如，某位同学在一段时期内心理状态稳定，没有不良的情绪，这就保证了他上课能够集中精力、认真听讲，有较高的学习效率。

（2）消极、负面的心理状态会干扰甚至阻碍学习活动的正常进行。例如，某位同学由于情绪波动导致注意力分散，无法集中精力听课，学习效率很低。又如，一位同学长期与同宿舍的同学关系紧张，他一进宿舍就会产生厌恶、紧张的不良情绪，从而严重干扰了他的正常睡眠，出现萎靡不振、记忆力下降等躯体症状，连正常生活都受到影响，又何谈学习！因

此，大学生只有长期稳定地保持积极健康的心理状态，才能有效地开展学习活动，收到良好的学习效果。

（二）学习活动对心理健康具有积极或消极的影响

1. 有效学习对心理健康的积极影响

首先，学习活动可以发展智力，开发潜能。一定的智力水平是心理健康的基础，一个人的智力是在学习中发展的，而潜能的开发状况与心理健康状况直接相关。其次，学习能带来心理的满足，使人们获得愉快的情绪体验。埋头学习，在知识的海洋里遨游，不断攀登科学的高峰会使大学生乐在其中，感受到自己的潜力和价值，获得满足的愉悦。努力学习、善于学习，有助于大学生智力的发展和心理的健康。

2. 不良学习对心理健康的消极影响

大学生的学习是一项艰苦的脑力劳动，需要消耗大量的生理、心理能量。学习方式不当，会事倍功半，影响学习积极性；学习内容过多，负荷过重，会由于压力过大而引起身心不适；搞"疲劳战术"，"开夜车"，不注意劳逸结合，会损害身心健康；学习环境杂乱，会使人心烦意乱，效率降低等。这些伴随学习活动而来的种种消极因素都会直接或间接地影响大学生的心理健康。

总之，大学生的学习活动与心理健康之间是相辅相成、互为条件、相互促进的。只有明确了两者的关系，才能提高认识，以积极的心态投入学习活动中去，在学习中自觉运用心理健康的知识和方法，科学学习，促进身心健康。

技能导入 ////

一、记忆力加强四部曲

（一）身心放松

首先，确定基本姿势。练习开始时，最好采用标准姿势，一般采用的姿势为靠式或坐式两种。

靠式：坐在安乐椅或沙发椅上，把身体的背部和头部靠在靠垫上，使两腿平行着地，不可悬空，使腿部轻松舒适。两个胳膊放在扶手上，手心向下，两肩轻松自然。两腿分开，与肩的宽度相似。

坐式：采用什么样的椅子都行，用凳子也可以，或者只要一个坐的地方。椅子高度适宜。一般要求两脚着地而不悬空，放松两肩，头部稍向前倾，这时把身体和头部彻底地伸展一下，消除身上的紧张感觉，这样就能保持很好的姿势。两只手的手心向下放在大腿上，并使它们不要相互碰到；两腿自然分开，处于舒适状态。

此外，还可以采用站式、盘膝坐式等，这要根据个人的习惯而定。

其次，放松精神。基本姿势正确以后，把两臂和两脚尽量向前伸出，同时用尽全身的力量，使得手脚充分伸出以后，突然停止用力，在这一瞬间，你马上可以感到你手脚的肌肉全部放松下来，你要抓住这种放松的感觉并保持下去。

把上述练习再重复一次，可以闭上眼做。然后马上进入腹式呼吸，微微张开嘴，把小腹的空气慢慢地吐出来，慢慢收缩小腹，把空气吐干净以后，停止呼吸一两秒钟。接着，一面使小腹慢慢地鼓起，一面用鼻子静静地吸入空气，吸到不能再吸为止，再停止呼吸一两秒钟。

按照腹式呼吸法重复 3~5 次，之后就进入普通的舒适呼吸方式。练习开始闭着眼睛进行，然后在头脑中浮现出轻松愉快的形象。诸如，我躺在草地上听鸟叫那样悠闲愉快的形象等。一面浮现形象，一面心中默念 2~3 次：心里非常安静，心里非常安静。由于默念的促进作用，心里确实变得安静了。逐渐地，整个身心都达到了松弛状态，感到轻松愉快。

（二）头脑中浮现出对过去的良好形象

这一步练习在头脑中要浮现出两种形象。

一是对于被记忆对象过去的良好形象。所谓被记忆对象是指练习者的练习记忆的目标，如学生提高学习成绩。提高学习成绩的良好形象有：我的数学有一次考了满分，我的英语口语表达特别好，曾经在课堂上受到老师的表扬，等等。

二是对于记忆本身过去的良好形象。所谓记忆本身是指练习者记忆里的良好形象。如，考外语前，我一天晚上能记住 200 个英文单词。

当过去良好的形象再现时，你就会产生一种"自己一定能记住"的自信心，这种自信心可使你对记忆的对象产生兴趣。具体操作方法：

（1）如果你把眼睛闭上 1 分钟左右，出现了轻松舒适的感觉，之后才能开始进入第二步的练习。

（2）在学习生活中，有关被记忆对象和记忆力本身的良好形象过去曾有许多，要把印象较深地回忆出来，并逐条记在卡片上，供选择使用。

（3）在逐条写下的良好形象中，尽量选择三个或四个最近发生的事物，这样印象会更为深刻。

这样选择出来的良好形象，每天要在头脑中浮现 5 分钟左右。

（三）头脑中浮现出对未来的良好形象

具体操作方法：

（1）这一步需要明确你提高记忆力对将来会有什么作用，并使它在头脑里深深地扎下根。这一步应在头脑中浮现出过去的良好形象之后再进行。每次可在头脑中浮现 5 分钟左右。

（2）要把自己能够想出来的目标和作用逐条地写下来，或制订一个"我将来的计划"，用卡片或图表列出。

（3）个人的目标要尽量具有形象特点，并在练习中经常出现在头脑中，起激励自己的作用。

（4）如有可能，就去实地考察，如到理想的中学或大学去参观访问，找到有关的职业人员谈该职业的特点和要求等，建立更深刻的未来形象。

（四）在头脑中浮现出整体的形象

一般人大约要用三个月时间做完前三步，当然有人可能会快些，视个人和实际效果而定，然后认真地做第四步。前几步掌握后，个人还要每天练习一次，作为脑体操来练习。形象法的练习不受年龄、专业的限制。在做上述各步时，将提高记忆力和集中注意力结合起来。如果注意力不集中，记忆力也是不可能提高的，所以两者密不可分。每个练习者都要联系个人特点找出个人过去的良好形象和未来的美景计划，否则是难以产生效果的。

注意：练习的时间最好是早、中、晚一天三次。早晨起床后，午饭后，睡觉前，分三次练习是比较理想的，每次练习时间为 10～15 分钟。假如做不到三次，至少一天要练习一次。经过平均三个月左右的练习，就能掌握形象控制法的全过程。重要的是坚持每天练习。

二、放松保健操

你只需用课余的时间按下列提示做头部和肩臂操即可防止学习疲劳。

（一）头部运动

挑高眉毛，尽量把眼睛睁到最大，同时张大嘴，舌头伸出，保持 5～10 秒，重复 3～5 次。

端正坐好，颈尽量向后贴（做出双下巴的感觉），保持 5～10 秒，重复 3～5 次。

端正坐好，缓慢低头，让头部的重量缓缓压在颈部，保持 5～10 秒，还原放松，缓慢抬头，慢慢张合嘴。保持 5～10 秒，重复 3～5 次。

端正坐好，缓慢将头部倒向左侧，左耳尽可能接近左肩（保持肩部放松，不用抬肩膀、够耳朵），保持 5～15 秒，重复 3～5 次。换右侧。

端正坐好，缓慢把头转向左侧，直到颈部感受到拉伸，保持 5～10 秒，重复 3～5 次，换右侧。

（二）肩膀和手臂抬肩运动

双肩，直至颈部和肩部之间感受到轻微挤压，保持 5～10 秒，重复 3～5 次。深呼吸，然后慢慢地呼气。

十指交叉，手掌上翻，举过头顶，手臂伸直，头部与手臂处于同一平面，伸 10 秒，重复 3～5 次；十指交叉于背后，伸直双臂的同时肘部缓慢向内侧旋转。保持 5～10 秒，重复 3～5 次。

十指交叉，手掌向外，手臂在体前伸直，保持 5～10 秒，重复 3～5 次。

十指交叉于头后，肘关节尽量向后打开，使两肩胛骨靠近。

右手握住左肘关节，缓慢移动向头后，直至感觉到轻微的拉伸，保持 5～10 秒，重复 3～5 次，做反向动作。

左手放于右肩，轻轻拉动左肘关节至胸前，直至感觉轻微拉伸，保持 5～10 秒，重复 3～5 次，做反方向动作。

双手交叉于体前，缓慢吸气，两手缓慢交叉于头上，向后拉伸，缓慢呼气，双手还原，尝试每次重复时伸展扩大双手画圆的范围，重复 3～5 次。

（三）久坐后一定要做的动作

身体直立，两膝向后打直，后叉腰，双手缓慢向前推，身体后倾，保持 5～10 秒，重复 3～5 次。

站立或端正坐好，双臂举于头上，向斜上方尽可能往远处伸展，保持 5～10 秒，重复 3～5 次。

三、学习动力测试

此测试共 20 个题目，主要帮助你了解自己在学习动机、学习目标上是否存在困扰。请实事求是地在与自己实际情况相符的题目后画√，在不符的题目后面画×。

(1) 如果其他人不督促，很少主动去学习。

(2) 一看书就觉得疲劳和厌烦，总想睡觉。

(3) 看书时，需要很长时间才能提起精神。

(4) 除了老师指定的作业外，不想再多做练习。

(5) 如果有不懂的地方，根本不想方设法去弄懂它。

(6) 常想自己不用花太多时间，成绩也会超过别人。

(7) 迫切希望自己在短时间内就能大幅度地提高学习成绩。

(8) 常为短时间内成绩没有提高而烦恼不已。

(9) 为了及时完成某项学习任务，宁愿废寝忘食、通宵达旦地学习。

(10) 为了及时完成作业，放弃很多感兴趣的活动，如体育锻炼等。

(11) 觉得读书没意思，想找份工作做。

(12) 认为课本上的基础知识没什么好学的，只愿学习更深的理论和知识。

(13) 只能在喜欢的科目上下狠功夫。

(14) 花在课外读物上的时间比花在教科书上的时间要多得多。

(15) 把自己的时间平均分配在各科上。

(16) 给自己定下的学习目标多数因做不到而不得不放弃。

(17) 几乎毫不费力就实现了自己的学习目标。

(18) 总是同时为实现几个学习目标而忙得焦头烂额。

(19) 为了应付每天的学习任务，已经感到力不从心。

(20) 为了实现一个大目标，不再给自己制定循序渐进的小目标。

以上 20 个题目可分成四组，它们分别测查你在学习方面的四个困扰程度。其中 1~5 题测查你的学习动机是否太弱，6~10 题测查你的学习动机是否太强，11~15 测查你的学习兴趣是否存在困扰问题，16~20 题测查你是否存在学习困扰问题。

任务二　破解学习难题，应对学习困难

案例导入 ///

小李，19 岁，大一新生，从小父母就对小李的学习充满期待。一天，小李中午、晚上都不想吃东西，吃下去的全吐了。同学让他去看病他不去。他说没病，还坚持要去教室复习，准备考试。小李那原本消瘦的脸上满含着忧郁，一副有气无力的样子，看上去身体很是虚弱。小李在日记中写道："昨天考第一科，我考得很糟，心里非常失望。我花了很多时间去复习，没想到还是考不好。晚自习时，我开始复习下一科，可老是走神。昨晚一晚都没睡好，总在想白天的考试，越想越自责，今早很早就醒了，我不敢多睡，匆匆去教室看书；可越看越觉得很多

内容都没记住，心慌得厉害，脑子也不听使唤了；午餐我一点儿胃口也没有，但还是强迫自己吃点，没吃下多少，就忍不住全吐了出来；晚餐也是这样。我很害怕，我可能读不下去了。"

案例启示

（1）小李的情况应当是考试焦虑症，面临重要的或关键性的考试，产生一定程度的考试焦虑，这是正常的。像小李这样严重的考试焦虑则会产生极大的危害，运用支持性心理疗法进行辅导或做放松训练，可以有很好的效果。

（2）大学生如果能够了解学习心理的特点及常见的学习心理困扰，掌握一定的应对常见学习困扰的调试方法，就能调整好自身的学习状况。

知识链接

一、大学生学习的心理特点

（一）大学生智力因素发展的特点

1. 大学生的观察力

大学生正处于青年时期，由于抽象思维能力和认识水平的进一步发展，这一时期的观察力水平同少年时期相比有很大的提高，主要表现出以下特点：

（1）观察事物的目的性更加明确。

（2）观察事物的敏感性进一步增强。

（3）观察事物更趋于系统、全面。

（4）观察事物具有相对的深刻性和稳定性。

2. 大学生的注意力

与中学生相比，大学生注意力的发展已有明显的不同：

1）注意的指向性更加主动明确

大学生学习的目的性和自制能力更强，已能自觉地调节控制自己的注意力，逐渐摆脱了学习中单纯凭兴趣的影响。

2）注意的集中性有了明显的提高

注意的指向性与集中性是紧密相连的，大学生注意力的集中较中学生有了明显的提高，尤其是对那些抽象的公式、定义和枯燥乏味的内容也能本能地集中注意力。

3）注意的品质得到进一步发展

注意的范围、注意的稳定性、注意的分配和转移都较中学生有了进一步的发展，更加趋于协调。

3. 大学生的记忆力

随着年龄的增长，生理和心理机能的发展，大学生的记忆水平有了显著的提高，进入了记忆的黄金时期。其主要特点有：

1）有意记忆成为记忆的主流

人们在少年儿童时期的记忆活动多数是凭着自己的兴趣或是家长、老师等外界因素的督促完成的，他们的记忆以无意记忆和机械记忆为主。大学生则能够根据学习的要求和自己的需要，主动自觉地、有意识地进行记忆，有意记忆已得到很大发展，逐渐成为记忆的主流。

2）意义记忆能力得到了明显的发展

意义记忆是在理解记忆内容的基础上进行的记忆。大学生随着观察能力和理解能力的不断提高，意义记忆能力也显著提高。

3）记忆容量大，记忆的敏捷性和持久性好

这都为学习活动提供了极好的生理和心理条件。

4. 大学生的想象力

1）个人想象力更加丰富，想象设计的领域日益广泛

在日常中多见的个人想象力有：白云幻想曲、科幻大片拼盘、超现实主义大餐、格言派对，等等，有很多领域的工作都需要丰富的想象力，生活也因有丰富的想象力而更加丰富多彩。

2）有意想象已占据主要地位

大学生有较明确的学习目标，因而在学习中的想象也多为有目的、有意识的想象，特别是再造想象更趋完善和精确，创造想象也有很大的发展。

3）更加关注理想与现实的结合

大学生都有自己的理想。随着人生经验的积累，思想的日渐成熟，他们越来越关注自己与现实的结合，能根据现实情况的变化和个人能力不断做出正确的判断，完善自己的理想，调整努力的防线，使自己的现实更接近于理想。

5. 大学生的思维力

1）思维的广度和深度进一步发展

大学生知识面比较宽，精力旺盛，思路清晰，喜欢思考问题，他们所思考的问题涉及面极广，思维已有一定的深度。

2）思维更加敏捷，批判性也不断增强

大学生自身知识和经验的积累已达到了相当的程度，为深刻认识事物和进行积极的思维创造了较好的条件。大学生在思维上的批判性也日渐增强。但大学生的思维仍相对较单纯，还需要从多个方面、多个角度去看待问题。

3）理论思维能力显著提高

大学生掌握了较多的理论知识，经常自觉不自觉地运用这些理论知识去认识事物、解释现象、解决问题，其理论思维能力得到了锻炼，获得了较大的发展。

（二）大学生非智力因素的发展特点

1. 大学生的学习动机

一般来说，大学生的学习动机具有以下特点：

1）学习动机呈现多元化现象

由于每个大学生的家庭情况、接受的教育及影响、个人生活经历、对未来的打算不同，因而学习动机呈现多元化的特点。有的是为了报答父母多年来的养育之恩；有的是为了不辜负教师的长期培养和期望；有的是由于自己对某一学科有着浓厚的兴趣，立志在事业上有所

作为；有的是为了改变自己的生活现状为将来谋求一个理想的工作，等等。在学习过程中，往往是几种动机同时存在，但在一定时期总是有一个主导性动机起支配作用。

2）学习动机具有日趋广泛的社会性意义

随着对社会认识的不断扩大和深入，自身社会责任感的进一步增强，随着对所学专业的深入了解，学习动机中的社会意义也更加突出。学习动机具有可变性，大学生的学习动机会随着社会及周围环境、个人的经历、思想、需要、兴趣、情绪及家庭等因素的不断变化而变化。学习动机还存在着强弱变化的现象，在学习中，并非动机越强越好，学习动机过强反而影响正常的学习。因此，我们所说的增强学习动机也是有限度的，在学习过程中要保持适当的动机强度，以获得最佳的学习效果。

2. 大学生学习兴趣的特点

大学生的智力和体力处于一生中最活跃的阶段，精力充沛旺盛，思想日趋成熟，思维灵活敏捷，又处于优越的大学学习环境之中，接触各种信息，其学习兴趣具有以下特点：

1）学习兴趣的内容更加广泛和丰富

为了提高自己的综合素质，除了努力学习专业知识和技能外，还要十分注意进一步拓宽自己的知识面，积极参加各种课余科技文化活动，并对国际政治、国家经济及社会发展的方方面面都有浓厚的兴趣。大学生的爱好也是丰富多彩的，像弹琴下棋、摄影绘画、打球游泳、集邮探险等，几乎无所不包。

2）学习兴趣的目标更加明确而稳定

大学生的兴趣虽然十分广泛，但已有了很强的选择性，已能根据社会发展和自己的理想抱负及具体条件有意识地控制、调节自己的学习兴趣，逐渐形成了自己的中心兴趣。

3）学习兴趣中的间接兴趣占据主导地位

大学生在学习中既有直接兴趣，又有间接兴趣。由于大学生所学的学科知识，多数难度较大，内容较深，许多枯燥的内容难以直接引起自己的兴趣，所以，间接兴趣在学习活动中占据了主导地位。

3. 大学生的情绪和情感特点

大学生正处于生理发展的高峰阶段，情绪和感情活动非常丰富，具有鲜明的特点：

1）情绪活动易于心境化

同中学生相比，大学生已具有较强的控制情绪的能力，一种情绪体验常能保持较长的时间。

2）特定情况下的情绪表现具有内向性

一般来说，大学生对外界刺激的反应是迅速、敏感的，而且会较为充分地表现出自己的喜怒哀乐等情绪体验。但在某些特定场合下，有些大学生的情绪表现与内心体验不完全一致，甚至相反。

3）情绪易于波动，容易产生激情

与成年人相比，大学生的情绪起伏变化较大，具有明显的波动性。这种波动性源于大学生心理发育尚未成熟，在外界的强烈刺激下，大学生很容易产生激情，表现出强烈的兴奋和冲动情绪。积极的激情可以激发大学生极大的学习热情，消极的激情则可能导致大学生情绪失控，甚至失去理智，做出违法乱纪的事来。

因此，大学生只有充分认识到自身在情绪情感上的这些特点，才能扬长避短，更好地促进学习。

4. 大学生的意志特点

大学生的意志品质已呈现出较高的水平，但发展不平衡。从总体说，呈现出以下特点：

1）自觉性有很大提高，但惰性不同程度地存在

大多数大学生在多数情况下都能自觉地提出自己的行动目标，制订学习、生活计划，并努力朝既定目标行动，但惰性在相当一部分大学生身上存在。

2）理智感大大增强，但自制力仍显薄弱

他们已能较理性地思考和行动，努力地调节自己的冲动，但仍有不少大学生常常为自己的自制力弱而深感苦恼。他们感到自己容易受内在情绪和外界环境的干扰，导致自己想做的事做不到，订下的计划往往没能兑现，等等。

3）有勇敢精神，但毅力相对不足

大学生血气方刚，富有正义感，敢想敢说敢干，内心充满了为真理而勇于赴汤蹈火甚至牺牲自己的大无畏气概。然而，比起他们的勇敢精神，毅力则显不足，做事容易虎头蛇尾。

4）果断性增强，但带有冲动性

由于独立性的提高、能力的增长，多数大学生的果断品质有较大发展，他们愿意自己选择，自己对自己负责，因而一般情况下，他们喜欢自己做决定，采取行动，表现得自信、果断。但有时这种果断带有轻率、冲动的特点，情绪色彩较重，容易事后后悔。

二、大学生学习的认知活动

（一）认知过程

学习的认知活动是一个"从现象到本质，从不甚深刻的本质到更深刻的本质"的创造性的探索过程。H·H·科贝利亚茨基把高校活动中大学生的认知过程划分为三个阶段，如图 3-1 所示。

在图中可以看出，大学生的学习认知活动体现了认知的一般过程。

学习认知的第一个阶段，主要是对具体的直观材料的感性认识，是对抽象概念的象征意义的认识和对现实与生活的初步认识。

学习认知的第二个阶段，是概括材料和做出结论，把新的概念系统化并对之加以评价，以及使这些概念加入已学到的某一科目知识和新抽象概念的总系统，形成和加深信念和情感，把知识从学习对象变为自己的观念和信念。

学习认知的第三个阶段，是应用知识来解决实际问题。这一阶段不仅对于培养应用知识的能力，而且对于更深入地认识和评价理论都是非常重要的。实践，不论在实验室或生产实践中，对于大学生来说，都是检验所学的知识真实性的最主要标准和加深与巩固信念的手段。因此，实践在教学活动中是必不可少的重要环节。

大学生的学习认知活动包括感知、观察、记忆、思维、想象等认知因素。大学生在感知和观察方面，富有目的性、系统性、全面性和深刻性；在记忆方面，机械识记的运用越来越少，理解的记忆越来越占主导地位；在想象力方面，能够围绕一个中心的问题或某项实验、

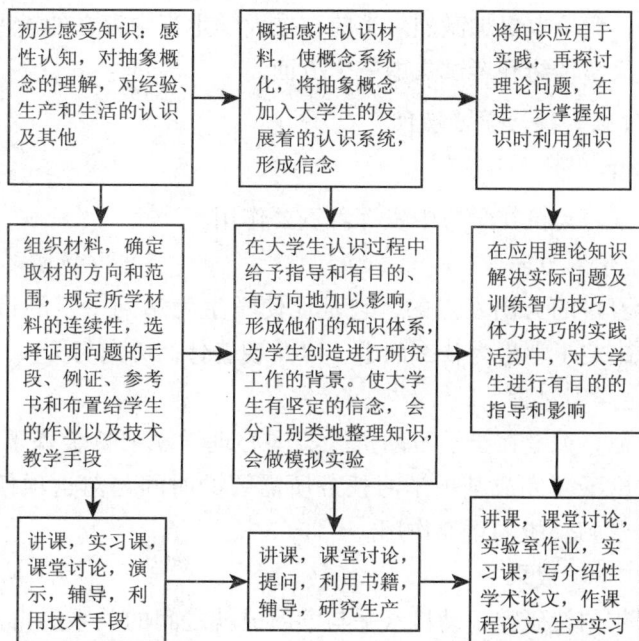

图 3-1 在教学过程中大学生认知活动三个阶段的模式

实习项目等进行连贯的缜密的构思。

（二）知识的认知规律

要想丰富自己的感性认识，首先必须了解、掌握和运用以下认知规律。

1. 目的任务越明确，感知越清晰

认知具有选择性。由于客观事物复杂多样，个性不能同时对客观事物全部清楚地感知，也不能对所有的事物做出反应，而总是有选择地把某些事物作为认知的对象。认知选择决定两种因素：一是对以往补偿和惩罚原则的体验；二是刺激物的作用强度，即某种刺激物能给主体带来喜悦，就会引发积极的认知倾向，相反则极力避之。一般情况下，刺激量越大，越易引起认知主体的注意。在学习的过程中，学习目的明确，认知也就越清晰。

2. 对象越突出，越易于认知

认知具有显著性，在一定的社会刺激下，认知者心理状况与个人所理解的刺激物的意义密切相关，刺激物的意义对主体来说越是重要，其认知感应越明显。根据这一规律，学生在学习过程中，要学会把不同性质的事物区别开来，以提高认知的效果。

3. 知识越丰富，认知越完善

认知是在过去知识经验的基础上产生的，所以认知的效果不仅依赖于认知对象的直接作用，也随着个人原有的知识经验转移。一个人的知识经验越丰富，认知就越完善、迅速。大学生在学习过程中，要利用自己已有的知识综合学习，这样认知效果就越明显。

技能导入 ▶▶▶

一、大学生常见的学习心理问题及产生原因

学习是大学生活的中心内容。同中学的学习相比，大学教学内容专业性强，难度大，要

求有灵活的学习方法，竞争也更加激烈。当前，在大学生当中存在的学习心理问题主要体现在学习动机的偏差、厌学情绪和考试焦虑三个方面。

（一）学习动机过强和缺乏学习动机

1. 学习动机的作用

对大学生而言，学习动机在学习中发挥着重要作用。

1）学习动机决定学习方向

学习动机是以学习目的为出发点的，它是促使学生为达到一定的目的而努力学习的动力。因此，学习动机决定了学生为什么而学，以及朝着什么方向努力。

2）学习动机决定学习过程

学习能否持之以恒，关键在于学习动机。美国心理学家阿特金森于 1980 年对学习动机进行了深入研究，得出了"完成某项学习任务所需要的时间与对这项任务的动机水平呈正相关"的结论，足见学习动机的重要作用。

3）学习动机影响学习效果

美国心理学家沃尔伯特研究了动机水平与学习成就之间的关系后得出结论："学习动机越强烈的学生，学习成绩越好，其正相关水平高达 98%。"

2. 大学生学习动机不当的表现

在实际生活中，由于学习动机不当而导致大学生心理问题的情况屡见不鲜，主要表现在以下两方面：

1）学习动机过强

学习动机固然对学习起着发动、推进和维持的作用，但这并不意味着学习动机越强越好。过强的学习动机常表现为过强的成就动机，即对自己的能力估计过高，目标与期望远远超出自己的实际水平。一些大学生把学习作为生活的唯一内容，不注意休息和科学用脑，学习压力过大，导致焦虑水平过高，学习效率降低，严重者会头晕、失眠等，饱受身心的困扰。

2）缺乏学习动机

有的大学生缺乏学习动机，表现为经常逃避学习，上课无精打采，课后把主要精力放在打扑克、下棋、谈恋爱等与学习无关的活动上，学习懒惰、拖延，对学习缺乏信心，学习态度冷漠，为了一纸文凭硬着头皮混沌度日，导致学习成绩下降，考试不及格甚至休学或退学。

3. 造成大学生学习动机不当的原因

造成大学生学习动机不当的原因是多方面的，归纳起来主要有以下几点：

1）对学习目的的错误认知

对学习目的和意义的错误认知是造成大学生学习动机偏差的根本原因。有的人将学习上升到无与伦比的高度，把它看作人生的全部。认为如果不能在学习方面有所作为，就会丧失一切乐趣。持这种学习态度的人，必然会产生过强的学习动机，从而造成长期的紧张、焦虑，影响学习效果；有的人没有认识到学习是自己的主要任务和社会发展的要求，而是为了父母或为了将来找个好工作而学习，往往对学习采取一种"应付"的态度，导致学习动机水平过低。

2）缺少专业兴趣

这一点主要是针对学习动机水平过低的情况而言。据清华大学对 2003 级学生进行的专业兴趣调查显示，有近13%的学生对其所学专业毫无兴趣。缺少专业兴趣的原因多种多样，有的是因为高考分数限制，不得已而为之；有的是为了"母亲的微笑"，遵从父母之命选择；还有的是由于对专业情况不了解，开始学习后才发现自己并不喜欢。对所学的专业没有兴趣，必然不会有积极的学习态度，缺乏学习动机就在所难免。

3）过分追求完美

过分追求完美的人容易导致学习动机过强。虽然它能使大学生在学习活动中排除干扰，保持持久的学习行为，但是，对人对己近乎苛刻的要求也会造成情绪化，影响大学生对自己学习活动的评价，产生大量的负面情绪，容易造成心理问题，甚至产生心理障碍。

4）不良的外部环境

由于经济大潮的冲击，有的大学生盲目追求高收入，把学习看作通向高薪职位的唯一途径，过高的动机造成了巨大的心理压力，一些家长的急功近利也加重了他们的心理负担。而"拉关系""走后门"的现象使一些大学生的学习动力弱化，产生了"学习无用"的消极思想。

（二）厌学情绪

学习是一项艰苦的脑力劳动，需要始终具备坚韧不拔的毅力并付出辛勤的汗水，正所谓"书山有路勤为径，学海无涯苦作舟"。但是，一些大学生由于厌学情绪的干扰，在学习上出现了各种各样的问题，不仅荒废了学业，还容易产生心理困扰。

1. 厌学情绪的含义

厌学情绪主要是指一些大学生由于对学习缺乏正确的认知，造成学习动机水平下降，丧失学习兴趣，学习能力减退，进而造成学习困难，学习成绩下降，对学习产生厌恶感、离弃感等消极情绪体验的心理过程。

2. 厌学情绪的表现

厌学情绪产生后，会对大学生的学习活动产生消极的影响，主要表现在：

1）缺乏计划性

有厌学情绪的大学生对自己的学习漠然置之，放任自流。学习常呈杂乱无序的状态，如：上课无法集中注意力，笔记毫无章法或者根本没有笔记；对老师布置的作业不能按时完成，甚至抄袭其他同学的作业；不能根据自己的情况合理安排学习内容和学习时间，"平时不学，考前突击"。更有甚者，为了应付考试，"大考大抄，小考小抄"，走上了考试作弊的歧途。

2）学习热情不高

产生厌学情绪的大学生由于缺乏学习动机，在学习过程中又没有付出艰苦的劳动，因而不能从学习活动中体验到学习的乐趣和成功的喜悦。这种人缺乏学习兴趣，对学习采取一种"无所谓"的态度，把学习看作应付家长和老师的苦差事，在学习中缺少积极性和主动性，学习态度消极、拖拉，严重影响了学习效果。

3）缺乏坚持性

意志品质薄弱是有厌学情绪大学生的一个重要特征。他们缺乏克服学习困难的勇气和信心，面对学习中出现的问题，一味退缩甚至放弃，在学习活动中经常表现出懒惰、气馁、半途而废等消极情绪和行为，常常是"三天打鱼，两天晒网"。

3. 大学生厌学情绪的原因

导致大学生厌学情绪的原因是多方面的，但缺乏学习动机和学习方法不当是主要原因。其中既有大学生自身不良的性格特征等主观因素，又有学校、家庭等客观因素。现归纳如下：

1）缺乏学习动机

大学生的厌学情绪与其学习动机水平过低有直接关系。适当的学习动机能够维持和加强学习活动，使学生自觉摒除和避免那些不利于目标实现的行为，直到完成规定的学习任务。但如果学习动机水平过低，大学生则会丧失学习兴趣，学习能力下降，严重影响学习成绩，进而产生厌学情绪。

2）学习方法不当

科学的学习方法会显著提高学习成绩，起到事半功倍的作用。反之，学习方法不当就会造成学习困难。一些大学生由于没有掌握适合自身特点的学习方法，在面对以自学为主的学习环境和高难度的专业知识时，就显得手足无措。同时，进入大学以后，竞争的加剧，也会使一些人感到紧张和焦虑，进而对学习产生气馁、放弃等消极情绪。

此外，社会、学校和教师的某些消极影响，是导致大学生厌学情绪的客观原因。

（三）过度考试焦虑

考试作为对教育质量和学生学习成效的评价手段发挥着越来越大的作用。考试成绩不但事关大学生能否合格毕业，关系到他们在社会的立足，而且有的考试对大学生未来的发展起着举足轻重的作用。因而有的大学生把考试成败看成人生的成败，过大的压力产生了过度的考试焦虑。

1. 过度考试焦虑的含义

适度的考试焦虑能够调动生理能量和心理能量，增加应激能力，有利于考生学习水平的正常或超常发挥，有利于身心健康。而过度考试焦虑则是一种不良的情绪反应，是一种当意识到考试对自己具有某种潜在的威胁时而产生的过度紧张、焦虑的内心体验。

2. 过度考试焦虑的表现

过度的考试焦虑主要表现为：考前紧张、恐惧、心烦意乱、喜怒无常、无精打采；肠胃不适、莫名的腹泻、多汗、尿频、头痛、失眠；记忆力减退、注意力不易集中、思维迟钝、学习效率下降。在考试中主要表现为：心跳加快、呼吸急促、满脸通红、多汗、头昏、烦躁、恶心、四肢无力、思维迟钝甚至当场晕倒等。

3. 造成过度考试焦虑的原因

对考试缺乏正确认知和不良的个性因素是造成大学生过度考试焦虑的主要原因：

（1）对考试的过分重视和依赖容易造成大学生过度的考试焦虑。

（2）一些大学生，特别是优秀的学生因为过度追求完美，对考试产生了强烈的成就动机，促使他们过分重视考试结果，连续熬夜。持续的大脑兴奋和过度用脑造成了精神衰弱和情绪失调等躯体症状，导致过度的考试焦虑。

（四）考试焦虑测试

请对下列题目做出"是"或"否"的回答，并将答案填在表3-1中。

（1）你希望不用参加考试便能取得成功。

（2）在某一科目的考试中取得的好分数，似乎不能增加你在其他科目考试中的自信心。

（3）你的家人、朋友等都期待你在考试中取得成功。

（4）考试期间，你有时会产生许多对答题毫无帮助的莫名其妙的想法。

（5）重大考试前后，你不想吃东西。

（6）对喜欢向学生搞突然袭击考试的老师，总感到害怕。

（7）在你看来，考试过程似乎不应搞得太正规，因为那样容易使人紧张。

（8）在你看来，考试成绩好的人将来必定在社会上获得更好的地位。

（9）重大考试之前或考试期间，你常常会想到其他人比自己强得多。

（10）如果考砸了，即使自己不会老是记挂着它，你也会担心别人对自己的评价。

（11）对考试结果的担忧，会在考试前妨碍你准备，在考试中干扰你答题。

（12）面临一场必须参加的重大考试，会紧张得睡不好觉。

（13）考试时，若监考人来回走动注视着你，你便无法答卷。

（14）如果考试被废除，你想你的功课实际上会学得更好。

（15）当了解到考试结果的好坏将在一定程度上影响你的前途时，你会心烦意乱。

（16）你认为，如果自己考前能集中精力复习，考试时便能超过大多数人。

（17）如果考得不好，人们将对你的能力产生怀疑。

（18）你似乎从来没有对考试进行过充分的准备。

（19）考试前，你的身体无法放松。

（20）面对重大考试，你的大脑好像凝固了一样。

（21）考场中的噪声会使你烦恼。

（22）考试前，你有一种空虚、不安的感觉。

（23）考试使你对能否达到自己的目标产生了怀疑。

（24）考试实际上并不能反映出一个人掌握知识的状况。

（25）考试得了低分，你不愿把自己的确切分数告诉任何人。

（26）考试前，你常常感到还需要再充实一些知识。

（27）重大考试之前，你的胃不舒服。

（28）有时在参加一次重要考试的时候，一想起某些消极的东西，你似乎就要垮了。

（29）在即将得知考试结果前，你会感到十分焦虑不安。

（30）但愿能找到一个不要考试便能被录用的工作。

（31）假如在这次考试中考得不好，你会认为这意味着自己并不像原来所想象的那样聪明。

（32）如果你的考试分数低，你的父母将会感到非常失望。

（33）对考试的焦虑简直使你不想认真准备了，这种想法又使你更加焦虑。

（34）应试时你常发现自己的手指在哆嗦，或双腿在打战。

（35）考试过后，常常感到本来自己应考得更好些。

（36）考试时你情绪紧张，妨碍了注意力的集中。

（37）在某些考试题上你费劲越多，脑子就越乱。

（38）如果考糟了，且不说别人会对你有看法，就是你也会对自己失去信心。

（39）应试时，你身体某些部位的肌肉很紧张。

（40）考试之前，你感到缺乏信心，精神紧张。

（41）如果你的考试分数低，你的朋友们会对你感到失望。

（42）考前，你存在的问题之一是不能确知是否做好了准备。

（43）当你必须参加一次确实很重要的考试时，你常常感到身心恐慌。

（44）你希望主考人能够明白参加考试的某些人比另一些人更为紧张；你还希望主考人在评价考试结果时，能加以考虑。

（45）你宁愿写篇论文，也不愿参加考试。

（46）公布你的考分前，你很想知道别人考得怎样。

（47）如果你考了低分数，你认识的某些人将会感到快活，这会使你心烦意乱。

（48）你想如果你能单独进行考试，或者没有时限压力的话，那么你的成绩将会好得多。

（49）你认为考试成绩直接关系到你的前途和命运。

（50）考试期间，你有时非常紧张，以致忘记了自己本来知道的东西。

表 3-1

	1	2	3	4	5	6	7	8	9	10
是										
否										
	11	12	13	14	15	16	17	18	19	20
是										
否										
	21	22	23	24	25	26	27	28	29	30
是										
否										
	31	32	33	34	35	36	37	38	39	40
是										
否										
	41	42	43	44	45	46	47	48	49	50
是										
否										

评分规则

选择"是"记1分，选择"否"记0分。然后将各题得分相加，算出总分。

0~17分：轻度考试焦虑。

18~35分：中度考试焦虑。

36~50分：重度考试焦虑。

二、大学生学习心理问题的危害与调适

（一）不当学习动机的危害与调适

1. 不当学习动机的危害

1）过强的学习动机对学习的阻碍作用

学习动机对大学生的行为有激活作用，能够驱使他们采取一系列有益的学习行为。但是，如果学习动机的强度超过了自身的承受能力，就会阻碍学习活动的正常进行。长期保持高强度的学习动机，常常会使人投入大量的时间和精力，而在行为方式上过度地执着和专注，容易因过度用脑造成学习疲劳，出现注意力涣散、思维迟钝等现象。而这些躯体症状又会使人产生多疑、易怒、敌对等不良情绪体验，造成身心交互影响的恶性循环，从而进一步影响学习质量和效率。

2）缺乏学习动机对学习的负面影响

缺乏学习动机会使人产生厌学情绪，进而把注意力转向上网聊天、电脑游戏、喝酒打牌等不良兴趣爱好。个别大学生上网玩游戏不分昼夜，上课时却提不起精神；有的人为了玩游戏而旷课、逃学，因无法完成规定的学业而被学校勒令退学，给个人和家庭都造成了巨大的精神创伤。从心理健康的角度来看，一个人如果长期缺乏从事某项活动的动力，就会在精神上产生懈怠感，导致行为方式的拖延、半途而废等消极倾向。对大学生而言，缺乏学习动机会严重影响学习效率，造成学业荒废，甚至无法合格毕业。

2. 培养适当学习动机的方法和途径

1）明确学习的目的和意义

首先，作为一名学生，必须完成规定的学习任务，这是学生的本分。同时，学习又与大学生的切身利益息息相关，学生必须认真刻苦，争取好成绩；其次，学习是重要的社会义务，是国家对大学生的要求。大学生要自觉地将当前的学习与未来服务社会、报效祖国的崇高使命结合起来，以激发学习动机，提高学习效率。

2）培养独立进取的个性

学习动机的水平与大学生独立进取的个性是密不可分的。只有进取心强烈，抱负水平高的人才能持续推动学习活动高效率地进行。同时，良好的学习效果又反过来对学习动机产生强化作用，使大学生维持适当的动机水平，保持良好状态。反之，如果大学生缺乏上进心且抱负水平低，则只能使学习处于被动状态，严重影响学习效果。

3）调整学习动机水平

学习效果与学习动机之间有着密切的联系。学习动机是影响学习效果的重要变量。大学生要根据自己的情况和学习内容的难易程度调整动机水平。在面对难度较高的学习任务时，要适当降低动机水平。反之，则要提高动机水平。

4）培养良好的集体氛围

良好的集体氛围对大学生学习动机的激发有重要影响。虽然当代大学生强调自我和个性，但个人行为在相当大的程度上取决于集体的要求和期望。特别是在学习方面，个人的学习动机会因想要得到所在集体的认同和重视而受到激发。如果所处的班级或宿舍成员都有明

确的学习目的和适当的学习动机，人们都在努力学习，就会形成学习上的你追我赶。《中国青年》上刊载的南方某高校同宿舍的六名同学同时考取研究生的专题报道，正是集体氛围的最好例证。

（二）大学生厌学情绪的危害与克服

1. 大学生厌学情绪的危害

1）丧失学习兴趣

由于不能体验到学习的乐趣，有厌学情绪的大学生往往会对学习丧失热情和兴趣，进而导致行为方式的改变，从前积极的学习行为由于得不到强化而逐渐消退；反之，诸如迟到、旷课、不完成作业等不良行为逐渐出现并且愈演愈烈。

2）产生不良的躯体症状

因为长期无所事事，大脑皮层总是处于抑制状态，使感觉系统功能下降，造成人的精神萎靡不振，进而使躯体产生疲劳感，出现困倦、浑身无力等不良躯体反应，使精神更加懈怠和颓废。

3）无法完成学业

有厌学情绪的大学生由于长期疏于学习，造成大量科目考试不及格，严重者由于长期旷课，无法完成规定的学业而退学或被学校开除。

2. 克服厌学情绪的方法

厌学情绪的产生不是一朝一夕的，克服厌学情绪既要付出艰苦的努力，也要运用正确的方法。

1）相信自己的潜能

要看到大学生正处在思维发展的黄金时期，逻辑思维能力、推理能力、记忆力的发展都趋近顶峰，完全具备了学习各种知识和技术的能力。同时也应看到在学习过程中出现某些方面的"无知"是难免的，只要改进学习方法，坚持不懈，就一定能够攻克难关。

2）对自己的学习困难正确归因

如果你是因学习困难而产生了厌学情绪，首先要做的就是找到学习困难的原因。不妨向老师和关系密切的同学说出你的苦恼，让他们和你共同分析原因，重新制定学习目标和学习计划；或者帮你改进学习方法、合理安排学习时间等；或及时寻求专业人员的帮助。

3）注意自己的兴趣特点，努力培养有益兴趣

根据自己的兴趣特点调整学习策略，是克服厌学情绪的有效手段。例如，一些学习兴趣容易激发但却难以持久的大学生，应该努力使自己的兴趣趋于稳定，不受其他活动的干扰；而那些兴趣广泛、什么都想学的同学，当务之急是要明确学习的主攻方向，使自己向一个中心兴趣发展。

（三）过度考试焦虑的危害与调适

1. 过度考试焦虑的危害

过度的焦虑会影响大学生正常水平的发挥，导致情绪烦躁，认知能力下降，影响考试成绩。而且这种不良的情绪体验还能通过反馈得到强化，使焦虑加剧，形成一种恶性循环，对以后的学习、考试产生不良影响，有的大学生因为忍受不了严重考试焦虑的折磨而被迫

退学。

2. 过度考试焦虑的调适

1）考前做好充分准备

如果应试技巧差，准备不充分，考试的焦虑水平就高。因此，大学生在考试前要做好生理上、心理上、知识上和物品上的充分准备，学会处理考试中可能出现的各种问题，才能有效克服过度的考试焦虑。

2）对考试不要期望过高

研究表明，对考试过高的期望水平会给大学生造成严重的心理压力，影响他们正常水平的发挥。因此，必须明确考试只是检验自己学习情况的一种手段，要把功夫用在平时，以平常心对待考试。

3）纠正不合理的认知

也许在考试之前，你的头脑中会出现诸如"这次考试我准会一败涂地""我肯定会不及格""其他人都比我准备得充分"之类的想法。你不妨把自己的这些消极想法一一写下来，并客观分析，你会发现有些想法毫无根据，只会影响考试的心态和成绩。因此，要向这些不合理的认知挑战，进行正确的自我评价，增强自信，以新的精神面貌去参加考试。

4）放松训练

放松训练是一种通过循环交替收缩或松弛全身的骨骼肌群，体验肌肉的松紧程度，最终达到缓解紧张和焦虑状态的自我训练方法。临床实验证明，放松训练对考试焦虑的治疗效果十分明显。通常患有考试焦虑症的人如果坚持每天进行 20～30 分钟的放松训练，数周后焦虑症状就会明显减轻。

5）系统脱敏法

产生过度考试焦虑的大学生可以尝试使用系统脱敏法，具体过程是：首先列出引起焦虑反应的具体刺激情境，再按照程度轻重由弱到强排列"焦虑等级"，例如：教室—课桌—同学—监考老师—试卷—考试等。开始想象低等级的焦虑情境，进行放松训练，直到对该情境完全适应；再进行高等级焦虑情境的放松训练。只要坚持不懈，就可以明显减轻考试焦虑症状。

任务三　适应社会需求，提高学习能力

案例导入

小李，男，大一新生，就读于某所重点学校。小李学习勤奋刻苦，每天早晨五点半起床，晚上 10 点多才回到寝室，经常最先到教室，上课十分用心，他的笔记在同学们中被广泛传阅。期中考试以前，同学们都认为他的成绩肯定会在班里名列前茅。但是在期中考试后，他的高等数学和无机化学均考了不到 40 分的成绩。同学们十分惊讶，他也感到十分意外，但仍然不知道自己的毛病出在哪里，认为还是付出不够。

案例启示 ////

（1）小李同学学习认真，可是成绩上不见成效，这主要是由学习的方法不得当造成的，小李同学若掌握了属于自己的科学学习方法，定能改变现状。

（2）大学生只有了解一定的学习知识，学会科学用脑，通过学习心理学的相关理论掌握属于自身的学习方法，才能更好提升学习效果。

知识链接 ////

一、记忆过程的规律

记忆活动是学习过程的重要组成部分。在心理学上，记忆过程由识记、保持、再认（再现）3个相互联系、相互制约的环节组成。一个多世纪以来，心理学家已对人的记忆规律作了大量的研究，人们对记忆规律也有比较深入的认识。

（一）识记规律

识记是记忆过程的第一个环节，识记过程有以下几条重要规律。

1. 有意识记优于无意识记

无意识记是事先没有预定目的的不需要意志努力的识记；而有预定的识记目的，经过一定的意志努力的识记叫有意识记。学校里的学习主要靠有意识记。教师对学生或者学生对自己提出明确的要求，要求越具体，识记效果越好。

2. 意义识记优于机械识记

机械识记指的是记忆的材料无意义，或者虽有意义但学生不理解，仅靠机械重复的方法进行识记。记忆的材料有意义，学习者依靠对材料的理解进行的识记叫意义识记。有意义的材料如果采取以理解为基础的意义识记，其效果比机械识记要好得多。但有些学习内容本身并不是都有意义和有联系的，这就必须使意义识记和机械识记结合起来。

3. 活动任务、材料的性质和数量影响识记效果

凡是识记的材料成为人的活动对象，实际的效果会更好；实际直观、形象的材料比识记抽象的词效果好；材料的视觉识记效果比听觉识记效果好；材料的数量也影响识记的效果，材料数量大所花的识记时间相应增加。

（二）保持与遗忘规律

保持是过去经历过的事物映象在头脑中得到巩固的过程。遗忘和保持是相反的过程，识记的材料不能重现和再认，或表现为错误的重现与再认，这种现象称为遗忘。遗忘是有其规律的，它的进程主要受到以下因素的影响和制约。

第一，时间导致的记忆消退。识记以后时间相距的短暂或长久，对遗忘进程的快慢产生极其显著的影响。德国心理学家艾宾浩斯最早对此现象进行了研究。为了使学习和记忆尽量避免受旧经验的影响，他用无意义音节作为记忆的材料，把识记材料学到恰能背诵的程度，经一定时间间隔再重新学习，以重学时节省的朗读时间或次数作为记忆的指标。实验结果如表3-2所示。

表 3 - 2　不同时间间隔的记忆成绩

时间间隔	自然遗忘率/%	保持百分比/%
20 分钟	41.8	58.2
1 小时	55.8	44.2
8 小时	64.2	35.8
1 天	66.3	33.7
2 天	72.2	27.8
6 天	74.6	25.4
31 天	78.9	21.1

艾宾浩斯依据上述实验的数据画出遗忘曲线，如图 3 - 2 所示。

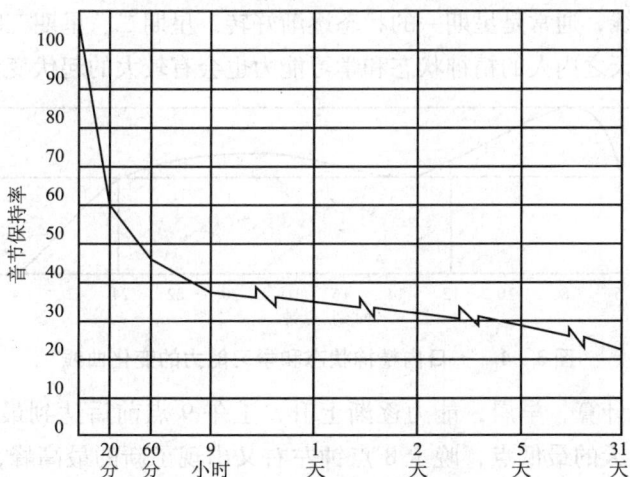

图 3 - 2　艾宾浩斯记忆遗忘曲线

从图 3 - 2 中可以了解到：遗忘遵循"先快后慢"的原则，最初的遗忘速度非常快，学习结束后 20 分钟，接近 50% 的内容已经想不起来，随后，遗忘速度逐渐减慢，在第 6 天至第 31 天遗忘 4.3%。艾宾浩斯以此总结了遗忘的三条规律：大多数遗忘出现在学习后一小时之内，遗忘的速度不是恒定的，而是先快后慢，最后逐渐稳定下来。重新学习要比第一次学习容易。

第二，学习材料的系列位置效应。遗忘可以由记忆内容的相互干扰引起，材料的位置不同，对遗忘的影响不同，也呈现出一定的规律。实验研究表明，对于回忆准确率来说，最后呈现的材料遗忘最少，其次是最先呈现的材料，遗忘最多的是中间部分，这种现象被称为系列位置效应。如图 3 - 3 所示，图中箭头表示干扰的方向。

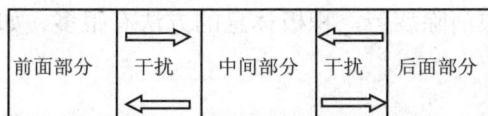

图 3 - 3　系列位置效应

最先学习的部分只受到中间部分的后摄抑制，最后学习的部分只受到中间部分的前摄抑制，而中间部分则受到前面部分的前摄抑制和后面部分的后摄抑制，所以回忆成绩最差。

进一步研究还发现，前后干扰跟学习材料的相似程度相关。前后学习的材料越是相似，干扰越大，学习的效率越差。学习的材料差异越大，干扰越小，学习的效率越好。

二、学会科学用脑

科学用脑是防治疲劳的关键。大脑是人体最容易疲劳的组织，它既有巨大的学习潜力，也十分容易受到损伤。大学生的学习是脑力劳动，如何科学用脑应是大学生们特别重视的问题。

（一）善于抓住黄金时间

人类的学习活动是有周期性的。例如，一周之内，学习的能力和效率并不是一条直线，而是一条有规律的抛物线，通常是星期一的状态逐渐好转，星期二、星期三时学习状态最好，周五以后逐渐下降，一天之内人的精神状态和学习能力也会有较大的起伏变化。如图3-4所示。

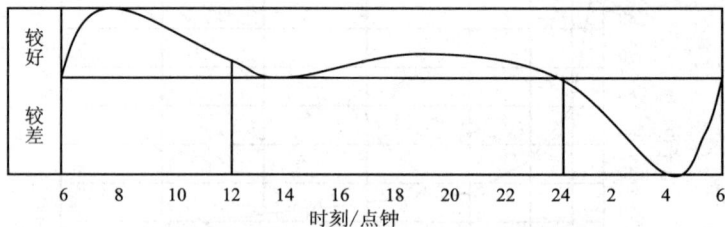

图3-4　一日内精神状态和学习能力的变化曲线

以清晨6点为0计算，早晨，能力逐渐上升，上午9点前后达到最高，随后逐渐下降，下午两三点钟降至白天的最低点，晚上8点钟左右又出现了新的最高峰，不过，它比上午的最高峰要低一些，随后又开始下降，夜里三四点为最低点，之后，又开始回升。由图可知，一天之内有两个能力高峰，两个能力低谷，这一现象是较为普遍的，不过一天之中，两个高峰究竟是上午高还是下午高，每个人的情况是不一样的，即使是同一个人，情况有时也会发生变化，而且人体的生物曲线也可以根据学习、工作需要进行调整。

（二）学会休息

生物研究指出，休息可以分成积极休息和消极休息两种，通过闭目养神或睡眠来补偿体力和脑力的消耗，使个体得到休息和补充营养的机会，称为消极休息或静态休息；改换不同的工作以消除疲劳，称为积极休息或动态休息。每个人每天都必须有一定时间的消极休息，也就是睡眠。根据科学要求，青年人每天要保证8小时左右的睡眠，才能有充足的精力完成一天的学习与劳动任务。美国心理学家拉斯勒特曾用实验证明，每晚减少1/3的睡眠时间，连续五天后，智力测验成绩要降低15%左右，可见消极休息是不能少的，但在睡眠充足的前提下，积极休息又能较快消除疲劳。积极休息的方法有很多，如欣赏音乐、练习书法、活动身体，等等。

（三）转换学习内容

当我们开始一门功课的学习时，通常会经历一个"注意分散—进入角色—高度兴奋—

开始疲劳—注意分散"的过程。刚开始学习时，受学习之前活动的影响，注意力容易分散，随着学习内容深入，大脑保持兴奋状态，但继续长时间地学习一门课程，就会降低学习效率，无形中就延长了所需要的时间。在适当的时间转换学习的内容是高效利用大脑的一个策略，大脑思维从一项内容转换到另一项内容，大脑皮质的兴奋区与抑制区互相转化都要有个过程。因此进入"角色"，总要有段时间，因此，避免过早变换学习内容。

（四）注意营养与保养

大脑若没有足够的能量补充，就会很快疲劳。早餐和午餐吃饱、吃好很重要，同时要注意大脑营养。适合学生健脑的食物，植物类有核桃、黑芝麻、葵花籽、西瓜子、松子、栗子、花生、杏仁、黄豆等；动物类有动物脑、鸡蛋、鹌鹑蛋、鱼、鸭、兔、羊、猪肉和虾等。乐观、愉快的情绪能促进智力的发展，如果一个人长期精神紧张或苦闷，就会使脑细胞过度耗损，从而使大脑陷于衰竭状态。因此，情绪不佳时，不要硬着头皮看书，最好是去做一些别的事情，心情好了，然后再学习，就会使效率倍增。

技能导入 〉〉〉〉

古人"头悬梁，锥刺股"的精神固然可敬，但这种自虐式的学习方式既不利于身心健康，又违反学习规律，是不会有理想的学习效果的。我们提倡的是科学、高效、符合学习规律和事半功倍的学习。下面介绍两种提高学习效率的理论和方法：

一、学习的"金三角"

所谓学习的"金三角"是指开展学习活动必须具备的三个条件。即：第一，保持适当心态，以正面思考、乐观远见为主；第二，正确的方法、系统的技巧和训练；第三，环境。代表时间、地点和学习习惯的改变与安排。三者相互配合，三足鼎立，形如一个三角。因此，我们称之为学习的"金三角"。而且，在学习活动中这三者缺一不可。如果"金三角"中的某一项活动没有到位，学习就不能成功。具体地讲，即：

（一）从"心"出发

许多大学生，包括很优秀的学生，在学习中都会碰到同一个问题——心态问题。即对学习作过多的负面思考。比如一些大学生遇到学习障碍，只会抱怨"如果早一点学就不会这样"之类的话，其实与其把时间花在负面的想法上，不如行动起来寻找更好的学习方法。

（二）用对方法，事半功倍

一个人打字已经很熟练，但一分钟只能达到三四十个字，他不理解为什么有的人一分钟能打七八十个字。经过调查他发现自己用的是拼音输入法，而人家是用五笔输入法。后来他也改变了输入方法，立即提高了打字速度。这个例子说明了只要方法得当，任何学习都有提升的空间。

（三）创造良好环境

心态对了，学习系统建立起来了，学习技巧也训练了，但是缺乏良好环境来练习、巩固，学习效率也无法提高。学习环境应该包括三部分，即学习的场所、学习的时间和学习习惯。三者相辅相成，缺一不可。

二、学习的沙漏理论与 SQ4R 学习方法

（一）人脑沙漏

沙漏是一种古代的计时工具，多用玻璃或其他透明材料制成，其形状为两端宽中间窄的空容器。沙粒通过一段中间细窄的部分流到另一端，由此达到计时目的。如果我们将信息或知识当成沙粒，把我们的大脑比作沙漏，让知识的细沙通过人脑沙漏去芜存菁，就能加快知识和信息的处理速度，提高学习效率。

（二）SQ4R 学习方法

SQ4R 学习方法是沙漏理论的具体体现，是由 6 个互相独立又相互关联的部分组成的。即：Survey（浏览）、Question（提问）、Read（阅读）/Listen（聆听）、Recite（复述）、Revise（修订）、Review（复习）。

·Survey（浏览）即：阅读时，先快速翻阅书的前言、目录、索引、结论，建立整体概念，从而提高阅读兴趣；

·Question（提问）即：问问自己已经了解及想知道的主题或疑问，以便建立良好的心态吸收新知识；

·Read（阅读）/Listen（聆听）即：略读或理解大意，留意重点，在主要概念上画线或作重点摘录；

·Recite（复述）即：选择重点进行复述，以加强形象；

·Revise（修订）即：试着用自己的话来陈述重点，以修正复述时的错误或遗漏，并有机会整合不同来源的资料；

·Review（复习）即：通过回忆主要概念，并借助关键词及重点字句的复习，达到融会贯通、举一反三的目的。

（三）加速阅读的技巧——浏览

浏览会大大缩短"注视"学习材料的时间。因此，浏览无论在学习速度或是在学习效率上都要比逐字逐句的阅读效果好得多。如何有效地浏览呢？只需花几秒时间在每页的字里行间，放眼去寻找目录、索引、大标题、小标题、斜体字、专有名词、年代、图解、图表、曲线图和一览表等。当然刚开始可能会因为眼球没有适当锻炼而不太习惯，但是只要经过练习就可以做到。

（四）学会做笔记

凡是写过的东西必然会在头脑中留下痕迹。因此，做笔记在将短时记忆转化为长时记忆的过程中发挥着桥梁作用。做好笔记首先要使用标准化的规格；其次，要排列有序，有明确的主标题、副标题，注意同类的标题能否在同一位置找到；再次，就是精简资料，记录时多用自己的语言，可以不顾及语法标准；最后，就是标题醒目，一目了然。只要将上述方法配合使用，就能写出一本漂亮工整、实用价值很强的笔记，对提高学习效率大有裨益。

（五）科学地复习

（1）及时复习是科学复习的关键。艾宾浩斯遗忘曲线表明：学习新材料后第一天的保持量仅占识记总量的 44.2%，如果数天后复习，错过了最佳时间，方法再好也只是亡羊补牢。

（2）复习要与练习相结合，努力创新。通过书面作业、实验、参观和社会实践等多种途径，可以进一步巩固知识和发展能力。同时要打破常规，创造性地运用知识解决问题。

（3）复习方法要灵活多样，要能根据材料的性质、数量和难度等选择适当的方法。如：集中复习、分散复习和尝试背诵等。

大学生一方面要掌握科学的学习方法，一方面要了解自身特点，努力寻找适合自己的学习方法，同时还要注意发现更有效率的新方法，最大限度地提高自己的学习效率。

心理训练营

一、心理体验

心灵体验：管理好你的时间资本

活动目的：帮助人们对自己的生活安排作具体、客观、系统的分析与检查。

活动时间：20 分钟。

活动内容：指导者在黑板上画一个大圆圈，每人准备一张白纸。黑板上的大圆圈代表生活中的一天 24 小时，请你估计一下，在下列各题中，自己在每一项上占用的时间是多少，然后按各项的比例对自己的"馅饼"加以分割，比如：①睡觉；②上课；③课外自学；④做作业；⑤会朋友（聊天、下棋、打球等）；⑥家庭琐事；⑦独处；⑧与家人共处（包括吃饭时间）；⑨其他。

要求每个人要画好自己的"生活馅饼"。

讨论：

（1）你对自己目前使用时间的情况满意吗？

（2）在你的理想中，应该怎样使用时间？现在画一个你自己理想的生活馅饼。

（3）你能不能采取行动来改变自己目前的生活馅饼，使它更接近理想中的生活馅饼？

二、心理训练

（一）心灵体操

你有学习成绩不如意的时候吗？面对失败，你又该怎么办呢？

（1）请找出造成失败的原因：

_____

(2) 改进学习方法：

方法一：_____

方法二：_____

方法三：_____

方法四：_____

（3）反思：

这一次我在_____方面没有做好，以后我将_____去改进。

（二）心灵氧吧

推荐书籍：《乔布斯传》（王咏刚，上海财经大学出版社）

内容简介：1955 年乔布斯带着私生子的身份出生。大学没念完，就在车库创立了苹果。1980 年，乔布斯成为美国最年轻的亿万富翁，后来却被赶出苹果。1985 年，他卷土重来，创立 NeXT 与皮克斯公司，10 年波折后又重返苹果。1998 年开始，他先后推出 iMac、iPod、iPone、iPad。2011 年 8 月，身在巅峰的乔布斯因病宣布辞职；10 月 5 号，乔布斯安然辞世。打开这本书，去了解一下乔布斯的学习，去了解一下改变了这个世界的人！

推荐影片：《风雨哈佛路》（美国，2003 年上映）

影片简介：父母吸毒，8 岁开始乞讨，15 岁母亲死于艾滋病，父亲进入收容所，17 岁开始用 2 年的时光学完高中 4 年课程，获得 1996 年《纽约时报》一等奖学金，进入哈佛学习。一个真实、努力女孩的人生经历，一段自强不息、昂扬奋斗的生命历程，一曲励志向上的美国影片。托拉·伯奇演绎了一个女孩子克服种种不利条件，努力奋进的故事；以细腻的情感刻画了人物。影片《风雨哈佛路》传递给人的除了心灵的震撼，还有深深的感动。

（三）心灵感悟：毁灭亲情的背后

张小强，曾是一名令人羡慕的医科大学学生，但是他亲手毁灭了自己和亲人。他出生在北京一个普通的工人家庭。从幼儿园到高中，都是父母替他选择学校，制订学习计划，安排学习时间，甚至选购参考书。在高考中他取得了优异的成绩，按照父母的意愿，报考了一所重点医科大学并被录取。进入大学以后，由于对专业课程缺乏兴趣，他把注意力转移到电脑游戏上，经常旷课，成绩也一落千丈。到了期末，由于四门考试不及格，被学校勒令退学。想到回家无法向父母交代，他绝望了，想结束自己的生命，又害怕父母无人赡养，于是在回家的第二天，他竟杀害了亲生父母。

请结合本项目所学的知识，说一说张小强为什么这样做？这则故事给了你什么启示？

三、思考与作业

（1）结合自身的特点，制订一套行之有效的学习计划，每天督促自己完成规定的任务。

（2）影响学习效果的主要因素有哪些，请举例说明。

（3）反思自己在学习方法上的优与劣，并定出改进策略。

情绪管理，从我做起

心灵格言 ////

能控制好自己情绪的人，比能拿下一座城池的将军更伟大。

——拿破仑

愤怒以愚蠢开始，以后悔告终。

——毕达哥拉斯

怒不过夺，喜不过予。

——荀子

学习目标 ////

知识目标：了解情绪的特点，领悟情绪与身心健康的关系，了解不良情绪的危害和影响情绪的诸多因素，掌握健康情绪的培养方法。

技能目标：学会用科学方法调控情绪，摆脱不良情绪困扰，培养健康心理和良好心态。

情感目标：帮助大学生适度表达情绪，学会变消极认知为积极认知，更好地适应大学生活和学习。

任务一　认识情绪的概念，知晓情绪的重要

案例导入 ////

小君，女，某高校大三人文学院的学生，生长在一个普通的家庭，爸爸妈妈都是小镇上普通的工人，家中还有一个弟弟。刚进入大学就被老师任命担任了班长职务，并有幸加入了校学生会。在别的同学眼里小君是一个性格开朗、活泼的女生，长相比较秀气，善于与人交往而且很健谈，有亲和力及组织协调能力。一次机会小君接触到了心理老师，她向心理老师阐明了心声：

首先，小君自述自己活得很累，不开心。在活泼开朗的外表下，她内心深处有很多难言的苦楚只能一个人默默承受……时间一天一天过去了，不知不觉已进入大三。不知怎么，她

感觉大三这一年的冬天格外寒冷，看着周围同学忙忙碌碌，她的心情却日渐沉重和苦闷。小君自述有六七年的时间了，一直觉得自己不开心、活得很累，甚至常常感觉生活没有什么意思。在心理老师的引导下，多年来埋藏在她心底的往事又一幕幕闪现出来。

在学习上她很刻苦，一直很优秀，各方面都很出色，在班级里经常名列前茅。尽管如此，她仍然觉得自己很笨。考上高中后她开始住校了，这是她第一次住校，开始有些不太习惯，后来因为和一位室友发生了矛盾，她就搬到附近的奶奶家住，直到高考完毕。她觉得自己高考时的状态并不好，考上大学完全是凭高一、高二打下的基础。与室友产生矛盾让她觉得很受挫，从那时起，她感觉特别自卑，经常会觉得不开心，心情很沉重，一直到现在。另外，不知从什么时候开始，原先对学习充满兴趣的她，却变得很讨厌学习，完全是凭借着一种责任感才坚持下去的。她妈妈一个人撑着这个家，特别不容易，她一定要好好报答并且照顾好她妈妈和弟弟，如果她不好好学习，将来没有出息，那她妈妈和弟弟还指望谁啊？所以她现在感觉特别沉重，特别累！

另外，小君对自己很多方面都不满意。她经常会觉得自己没有主见，人云亦云。在这方面，她特别欣赏她的妈妈和姑姑，她们很有自己的想法，做事非常有原则，即使错了也坚持到底。与人交往方面，虽然她很渴望和别人友好交往，但感觉总是有距离，不能很亲密。她曾经交了一个男朋友，和他在一起时，他经常说她幼稚、不成熟、不细致，弄得她在他面前表现很不自然，很紧张，生怕做不好。她很苦闷，也很烦恼。

现在进入大三了，同学们无论是准备考研的，还是打算找工作的，大家都忙碌起来。而对于她来说，却没什么心情。不愿意学习，对什么事都没有太大兴趣，对未来一片迷茫，不知道何去何从。长时间灰暗的心情让她失去了进取的动力，她渴望解脱，而现实又让她感到特别无助……

案例启示 ///

（1）小君受到严重的负面情绪的影响，如果她能了解自己的情绪状态，她就能够更好地适应大学生活、学习和与人交往。

（2）大学生只有能够认清不良情绪对自身学习、生活的影响，掌握判定自我基本情绪状况的标准和方法，才能调控好自身情绪而投入学习、生活。

知识链接 ///

一、情绪的含义

（一）情绪的含义

情绪是个体心理活动的组成部分，是个体对外界刺激是否满足自己的生理和心理需要而引起的一种主观体验。这种体验渗透于人们的一切活动之中。人的情绪不是凭空产生的，而是由一定的刺激引起的，但刺激并不能直接引发人的情绪。人们根据自己的需要对刺激进行解释和评估，即通过认知过程对事物进行判断和评价。凡是能够满足自己的需要或符合自己的观点、愿望的事物，就使人产生积极的情绪体验，如愉快、兴奋、喜爱等；凡是不符合自己的需要或违背自己的观点、愿望的事物，就使人产生消极的情绪体验，如沮丧、烦闷、厌恶等。综上，我们可以普遍认为，情绪是一种多形式、多水平、多功能的复杂的心理过程，由主观体验、生理唤起和外在表现构成。

情绪的主观体验是脑的一种感受状态，是心理活动的一种带有独特色调的觉知或意识。从发生上来看，它与人的切身需要和主观态度密切相连。凡是与人的需要有关的事物，由于对人有一定的意义，必然使人对之产生一定的态度，并以带有某种特殊色调的主观体验或内心感受的形式表现出来。如：当自己的某些需要得到充分满足时，会感到幸福愉快；当失去亲人时，会感到悲伤。

情绪的生理唤起包括在情绪活动中产生的所有生理变化。任何情绪都有其生理基础，并总是发生在一定的生理唤起水平上。在不同的情绪状态下，人的心率、血压、呼吸以及内分泌、消化系统等都会发生相应的变化。例如，悲伤时，会出现食欲减退、消化不良等不适；激动时，会出现血压升高、心跳加快的现象。这些生理变化不仅支持和维持着情绪，而且影响着情绪强度和持续时间。

情绪的外在表现指表征具体情绪的面部表情和身体姿势。在情绪活动中，人的面部、四肢和躯干的动作、姿态会发生明显的模式性变化，如目瞪口呆、捶胸顿足、咬牙切齿和手舞足蹈等。这些变化因可以被他人直接观察到而成为情绪活动的表面特征，所以也被人们统称为表情。

情绪的主观体验、生理唤起及外在表现同时存在、同时活动，构成一个完整的情绪体验过程。任何单一的成分都不足以构成情绪，只有当三种成分整合时，情绪才能产生。例如，当一个人佯装开心时，他只有开心的外在表现，而没有内在的主观体验和生理唤起，因而就称不上是真正的情绪体验过程。同时，在情绪活动中，这三种成分以反馈的方式相互影响或循环往复地相互作用；彼此间相互加强或减弱，相互补充或改变。

（二）情绪与情感的区别

（1）情绪是与有机体的生理需要（如吃、住、穿、睡眠等）相联系，与复杂的无条件反射（如食物反射）相伴随的一种态度体验。因此，情绪是低级的，是人和动物所共有的。当然，人的情绪具有一定的社会性，它是对客观世界的特殊反映形式，与动物的情绪有本质的区别。

（2）情绪有明显的外部表现，不太稳定，有较大的爆发性和情境性，往往伴随着条件的变化而变化；情感是相对稳定的，爆发性较少，易受个体的立场、观点和生活经历所支配。另外，情感着重于表明情绪过程的主观体验方面，外部表现则不明显。

（3）情绪与情感之间既有区别又有联系。情绪的各种变化一般都受已形成的情感所制约；而情感又总是在各种变化着的情绪中得以形成。从这个意义上说，情绪是情感的外部表现，情感是情绪的本质内容。

二、情绪的分类

（一）七情说

在我国，自古以来人们通常将情绪按其表现分为喜、怒、哀、惧、爱、恶、欲七种。

（二）基本情绪与社会情绪

1. 基本情绪

与生理需要相联系的内心体验。例如，人的恐惧、焦虑、满足、悲哀等。人的基本情绪在人的幼年时期就已经形成了，更带有先天遗传的因素。

2. 社会情绪

与社会需要相联系的情绪反应，表现为一种较为复杂而又稳定的态度体验。例如：人的善恶感、责任感、羞耻感、内疚感、荣誉感、美感和幸福感等，都是人的社会情绪。社会情绪是在基础情绪上随着人的生长而逐步发展起来的，同时又通过基础情绪所表现出来。

（三）情绪的三维理论

美国心理学家普拉奇克（Plutchik R.）从生物学的角度提出了情绪的三维理论。即情绪具有两极性、相似性和强弱性特点。例如喜悦的情绪，从兴奋程度上可表现为舒畅、愉悦、快乐、欢喜、狂喜等不同的心理体验层次；而愤怒的情绪，从紧张度上也可分为不满、气恼、愤懑、恼怒、愤怒、大怒、狂怒等；悲哀的情绪从程度上则可分为忧虑、忧愁、忧郁、哀伤、悲伤、悲痛、痛不欲生；恐惧情绪可分为担心、不安、害怕、恐惧、惊恐、极度惊恐等。

（四）情绪状态

苏联心理学家根据情绪发生的强度、持续性、紧张度把情绪状态划分为心境、激情与应激三种形态。

1. 心境

心境是指比较微弱、持久地影响人整个精神活动的情绪状态，具有弥散性的特点。比如，当一个人心情舒畅时，他看什么都会觉得乐观积极，而当一个人郁郁寡欢时，则对许多事都会感到没有兴趣。"忧者见之而忧，喜者见之而喜"就是心境的表现。心境有消极和积极之分。

2. 激情

激情是一种强烈的、短暂的、有爆发性的情绪状态，如狂喜、愤怒、绝望等都属于这种情绪状态。在激情状态下，人的理解力、自制力等都有可能降低。激情也有积极和消极之分。积极的激情能增强人的敢为性和魄力，激励人们克服艰险，攻克难关；消极的激情则会导致理智的暂时丧失、情绪和行为的失控。

3. 应激

应激是在出乎意料的紧迫情况下所引起的高度紧张的情绪状态，人们在遇到突如其来的紧急事故时就会出现应激状态。在应激状态下，人的心率、血压、呼吸和肌肉紧张度等发生显著的变化，从而增加身体的应变能力。在应激状态下，人们往往能做出平时难以做到的事，以尽快地转危为安。但是人在紧急情境中的应激状态下，也会导致知觉狭窄、行动刻板、注意力被局限；过于强烈的应激情绪，会导致人的临时性休克甚至死亡，还会导致心理创伤。一个人长期或频繁地处于应激状态中，会导致身心疾病和心理障碍。

三、情绪的功能

（一）保护功能

每一种情绪都是有其功能的，即使像生气、痛苦等负性的情绪也有其重要作用。比如，当人处于危险的境地时，恐惧的情绪反应能促使人在行为上更快地脱离险境；当人在工作或学习中承担的负荷超出了自身的承受能力时，疲惫的情绪状态会使人不得不放弃一些工作，从而获得休息；在面对伤害时，愤怒的情绪会促使人奋起反抗，保护自我。

（二）健康功能

人对社会的适应是通过调节情绪来进行的，情绪调控的好坏会直接影响到身心健康。积极的情绪有助于身心健康，消极的情绪会引起人的各种疾病。我国古代《内经》中就有"怒伤肝，喜伤心，思伤脾，忧伤肺，恐伤肾"的记载。若年轻时性情压抑、焦虑和愤怒，则患结核病、心脏病和癌症的比例会比性情沉稳的人高几倍。

心理学上，把欢悦、愉快、乐观等积极情绪称为增力情绪，这类情绪能提高人的身体机能，增强人的学习和工作效率；而把诸如暴躁、烦恼、懈怠等不良情绪称为"减力情绪"，此类情绪则能够抑制人的机体活动，降低学习和工作效率，像枷锁一样束缚人们的心灵。长期被"减力情绪"所压抑的人，不但学习成绩差，工作效率低，而且反应迟钝，身心发展会受到阻碍。

（三）调控功能

情绪对于人们的认知过程具有或积极或消极的影响作用。良好的情绪会提高大脑活动的效率，提高认知操作的速度与质量。而不良情绪如恐惧、悲哀、愤怒等，会干扰或抑制认知功能，对认知活动具有瓦解作用。因此，情绪的调控功能是非常重要的。情绪的好坏与唤醒水平会影响到人们的认知操作效能。这一功能的揭示，更新了过去曾把情绪作为理智的对立面来认识的错误观念，打开了非智力因素直接影响智力因素的一条重要通道，对于人类的实践活动，尤其是学习活动，具有不可估量的价值。

（四）沟通功能

情绪的沟通功能指个人的情绪通过表情外显而具有信息传递的功能。一个人凭借表情不仅能传递情绪信息，而且也能传递自己的思想和愿望。情绪的沟通功能主要是通过其外部的表现及表情来实现的。它在传递信息方面具有独特作用，能加强语言的表达力，提高言语的生动性，能替代言语，超越言语。

情绪在人际沟通中，起着非常重要的调节作用，像微笑、轻松、热情、喜悦、宽容和善意的情绪表达，会促进人际的沟通和理解；而冷漠、猜疑、排斥、偏执、嫉妒、轻视的情绪反应，则会构成人际交往中的障碍。

四、大学生情绪发展的特点及其影响

（一）大学生情绪的发展具备丰富性与复杂性

1. 原因

（1）因为大学生正处于心理生理的发育亢奋期，生命力高度旺盛，生物体内生发的

精力供过于求，从而带来物质体内可供精神活动消耗不尽的能源，此乃主体内在的客观因素。

（2）精神活动的无限性、剧烈性以及作为其物质载体的大脑发育的健全性和相对的优化性，这二者之间的相互依赖与摩擦运动，使特定主体的大脑处于优势阶段里的高度兴奋，此乃主体内部的主观因素。主、客观运动的结果，驱动着主体内部产生既多样又速变的情绪与情感，从而构成了青年大学生的情绪情感丰富性、复杂性的特征。

2. 表现

1）在自我情感方面

大学生自我认识的内容越来越丰富，不仅限于对个人禀赋、体魄的自我认识，还发展为对个人地位、名望，以及自己的个性特征、智能因素、道德水准等方面的自我认识。这样就相应地产生了多种多样的情绪体验。

2）在两性情感方面

大学生由于性的成熟，在心理上反映出对爱情的需求，这是一种必然规律。由于大学生有较高的文化素养、较强的自我意识，在两性生活中重视精神生活，注意才德品行，追求情感上的默契与微妙性，希望获得具有浪漫气息的爱情，因此，大学生在两性情感的发展中带有更多的社会内容，在情感的表达上更为丰富多彩。

3）在社会情感方面

大学生精力充沛、思想活跃、兴趣广泛。旺盛的物质需求和精神需求使大学生的视野更开阔，各种志趣也由此产生。随着知识经验的增多，大学生在实践中加深了对自我和社会关系的认识，这种丰富的情感体验还会促进高层次的社会情感，如理智感、道德感、美感、爱国主义情操的产生。

（二）大学生情绪的体验表现强烈

美国心理学家霍尔（G. S. Hall）曾称青春期为"疾风怒涛期"。大学生的情绪具有强烈性、爆发性和易激动性，即冲动性比较强。同样的刺激情境，对成年人来说，可能不会引起明显的情绪反应，但能引起大学生较强烈的情绪体验。大学生的情绪反应比较强烈，表现在对外部刺激反应迅速敏锐，喜怒哀乐表现得都比较充分，高兴起来手舞足蹈，气愤起来暴跳如雷，消沉起来无精打采。同时，大学生情绪起伏波动比较多。

1. 原因

（1）个体在青春期的神经—内分泌的活动特点，使大学生的神经活动的兴奋过程往往优于抑制过程，并且容易引起兴奋的泛化和扩散，导致情绪的冲动性较强。

（2）大学生在生理、社会和心理上发展的不平衡中所产生的矛盾冲突常在情绪体验中得以表现。大学生的辩证思维的发展水平还不是很高，对于一些食物容易产生偏激认识，从而引起情绪上的两极反应。

（3）大学生的社会活动范围扩大，影响情绪的各种因素大量出现，如人际关系、学习成绩、恋爱等因素。这些因素所引起的情绪有些是能够被意识到的，而有些则未被自己所意识，也会导致情绪的波动。

2. 表现

1）大学生情绪在两极间变化频繁

人际关系的变化、学习成绩的好坏都可能引起情绪的变化，从而使大学生的情绪时而高涨，时而低落，从一个极端转为另一个极端。

2）大学生还常常表现出莫名其妙的情绪波动、交替

有学生说："不知道为什么我的情绪一段时间高涨，一段时间低落，总是呈波浪形。"

3）失去理智

在情绪波动的情况下有时会失去理智，即做出非理性的行为，有时可能部分丧失理智而做出过火的冲动性行为。不仅负性情绪可以使人失去理智，正性情绪有时也会让人失去理智。

（三）大学生情绪的敏感性强

1. 原因

现代大学生普遍对自己期望、要求较高；同时，自我意识的发展使他们强烈需要肯定自己、保护自己、发展自己，希望得到别人的重视、好评、尊重。因此，他们特别喜欢表现自己，希望能引人注目，以证明自己的价值。

2. 表现

表现在有的喜欢对某一件事高谈阔论，慷慨激昂地发表自己的见解和主张，以此来提高自己的声望；有的通过各种比赛和竞赛来展示自己的才华，希望能博得别人的好感和青睐；有的故意在某些事情上做得与众不同，以期引人注目；有的甚至自吹自擂，通过真假参半的炫耀自己的特殊社会关系和某些成就，以提高自己的身份。由于大学生的自尊心较强，因此凡是涉及"我"的或与"我"相关联的事务，大学生都非常敏感，并产生强烈的情绪反应。

（四）大学生情绪的发展具备掩饰性和压抑性

大学生随着年龄的增长，自我控制和调节情绪的能力逐步提高，在情绪表现上会带有掩饰性和压抑性的特点。大学生会根据不同的情境表现出不同的情绪，出现外在表现和内在体验不一致。在这种情形下，一方面可能导致大学生压抑和苦闷等负性情绪出现，另一方面也会产生一种假象，造成交流的障碍。

（五）大学生情绪的发展具备冲动性和爆发性

大学生正值精力、体力旺盛的时期，他们血气方刚，激情四射，这时的情绪往往表现得迅速而强烈，常因一点小事振奋不已、豪情万丈。同时，也会因为一个微小的社会刺激而怒发冲冠、言行过激。大学生情绪的冲动性一般表现为对外部环境或他人不满，情绪失控，语言、行动极富攻击性，这时如果不予以正确引导，会给大学生本人以及社会带来危害。

技能导入

一、掌握情绪的概念，明确判定健康情绪的标准

作为一名大学生，他们情绪健康的标准如何界定也是一个不容忽视的问题。其实，健康的情绪是健全人格的必要条件之一。一般而言，情绪的目的性恰当、反应适度，不带幼稚的、冲动的特征，符合社会规范的要求，就是情绪健康的标准。

（一）马斯洛的健康情绪六个特征

美国心理学家马斯洛在阐述"自我实现者"的情绪特点时，曾经提出了健康情绪的六个特征：

（1）适度的欲望。

（2）有清醒的理智。

（3）平和、稳定、愉悦和接纳自己。

（4）对人类有深刻、诚挚的感情。

（5）富于哲理、善意的幽默感。

（6）丰富、深刻的自我情感体验。

（二）健康情绪判断的六个标准

这个标准只能是一种参考，不要用来给自己或者他人下结论。

标准1：情绪活动必须事出有因

作为一个人，不可能不产生情绪反应，产生情绪反应是人的一种正常的心理特点。关键在于你所拥有的情绪是否事出有因，如果在某些时候，莫名其妙地产生悲伤、恐惧、喜悦、愤怒、愉悦等情绪，这就是一种不健康的情绪反应。健康的情绪应当是事出有因，也就是"世界上没有无缘无故的爱，也没有无缘无故的恨"。例如，沮丧的情绪，它产生的原因应当是挫折，悲哀的情绪产生的原因应当是不幸的事件。

标准2：情绪反应要与情绪产生的原因相一致

健康的情绪应当是情绪反应与产生情绪反应的原因一致，也就是不能出现矛盾的反应。当自己的愿望获得满足，或者遇到喜事时，我们的反应应当是愉悦、高兴和幸福；当我们遭遇意想不到的危险时，就会产生紧张、恐怖的反应；当我们想去做一件事情，经常受到干扰时，就会产生挫折的反应。假如情绪反应与大多数人的反应不一致，该悲哀的不悲哀，该快乐的不快乐，那么说明情绪健康上存在一定的问题。

标准3：情绪反应要适度

情绪反应适度是说情绪的强度应当与引起情绪的原因相一致，也就是，强烈的刺激应当引起强烈的情绪反应，较弱的刺激应当引起较弱的反应。但是，这并不是绝对的，因为情绪反应除了受刺激的影响以外，还要受其他因素的作用。同一种刺激强度，不同的人会有不同的反应。总体上说，情绪的反应要适度，特别是要避免出现强烈的情绪状态。

标准4：情绪稳定

健康的情绪应当是稳定的情绪。当我们受到源自外界的刺激时，刚开始时，情绪反应比较强烈，随着时间的推移，情绪反应逐渐减弱，并趋于稳定。如果愤怒的情绪无法随时间的推移而弱化，或者时高时低，就是情绪不稳定了。

标准5：心情愉快

心情愉快是每个人都要追求的生活目标之一，心情愉快的人做什么都会感到信心十足，精力充沛。心情愉快说明身心健康，对许多方面都很满意，身心处于积极状态。与此相反，如果一个人经常情绪低落、愁眉苦脸、心情郁闷，则是心理不健康的标志之一。

标准6：自我控制

健康的情绪应当是能够进行自我调节和控制的，这种自我控制与调节尤其表现在危机时刻。当遭遇到危险时，应当沉着冷静，积极调控自己的情绪，使紧张激动的情绪趋于缓和，动员全身的力量去应对面前的危险情境。情绪健康的人应当是个人情绪的主宰。

综上所述，对大学生来说，情绪健康具体表现为：情绪的基调是积极、乐观、愉快、稳定的，对不良情绪具有自我调控能力，情绪反应适度，高级的社会情感（理智感、道德感、美感等）发展良好。

二、了解情绪的相关功能，认识情绪对大学生活的影响

情绪具有重要的功能，正性情绪对个体发挥自己的能力、更好地适应社会与环境、更好地与人交往都起着积极的作用，而负性情绪则会束缚大学生的发展与成长。具体来说，情绪与大学生的生活、学习、人际交往、个人发展密切相关，对大学生的身心健康、学业发展和个人成长都具有直接的影响。

（一）情绪对大学生身心健康的影响

良好的情绪状态，不仅能够使大学生对生活充满希望，对自己满怀信心，而且能够使他们身体健康、求知欲增强，并因此建立良好的人际关系，促进自身的全面发展。消极的情绪对人的身心健康危害极大。现代医学研究证明，在人们的生理疾病中，70%同时伴有心理上的病因。大学生中常见的失眠、紧张、神经性头痛、消化系统疾病等，大都是因为情绪状态没能得到很好的调整。因此，保持良好的情绪状态，是大学生心理健康的重要标志。

（二）情绪对大学生学业的影响

对于大学生来讲，情绪状态对于学业有着举足轻重的影响。在大学生当中常常存在这种现象：有人考前过分紧张导致考试发挥失常；也有人对考试抱有不以为然的态度，结果考试成绩也不理想；而积极乐观的情绪则会帮助大学生提高学习效率。许多事实都可以证明，一个人再聪明，如果没有一个好的心态，他的能力也无法发挥。良好的心态，是一个人最大限度地发挥自己能力的基础和前提。

（三）情绪对大学生人际关系的影响

由于情绪具有感染性，大学生个人的情绪状态常常会影响身边的同学。乐观、自信的人，总是受人欢迎，容易获得别人的认同，从而更容易建立良好的人际关系。而自卑、易怒、抑郁的人，往往不容易与他人正常交往，导致人际关系疏远。因此，大学生在人际交往中，要注重提高自身修养，学会控制和调节自己的情绪，做情绪的主人。

正是因为情绪具备了保护、健康、调控、沟通的功能，所以调控和保持积极的情绪能够帮助我们维护自身的身心健康，协助我们建立良好的人际关系，促进我们更好地发挥自己的能力出色地完成学业。

（四）情绪稳定性测试

指导语：测验题中每个问题都有3种答案可供选择，请你从中选择与自己实际情况最接近的一种答案，并在A、B、C上画"√"。对测验题中与自己生活、身份不相符合的情况，

可以不予选择。

（1）看到自己最近一次拍摄的照片，你有何想法？

    A. 觉得不称心   B. 觉得很好   C. 觉得可以

（2）你是否想到若干年后会有什么使自己极为不安的事？

    A. 经常想到   B. 从来没想过   C. 偶尔想到过

（3）你是否被朋友/同事/同学起过绰号、挖苦过？

    A. 常有的事   B. 从来没有   C. 偶尔有过

（4）你上床以后，是否经常再起来一次，看看门窗是否关好、炉子是否封好等？

    A. 经常如此   B. 从不如此   C. 偶尔如此

（5）你对与你关系最密切的人是否满意？

    A. 不满意   B. 非常满意   C. 基本满意

（6）你在半夜的时候，是否经常觉得有什么值得害怕的事？

    C. 经常   B. 从来没有   C. 极少有这种情况

（7）你是否经常因梦见什么可怕的事而惊醒？

    A. 经常   B. 没有   C. 极少

（8）你是否曾经有多次做一个梦的情况？

    A. 有   B. 没有   C. 记不清

（9）有没有一种食物使你吃后呕吐？

    A. 有   B. 没有   C. 记不清

（10）除去看见的世界外，你心里有没有另外一种世界？

    A. 有   B. 没有   C. 记不清

（11）你心里是否时常觉得你不是现在的父母所生？

    A. 有   B. 没有   C. 记不清

（12）你是否曾经觉得有一个人爱你或尊重你？

    A. 有   B. 没有   C. 说不清

（13）你是否常常觉得你的家庭对你不好，但是你又确知他们的确对你好？

    A. 是   B. 否   C. 偶尔

（14）你是否觉得没有人十分了解你？

    A. 是   B. 否   C. 说不清楚

（15）你在早晨起来的时候经常的感觉是什么？

    A. 忧郁   B. 快乐   C. 讲不清楚

（16）每到秋天，你经常的感觉是什么？

    A. 秋雨霏霏或枯叶遍地   B. 秋高气爽或艳阳天   C. 不清楚

（17）你在高处的时候，是否觉得站不稳？

    A. 有   B. 否   C. 有时是这样

（18）你平时是否觉得自己很强健？

    A. 否   B. 是   C. 不清楚

（19）你是否一回家就立刻把房门关上？

　　A. 是　　　　　　　　B. 否　　　　　　　　C. 不清楚

（20）你坐在小房间里把门关上后，是否觉得心里不安？

　　A. 是　　　　　　　　B. 否　　　　　　　　C. 偶尔

（21）当一件事需要你作决定时，你是否觉得很难？

　　A. 是　　　　　　　　B. 否　　　　　　　　C. 偶尔是

（22）你是否常常用抛硬币、玩纸牌、抽签之类的游戏来预测凶吉？

　　A. 是　　　　　　　　B. 否　　　　　　　　C. 偶尔是

（23）你是否常常因碰到东西而跌倒？

　　A. 是　　　　　　　　B. 否　　　　　　　　C. 偶尔是

（24）你是否需用一个多小时才能入睡，或醒得比你希望早一小时？

　　A. 经常这样　　　　　B. 从不这样　　　　　C. 偶尔这样

（25）你是否曾看到、听到或感觉到别人觉察不到的东西？

　　A. 经常这样　　　　　B. 从不这样　　　　　C. 偶尔这样

（26）你是否觉得自己有超越常人的能力？

　　A. 是　　　　　　　　B. 否　　　　　　　　C. 偶尔是

（27）你是否曾经觉得因有人跟着你走而心里不安？

　　A. 是　　　　　　　　B. 否　　　　　　　　C. 不清楚

（28）你是否觉得有人在注意你的言行？

　　A. 是　　　　　　　　B. 否　　　　　　　　C. 不清楚

（29）当你一个人走夜路时，是否觉得前面潜藏着危险？

　　A. 是　　　　　　　　B. 否　　　　　　　　C. 偶尔是

（30）你对别人自杀有什么想法？

　　A. 可以理解　　　　　B. 不可思议　　　　　C. 不清楚

以上各题的答案，选 A 得 2 分，选 B 得 0 分，选 C 得 1 分。请将你的得分统计一下，算出总分。得分越少，说明你的情况越佳，反之则越差。

总分 0~20 分，表明你的情绪稳定，自信心强，具有较强的美感、道德感和理智感。你有一定的社会活动能力，能理解周围人们的感情，顾全大局。你一定是个性情爽朗、受人欢迎的人。

总分 21~40 分，说明你情绪基本稳定，但较为深沉，对事情的考虑过于冷静，处事淡漠消极，不善于发挥自己的个性。你的自信心受到压抑，办事热情忽高忽低，瞻前顾后，踌躇不前。

总分在 41 分以上，说明你的情绪极不稳定，日常烦恼太多，使自己的心情处于紧张和矛盾之中。

任务二　分析你的情绪，管理你的情绪

案例导入

张某，女，19 岁，未婚，身高 160cm，广州某大学二年级学生，独生女，发育正常。

由父母抚养长大，童年记忆中父母会吵架，但对自己也很疼爱。

求助者自小学习努力，成绩很好。直到读高三，有一天求助者回家发现母亲因父亲有外遇而吵架，要求离婚，后来害怕影响求助者高考而没有离婚。经历这次事件后，父母的婚姻名存实亡，经常吵架。求助者对父亲很反感，为他有出轨行为不齿。对母亲很愧疚，认为是自己拖累了母亲导致不能离婚。在高考中求助者的成绩受到了影响，进了一般的大学。

在一次社团活动中认识了李某，两人志趣相投，发展为情侣，经历一年的恋爱，李某向张某提出分手，理由是张某疑心重、经常跟他闹脾气。求助者感知觉正常，注意力集中，逻辑思维正常，自知力完整，神态有些疲倦。近两个多月出现心烦、担忧、疲惫。在学校能坚持上课，但学习效率低下，上课时容易走神，记不住老师讲课的内容。本来是社团积极分子，分手近两个月以来，很少参加社团活动，喜欢独处，社会功能受到影响。面对这样的情况，求助者不知所措，寻求帮助，想改变现状。

面对这样的情况，咨询师对求助者进行测试和约谈，并诊断该生引发心理问题刺激事件是较强烈的现实刺激，因与男友分手而体验到负性情绪。而且，求助者的核心心理冲突带有明显道德色彩，觉得男朋友背叛了自己，失去了贞操会影响自己的将来。

面对求助者不良情绪持续较长时间仍不能自行化解的局面和失恋后求助者情绪反应较大，社会功能受到一定程度的损害，也表现出了不良情绪泛化的特点，对该生进行了系列的咨询和治疗，最终帮助该生缓解情绪，提高了认知能力，将该生歪曲认知调整为与现实相适应的认知，提高了该生的心理健康水平。

案例启示 ////

（1）张某面临的是不良情绪的困扰，对情绪知识和不良情绪疏导方法缺乏，该生表现出了不适感，因而严重影响了学习与生活，不利于其身心健康。

（2）大学生要能够认清常见的情绪困扰及其表现，在日常的生活和学习中掌握自我培养健康情绪的方法，学会分析和调试自身情绪，这样才能保持良好的情绪状态，管理好自身情绪。

知识链接 ////

一、大学生常见的情绪困扰

（一）焦虑

1. 概念

焦虑是一种伴随着某种不祥预感而产生的令人不愉快的情绪，是一种复杂的情绪状态。它包含着紧张、不安、惧怕、烦躁、压抑等情绪体验。许多人说不出自己焦虑的原因，但研究已经表明，事情的不确定性是产生焦虑的根源。

2. 分类

1）神经性焦虑

神经性焦虑指由于担心内心的欲望与冲突无法控制而引起的恐惧感。有时是无名的恐惧，有时是强烈的非理性恐惧。

2）现实性焦虑

这种焦虑是由现实环境的压力与困难引起的，大学生自我无力应付。例如，无力参与竞争、期望过高、要求过严、社会文化差异悬殊等。

3）道德性焦虑

道德性焦虑是由社会生活准则引起的。大学生对自我的责备与羞愧感，因唯恐犯错误或触犯不能逾越的规定，时常自责、受到罪恶感的威胁。

这三种类型的焦虑不是单一的，有时神经性焦虑与现实性焦虑混合起来，有时道德性焦虑与现实性焦虑混合起来，有时神经性焦虑与道德性焦虑混合起来，有时也有可能是三种焦虑的混合。

3. 引起大学生焦虑的原因

1）适应困难

这是大学新生中比较常见的情况。由于生活环境和学习方式的转变造成对新环境难以很快适应，因而引起各种焦虑反应。如有一位到心理咨询中心咨询的大学生谈到，进入大学以前，生活上的事都由父母包办，衣、食、住、行都有人给自己安排。现在这一切都要自己来做，却不知如何去做。学习紧张，还要想着怎么去处理这些事，因此感到焦虑不安。

2）学习方式方法不适应

不少大学生习惯于高中时那种被动的学习方式，上大学后对大学的学习方式不能很快适应。教师课上讲的内容不多，自己自学的时间较多。到了图书馆，又不知如何学起、无所适从，由于学习方法不得要领、学习成绩下降，一些大学生对以后的学习生活和前途感到焦虑不安，极个别的担心自己会完不成学业，陷入焦虑状态之中。

3）应付各种考试

考试焦虑是大学生中较常见的焦虑情绪表现，即由于担心考试失败或渴望获得更好的分数而产生的一种忧虑、紧张的心理状态。考试焦虑一般在考试前数天就表现出来，随着考试日期的临近而日益严重。研究表明，把对好成绩的期望降低到适当的水平，可以减轻考试焦虑。

4）对于身体健康状况的过分关注

大学生因学习比较紧张，脑力劳动任务比较繁重，存在着一些可能是健康水平下降的因素。当这些因素作用于那些过分关注自己健康状况的大学生时，便有可能导致焦虑的产生。咨询中心常接待一些大学生，自感身体不适、睡不好觉，几次到医院去检查，所有指标都正常，但就是自感身体不舒服、终日无精打采，由此影响了学习。对于这种情况，要克服焦虑首先就要正确认识人的脑力活动对健康的影响，合理安排时间，注意劳逸结合、增强体育锻炼，而不应该沉湎于对自身身体状况的过分关注，因为这有可能通过暗示作用使自身的各种不适感加重，从而加重焦虑情绪。

（二）抑郁

1. 概念

抑郁是大学生中常见的情绪困扰，是一种感到无力应付外界压力而产生的消极情绪，常常伴有厌恶、痛苦、羞愧、自卑等情绪体验。抑郁就像其他情绪反应一样，人人都曾体验过。对大多数人来说，抑郁只是偶尔出现，为时短暂，时过境迁，很快会消失。但也有少数人长期处于抑郁状态，甚至导致抑郁症。性格内向孤僻、多疑多虑、不爱交际、生活中遭遇意外的挫折、长期努力得不到报偿的人更容易陷入抑郁状态。

2. 表现

情绪低落、思维迟缓、郁郁寡欢、闷闷不乐、兴趣丧失、缺乏活力、反应迟钝，干什么都打不起精神、不愿参加社交、故意回避熟人、对生活缺乏信心，体验不到生活的快乐，并伴有食欲减退、失眠等。他们看上去倦怠疲乏、表情冷漠、面色灰暗，仿佛陷入了痛苦的深渊而无力自拔。长期的抑郁会使人的心身受到严重损害，使人无法有效地学习、工作和生活。

3. 避免抑郁或从抑郁中解脱出来的方法

要正确地评价自己，看清自己的长处，建立自尊、增强自信；调整认知方式，不把事物看成非黑即白，多注意事物的光明面；扩大人际交往，多与人沟通，多交朋友。如果抑郁情绪较严重，应寻求心理咨询帮助。

抑郁情绪是大学生群体中一种比较普遍的不良情绪表现。在大多数情况下，大学生的抑郁情绪都可找到较为明显的心理社会因素，主要有学习成绩落后、失恋、人际关系不和谐以及其他有关的负面生活事件的影响。然而，失恋或学习上的失败是很多学生都可能遇到的情况，并不是每个人都会产生强烈的抑郁情绪反应。一些大学生产生抑郁是由于对一些负面事件的不正确认识，以及因此而对自我的不合理评价。他们过分追求完美，希望自己在大学期间能在各方面都十分出色，这是很难做到的。因此，改变不合理观念，对出现的负面生活事件，建立正确认识、评价和态度是克服和消除抑郁的关键。

（三）冷漠

1. 概念

冷漠是一种对人对事不关心、冷漠的消极情绪体验。

2. 表现

正处在青年期的大学生，情绪丰富而强烈是其基本心理特征之一。但有的大学生却表现出对一切都不关心：对学习漠然置之，听课昏昏欲睡，对成绩好坏满不在乎，对集体漠不关心，对同学冷漠无情，对环境无动于衷。日本心理学家把具有这种冷漠状态的大学生称为"三无"学生，即无情感、无关心、无气力。

3. 如何消除冷漠情绪

1）应充分意识到冷漠的危害性

分析自己冷漠的原因，从而作针对性的调整。在此，积极转变观念并采取行动是很关键的。

2）注重人际交往

人际关系是相互的，要获得别人友情，就不能对人冷漠，若不伸出自己的手，又怎能握住对方的手？洁身自好，顾影自怜是在为自己设置陷阱；人与人之间需要感情的交流，尤其是性格内向、情感含蓄的大学生更应主动走出自己的情感世界，实现相互沟通。

3）克服观望、等待或被动态度

应该意识到自己是生活的主人和创造者，自己要对自己负责任，积极地投身于各项活动，从中会获得热情、乐趣和自身价值；明白生活中虽然有假恶丑，但毕竟人间处处有真情，不应遭几次挫折和不幸就一叶障目、失去信心，如俄国诗人普希金说的："假如生活欺骗了你，不要忧郁，也不要悲伤，不顺心时暂且忍耐；相信吧，快乐之日就会到来。"

（四）愤怒

1. 概念

愤怒是当愿望不能实现或为达到目的的行为受到挫折时引起的一种紧张而不愉快的情绪。

2. 表现

大学生正处于热情高涨、激情澎湃的青年时期，有时候情绪难以控制。容易发怒是年轻人常见的心理特征。有些人有时为一句不顺耳的话、一件不顺心的事，就激动得暴跳如雷，或出口伤人，或拔拳相向。

愤怒被看成一种原始的情绪，它在动物身上是与求生、争夺食物和配偶等行为联系着的。愤怒在人的成长过程中出现较早。出生3个月的婴儿就有愤怒的表现，如果限制婴儿探索外界环境便能引起其愤怒。在成人身上，愤怒依赖于人已形成的道德标准，常属于道德感的范畴。愤怒的程度从不满、生气、愠怒到大怒、暴怒。愤怒的强度和表现与人的修养密切相关。发怒对一个人的心身健康有明显的不良影响。通常，当人发怒时，出现心跳加速、心律紊乱，严重时可能出现心脏停搏甚至猝死。由于发怒而导致心悸、失眠、高血压、胃溃疡以及心脏病的也不在少数。此外，众所周知，发怒会使人丧失理智，阻塞思维，导致损物、殴人甚至犯罪等许多失去理智的不良行为。

3. 控制愤怒的方法

1）明理

只有尊重他人才能获得他人的尊重，凡事多想想别人，多想想后果。

2）宽容

只有宽以待人才能真正帮助教育他人，才能赢得友谊。

3）自制

俄国作家屠格涅夫就曾经劝告那些易怒的人，在发怒之前，先将舌头在口内转十圈，用以加强自制。

4）转移

当感到自己难以控制愤怒时，采用转移注意力或转移环境的办法是明智的。

（五）嫉妒

1. 概念

嫉妒是大学生中有一定普遍性的不良情绪。容易引起大学生嫉妒的因素主要有以下几类：外表、成绩、能力、物质条件、恋人、运气等。

2. 危害

虽说嫉妒是人类的一种通病，但那些自尊心过强、虚荣心过盛、自信心不足、以自我为中心、认知有偏差、自控能力弱的大学生更易产生嫉妒，而且程度也较一般更重。

嫉妒心会影响大学生的人际关系，造成同学们间的隔阂甚至对立，同时使自己处于烦躁、痛苦的情绪中，因而需要很好调节。

3. 克服嫉妒的方法

（1）要学会进行正确的比较，每个人都既有长处，亦有短处，关键是要善于学习别人的长处，克服自己的短处。

（2）要化消极的嫉妒为积极的进取，"你行我也行"，奋发努力，缩小差距。

（3）要充实自己的生活，培根就曾经说过："嫉妒是一种四处游荡的情欲，能享有它的只能是闲人，每一个埋头于自己事业的人，是没有工夫去嫉妒别人的。"

二、大学生健康情绪的培养方法

（一）认识自己的情绪

伴随着情绪的产生，人体在心理和生理上慢慢积蓄起一定的能量，给人的心理和行为提供动力。同时，伴随情绪产生的能量也必然会寻找发泄的途径。我们日常生活中，会自觉或不自觉地发泄这种能量，如快乐时的手舞足蹈，失去亲人时的失声痛哭，愤怒时的暴跳如雷等。当我们经历巨大的情绪变化时，犹如积蓄了能量的气球，如果不加调整就会出现失控的现象。因此，认识生命的主导情绪是情绪管理的第一步。

1. 了解自己的个性特征

一个人的情绪特点，往往与其气质和性格特征密切相关。因此，了解自己的气质与个性，对于认识和把握自己的情绪特点有着重要的意义。例如，我们可以看到每个人的情绪表现都是不尽相同的，有的人脾气急，有的人则性子慢，有的人风风火火，也有的人多愁善感，这些都与一个人的个性和心理特征有直接的关系。

2. 了解自己的情绪年龄

人的情绪表现与其情绪年龄有关。所谓情绪年龄是一个人的情绪发展水平，是一种衡量标志。心理学研究表明，不同年龄的人在其情绪的各方面具有不同的发展水平和特点。人的情绪年龄水平有两种表现：其一是是否符合该年龄的认知逻辑水平；其二是是否符合该年龄段的表现和调节情绪的方式。例如，一些独生子女大学生，由于父母长期的过度照顾，情绪的自我控制能力方面滞后于他们实际的年龄。

3. 善于识别不良情绪

1）概念

不良情绪是指不良的情绪反应会对自己及他人带来不良影响甚至伤害的消极情绪状态。如：负性情绪持续时间过长；负性情绪超过了自己所能承受的强度；情绪状态已经构成了对自己及他人的影响或伤害；由情绪适应不良导致严重的情感障碍、人格障碍等心理疾患。

个体的情绪状态受多方面因素的影响，既有客观环境的影响，也有自身特点的影响。遇到相同的事件，不同个体会有不同的情绪表现；而同一个人，在不同的阶段遇到相同的事件，表现亦不相同。如：考试成绩刚到 60 分，有的同学会长松一口气认为自己终于没有挂科，而有的同学会因自己没达到预期目标而沮丧不已。

2）察觉自己的情绪状态的基本方式

第一，横向比较。

即与自己情况相近的人比："若有相同情况发生在和自己同龄、情况相近的同学身上，同学会有怎样的反应，我的反应与之有何异同?"如果情绪反应相近，会帮助我们认识自己的正常情绪过程，接纳自己的情绪；如果情绪反应明显不同，便提示我们需要积极调整情绪状态，必要时应寻求心理帮助。

第二，纵向比较。

即与自己之前的情绪经验相比："我之前也遇到过这种情况，当时的情绪是怎样的，和这次有什么不一样吗?"如果与之前的情绪相近，可以帮我们更多地认识到自己的情绪特点；如果有很大的不同，便要分析不同的原因，以便更加有效地调整情绪。

需要注意的是，鉴于个体的差异及自己经验的限制，横向与纵向的比较不是孤立分离的，需互相结合，以便我们积极察觉自己的情绪状态，及时有效地进行调节。

除上述情绪的自我认识外，还可以通过一定的心理测验，如焦虑自评量表（SAS）、抑郁自评量表（SDS），来了解自己的情绪状态。

（二）接纳自己的情绪

很多同学都认识到正性情绪对自己心理健康的积极影响，但是对负性情绪的警示和避害作用未给予足够的认可，甚至排斥、不接纳自己的负性情绪。其实，人的各种情绪状态如同月亮的阴晴圆缺一样，都是我们情绪的一部分，是情绪的正常表现。我们不可能永远都是正性情绪，悲伤、失望、愤怒等同样是我们生活中不可缺少的部分。因此，同学们要学会接纳自己的负性情绪，走出情绪认识的误区。

（三）正确表达情绪

1. 概念

情绪表达指的是人们用来表现情绪的各种方式。情绪的产生伴随着能量的蓄积，情绪的表达也是能量发泄的过程。

2. 情绪表达方式

1）生理表达

生理表达方式包括心率、血压、呼吸、平滑肌收缩、内分泌改变等。一般情况下，两种表达相互伴随。若情绪的心理表达不足，生理表达则增加。

2）心理表达

心理表达是指在心理层面将情绪表达出来，如通过认知、体验、表情、言语、行动等方式。而我们可以主观调节的是心理表达。一般来说，情绪的心理表达包含以下四个层次。

第一，向自我表达。

向自我表达是让我意识到情绪产生的性质、特点及原因等，增加对自我情绪的识别，既要认识到自己的情绪变化，又要察觉到当时情绪的起因、性质等，这样，便可适时调整情绪。如，若对自己的愤怒情绪不管不顾，便很可能在激动情绪的影响下采取过激行为，也可能无意识地将愤怒情绪传递给周围的人。可以想象，一位因家务事隐隐不快的公交售票员，如果意识不到自己的情绪，难免会将莫名的怒火对乘客发泄。情绪的自我表达是情绪表达的关键。

第二，向他人表达。

情绪心理表达的第二个层次是向他人表达。"快乐通过分享便成为双份，而悲伤经过分担便减半"便是向他人表达的典型例子。向周围人表达我们的情绪，既能增加相互理解，又能增加情绪的自我认识。表达方式可以是语言表达，也可以是非语言的表达，如对父母深深的爱意，既可以通过直接的语言——"爸妈，我爱你们"表达出来，也可以通过关心的眼神、回家勤于分担家务来表达。

第三，向自我及他人以外的客观环境表达。

情绪心理表达的第三个层次是自我及他人之外的客观环境表达，如摔东西，击沙袋，在无人处高喊、哭泣、歇斯底里发作，或者跑步等。这种表达方法对于那些不善与人交往者尤其显得重要。

第四，升华表达。

情绪心理表达的第四个层次是升华表达，即超越所有表达现象，将情绪的能量指向其他的、更高层次的需要，从而为那些高层次需要的满足提供能量。这是最艰难的，也是最佳的情绪表达方式，即把受挫而产生的不良情绪引向崇高的境界，对强大的心理能量加以疏导，凝聚到学习、工作或生活中。如著名大文豪歌德在失恋之后，把失恋的情绪能量升华到文学写作中，写出了名著《少年维特之烦恼》。"化悲痛为力量"，是典型的情绪升华的表达。

在心理表达的四个层次中，自我表达是基础和关键，升华表达是最具有创造性的方式，可以根据自己的情况加以选择。

（四）有效调控情绪

"我的情绪我做主！"这是大学生们常挂在嘴边的话。然而，真正成为情绪的主人，学会正确表达情绪、合理宣泄情绪、有效控制情绪，却是同学们一生的课题。

1. 善于控制负性情绪

在各种负性情绪中，冲动和愤怒是大学生中最为常见的负性情绪。在日常生活中，虽然我们不能选择何时生气，但是可以选择要生多大的气、要生多久的气，以及生气时我们该怎么办。因此，生气是可以选择的，愤怒是可以掌控的。

2. 学会自我平衡情绪

一般来说，人的心理有两个层面：一个是情绪层面；另一个是认知层面。宣泄法是通过心理宣泄解决情绪层面的问题，情绪层面问题解决了，人的理智就会逐渐恢复。但是，有时人的认知层面的问题不解决，情绪层面问题的解决对于调控情绪是非常必要的。运用此种方法同时可以从以下几个方面入手。

1）不要期望值过高，不要过分苛求自己

俗话说：希望越大，失望也越大。在现实生活中，不少人的挫折感均来源于对自己的期望值过高、苛求自己。因此，我们要学会以平和的心态待人处世，学会给自己留下一定的空间，把目标锁定在能力所及的范围之内。而不是好高骛远，四处出击，要求自己事事都超过别人。同时，对任何人、任何事都不必期望过高，这样，当事物没有朝着你预期的方向进展时，你就不会产生强烈的挫败感。

2）学会妥协和放弃

人的一生有许多愿望和追求，但由于主客观条件的限制，不可能一一得到实现。这样，就需要我们学会妥协和放弃。否则，我们就会被这些欲望和目标所累而失去人生的洒脱和生活的乐趣。如果一个登山者，一心想登上顶峰而急于赶路，结果却忘了欣赏沿途的风景，那么，登山的乐趣也就无从体现。即使站在山顶，想想自己的付出与所得，也会有不平衡的感觉。

3）学会自我安慰

自我安慰也称合理化，指个体遭受挫折后，为了维护自尊，减少焦虑，就找出种种理由为自己辩解，增加自己行为的合理性和可接受性，以祈祷减轻心理压力的作用。

在社会生活中，人们的需要不可能全部获得满足，进行自我安慰可以使人的内心达到平衡。因此，在某种情况下，它不失为一种自我防卫的方法。

此外，还可以与境况不如自己的人比较，不要总是和比自己强的人比较，那样，会加重心理不平衡。

4）给自己积极的心理暗示

心理学的研究发现，人们都有接受自我暗示的能力。当你产生负性情绪时，可以通过给自己积极的心理暗示来化解不良情绪。

3. 尝试放松训练

放松训练又称为松弛反应训练，是一种通过对肌体的主动放松来增强人对自我情绪控制能力的有效方法，它的基本原理是通过训练放松所产生的躯体反应，如减轻肌肉紧张、减慢呼吸节律和心率等，达到缓解焦虑的目的。

4. 调节认知改变情绪

美国临床心理学家艾里斯（A. Ellis）提出的理性情绪理论认为，在人们情绪产生的过程中有三个重要的因素，即诱发情绪发生事件（Activating Events）、人们对诱发事件所持的相应的信念、态度和解释（Beliefs）、由此引发的情绪和行为的结果（Consequences）。情绪并非是由诱发事件直接引起的，而是通过人们对这一诱发事件的解释和评价引起的。对事件正确的认识一般会导致适当的行为和情绪反应，而错误的认识往往是导致不良情绪产生的直接原因（图4-1）。

通过改变不合理的观念，建立合理的观念，就会产生出积极的情绪反应。该理论正是通过对引起不良情绪的非理性观念的纠正来达到情绪改善的目的（图4-1）。

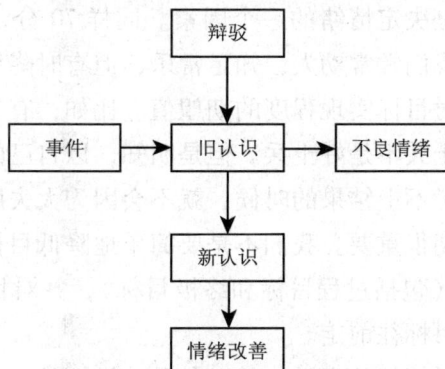

图4-1　理性情绪理论模式

非理性观念有以下几种主要特征：

（1）绝对化要求。即对什么事物都怀有认为必须或不会发生的信念，这种特征常常表现在日常生活中"应该""必须""一定""绝对"等用语上。

（2）过分概括化，即以偏概全的思维方式。在这种非理性特征中，世界上的事物只有两类，要么正确、要么错误。

（3）糟糕至极。常会表现为：一旦出现了……天就要塌了，再没有比这更可怕的了，等等。

掌握理性情绪的理论和方法，不仅可以帮助我们认识和摆脱不良情绪的困扰，更重要的是它能使我们保持一种客观正确的认知心态，避免不良情绪的发生。

技能导入

一、正确地评估自身存在的情绪心理问题

（一）正确认识大学生情绪困扰的产生原因

同样一件事情，我们体验到的是正性还是负性情绪都不是绝对的，而是相对的。正因为这样，心理治疗才有可能。我们愉快与否，并不完全取决于事情本身，它取决于另一些因素。

1. 认知方式，即我们看待问题的方式

其实，快乐与否，有时候不取决于我们有没有钱、有没有地位、有没有学历、长得是否漂亮，而是取决于我们对生活的态度。任何事物都是正反两方面，有好的一面，也有坏的方面。如果总是从消极的方面去看待，就永远享受不到快乐。在生活中，看待问题的方式不一样、心态不一样，情绪的两极性也不一样。

2. 心境会决定情绪的好坏

同样一件事情，我们感到是高兴还是痛苦，有时取决于我们的情绪底色，即情绪背景。如果我们的情绪底色是比较不愉快的或悲伤的，那么即使你正在吃美味佳肴，也不会有好的胃口，所以有时候我们需要了解自己的情绪背景。当一个人情绪背景不好的时候，就不要奢望他和你相处的时候还能很开心、很愉快。

3. 期望值会影响我们的情绪

期望的大小，即预期值是决定情绪的一个因素。同样70分，有人高兴，有人伤心，有人郁闷，因为期望不一样。我们常常劝人，知足常乐，但有时降低自己的目标似乎是不可能的，那么我们可以调整自己对目标实现程度的期望值。比如，有考上北大、清华的理想肯定是好的，因为不想当将军的士兵不是好士兵。但是明知，以自己的实力，考上北大、清华的可能性很小，那么一旦出现考不上结果的时候，就不会因为大失所望而那么痛苦，即对自己目标的实现有一个合理的预期很重要。我们不是要简单地降低目标，而是要根据自己的实际情况，实事求是地设计目标（包括过程目标和终极目标），并对目标的实现确定合理的期望值，脚踏实地一步一步朝着目标往前走。

情绪管理就是通过自己对情绪的察觉，并以各种建设性的方式加以调节，实现自己对情绪的有效把握和调节。情绪对一个人的心理成长和发展有着极大的影响。对于大学生来讲，管理情绪、调节情绪、驾驭情绪、做情绪的主人，不仅是维护身心健康的需要，也是大学生自我发展和人格成熟的前提条件。

（二）常见情绪问题自评量表

1. 焦虑自评量表（SAS）

焦虑自评量表（Self-rating Anxiety Scale，SAS）（表4-1）由华裔教授Zung编制（1971）。同学们可以通过此量表来了解自己的焦虑水平。

表4-1　焦虑自评量表（SAS）

请仔细阅读下面的文字，每一个条目后有四级评分，请根据近一周的实际情况来进行评分，并在分数栏1~4分（数字的顺序依次代表从无、有时、经常、持续）相应的分数下打"√"。

	从无	有时	经常	持续
1. 我觉得比平常容易紧张和着急。	1	2	3	4
2. 我无缘无故地感到害怕。	1	2	3	4
3. 我容易心里烦乱或觉得惊恐。	1	2	3	4
4. 我觉得我可能将要发疯。	1	2	3	4
*5. 我觉得一切都很好，也不会发生什么不幸。	4	3	2	1
6. 我手脚发抖打颤。	1	2	3	4
7. 我因为头痛、颈痛和背痛而苦恼。	1	2	3	4
8. 我感觉容易衰弱和疲乏。	1	2	3	4
*9. 我觉得心平气和，并且容易安静坐着。	4	3	2	1
10. 我觉得心跳很快。	1	2	3	4
11. 我因为一阵阵头晕而苦恼。	1	2	3	4
12. 我有晕倒发作或觉得要晕倒似的。	1	2	3	4
*13. 我呼气吸气都感到很容易。	4	3	2	1
14. 我手脚麻木和刺痛。	1	2	3	4
15. 我因为胃痛和消化不良而苦恼。	1	2	3	4
16. 我常常要小便。	1	2	3	4
*17. 我的手常常是干燥温暖的。	4	3	2	1
18. 我脸红发热。	1	2	3	4
*19. 我容易入睡并且一夜睡得很好。	4	3	2	1
20. 我做噩梦。	1	2	3	4

评分方法

SAS采用4级评分，主要评定症状出现的频度，其标准为："1"表示没有或很少时间有；"2"表示有时有；"3"表示大部分时间有；"4"表示绝大部分或全部时间都有。20个条目中有15项是用负性词陈述的，按上述1~4顺序评分。其余5项（注*号者）即第5，9，13，17，19项，是用正性词陈述的，按4~1顺序反向计分。

分析指标

SAS的主要统计指标为总分。将20个项目的各个得分相加，即得粗分；用粗分乘以

1.25 以后取整数部分，就得到标准分。

结果解释

按照中国常摸结果，SAS 标准分的分界值为 53 分，其中 53~62 分为轻度焦虑，63~72 分为中度焦虑，73 分以上为重度焦虑。

备注

此量表得分仅供参考，如有疑问请咨询任课教师或学校心理专职教师。

2. 抑郁自评量表（SDS）

抑郁自评量表（Self-rating Depression Scale，SDS）（表 4-2）的特点是使用简便，并能相当直观地反映抑郁患者的主观感受。同学们可以通过此量表来了解自己的抑郁状态。

表 4-2　抑郁自评量表（SDS）

请仔细阅读下面的文字，每一个条目后有四级评分，请根据近一周的实际情况来进行评分，并在分数栏 1~4 分（数字的顺序依次代表从无、有时、经常、持续）相应的分数下打 "√"。

	从无	有时	经常	持续
1. 我感到情绪沮丧、郁闷。	1	2	3	4
*2. 我感到早晨心情最好。	4	3	2	1
3. 我要哭或想哭。	1	2	3	4
4. 我夜间睡眠不好。	1	2	3	4
*5. 我吃饭跟平时一样多。	4	3	2	1
*6. 我的性功能正常。	4	3	2	1
7. 我感到体重减轻。	1	2	3	4
8. 我为便秘烦恼。	1	2	3	4
9. 我的心跳比平时快。	1	2	3	4
10. 我无故感到疲劳。	1	2	3	4
*11. 我的头脑像往常一样清楚。	4	3	2	1
*12. 我做事情像平时一样不感到困难。	4	3	2	1
13. 我坐卧不安，难以保持平静。	1	2	3	4
*14. 我对未来感到有希望。	4	3	2	1
15. 我比平时更容易激怒。	1	2	3	4
*16. 我觉得决定什么事很容易。	4	3	2	1
*17. 我感到自己是有用的和不可缺少的人。	4	3	2	1
*18. 我的生活很有意义。	4	3	2	1
19. 假若我死了别人会过得更好。	1	2	3	4
*20. 我仍旧喜爱自己平时喜爱的东西。	4	3	2	1

结果分析

将 20 个项目的各个得分相加，即得粗分。粗分乘以 1.25 即为标准分。50 分以下者无抑郁，50~59 分者为轻度抑郁，60~69 分为中度抑郁，70 分以上者为重度抑郁。

备注

此评定量表不仅可以帮助诊断是否有抑郁症状，还可以判定抑郁程度的轻重。因此，一方面可以用来作为辅助诊断的工具，另一方面也可以用来观察在治疗过程中抑郁的病情变化，用来作为疗效的判定指标。但是，此评定量表不能用来判断抑郁的性质，所以不是抑郁症的病因及疾病诊断分类用表。因此，此量表得分仅供参考，如有疑问请咨询任课教师或学校心理专职教师，如有需要应该及时到精神科门诊进行详细的检查、诊断及治疗。

（三）心理图谱

今天你开怀大笑了吗？今天你感到快乐了吗？如果你经常以否定来作答，那么你的心情就需要好好呵护了。体温能用温度计测量，体重用磅秤计测量，血压、肺活量也可以用仪器测量。那么，人的"心情"该怎样衡量？不妨试试这个方法，给自己画个心情图谱吧。

首先，把你认为的坏的心情用熟悉的词汇描述一下：痛苦、忧伤、悲哀、愤怒、沮丧、烦躁、郁闷……

再用同样的方法表达心情：麻木、索然无味、平淡、宁静……

最后，让我们满怀憧憬，想象一下你所期待的好心情：欣慰、满足、愉悦、感恩、激动、兴奋、幸福……

请从这些词汇或者你认为更合适的词汇中挑选 10 个，以你的理解，按照各种心情的程度，由低向高排列，并标注在相应的数字刻度下，例如：

1 痛苦、2 沮丧、3 郁闷、4 索然、5 平淡、6 宁静、7 欣慰、8 愉悦、9 兴奋、10 幸福

评估一下你现在的心情吧，请在"心情图谱"上选择与你心情相对应的词汇。赶快给你今天的情绪打个分吧！

二、调适自己的不良情绪，保持良好的情绪

（一）假装快乐能调整不良情绪

一些人因为生活或工作上遇到挫折，陷在悲伤的情绪中无力自拔，不想参加任何社交活动。心理专家表示，"假装快乐"是一种快速调整情绪的好方法，可以使人们脱离不良情绪，尽情享受节日的快乐。

心理学研究发现，人类身体和心理是互相影响、互相作用的整体。某种情绪会引发相应的肢体语言。比如愤怒时，我们会握紧拳头，呼吸急促；快乐时我们会嘴角上扬，面部肌肉放松。然而，肢体语言的改变同样也会导致情绪的变化，当无法调整内心情绪时，你可以调整肢体语言，带动出你需要的情绪。比如强迫自己微笑，你就会发现内心开始涌动起阵阵欢乐。所以，通过假装快乐而真的快乐起来，这就是身心互动原理。

这种感受还可以通过行为获得。情绪压抑者可以尝试"笑功"：先站直，然后身体前屈90°，再后仰10°，并配合喊出"哈哈哈哈"的声音，动作和声音力求夸张，连做六次，前后对比就会有不同的感受。

（二）腹式呼吸放松训练

腹式呼吸以膈肌运动为主，吸气时胸廓的上、下径增大。能够增加膈肌的活动范围，而

膈肌的运动直接影响肺的通气量。

腹式呼吸训练：

观察自然呼吸一段时间。

右手放在腹部肚脐，左手放在胸部。

吸气时，最大限度地向外扩张腹部，胸部保持不动。

呼气时，最大限度地向内收缩腹部，胸部保持不动。

循环往复，保持每一次呼吸的节奏一致。细心体会腹部的一起一落。

经过一段时间的联系之后，就可以将手拿开，只是用意识关注呼吸过程即可。

（三）接纳自身的情绪

我们往往在接纳自身情绪的过程中存在误区，影响我们情绪的变化。

误区1："负性情绪是不好的，我不能有不好的情绪"

小叶患了一种奇怪的皮肤病，据说该病与自身免疫系统和心情有关。医生强调小叶要保持心情愉快，于是小叶就对不好的情绪有了警惕性，一旦遇到不顺利的事情，小叶就想："怎么办啊，我不能不高兴，不然病情会发展！"但是越想躲开不好的情绪，越躲不开。为此小叶变得紧张、容易发火，甚至睡觉都困难了。

小叶不能接受自己的负性情绪，只能带来更多的担忧和焦虑。有时情绪的产生不是理性能控制的，我们只有以开放的心态接纳自己的情绪，才能更好地对其进行调整和管理。

误区2："我能完全掌控我的情绪"

强强是同学心目中的"硬汉"班长，他学习成绩优异，参加集体活动积极，不怕脏累，几乎是"铁人"，同学从未见他悲伤或者表现出一丝失落。但是因一次学生会竞选失败，强强变得沉默不语、体弱多病了。虽然他谈到对竞选一事并不介意，但是对自己不明原因的胃痛、头痛却感到难耐和烦恼。当进一步谈到竞选的失望情绪时，强强说自己是个坚强的人，完全可以控制情绪，所以从不会表现出失落，但是似乎一切不能任由自己掌握，为此他特别苦恼。经过咨询老师与之对目前情绪的探讨，强强不自主地落泪了，同时感到了精神的放松，不明原因的胃痛、头痛也好了。

由此可见，情绪的产生、发展过程是不能完全由理性控制的，也不能完全由主观意志改变。因此，重视自身情绪发展的规律，明白哪些是主观可以调节的，哪些是情绪发展的客观过程，可以帮助我们更好地与情绪相处。

误区3："他的情绪是脱缰的马"

晓伟从小是乖孩子，对父母言听计从，父母也对其宠爱有加，从未动手打骂。但是自高三的一件事发生以来，晓伟变了。高三的一个下午，外出回家的爸爸听说晓伟没有做作业就出去玩了，不由分说地对晓伟扬起了鞭子，暴打后晓伟沉默了很多天。自此，晓伟在邻居、同学面前依然是乖孩子，不和人争执，但是一遇到不顺心的事情，马上对父母拳脚相加。晓伟自感脾气上来根本控制不了，内心充满委屈愤怒，必须暴打父母才能平复。情况持续四年，父亲多次忍让，母亲伤心哭泣，晓伟也很后悔，但是情绪就像一匹脱缰的马，发作的时候难以控制。

晓伟在高三被父亲打骂后，选择了通过打骂父母表达负性情绪，对高三被打事件的情绪处理不良是诱因，但是长期任由情绪支配冲动伤人是晓伟发泄情绪的途径。果真情绪产生后是不可遏制和无能为力的吗？答案是否定的。情绪的发展过程有客观性，我们可以改变自己的认知，可以主动选择积极的不具伤害性的方式来调整情绪状态。晓伟经过一段家庭治疗后，愿意选择通过运动的方式驾驭"情绪的脱缰之马"。

（四）学会处理愤怒

当你出现愤怒的情绪时，你可以在表4－3中选择恰当的处理愤怒的方式。

表4－3　处理愤怒的方式

适当选择	中性选择	不当选择
听音乐	吃东西	骂人
运动	购物	找人打架
写日记	撕纸	摔门
找朋友倾诉	喝水	生闷气
做深呼吸		以牙还牙
哭泣		砸东西

此外，还可以尝试以下方式来平息怒火：

（1）认清怒意。

（2）学会换位思考。

（3）给别人找一个理由。

（4）从一数到十。

（5）以不攻击对方的方式将不满表达出来。

（6）倾听。

（7）宽容。

（五）积极的心理暗示

同学们可以通过这样的问题来积极地暗示自我：

（1）我不会因为这种小事跟自己过不去，让自己焦急难过。

（2）保持平静和控制情绪的感觉实在是太棒了！

（3）我觉得肌肉开始紧绷了，现在开始深呼吸、放松、慢慢放松……

（4）光生气对事情是没有帮助的，只要平静下来，控制情绪，自然会有解决的方法。

（5）控制住，我慢慢平静下来了，这样的感觉真好！

（6）我正努力地控制情绪，让自己镇静，没有人可以打败我。

（7）我真是太棒了！我一定可以把情况掌控得很好。

（8）想到这些快乐的事情，感觉真好，这总比在那些让人烦心的事情上钻牛角尖值得。

（9）很显然他做不到我对他的期望，从现在开始我不再期望他做什么了。

（六）放松训练

具体的操作步骤如下（此方法最好是在老师的指导下进行）：

在一个较为安静的环境中，舒服地坐（或仰卧）在沙发上或躺在床上。

步骤一：让自己初步体验肌肉的紧张。

操作要领：①伸直并绷紧双臂，握拳。②绷紧双臂肌肉；紧握双拳；用力，并保持数秒钟。③之后放松双臂，松拳，放松休息数分钟。

步骤二：在上一个步骤的基础上进一步绷紧肌肉。

操作要领：①伸直双臂，握拳；同时，伸直并绷紧双腿，双脚脚尖内勾，呈倒钩式。②上述各部肌肉同时用力，并保持数分钟。③之后放松上述各部的肌肉，放松休息数分钟。

步骤三：在前两个步骤的基础上达到全身肌肉的紧张。

操作要领：①伸直双臂，握拳；同时，伸直并绷紧双腿，双脚脚尖内勾，呈倒钩式；同时紧皱前额部肌肉，耸紧眉头，紧闭双眼，皱起鼻子和脸颊，紧咬牙关，紧收下腭，紧闭双唇，紧绷两腮；梗直脖子；胸部、腹部肌肉绷紧；躯干用力挺起。②全身各部分用力绷紧，并保持数秒钟，直至身体和呼吸的最后极限。③放松呼吸，并放松上述各部的肌肉。

步骤四：紧接着步骤三，利用指导语暗示全身的肌肉、呼吸乃至身心的放松。

操作要领：①肌肉放松指导语：头部肌肉放松，面部肌肉放松，脖子放松，双肩放松，双臂放松，双手放松，手指放松，胸部放松，腹部放松，双腿放松，双脚放松，脚趾放松。②呼吸放松指导语：呼吸在放慢，变得越来越慢、越来越深、越来越沉。③身心放松指导语：感到身体很沉、很重，全身感到越来越沉、越来越重；感到全身很累，很疲倦；好像有一种昏昏欲睡的感觉；自己什么都不去想，什么都不愿意想；感到心情很放松……

步骤五：让自己体验此时此地的放松感受，放松训练结束。

心理训练营

一、心理体验

心灵体验：认识并接纳自己的情绪

（一）保持积极情绪的 10 条小贴士

哈佛公开课《积极心理学》的讲授者泰勒教授在课上为他的学生简化出 10 条小贴士，能够帮助我们培养积极的情绪，我们不妨一试：

（1）遵从你内心的热情：选择对你有意义并且能让你快乐的课，不要只是为了拿一个 A 而选课，或选你朋友上的课，或是别人认为你应该上的课。

（2）多和朋友在一起：不要被日常工作缠身，亲密的人际关系是你幸福感的信号，最有可能为你带来幸福。

（3）学会失败：成功没有捷径，历史上有成就的人总是敢于行动，也会经常失败。不要让对失败的恐惧绊住你尝试新事物的脚步。

（4）接受自己全然为人：失望、烦乱、悲伤是人性的一部分。接纳这些，并把它们当成自然之事，允许自己偶尔的失落和伤感。然后问问自己，能做些什么来让自己感觉好一点。

（5）简化生活：更多并不总代表更好，好事多了，也不一定有利。你选了太多的课吗？参加了太多的活动吗？应求精而不在多。

（6）有规律地锻炼：体育运动是你生活中最重要的事情之一。每周只要 3 次，每次只要 30 分钟，就能大大改善你的身心健康。

（7）睡眠：虽然有时"熬通宵"是不可避免的，但每天 7～9 小时的睡眠是一笔非常棒的投资。这样，在醒着的时候，你会更有效率、更有创造力，也会更开心。

（8）慷慨：现在，你的钱包里可能没有太多钱，你也没有太多时间，但这并不意味着你无法助人。"给予"和"接受"是一件事的两个方面。当我们在帮助别人时，我们也在帮助自己；当我们帮助自己时，也是在间接地帮助他人。

（9）勇敢：勇敢并不是不恐惧，而是心怀恐惧，仍然向前。

（10）表达感激：生活中，不要把你的家人、朋友、健康、教育等这一切当成理所当然的。这都是你回味无穷的礼物。记录他人的点滴恩惠，始终保持感恩之心，每天或至少每周一次，请你把它们记下来。

（二）没有不好的情绪，只有不被尊重的情绪

人很容易评判，对那些不愉快的、不喜欢的情绪称为负面情绪，所以，我说的"好"是针对人们以为的"坏"。

让我们举例来说吧，说说情绪尤其是负面情绪的价值和好意。

1. 嫉妒是好的

嫉妒告诉你自己想要的是什么，以及有多么想要！若你能够稳住神，不去急于排除这种不快，而是能够对自己看得深一点，你会发现内心很多的饥饿，尤其是童年时的完全无助的饥饿。倘若你有能力去处理或者有机会找到人帮你处理，你的人生会因此开阔和自由许多，尤其是当你发现你已不是那么无助，只要你愿意，你可以实现很多；尤其是当你发现你虽然有那种饥饿，但你也有另外一种食物，而那个食物的营养也很宝贵。虽然这常不是一条轻易的路，但这是一条通往爱和希望的路，而让我们难受的嫉妒，正是信号灯。

2. 压抑是好的

压抑让你安全。忍一忍，至少当时你获得了安全，在你没有能力或者准备去应对那个冲突之时，压抑保护了你。所以，请感谢压抑，感谢每一个压抑，至少他让我们平安地存活下来。至于我现在要不要压抑，那其实还是取决于我有没有准备好应对一个可能的冲突。老实说，小时候，很小很小的时候，那日渐遥远的童年里，压抑是难免的，我们依赖父母和他人，我们没有足够的能力独立，没有足够的能力保护自己，不压抑是几乎不可能的，人在屋檐下，岂能不低头？

而压抑虽然保证了安全，但是也委屈甚至扭曲了我们自己，甚至形成了习惯性的压抑，这一点没什么奇怪，如果一个人被锁在箱子里很久，他的腿自然是不能马上站立和走路的。如果我们有了压抑的习惯，我们很难在不需要压抑的时候依旧压抑，然后就觉得特别的委屈和愤怒。好的方法是，努力地觉察和区分，过去（童年）我不得不压抑，现在（成年）的情境我还需不需要这样，如果我们可以且愿意承受，我们是否鼓起勇气表达自己，所以说鼓起勇气，是因为害怕、压抑的惯性是客观存在的。

3. 愤怒是好的

当你压抑压抑再压抑时，你很难不愤怒。愤怒里包含着力量和自尊自重。力量是好的，

很多你平时无力干、懒得干、不敢干的事情，当你愤怒的时候，你就可以做了，而且很可能效率很高。人类很多的作为和精彩都是一怒之下、盛怒之下做出来的，一怒之下，揭竿而起。或许会有人马上说，那很多悲剧和灾祸也是因为愤怒而生的。所以，很多人的愤怒被压抑，人不敢愤怒。对于这种说法，我同意而且不同意，同意的是，粗糙地来说，它们是相关的；不同意的是，愤怒中蕴含的是力量，你怎么用这个力量是你的选择，实际上悲剧和灾祸不是因为愤怒而生，而是因为你对愤怒中的力量的偏差使用而生。

有的人用这个力量去生气、去破坏、去攻击，有的人用这个力量去争气、去发展、去保护。怎么用是你选择的事，而这个力量是宝贵的资源，就像汽车的发动机。多少人缺乏力量呀，多少时候缺乏力量呀，而现在你拥有着力量，这不值得恭喜吗？

4. 悲伤是好的

不要去劝一个悲伤的人，让他尽情地悲伤，悲伤的尽头是接纳。一个人通过悲伤来获取同情、爱是一种扭曲的选择，他们会力保自己的可怜，这是一种他们错学的技巧。我们要小心，因为这种技巧是隐蔽而强大的。我说的悲伤不是指这种技巧，而是指自然的悲伤，自然的悲伤是好的，有机会接触到被我们冰冻的悲伤是好的，是一个和自己连接的机会。如果目前有一个事件让你正处于悲伤，这个悲伤是好的，悲伤包含着疗愈。

所以，通常来讲，不要制止和劝慰一个悲伤的人，陪着他，倾听他，对他说，哭吧，哭吧，这真的是让人难过。看着他哭个够，就是对他最好的安慰和爱。相信他在充分的悲伤后会接纳那个巨大的失落，并开始新的生活。（如果这里面的"他"是自己的话也一样。）

5. 焦虑是好的

焦虑是不好受的、恼人的甚至是可怕的，但它本身包含着极有价值的东西。可以承受的焦虑，让你认真、小心；难以承受的焦虑，可以给你更意义深远的东西，它会告诉你哪里想错了、你哪里的界限是有问题的，最常见的是你不顾现实而过高地期望自己，你有完美主义倾向，你有强迫性的观念。

比如你不顾事情的节奏，而希望更快、更早、更好。倘若你能深看你的焦虑，你会看到你头脑里刻度的偏差，把那个刻度调过来，你就会安然而有效，而这是多么重要啊！它可以避免你此后多少的挫败、无望、自责、慌乱和失眠。

如果你坚持回避情绪，你必将被打扰；如果你极力逃开情绪，你将被追上，而如果囚禁它，我祈祷你囚禁不成，因为一旦你成功了，身体就会不得不说话，身体不是轻易说话的，而它一旦说话，那个话会重得多——身体说话的方式是生病，绝大多数的疾病都是因为情绪。所以，我祈祷你囚禁不成。

没有不好的情绪，只有不被尊重的情绪；没有可怕的情绪，只有缺乏了解的情绪……

二、心理训练

（一）心灵体操：情绪探索活动

目的：探索自己曾经有过的各种情绪

时间：30 分钟。

要求：在下面的空白脸谱中画上不同的表情，以代表自己不同的心情，并用一句话予以说明。

步骤：

1）根据要求，在空白脸谱中画上相应的表情，并用完整的语言描绘此时的心境

（1）喜　◯　我真的好高兴哦。

（2）怒　◯　我最气。

（3）哀　◯　我好难过。

（4）惧　◯　我好怕。

2）请好友画一下你曾有的表情，想想当你有这些表情时，你心里的感受是什么？

◯　◯　◯　◯　◯

我的感受是：

（二）心灵氧吧

推荐书籍：《改变，从心开始：学会情绪平衡的方法》（罗伊·马丁纳著，胡因梦译）

《改变，从心开始：学会情绪平衡的方法》的作者罗伊·马丁纳是另类医学专家，是真正懂得身心平衡的实修者。主张从身心各个角度探讨情绪：第一部分"行动中的能量"，主要介绍情绪平衡技巧背后的基本观念，探索人类天性的多重性，以及身体为什么是精神与物质之间的连接点或交叉点；第二部分"实际的情绪平衡技巧"则将这些技巧的运用方式，运用到实际的情绪管理上，帮助大家达到身体与情绪的健康平衡状态。《改变，从心开始：学会情绪平衡的方法》除了理论探讨外，更提供了大量案例供读者参考，使我们更容易了解并将之运用到生活中，为自己创造内在的真正平静。

罗伊·马丁纳博士的情绪平衡技巧是管理情绪最快见效的方法之一。持续练习情绪平衡技巧，将使你学会以不压抑的方式，辨识、认知、接纳并协调你的情绪，成为情绪的主人。你的生活将变得更轻松平顺，开始吸引不同类型的人，并创造新的人生情境。我们本身要为创造内在的祥和负责，没有人能为我们达成这个目的。在生命中塑造出内在的祥和与和谐的唯一方法，就是让自己更接近自己的心灵。最初这可能需要投资一些时间和努力，可是请记住：你在自己身上投资越多，得到的回报越高。要达到"不工作的显化层次"只有一个办法，就是以聪明的方式工作。每天花费短短的十五或二十分钟时间，持续练习情绪平衡技巧，你的生活会变得更轻松、更平衡，并且开始吸引不同类型的人和新的情境。幸福快乐是一种选择，情绪平衡是一种能力。

推荐影片：《愤怒管理》（2003年3月5日上映）

戴夫（亚当·桑德勒饰）本来是一个很正常的生意人，至少看上去非常正常。他有着温文尔雅的外表和漂亮的女朋友琳达（玛丽萨·托梅饰）。但是不幸的是，在一次飞行旅行中，他失去了控制，被认为不能控制自己的情绪，并被遣送去进行"情绪管理"训练。

这项"情绪管理"课程的负责人，是一位自己就有点疯疯癫癫的精神病医生巴迪（杰

克·尼科尔森饰），他一手创建了"情绪管理"理论和治疗中心，他所著的教人们如何控制自己脾气的书畅销不衰。

巴迪的疗法对于戴夫来说，无异于一场灾难。治疗中心的病人个个脾气古怪，巴迪不断地逼迫戴夫去做一些近乎发疯的事情，让戴夫感到即使不疯也快要被逼疯了。但是更糟糕的事情还刚刚开始，法庭认为戴夫的进展过于缓慢，如果他再不加快"治疗"，就要送他去监狱了。

被逼入绝境的戴夫，只好忍受巴迪的刺激疗法，例如不断地用污言秽语攻击他的女朋友，不断利用戴夫过去的心灵伤疤来刺激他。戴夫感到自己的极限就要到来，他在退缩封闭自己的内心，还是勇敢面对完整的自己两个选择中，犹豫了……

到底巴迪医生与病人戴夫的磨合调整，会是柳暗花明，还是陷入无尽的内心黑洞当中呢？

（三）心灵感悟：正确地表达自己的情绪

请看下面两个案例，想一想：如果你是小琴，你该如何正确地表达你的情绪？

（1）上大学后，小琴对新的环境感到陌生和担心，除了学习吃饭外，大部分的课余时间都用来睡觉了。小琴认为，睡觉既可以恢复精力，又可以放松心情，尤其是不开心的时候，她感到睡一觉，坏情绪就会过去。但是时间久了，小琴感到没有融入宿舍同学的生活。尤其是舍友晚上回来晚，经常会吵醒熟睡的小琴。她几次想表达不满，却又很难说出口。久而久之，小琴越来越孤独。

小琴采取了睡觉的方式逃避陌生感，针对舍友的行为也采用了忍受的态度，没有通过有效途径来表达情绪，所以负性情绪愈发积累。心理老师帮助小琴进行情绪自我表达，并鼓励她向其他人表达，预设有真诚沟通，小琴很快就融入大学生活了。通过这次经历，小琴感觉对自己有了更多的认识，能渐渐调节自己的情绪了。

（2）丽丽是家中的独女，父母对其管教较严格，尤其对学习要求很高。到大学后，没有了母亲在身旁督促学习，没有了高中的紧张氛围，丽丽突然感到不知道要做什么了，总是感到孤独。尤其是同宿舍的姐妹出去集体游玩，而丽丽独自一人留在宿舍的时候，她经常感到吃饭才能有成就感。渐渐地发展成自己买来大量零食，狼吞虎咽地吃到肚子里，然后因担心发胖再呕吐出来。如此反复，丽丽感到很害怕，担心控制不住自己。

丽丽属于情绪自我表达不良，没有清晰地意识到自己孤独情绪的形成原因，而在孤独情绪支配下产生了暴食行为的人群。因此，丽丽可以尝试做一些改变，接纳自己的孤独情绪，并通过向室友表达让室友了解自己的情绪状态，学习新的沟通方式，改善人际关系，从而有效调节情绪与行为。

三、思考与作业

（1）请记录自己一周的情绪变化，绘制出情绪曲线并分析情绪变化的原因及特点。如：

- 一周中，哪种情绪出现得最多？是积极情绪还是消极情绪？
- 你的情绪是否合理？
- 你的情绪产生是有意识的还是无意识的？你当时是否有意对某种情绪进行控制？

（2）根据自身特点，认真思考：当自己情绪低落时，应如何调节？

解构爱情，追求真爱

彼此恋爱，却不要做爱的系链。

——纪伯伦

爱情的意义在于帮助对方提高，同时也提高自己。

——车尔尼雪夫斯基

一旦你确实需要爱，你就会发现它正在等待着你。

——王尔德

知识目标：了解爱情的含义与特征；了解大学生恋爱的常见问题与误区；了解大学生常见的恋爱困扰及调试。

技能目标：理解爱情的理论；理解自己的恋爱特点；提升应对恋爱困扰的技能。

情感目标：帮助大学生理解爱的真谛；培育健康的恋爱心理；克服恋爱行为误区，培养爱的能力，促进人的成长和成熟。

任务一　理解爱的真谛，理智对待爱情

王某（男）和李某（女）两个人是高中同学，一起考上了大学，在同一个城市里，但并不在同一所学校，相距大概一个半小时的车程。两个人在高中的时候都忙着高考，关系一般，上大学以后也联系不多，他们在上大学半年以后的一次同学聚会中再次相遇，由于在大学压力较小，大家都比较放松，他们见面之后聊起高中时候的事情，一起回忆以前班级上的一些事，并介绍了各自在学校的一些情况，聊得很高兴，慢慢地感觉亲近了很多。王某觉得大家的变化很大，以前没发觉，现在看着李某觉得还挺有魅力，因此越发热情起来，李某受此感染也很开心。之后聚会的气氛热烈，大家都喝了很多酒，王

某以前在班上也比较活跃，所以喝的酒比较多，加上其他同学的恶作剧，王某很快被灌醉了，由于之前和王某聊得很开心，所以李某很自然地照顾起王某，大家在 KTV 通宵，第二天王某醒来，几个要好的哥们都开玩笑说"李美女照顾了你一晚上，你小子有福了，要赶紧追了"。王某听了也很心动。

同学聚会结束后，大家都各自回学校，从此王某经常给李某打电话，聊一些学校里的事，两人渐渐地发展起来，两个月后，两人正式在一起，成了男女朋友。刚开始的时候，两人的感情进展很快，感情也很热切，一到周末俩人都在一起，尽管小有吵闹，但两人都很快解决了。相处半年之后，李某发觉王某给自己打电话的次数少了，并且周末来找自己的次数也少了，李某问及原因，王某总是说学校事情多。李某知道事情不对，托与王某同校的朋友打听，才知道最近王某经常与本校的一个女生在一起，还很亲密的样子。李某觉得很生气也很难过，一个周末在没有告诉王某的情况下，偷偷去到王某的学校，在王某宿舍楼下等了一个下午见到了王某和一个女生牵着手回来，李某顿时觉得自己受到了欺骗，上去就给了王某一巴掌，并提出了分手，然后愤怒地回到了学校。由于事情败露，王某和两个女生都反目成仇，甚至在自己的朋友面前互相言语攻击对方。由于这件事情弄得两人在以前的同学面前都抬不起头，结果一对好好的情侣变成了陌路甚至反目。

案例启示 ////

（1）王某和李某面临着大学生最为敏感、最为关注的爱情问题，什么是爱情他们并不理解，并不理智，必然要受到所谓爱情带来的伤害。

（2）大学生要能够理解爱情的真谛，理智对待爱情，既不能盲目地为了恋爱而恋爱，也不能刻意回避爱情，这样才能更好地理解爱情，经营爱情。

知识链接 ////

爱情是人类永恒的主题，歌德曾说过："男子的钟情，少女的怀春，是人性中至洁至纯。"大学生由于生理上的成熟、性心理的发展，自然而然地产生了对爱情的向往和关注。树立正确的恋爱观，对大学生的健康成长和成才是十分重要的。

一、爱情概述

（一）爱情的含义

爱情既是人类最复杂、最微妙的一种情感，又是一个古老而常新的课题。

爱情作为人类的一种高级情感，难以对其下一个严谨并得到普遍认同的定义。在哲学家看来，爱情具有一种高尚的品质，它不仅停留在情欲上，而且显示出一种高尚优美的心灵，双方都把各自的整个灵魂和世界与对方达成同一；在文学家看来，爱情则是一首优美的诗，是一幅迷人的画，是一首醉人的歌，是极具纯洁与优美的宛如天上彩虹般炫目而又难以企及的情感和美的升华。事实上，爱情作为一种人类特有的高尚的精神生活，作为一种人们彼此间以相互仰慕为基础的关系，作为一种深刻的心灵情感的沟通，既有自然的本能属性，也有社会化的心理、美学、道德的内涵。

1. 爱情是以性爱为基础却又不简单归于性爱的情感活动

性爱是爱情产生的自然基础与前提。正因为两性之间存在生理差别，才有两性之间的相互吸引、彼此仰慕。可以说，离开了性这一自然属性，爱情难以发展也难以长久维系。但是性欲的存在与满足只是一种符合自然的情绪状态，是与生俱来的异性之间先天本能的表现，如果离开情与爱，人和动物就没有分别。因为爱情还具有社会属性，于是人的性爱应受到社会伦理道德的规范，两性之间的相互吸引除了有相貌、体格、体态等生理因素之外，还与人的生存状况、道德情操、价值取向、精神境界等社会内容相关。

2. 爱情中间包含着复杂的心理结构

爱情是一种复杂的心理现象，在恋爱关系中常常会显现诸多的心理效应。诸如：将对方所具有的某个特征泛化到其相关的其他方面，所谓"情人眼里出西施"，即在恋情中间扩散了对对方的喜爱，就是光环效应的表现；在爱上对方之后，为迎合对方而抹去了自己的个性，反倒使自己魅力渐失，就是去个性化效应的表现；在恋爱关系中，按照某种思维定式从对方的某种品质去推断出其他品质，就是定式效应的表现；当对对方产生好感时，可能把对方的一个随意的微笑视作爱的信息传递，这就是假设对方与自己具有相同倾向的投射效应的表现；在亲密的恋爱关系中，排斥恋人与其他异性有感情关系，就是排他效应的表现；恋爱不成，由爱生恨，陷入强烈的负性情绪难以自拔，并表现出态度与行为的逆变，就是爱的逆向转化效应的表现等。

3. 爱情是一种审美体验和道德情感

心理美感的满足在爱情中占有重要地位。美丽的外表能给人愉悦的感受，特征、表情、语言、行为等外在美因而成为恋爱双方产生感情的重要基础。但动机纯洁、忠贞、理智、和谐、献身等内在美体现了爱情创造美的更加隽永的过程。存在于一定社会关系之中的爱情必然会受到各种社会因素的制约，爱情的道德性则主要体现为双方的平等、自愿、坦诚和忠贞不渝，以及彼此之间强烈的责任心与义务感，爱情得以巩固与持久离不开双方的承诺与担当。

据此，爱情的定义可概括为：所谓爱情就是一对男女，基于一定的客观条件和共同的人生理想，在各自内心形成的对另一个异性的最真挚的仰慕，并渴望对方成为自己终生伴侣的最强烈、最稳定、最专一的情感。

（二）爱情的特征

爱情是一种特殊的情感，具有不同于其他情感的特征。这表现在：

1. 相互吸引

甜蜜的爱情往往是从男女双方的相互吸引开始的，男女双方的独特魅力是产生爱情的基础，这种吸引可能来自仪表、形象的与众不同。如：女性的亭亭玉立、美丽动人；男性的高大魁梧、英俊帅气。也可能来自其独特的人格魅力。如：男性的幽默机智、深沉大度；女性的活泼开朗、温柔大方等。如果没有这种吸引和爱慕，男女双方就很难产生爱情。"一见钟情"，就是男女双方因魅力的相互吸引而产生爱情的典型表现。相互吸引使双方期盼的爱情有了良好的开端，但仅仅依靠这种相互吸引是不能建立稳固而持久的恋爱关系的。

2. 相互依恋

男女双方产生爱情以后，就会产生强烈的依恋心理，双方渴望和对方长相守，甚至一刻也不愿分离。"一日不见，如隔三秋"，是恋人间情感依赖的形象写照。这种情感的依恋基于男女双方生理和心理的需要，每个人都有给予他人爱和从他人那里获得爱的需要，这一点在男女恋人身上表现得尤为突出。

3. 相互忠诚

爱情是自私的和排他的，忠贞性是爱情的重要特征。真正的爱情是建立在对自己的恋人忠贞不渝的基础之上的。每一对恋人都应珍惜这份情感，不允许第三者的介入和插足，不搞"三角恋"或"多角恋"，这是每一个涉足爱河的青年男女特别要坚持和恪守的。陶行知先生说："爱之酒，甜而苦。两人喝，是甘露；三人喝，是酸醋；随便喝，要中毒。"

4. 以性爱为基础

性爱是产生爱情的自然基础。人类正是由于性爱而延续后代，实现物种的繁衍，使社会得以进步和发展。哪个少男不善多情，哪个少女不善怀春。这是人性中的至纯至美。

性爱虽然是爱情的重要组成部分，但它不是爱情的全部内容和唯一标志。那种把爱情和性爱简单地画等号的观点是片面的和有害的。

技能导入 ▶▶▶

一、爱情的实质

（一）爱情三角理论

恋爱是男女之间培养爱情的过程，而构成爱情的因素是多元的、丰富的、复杂的，同样沉浸于爱情之中，其表现形式可以有很大的区别。如何对此作出解释？如何理解爱情的本质？斯滕伯格（Robert J. Sternberg）的"爱情三角"理论被认为是目前对爱情研究得最完整的理论。

（二）爱情三角理论的基本思想

人类的爱情虽然复杂多变，但是存在基本的构成成分：

1. 动机成分

动机成分在两性的爱情之中表现为激情，即以性的唤醒和欲望为主要特征。内在的性驱力包括异性之间身体、容貌等的彼此吸引与性的渴望等。事实上任何能使伴侣感到满足的强烈情感需要都可归属在内。

2. 情绪情感成分

情绪情感成分在两性的爱情之中表现为亲密，即以热情、理解、沟通、支持、分享等为主要特征。伴侣之间彼此喜欢、心灵默契、互相归属的感觉都是爱情的情绪情感成分。

3. 认知成分

认知成分在两性的爱情之中表现为承诺，即使对情绪情感和动机的控制因素体现为爱情中的理智层面。投身于爱情的决定和努力维护爱情的决心就是承诺的表现。

（三）爱情三角理论的解读

该理论认为：爱情的三种成分构成一个三角形的三条边，如图5-1所示。每种成分的强度不同会形成不同的排列组合。从以下的典型呈现之中，我们试图去生活中纷繁的爱情表现：

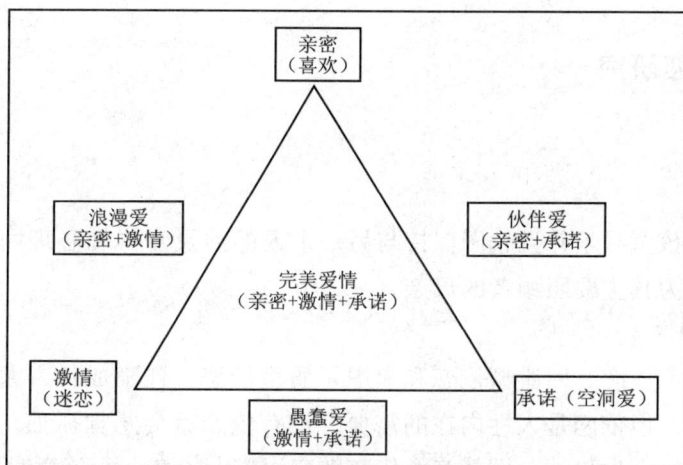

图5-1　爱情的三种成分

1. 无爱

如果彼此之间激情、亲密和承诺都不存在，两人可能仅仅是一般的泛泛之交，关系随意，不受约束，更谈不上爱情了。

2. 喜欢

如果彼此之间亲密程度高而激情和承诺都谈不上的话，就是喜欢。喜欢能给人带来欢乐、愉悦、兴奋的感受，但是不具有排他性，也没有激情和彼此共度人生的期望。当然异性之间的喜欢一定程度上可以作为爱情的基础、前提，因为存在着发展成爱情的可能。

3. 迷恋

如果彼此之间缺乏亲密和承诺而只有激情，就是迷恋。迷恋缺乏时间基础，基于片面的心理投射，立足的基点是自己的感受，核心要素是激情，且难以经受时间考验。

4. 空洞爱

如果没有激情与亲密，只有承诺还在，那就是空虚的爱。它常见于没有温情与激情的婚姻中。

还有，包含了激情和亲密的浪漫爱；包含了亲密和承诺的伙伴爱；包含了激情和承诺的愚蠢爱；当一段关系中有充分的激情、亲密与承诺时，那就是人们向往的完美爱情。

（四）爱情三角理论对人们理解爱情本质的启示

爱情的发生有生理的基础，人的性生理发育成熟，必然会产生性的欲望与冲动。强烈渴望与伴侣相结合，促使浪漫关系形成并产生外在吸引力，离不开与性有关的动机驱使。爱情伴侣之间更应有着广泛深入的彼此了解、有着较深程度的相互依赖、有着很高程度的相互一致性以及彼此的信任。爱情还需有承诺的保证，它不仅是一种感情意向，而且是种种有助于维持这一亲密关系的行为选择。决定去爱一个人是承诺的短期部分，对努力维护两人亲密关系的决心是承诺的长期部分。这种承诺不仅表示当事人想依附并且维持这一关系，而且能促使其作出对关系积极维度的行为。当然，在现实生活中，人们对爱情的体验十分复杂，三角理论界定的爱情也不可能如此的泾渭分明，但它毕竟为人们考量爱情的本质提供了较为全方位的思考。

二、爱情依恋研究

（一）含义

1. 概念

依恋原本是指孩童寻求并且企图保持与另一个人的涉及身体和心理两方面的亲密关系，而这个人通常是作为其主要照顾者的母亲。

2. 依恋的类型

一般包括安全型依恋、回避型依恋和焦虑矛盾型依恋。伴随成长，尤其是进入青春期，这种依恋开始减弱，但依恋是人性内在的需要，没有依恋就会感觉孤独。在进入恋爱之后，这种依恋就开始转向人生伴侣，即从亲子依恋转变为成人依恋，而孩童时形成的依恋关系会被内化，与其人格的发展产生很大的关联，继续保存在其相关的认知、情绪及行为中，持续地影响着个体的生活适应，也会影响其日后的友谊和爱情关系的模式。

（二）成人在亲密关系中的依恋风格

1. 安全型依恋风格

在亲密关系里感到舒适，感觉接近他人是一件相对容易的事情，依靠他人也觉得很自在，很少担心被抛弃或者他人与自己过于接近。在内心觉得自己有价值，是值得被爱和被关心的，同时觉得他人也是善良、值得信任和可以依赖的。在亲密关系里，既能维持双方的关系，又可以保持自己的独立性。

2. 回避型依恋风格

在接近他人时感觉不自在，很难让自己信任他人、依靠他人，而当他人接近自己时也会同样感觉紧张和不舒服。在内心也许觉得自己是有价值的，但是不相信别人，不愿意依赖别人，避免和他人有亲密接触，通过保持距离使自己免受可能的伤害。这样的人在建立亲密关系方面会有困难，因为害怕受伤，而以限制亲密关系的产生甚至逃避亲密关系来保护自己。

3. 焦虑矛盾型依恋风格

感觉别人在疏远自己，至少没有像自己期望的那样亲密。期待与对方有密切的关系，但是经常担心对方是否真心愿意和自己在一起。在内心觉得自己的价值不肯定，甚至没有价值，不值得被爱，因此也觉得别人会拒绝自己，不值得信赖。这样的人常常整个地缩在自己的世界里，也会有逃避亲密关系的现象。当然，有的反倒在亲密关系中呈现截然相反的情形，因为觉得自己没有价值、不自信，而过度依赖亲密关系，期待通过亲密关系来维持自我，常常追求极端的亲密，令对方感到窒息。

（三）爱情的依恋风格的影响

安全依恋风格的人一般因为对伴侣很坦诚，能够心情愉快地进行自我暴露，因而与伴侣的关系更加亲密；而不安全型（回避型、焦虑矛盾型）的人则因对他人持有太多戒心而难以达成亲密。安全依恋风格的人因为轻松愉快而更多地在爱情中体会激情的美妙；而不安全型的人则表现出更多的紧张不安，在亲密交往时体会到的可能是提心吊胆的忧虑，甚至是疏远冷漠。至于承诺，因为安全型的人比不安全型的人有更多积极、满意、亲密的交往，这会带来对伴侣关系的更大忠诚。

任务二　直面爱的困惑，走出爱的误区

案例导入 ▶▶▶

学生木木来自四川宜宾一个偏远的山区。木木成绩较好，口才也不错，算得上一个帅小伙。进校的时候，木木本来有满腔的抱负，准备在大学里大展宏图，并且加入了学校学生会。然而，在一次学生活动中，木木认识了其他学院的一个城市女生琳琳。琳琳主动向木木表示了好感，没有多长时间，两人就手拉着手，一起吃饭，一起上自习，成为众人眼里甜蜜的情侣。

然而，两人时有小吵小闹，木木家住农村，上大学期间父母只承担了基本的学费，生活费主要是依靠自己的奖学金和平时的助学金，琳琳对这个就有很大的意见，总觉得自己的男朋友不够潇洒，比如琳琳生日，就希望木木能够请自己寝室的姐妹办个生日派对，然而，这笔开销对于木木而言，无疑是不可能完成的任务。但是，木木为了让琳琳开心，跟同班同学借了1 000元，请琳琳寝室所有姐妹吃饭、泡吧，自己则啃了一个月馒头。还有，琳琳家境较为优越，也没有为以后的工作发愁，在大学期间，根本没有考虑以后继续深造，也没有把心思用在学习英语等方面，因此，琳琳空出了一大把时间，希望木木能够多陪她，而木木进校伊始，就为自己定下了大一过四级，大二过六级等目标。经常由木木要去自习室而琳琳要求去逛街导致两人之间的争吵，到最后往往是木木妥协。以至于到大三，木木才勉强通过了大学英语四级考试。

临近毕业的时候，矛盾更加突出。琳琳因为家里的关系，早早签了一家条件较好的公司。而木木却因为大学期间落下了很多功课，不但要补修，也成了找工作的"瓶颈"，一直没有找到满意的工作。此时，琳琳家里也得知了他们两人的情况，本就对木木的农村人身份不太认同，再加上木木连找工作也成了困难，立马提出反对。而琳琳此时，也开始改变了对木木的看法。木木在她眼中的光环渐渐褪去，不再是那个口若悬河、神采飞扬的学生干部，用琳琳的话来说，连工作都找不到，怎么值得信任与托付终身？琳琳开始避开木木，说要补习英语，后来干脆回了家。并且，与其另外一个男同学有密切的接触。木木一方面因为找工作不如意，另一方面，也因为琳琳的态度开始心慌意乱。木木认为，他跟琳琳之间是有深厚感情的，因此，对于其他同学告知他说琳琳与另一个男生有较多接触时并不相信。然而有一天在校园里，木木终于发现琳琳与该男生手挽手散步，而不是之前跟木木说的去自习。木木冲动地跟该男生大打出手，差点把对方的牙齿打掉。木木说对这段感情付出了太多，他努力想挽回，然而琳琳拒绝再见他。木木心灰意冷，每天除了在寝室睡觉，就是到琳琳寝室下等琳琳，寝室同学不给其打饭就不吃，疯狂地给琳琳打电话。终于有一天，当琳琳在电话里骂他孬种，并关机以后，木木一口气喝了一整瓶白酒。

同学发现木木昏迷以后立即把其送到医院。当时已经是酒精中毒，医生立即对其进行了抢救，不幸中的万幸，木木终于清醒过来。然而，木木拒绝与他人交谈、沉默，还是给琳琳打电话，然而琳琳还是拒接。

在这种情况下，学院领导以及辅导员用真心去关怀木木，在其住院期间，为木木熬粥，每天到医院看望木木。木木终于在一次大哭之后跟辅导员道出事情原委，辅导员没有立即批评或指责木木。等木木出院，心情较为平静以后，才与木木进行了多次细致的谈话。先是从木木的观点去分析琳琳的想法，告诉木木，他们的爱情没有坚实的基础，是经不住考验的，一旦遇到现实的问题，立即会土崩瓦解。并且举了很多现实的例子，让木木明白，这么些年来，为了这段感情，木木已经失去了很多机会，现在面临毕业，木木更应该考虑的是就业，只有有了现实基础，才有可能盛开爱情之花。

最后，学院领导与辅导员为木木争取了一个较好的就业机会，木木也及时地调整了心态，在笔试与面试中展现了较好的一面，最终如愿获得了 OFFER。签约以后，木木跟辅导员说：这段不成熟的爱情使他失去了很多，但是，学院领导的关怀让他及时走了出来。他很感谢学院，感谢辅导员。他会努力地学习与工作，并且也会期待日后找到真正属于他的爱情。

案例启示 》》》

（1）木木同学从生理和心理上已进入了恋爱阶段，但由于心理不够成熟，易冲动，做事不考虑后果，再加上对爱情的理解不够等原因，必然会在恋爱中遇到一些困扰。

（2）大学生要能够认清恋爱的特征，了解恋爱的原则，学会面对恋爱中的困扰，这样才能直面恋爱的困扰，走出恋爱的误区。

知识链接 》》》

一、恋爱的特征和心理发展过程

恋爱是爱情的具体化，是一种特殊的行为和情感过程。其特征和心理发展过程如下。

（一）恋爱的特征

恋爱是异性之间择偶和培养爱情的过程，是以爱情为中心的社会心理行为。处在恋爱状态下的男女大学生常会出现下列行为和心理特征：

1. 眉目传情和语言上的沟通

热恋中的男女会通过各种方式表达心中的爱意。最常见的是恋人间的深情凝望、暗送秋波和耳边细语，或通过写情书、"煲电话"等，增加彼此的了解和爱慕。

2. "情人眼里出西施"

在相爱的人眼里，对方都是天使的化身，完美无缺，一举一动、一颦一笑都是那样的潇洒和美丽，甚至连对方的缺点都被火热的爱情掩盖了。这是将所爱的人理想化和合理化的结果，是感情因素的产物，具有较大的盲目性。

3. 在意自己的形象

恋爱期间，男女双方会尽力完善自己，以求表现得更好。对于恋爱中的青年男女而言，博得心爱之人赞许的目光和会心的微笑是莫大的幸福。为此，在恋爱期间无论小伙儿还是姑娘都非常注意自己的形象，尽力把自己最美好的一面呈现给对方；同时努力改正自己的缺点，以换取对方的好感。我们常常可以看到，恋爱期间，平时抱负较低的人会变得志向远大，懒惰的人会变得勤奋，不善辞令的人会变得侃侃而谈，邋遢的人会变得整洁。这种心态常常成为年轻人进步和成长的契机。

4. 嫉妒心理

男女双方常常防备恋人被别人抢走，看见恋人与别的异性在一起，会产生嫉妒心理，这就是人们常说的"吃醋"。这种嫉妒和排斥源于恋人间感情的排他性，以及对自己所爱的人的强烈的独占心理。我们要辩证地看待嫉妒心理，既要看到它的产生是爱情忠贞性的必然要求，又要看到过分嫉妒所产生的负面影响和对对方的伤害。现实中，因为嫉妒而变得狭隘甚至失去理智的故事屡见不鲜，其结果不但使自己倍受精神的折磨，也会使恋人因忍受不了这沉重的、捆绑式的爱而离开自己。

5. 奉献和无私

真正的爱情是无私的、利他的和不求回报的。恋爱中的男女双方都希望能为对方多做一些事情，希望通过自己的努力让对方更加幸福。表现为生活上的相互关心、照顾，事业或学习上的相互帮助，在出现一些极端或危险的情况时能为所爱的人挺身而出，不惜一切。如：在知识青年上山下乡的年代，当遇到选调、推荐上大学的事情时，许多年轻人把机会让给了相恋的人，自己则继续留在艰苦的环境里。

6. 其他的心理和行为特征

如：恋爱中的男女常常表现出隐蔽性（尤其是在初恋期）、羞怯性、兴奋性、冲动性和幻想性等心理特征。在行为上也会表现出焦虑不安。如写日记、读爱情小说、欣赏音乐等内隐行为，以及写情书、刻意修饰打扮自己、与恋人一起跳舞、看电影、郊游、倾心交谈等外显行为。

（二）大学生恋爱心理的发展过程

恋爱是一个过程，它萌生于两心相悦之时，两个感情激荡的心灵撞击在一起，产生了彼此相互吸引的状态，它不仅是男女双方互相倾慕和培植爱情的过程，而且也是一个情感升级及体验欢愉的心理过程。这个过程大致可分为 4 个阶段。

1. 感受阶段

男女大学生在交往中，产生了对具有吸引力和魅力的异性感兴趣的阶段。在这个阶段，他们或者一见倾心，迅速地诱发出火热的情感；或者由于羞怯或迟疑等原因而未曾吐露自己的心曲。异性的外表在这一阶段起到十分重要的作用，它能够激起感官快乐。一些学生可能凭着这短暂的感受就一下子跌入"情网"，导致盲目恋爱，因为这是一种原始的感受，所以在这个阶段极易见异思迁。

2. 注意阶段

当接触到某个异性而在心理上激起波澜时，或感到与某个异性彼此之间有莫大的吸引力时，往往有一种接触和亲近对方的强烈的向往。这时，就会自觉地将注意力集中指向这位异性所从事的一切活动、兴趣爱好以及家庭背景等，进而考虑能否和他（她）接近、如何表露真情，并时而设计一些相会的情景。这阶段多表现为"单相思""白日梦"。

3. 求爱阶段

这一阶段是重要而且困难的阶段。这阶段求爱者心理负担非常重，各种担忧不断涌现，这个阶段容易出现求爱挫折，产生心理障碍。因此，学习求爱技巧，提高求爱成功率，关键在于把握三点：一是正确地判断对方对你的印象和态度；二是选择适合的求爱方式；三是把握好求爱的时机。

4. 恋爱阶段

在这一阶段一方表白与另一方接受，双方的恋爱关系就确定了。求爱成功之后，爱情的扁舟就驶入了恋爱的海洋，两个异性之间就开始了共同的情感交流活动。在这个阶段，成熟起来的大学生能正确看待爱情和事业的关系，同时考虑到爱情的前途和未来。但也有少数心理不够成熟的大学生，不能自由驾驭自己的感情，恋爱的盲目性较大，影响学习和发展，造成了不良的后果。

5. 成功或分手

确立爱情后，有的男女青年可能达到以日后结婚为标志的成功境界；有的则可能经过另一个过程即分手。分手原因很多，有可能是各种外部条件造成的，也有可能是主观因素造成的，如父母反对、相互误解、第三者插足、个性不合等原因。恋爱时间越长或恋爱关系越深，分手时造成的打击就越大。只有当能愈合失恋伤痛的幸福时刻到来后，分手所造成的打击才会随着时间的流逝而成为回忆。

二、恋爱对大学生成长发展的意义

（一）学习建立亲密关系

恋爱是发生在两个人之间的一种亲密关系。这种亲密关系能否稳固、发展、走向成熟，其实也是大学生自我成长的一个重要标志，也是良好心理素质的体现。学习建立发展亲密关系，是在学习如何去爱另一个人；是在学习如何和一个人长期相处，学会包容、体贴、关心、尊重，接纳失望、痛苦、不满等；是在学习保持恰当的关系距离，不会因为怕失去爱过度的依赖，或过于的疏远，享受安全感、亲密感；是在学习体会在关系中满足自身及相互的心理需要。

（二）培养发展爱情关系

恋爱会使人有许多的情感体验。被爱是一种幸福，爱别人也是一种幸福。爱情的巩固与发展需要不断的培养。爱情发展首先是看每个人生命中有没有发展更新的东西，你有什么新鲜的东西可以让对方感受到，充实爱情的生活。在两个人生命中，都有新鲜的东西带给对方，这自然为爱情增添新的活力。爱情的培养发展，也是建立在对对方不断了解、接纳、发现、欣赏的基础上。

由于爱情中有激情的成分，激情却不能总保持在一个高度的状态。所以，爱情是一个平淡的过程。以为爱变了，其实是爱情的成分在爱中变化，少了激情，更多了亲密和承诺。爱情在产生的瞬间不是就此停止，爱情要发展，要不断更新充实。不断提供养分才能使爱情之花不断地盛开。

（三）恋爱是自我认识与成长的一个过程

通过恋爱，更好地认识自己。恋人对一个人来讲是一个重要人物，重要人物对自己的看法无疑是了解自我的重要途径，并有着巨大的影响力。恋人就像一面镜子会照出自己的许多东西，从中发现自己。

另外，对于个人来讲，大学生在恋爱关系中，也会不断发现自己的情感世界、个性特点，发现自己为人处世的方式，发现自己的以往经历对自我的影响。这种美好的情感使人乐于承担责任。爱可以改变人的趣味，升华人的人格，开发人的潜能，促进人的新生。

三、大学生恋爱的现状

现在，大学生谈恋爱的现象在校园里比较普遍，发展趋势有增无减。不管自己是否在谈恋爱，今天的大学生对恋爱多持肯定态度。大学生恋爱的现状主要表现为：

（一）低年级化且人数上升

以前，高年级大学生谈恋爱的人较多，而现在年级在不断下移，许多学生入学不久就开始谈恋爱。据调查，在大学一、二年级中，谈恋爱的男生占该年级男生总数的30%，谈恋爱的女生占该年级女生总数的40%。

（二）公开化突出

以前大学生谈恋爱大都采取比较隐蔽的方式，不敢或不想让老师和同学知道他们的恋情，不在公开场合以恋人关系露面。而现在的大学生一般不在乎别人的目光、评价和感受，恋人们在大庭广众面前成双成对已成为校园里一道独特的风景线。

（三）浪漫色彩浓厚

以前的大学生把谈恋爱当作很严肃的"终身大事"，恋爱是为了走向婚姻，他们对恋爱对象的选择慎之又慎，没有一定把握，不会马上采取行动。而现在的许多大学生，把"有好感""谈得来"、双方能互相愉悦等精神因素作为谈恋爱的出发点，重在感觉与过程。把恋爱成功与否放在其次，很少考虑家庭的、经济的、物质的东西，很少考虑未来，很少谈婚论嫁，甚至有的大学生一开始就没有把选择终身伴侣作为恋爱的目的。

（四）自主性增强

现在的大学生个性鲜明，自主性和独立性较之以往有了很大的发展，在选择恋爱对象时，他们往往以自己的感觉和认识为准则，较少考虑或者几乎不考虑老师、家长和亲友的意见，有的人甚至和对方确定了关系父母还不知道。同时，在恋爱过程中，男女双方的态度和行为也带有明显的自主性，不像父辈那样羞羞答答，而是直截了当地表达自己的感受。但这种自主性有时也带有一定的盲目性。

（五）盲目性较大

大学生把在校期间谈恋爱作为一种取得生活经验的实践活动，或想作为一种消遣，千方百计想跟异性交往，但他们在与对方恋爱中对究竟爱是什么、为什么爱都没有弄清楚。有的学生一学期谈了好几个，甚至互相攀比，看谁找的对象多，看谁的漂亮。

（六）情感随意性

现代大学生谈恋爱一扫传统的以含蓄、内在、深沉为美的形式，与之相反的是在公开场合下，手拉手，肩并肩，整日形影不离，甚至搂搂抱抱，招摇过市，致使旁人不得不退避三舍。有的同学甚至对婚前性行为持认可和宽容态度，偷吃禁果的男女同学并不罕见。这些不良行为不仅破坏了学校的学风，也影响了学生自身的正常学习和心理健康。

四、大学生恋爱应遵循的原则

恋爱关系是一种特殊的人际关系。大学生在恋爱中，除了要遵循人际交往中真诚、信任、理解和宽容的原则外，还应遵循以下原则。

（一）自愿性原则

自愿性原则就是尊重各自的选择。恩格斯说过，爱情是以所爱者的互爱为前提的。男女之间确定恋爱关系，必须是出于双方共同的意愿。在恋爱过程中，如果其中一方感到不合适，提出中断彼此的恋爱关系，重新选择对象，并非是不道德的。在这方面，恋爱双方都有选择和决定恋爱对象的自由与权利。即使自己的爱情是纯洁的，也不能要求对方违心地接受自己的"爱情"。要知道，那种采取软磨硬泡和威逼利诱的手段建立起来的恋爱关系，是建立在沙滩上的，毫无幸福可言。

（二）平等性原则

恋爱过程中要注意平等相待。恋爱的双方在人格上是平等的，那种所谓"高攀"或"低就"的爱情是不会稳固的。男女双方都不应该以自己某个方面的优越条件去对比对方某个方面的不足，以此炫耀自己，戏弄、贬低对方；也不宜想方设法考验对方，故意摆架子等，这些都可能挫伤对方的自尊心，影响双方的感情。男女双方应像诗人舒婷在《致橡树》一诗中所写的那样："如果我爱你，决不像攀援的凌霄花，借你的高枝炫耀自己；我必须是你近旁的一株木棉，作为树的形象和你站在一起。"

（三）忠贞性原则

恋人间的彼此忠诚非常重要。因为真诚相待、忠贞专一是爱情之花永远娇艳芬芳的源泉，离开了它，爱情就会枯萎。男女相恋之前，应该互相坦诚地说明自己的基本情况，以便让对方对自己有一个全面的认识和了解。一旦双方自愿确定了恋爱关系，就应该以诚相待，专一地培养和珍惜双方的感情，而不该朝三暮四、见异思迁，更不应该搞三角或多角恋爱。即使双方的爱情关系已不能再发展下去，也应该通过正当的方式与对方中断恋爱关系，然后再考虑选择新的伴侣。

（四）道德与责任原则

真正的爱意味着道德与责任。在选择恋爱对象时，应把志同道合、心灵的默契与共鸣作为择偶的第一标准；交往中，彼此忠诚，相互尊重和谅解，多为对方着想，主动为对方承担责任与义务；理智地控制自己，使爱的热度不逾越理智的防线；遵守自己山盟海誓般的诺言，忠贞不渝，经得起挫折和考验。当对方遇到困难甚至不幸时，不是弃之而去，而是用自己的一颗爱心，全力以赴地去帮助和温暖他（她）。

技能导入 ▶▶▶

一、大学生恋爱的利与弊

大学生谈恋爱已是一个不争的事实。然而，存在的未必都是合理的，认真分析大学生谈恋爱的利与弊，可以帮助大学生更加理智地对待恋爱问题。

（一）大学生恋爱的益处

1. 大学里更容易寻觅到知音

大学生活中男女同学朝夕相处，共同语言较多，层次相近。在大学时期谈恋爱，选择余地大，较之在社会上更容易寻觅到理想的、志同道合的知音；从生理和心理的角度看，大学生正处于身心发展相对成熟、对异性敏感和关注的时期，这个时期也应是尝试恋爱的最佳时期。

2. 大学阶段的任务应是全面发展

大学生不仅要重视学业的进步，也要重视情感的丰富与人格的完善。大学生在恋爱中所获得的恋爱情感是人生丰富而积极的情感体验，可以陶冶情操，丰富精神生活，从中体会到审美感、理智感和道德感。情感的深化有助于大学生人格的完善。为了获得和维系美好的情感，恋爱中的双方就要学会协调关系，解决矛盾，更深刻地认识、理解自己和对方，这些都是在书本上无法学到的。

3. 恋爱可以促进双方的进步

一些大学生的恋爱是基于对对方的真爱，基于对未来事业和婚姻家庭的严肃态度。如果在恋爱过程中，他们能认真对待、正确处理恋爱和个人全面发展的关系，把爱情、学业与成长统一起来，挖掘自身的潜力，就能促进学习和全面发展，使爱情成为进步和发展的动力。在现实生活中，大学生恋爱成功、比翼双飞的事例不胜枚举。

（二）大学生恋爱的弊端

1. 对学习和发展的负面影响

上大学的时间有限，大学生的精力有限，谈恋爱可能会影响本人的学习和发展。大学生的主要任务应该是学习和成长，大学的课程多、课业负担重。而且，大学生的学习不能仅局限在狭小的专业和书本，还要博览群书，扩大知识视野，参加各种活动，锻炼多方面的能力。即便是拿出全部精力，这些任务也会让大学生十分紧张。如果再谈恋爱，肯定会挤占学习和长本领的时间。浇灌爱情之花是一种耗费心神的精神劳动，即便大学生主观上很想处理好恋爱与学业的关系，客观上也未必能如愿以偿。

2. 恋爱的盲目性大，成功率低

大学生虽然在生理上已经成熟，但是心理的发展还不完善。他们阅历简单，缺乏生活经验，还不能客观、全面地认识自己，评价他人，对自己究竟是一个什么样的人、什么样的人适合做自己的终身伴侣未必十分清楚，许多人的恋爱只是跟着感觉走。这种状况下的恋爱缺少理性的根基，不但成功率低，还会导致许多消极的后果。有人做过统计，学生时代恋爱的成功率不足7%。

3. 不能用理智驾驭感情，不能妥善处理恋爱中遇到的矛盾

一方面，爱情要求男女双方建立比较成熟、相对稳定的感情联系，要求爱情的主体也必须相对稳定和成熟。而大学生的心理发展中还有许多不完善的地方；另一方面，爱情是一种微妙、复杂的心理活动，需要有理智的认识、冷静的头脑和较强的自我抑制能力。而大学生易冲动、动摇和感情用事，处理问题容易脱离理智的轨道。这些特点使一些大学生的爱情充满情绪化，导致目标不够专一、情感容易变迁和转移等。更为严重的是，当恋爱中出现矛盾的时候，他们往往不能用理智、有效的办法来解决。一些人长期生活在两人世界里，限制了自己与他人的交往和在更广阔的空间里锻炼，使个人的全面发展受到影响。

（三）大学生恋爱的资格

上面讨论的大学生谈恋爱的利与弊的问题，其实质是什么样的大学生具有谈恋爱资格的问题。在现实生活中，我们的确看到有些大学生因恋爱给自己的大学生活带来蓬勃生机，使爱情成为促进双方学习、工作和全面发展的"合动力"；相反，我们也看到了一些大学生因为谈恋爱而情绪起伏、成绩滑坡、精神萎靡、影响了学业与进步。

因此，对大学生恋爱问题不能简单地予以肯定或否定，而应因人而异，区别对待。大学生谈恋爱的不同表现和结果，与恋爱者的恋爱动机、择偶标准、恋爱过程和应对方式等有密切关系，而这些都反映了一个人的人格特征和人格的成熟程度。据此，我们可以作出以下推断：

1. 人格不成熟的大学生不宜谈恋爱

如果这类大学生匆忙涉足爱河，会导致不成熟的恋爱，引发多种心理问题和现实问题。如果恋爱的双方都不成熟，那么失败的可能性就更大。人格不成熟的大学生其价值观、人生观还需进一步完善，看问题还不能把握全局，感情还不稳定，性格爱好也未完全定型。这样的大学生还需要进一步完善自己，最好先不要谈恋爱。正如心理学家所指出的那样："在人格尚未成熟的时候，就谈恋爱，对该人的人生有可能带来不利。"不成熟的心态，既难以把握自己，又不能妥善处理恋爱中的各种矛盾，会给大学生活蒙上阴影，给自己未来的人生道路埋下祸根。

2. 人格比较成熟的大学生在具备一定条件时可以尝试恋爱

在大学里，我们也的确看到有些大学生思想比较成熟，对自我有比较清楚的认识，价值观、人生观趋于稳定，生活经验和处事方式逐渐丰富和老练，对自己未来的生活有了一定的考虑并能把握自己。这样的大学生如果遇上志同道合的知音，是可以进行恋爱实践的。

一般来说，高年级同学在人格的成熟程度、自我认识和处理矛盾的能力方面要明显高于低年级同学。

应该强调的是，恋爱是大学生的身心需要和合法权利。但是正确行使这个权利还需要有高度的修养，还要付出大量的时间和心血。而大学时光极其宝贵和短暂，是为今后的生活和事业打基础的关键时期。当一名大学生还没有足够的能力使学业和爱情统一起来时，请千万

不要盲目涉足爱河。

二、恋爱心理测量

（一）恋爱态度量表

请仔细地阅读每条陈述，并把你认为最适于代表你的意见的号码打上圈（表 5-1）。

表 5-1　恋爱态度量表

题　目	坚决同意	适度同意	不好决定	有些不同意	坚决不同意
（1）当你真正恋爱时，你对任何别的人都不感兴趣。	1	2	3	4	5
（2）爱没有什么意义，它就是那么回事。	1	2	3	4	5
（3）当你完全陷入爱情时，就会确信它是现实的。	1	2	3	4	5
（4）恋爱绝不是你所能客观地加以研究的，它是高度情感的状态，不能进行科学观察。	1	2	3	4	5
（5）和某人恋爱而不结婚是个悲剧。	1	2	3	4	5
（6）有了爱，就意味着懂得爱。	1	2	3	4	5
（7）共同兴趣实际上是不重要的，只要你俩真正相爱，就会彼此协调。	1	2	3	4	5
（8）只要你知道你们是相爱的，虽然彼此认识的时间还很短，马上结婚也不要紧。	1	2	3	4	5
（9）只要两个人彼此相爱，即使有着信仰差异，实际上也不要紧。	1	2	3	4	5
（10）你可以爱一个人，虽然你不喜欢这个人的任何一个朋友。	1	2	3	4	5
（11）当你恋爱时，你经常是茫然的。	1	2	3	4	5
（12）一见钟情往往是最深切、最永恒的爱。	1	2	3	4	5
（13）你能真正爱上的并能在一起幸福地生活的人，世界上只有一两个。	1	2	3	4	5
（14）不用管其他因素，如果你确实爱上了另一个人，就可以和这个人结婚了。	1	2	3	4	5
（15）要得到幸福就必须对要与你结婚的人有爱情。	1	2	3	4	5
（16）当你和所爱的人分离时，世界上的一切仿佛都黯淡而令人不满意。	1	2	3	4	5
（17）父母不应该劝说儿女同谁约会，他们已经忘记恋爱是怎么回事了。	1	2	3	4	5
（18）爱情被看成婚姻的主要动机，那是好的。	1	2	3	4	5
（19）当你爱上一个人时，你就想到将来要和那个人结婚。	1	2	3	4	5
（20）大多数人都会在某些地方有一个理想的对象，问题是怎样去找到那个对象。	1	2	3	4	5

续表

题　目	坚决同意	适度同意	不好决定	有些不同意	坚决不同意
(21) 妒忌通常是直接随着爱情变化的，就是说，你越是爱就越会有妒忌心。	1	2	3	4	5
(22) 被任何人都爱上的人大约只有少数几个。	1	2	3	4	5
(23) 当你恋爱时，你的判断力通常不是太清楚的。	1	2	3	4	5
(24) 我认为，一生中爱情只有一次。	1	2	3	4	5
(25) 你不能强使自己爱上某一个人，爱情说来就来，说不来就不来。	1	2	3	4	5
(26) 和爱情相比，在选择结婚对象时，社会地位和宗教信仰的差别是无关紧要的。	1	2	3	4	5

注：将所有题目得分相加，分数越高越接近现实型，分数越低则越接近浪漫型。

（二）恋爱心理自测表

每一个问题的下面，都有四种不同的选择，请你在符合自己想法的那一字母下打上"√"，每题只选一种答案（表5-2）。

表5-2　恋爱心理自测表

问题	选项	计分
(1) 你想象中的爱情是： a. 具有令人神往的浪漫色彩 b. 能满足自己的情欲 c. 使人振奋向上 d. 没想过	a b c d 2 1 3 0	
(2) 你希望同恋人结识是这样开始的： a. 在工作和学习中逐渐产生的爱情 b. 青梅竹马 c. 一见钟情也未尝不可 d. 随便	a b c d 3 2 1 1	
(3) 你对未来妻子的主要要求是： a. 别人都称赞她的美貌 b. 善于理家 c. 顺从你的意见 d. 能在多方面帮助自己	a b c d 1 2 1 3	
(4) 你对未来丈夫的主要要求是： a. 有钱或有地位 b. 为人正直有事业心 c. 不嗜烟酒，体贴自己 d. 英俊有风度	a b c d 0 3 2 1	

问题	选项	计分
（5）你认为完美的结合应是： a. 门当户对 b. 郎才女貌 c. 心心相印 d. 情趣相投	a　b　c　d 1　1　3　2	
（6）你认为巩固爱情的最好途径是： a. 满足对方物质要求 b. 柔情蜜意 c. 对爱人言听计从 d. 完善自己	a　b　c　d 1　0　2　3	
（7）在下列格言中，你最喜欢的是： a. 生命诚可贵，爱情价更高 b. 爱情的意义在于帮助对方，同时也提高自己 c. 有福同享，有难同当 d. 为了爱，我什么都愿干	a　b　c　d 2　3　2　1	
（8）你希望恋人同你在兴趣爱好上： a. 完全一致 b. 虽不一致，但能互相照应 c. 服从自己的兴趣 d. 互不干涉	a　b　c　d 1　2　0　3	
（9）当你发现恋人的缺点时，你的态度： a. 无所谓 b. 嫌弃对方 c. 内心十分痛苦 d. 帮她（他）改进	a　b　c　d 1　0　2　3	
（10）你对恋爱中的曲折怎么看： a. 最好不要出现 b. 自认倒霉 c. 想办法分手 d. 把它作为对爱情的考验	a　b　c　d 1　2　0　3	
（11）你对家庭的向往是： a. 能同爱人天天在一起 b. 人生归宿 c. 能享天伦之乐 d. 激励对生活的新追求	a　b　c　d 2　1　1　3	
（12）另一位异性比恋人条件更好，且对自己有好感： a. 讨好对方，想法接近 b. 保持友谊，说明情况 c. 持冷淡态度 d. 听之任之	a　b　c　d 0　3　2　1	

问题	选项	计分
（13）自己有一位异性朋友时，你将： a. 告诉恋人，在其同意下继续交往 b. 让恋人知道，但不准干涉 c. 不告诉 d. 告诉与否看恋人的气量、态度而定	a b c d 3 2 1 1	
（14）当你迟迟找不到理想的恋人时： a. 反省自己的择偶标准是否实际 b. 一如既往 c. 心灰意冷，甚至绝望 d. 随便找一个	a b c d 3 1 0 1	
（15）当你所爱的人不爱你时： a. 愉快地同他（她）分手 b. 毁坏对方名誉 c. 千方百计缠住对方 d. 不知所措	a b c d 3 0 1 1	
（16）当你的恋人对你提出不道德的理由而变心时，你会： a. 报复 b. 散布对方的缺点 c. 只当自己没看准 d. 吸取教训	a b c d 0 1 2 3	
（17）当发现恋人另有所爱时： a. 更加热烈地求爱 b. 想法拆散他们 c. 若他（她）们尚未确定关系就竞争 d. 主动退出	a b c d 1 0 3 2	
总 分		

计分方法与解释

将每一个打"√"字母下的数字填入右边的计分栏，然后将所有题目的得分相加，总分在 46 分以上说明恋爱观正确，42~46 分基本正确，42 分以下说明恋爱观需要调整。

三、大学生恋爱中常见的问题与误区

（一）沉溺于恋爱而荒废学业

一些大学生把谈恋爱放在了高于一切的位置，爱情似乎成了他（她）们生活中的头等大事。他们整天缠绵于二人世界，上课不能集中精力听讲，下课没有心思写作业和读书，集体活动不愿参加，把大量时间用在了写情书、与恋人谈心、娱乐和幽会上。闭塞狭小的生活空间使他们疏远了和其他同学的关系，忽视了友谊，失去了许多成长和进步的机会，致使学习成绩下降，考试亮起了红灯。有的人甚至因此而被迫退学，为"爱情"付出了沉重的代

价，造成了终身的遗憾。

（二）恋爱动机的功利化

纯洁健康的恋爱动机是维持高尚爱情的保障，是保证恋爱质量的基础。然而，一些大学生谈恋爱不是出于纯洁的爱情，而是出于许多功利的目的。如：有些大学生谈恋爱的动机不是出于爱情，而是为了弥补内心的空虚、孤独或是出于"随大流"的从众心理等。大学生中的"寂寞期恋爱""痛苦期恋爱""攀比性恋爱"等，多半不是出于爱情，而是为了排遣生活的单调，或是为了满足虚荣心。极个别的大学生采取了游戏爱情的态度，或"朝三暮四"，或同时和几个异性交往，却又和谁都不确定恋爱关系。这些做法既伤害了别人，也使自己陷入了困境。"不求天长地久，但求曾经拥有"是部分大学生恋爱动机的概括性描述。用上述动机构筑的爱是脆弱的、先天不足的，容易夭折或发育不良，甚至产生严重后果。

（三）表达方式欠修养

在现在的大学校园里，情侣们表现出了过多的外显行为。如一些青年男女公开地牵手搭背，在食堂里互相喂饭，甚至当众亲吻的场面随处可见。这些恋爱中的大学生认为，"爱情是两个人的私事，用不着别人说三道四"，"在公开场合亲热是真挚爱情的自然流露，没有什么难为情的"。全然不顾旁人的非议和劝阻，我行我素。

马克思曾经说过："在我看来，真正的爱情是表现在恋人对他的偶像采取含蓄、谦恭，甚至羞涩的态度，而绝不是表现在随意流露热情，过早亲昵。"爱情的表达方式反映了一个人的人文修养和道德水准，即便同是情感表达，也有高雅和粗俗之分。在情感的表达上，大学生应遵从中华民族深沉含蓄的美德，要注意身份、场合和分寸。

（四）性行为轻率

大学生在贞操观上表现得更加开放，一些大学生在恋爱中的性行为过于随便，存在着"重感情、轻理智"的心理误区。有关统计资料表明，有19.8%的大学生明确表示"婚前性行为是不道德的和违法的"，13%的人认为这是"个人私事，不存在法律和道德的问题"，更多的大学生则持模棱两可的态度。他们或认为"只要双方相爱，可以理解和宽容"，或认为"是不道德的，但往往不可避免"。有的人恋爱不久就发生性关系，有的人在校外租房同居，极个别的学生甚至在宿舍里建立屋中之屋，与异性公开同居。实践表明，上述种种的观念和行为表面上是一种潇洒和自由，其实是不道德和不负责任的，由此造成的心灵的乃至身体的伤害（如怀孕等）会为自己未来的婚恋埋下隐患。

四、大学生在恋爱中应注意的问题

（一）追求纯洁、健康、文明的爱情

1. 建立健康的恋爱关系

男女双方的恋爱关系应该建立在志同道合的基础上，而不应该被爱情以外的附加因素，如金钱、容貌、门第等所左右。那种以恋爱为手段，骗取他人感情，以达到某种个人目的的行为，玷污了爱的纯洁，既是社会道德所不允许的，也会使当事人自食苦果。

2. 培养文明的恋爱行为

恋人之间的言谈举止既是其修养和心理成熟的反映，同时也是促进或阻碍恋爱成功的重要因素。不少恋爱受挫和失败往往是源于恋爱过程中的行为不当。例如个别大学生在恋爱过程中出言不逊、举止粗鲁，或者装腔作势、矫揉造作等，很容易导致恋爱失败。同时，在恋爱过程中要特别注意在公开场合行为举止的文明。要考虑到我们的民族习惯，注意场合和影响。那种旁若无人的做法，不但有损爱情的纯洁和尊严，也使大学生在人们心目中的形象大打折扣。

（二）优化自身的人格品质

恋爱是人格再造的契机。大学生的恋爱状况是其人格的反映，而恋爱也应促进大学生人格的成熟。莫里哀说："爱情是一位伟大的导师，教我们重新做人。"弗洛姆说："人必须竭尽全力促成自己完善的人格，形成创造性的心理倾向，否则她追求爱的种种努力注定要付之东流。"优化自己的人格品质是大学生获取甜蜜爱情、永葆爱情之花鲜艳芬芳的根本。大学生在优化自己的人格品质时，要注意培养自己正确的人生观、健全的理智感、恰当的价值观和高尚的道德感，做到忠贞、理解、信任，尊重与自尊，适度与宽容等。

（三）让爱情成为双方进步的合力

车尔尼雪夫斯基说："爱情的意义在于帮助对方，提高自己。"小仲马说："真正的爱情始终使人向上。"心理学研究表明，人在恋爱期间，身心的各种功能都处于最佳状态。大学生要利用这一优势，让爱情成为双方进步的合动力，促进学习和进步。

1. 让爱情的力量成为学习的助燃剂

大学生要特别注意避免因恋爱而荒废学业的现象，合理地安排时间和分配精力，保证学习时间。在学习上确立高标准，以爱情促学业。相互帮助，相互督促，在学业上争先恐后，你追我赶。

2. 主动加强与其他同学和朋友的交往

"两情若是长久时，又岂在朝朝暮暮"。要避免在热恋中把自己局限在二人世界的小天地里，忽略和同学、朋友之间的友谊，从而导致封闭狭隘的心理。要打破恋人的狭小圈子，主动加强与周围同学和朋友的交往，积极参加集体活动，获取广泛的人际联系，在更多的人际交往中受益。

3. 树立远大目标，为美好的未来奠定坚实的基础

优异的学业是爱情的基础和保证。恋人们都希望今后的婚姻生活幸福美满，而这幸福美满的婚姻生活是建立在现实的物质基础之上的。没有坚实的事业，哪来甜蜜的爱情？为了今后的幸福，大学生要抓紧大学生活的每一天，对在大学里要完成的任务有一个合理的目标和规划，克服前进中的困难，脚踏实地地朝着既定的目标前进。

任务三　培养爱的能力，掌握爱的技巧

案例导入

吴某（男）和李某（女）在同所大学，又是同班的同学。刚开始，在班上寥寥无几的几个女生中，吴某也就是看李某比较顺眼，因此关注她也就相对多点。后来知道李某喜欢班上另一个男生，吴某对此虽然不是很开心，但并没有很大的感觉。只是从心里打消了那唯一的念头。可是后来事情不知道怎么发展了，李某和那男的并没有成功，而吴某心里也并没任何想法。渐渐地到了下学期，两人接触渐渐多了点，又加上两边朋友的一些说说，两人互相喜欢的事实就这么被爆料了出来！于是本来双方可能都没想过恋爱这个问题，现在就这样被拉到了一起谈起了恋爱。本来一切都是这么顺利地发展着，他们每天一起吃饭，一起散步，一起看书，也还拥有着他们的梦想……

本来一切在外人眼里以及他们自己眼里看来是多么美好，可是事情才开始一个月，两人相处也很好，似乎并没有什么问题。每天都是那么简单而平凡地过着，这是一段平凡的爱情。并不轰轰烈烈，并不冲动，也没有任何曲折。可是事情真的发生了，或许得不到的总是美好的。因为另一个女人的出现，她是吴某在认识李某之前出现的，因为各方面条件的限制，吴某从没想过和她会有可能。可是现实就是这样，就这样发生了。她为他痛，她没想到吴某这么快就有了女朋友，吴某也痛，这是怎样的缘分，怎样的纠结？一切来得是那么偶然，那么不经意，那些天吴某一直处于矛盾纠结之中。他不知道他的心里到底是爱着谁，两个女人都有感情，谁也放不下。他把事实告诉了李某，他第一次感觉到李某是这么爱他，他哭了，哭得那么伤情……可是那个女人呢，她在远方，他的难受她看不到，她不知所措了，最后中间经历两次选择，他果断地选择了那个身在远方的女人。而对李某，这样的打击使她受不了，她一直苦苦哀求他能回到她身边，可是吴某这次真的想跟着自己的心走，不想听任何人的意见，他感觉自己懂了什么是爱而什么是喜欢，可李某却说他让她懂得了什么是爱，她一直不肯放手，接受不了这个事实，颓废了好久，那段时间弄得两人都一直没心思学习，浪费了好多时间，就这样持续了好久，终于她又对吴某说，说要等他回心转意，可是不久觉得无望又受身边朋友的影响取消了这份等待。而这过程中又发生了一些事，因为李某的冲动，不成熟做出了一些过激的事，开始恨吴某，说了好多好狠的话。说自己看错了人，曾经的爱已不在……环境依旧，人心已变！

案例启示

（1）李某因吴某最终选择他人的爱情而怀恨吴某，而对待爱情李某显得非常无助，面临爱情的困扰更是不知所措，这些都将影响李某的心理健康。

（2）大学生要能够在恋爱中逐渐培养爱的能力，能够正确客观地理解爱情，掌握调试常见的爱情困扰的能力，这样才能培养健康的恋爱心理。

知识链接

一、大学生常见的恋爱困扰及调适

（一）单恋

1. 单恋及其表现

单恋顾名思义"单相思"，是指一方对另一方的一厢情愿的倾慕、思念和热爱。有的单恋，对方并不知道，也无意或无法让对方知道，这种单恋多是幻想型的，带有偏执成分，如有的青年学生对影视明星的暗恋。它多发生在性格内向、情感丰富而又缺乏恋爱体验的人身上，他们对所恋对象抱着高不可攀的畏惧心理，把对方想得神圣非凡、完美无缺，可望而不可即；因此，只能将思恋之情深藏于心，形成一种痛苦的自我折磨，造成心理失调。还有一种单恋，是被恋对象知道你在爱他（她），而他（她）却根本不爱你，你甚至在遭到拒绝以后，仍然痴情不改。这种单恋，不但对方知道，而且单恋者周围的人也有所察觉；因此，单恋者不但痛苦不能自拔，而且自尊心也容易受到伤害。

2. 克服单恋的办法

第一，要避免恋爱错觉。

不要过分相信自己的感觉、自以为是，要准确地观察和分析对方表情，用心明辨；要视其反复性，某种信息的经常出现可能意义很深，而偶然一次两次就不足为凭了；要学会用联系的观点去分析问题，把某种信息和其他因素结合起来考虑。

第二，要克服懦弱和自卑心理。

要学会以适当的方式传递自己的感情和意向。如果对方有意，你就要勇于和对方进行接触和交往，传递爱的信息，这样单恋就有可能转化为"双恋"，爱的快乐就取代了爱的痛苦。如果是"落花有意，流水无情"，则应该面对现实，勇敢地抛弃幻想，用理智主宰感情，通过思想感情的转换和升华来获取心理平衡。

第三，通过重构认知来树立自信、恢复理智。

单恋者的所思所想往往不受理性思维的支配，而受制于不切实际的幻想。这种幻想使单恋者以扭曲的认知方式看待现实，造成其夸大、美化对方而贬低、丑化自己的认知倾向，从而不敢采取切实有效的主动行动来表达自己的感情。因此，要想克服单恋带来的心理困扰，就必须重构认知，这样才能树立自信、恢复理智。

（二）多角恋

1. 多角恋概念

多角恋一般分为两类，是指同时与两个或两个以上对象建立并保持恋爱关系，通常把被多方追求的对象称为"主角"，而将追求同一对象的人称为"副角"。

2. 多角恋分类

多角恋一般分为两类：一类是隐蔽式的多角恋，即多角恋中的主角同时与几个副角相恋，而几个副角之间并不知道，主角有意隐瞒真相，在几个副角之间巧妙周旋，这种多角恋带有很强的欺骗性。另一类是公开式的多角恋，就是主角同时与几个副角保持恋爱关系，而几个副角之间彼此知晓，展开竞争、角逐、争宠。

多角恋在大学生中也是存在的。调查表明，在大学生群体中，多角恋容易发生在下列几类大学生身上。一是外表形象好的大学生。高大魁梧、英俊伟岸的男生，身材窈窕、脸蛋漂亮的女生，往往是众多人追求的对象。二是才华出众的大学生。学习成绩特别优异的大学生、多才多艺的大学生、各种社团或组织的领导者等，这些人通常处于众星捧月的地位，容易受到异性的青睐。三是家庭条件优越的大学生。当然，这并不是说上述大学生都会发生多角恋，恰恰相反，这些大学生很多都是品学兼优的，他们对待爱情的态度是很严肃的，不仅不会搞多角恋，不少人甚至在大学期间连恋爱也谈不上，也确有极少数人利用自身的"优越"条件来玩多角恋游戏。

3. 多角恋的危险性

无论哪种形式，也无论是出于何种考虑，都是畸形的、不道德的，也是危险的。因为，恋爱不同于一般的交朋友，爱情具有排他性，多角恋中的主角最终只能选择一个副角保持长期恋爱关系，那种鱼也所欲，熊掌也欲得的想法是根本不可能实现的，必然给其他几个副角带来痛苦，最终也给自己带来无法弥补的痛苦。陶行知先生说过："爱之酒，甜而苦。两人喝，是甘露；三人喝，是酸醋；随便喝，要中毒。"自身的身心健康，最终不仅贻害别人，也贻害自己，处理得不好，还容易引起纷争、不幸和灾难。

4. 多角恋的调适策略

第一，谨慎对待竞争。

当你凭借自己的实力和光明正大的努力而取得爱情时，尽量不做刺激失败者、激化矛盾的事情，否则会导致本身爱情的毁灭。当你判定自己处于"劣势"，应有情场"勇退"的精神，并学会正确地自我评价，自我解脱，退出竞争的三角旋涡。这是明智之举，并不是无能、怯场的表现。

第二，理智对待情感。

当你同一个异性建立恋爱关系却与所有异性保持着等距、暧昧、不同寻常的关系，正处于进退维谷、取舍两难境地时，你可以从生理条件、心理品质、社会条件以及多层次的美感表现等方面进行比较，并尽快作出抉择。

第三，理智选择情感。

当你已同一个异性确定了恋爱关系，生活中又闯入了另一个异性时，如果你与前者只是好奇、冲动、相爱时间不长，感情较浅，精神相容性较差，而后者对你更具吸引力，那么你不妨先疏远前者，再明确中断与前者的恋爱关系，待对方心理恢复正常，有一定的心理承受力时，然后才可以和后者热恋。否则，会给"被吹者"造成更大的心理损伤。反之，如果你与前者感情尚可，且相爱时间较长，只是对方在某些次要方面还有不合自己心意的地方，你应该用爱情的力量鼓舞和帮助对方不断地改进，从而缩小双方与自己心目中理想伴侣形象的差距，并彼此达到人格、能力、志趣等方面的和谐。那种一遇上异性追求者，就轻率地抛弃先前情人的做法是不足取的，这样做不仅会伤害对方，而且对自己也未必是最佳的选择。

（三）网恋

1. 网恋的定义

网恋是现在探讨大学生恋爱的文章、小说和影视作品中曝光率非常高的一个词。但要给网恋下个明确的定义却不是一件非常容易的事情。我们一般说的网恋就是专指那些在虚拟的网恋世界以恋爱为目的，在网恋虚拟世界和社区以恋人的身份和网上恋人共同生活，共同经营一段爱情甚至是婚姻的一种恋爱关系。

2. 网恋的特点

网恋最主要的特点就是虚拟性、隐蔽性和时空无限性，网络世界最大诱人之处就是它的言论和行动自由。在网络世界里，"理想的自我"可以集合很多异性，在挑选男朋友或女朋友时是看中的品质、能力甚至职业于一身，也可以随着自己看中的目标人物的喜好来改变自己的言行或者其他情况。这样就比较容易让人看到双方的相似或者互补而抹杀两人之间的不和谐，进而可以在比较短的时间里赢得双方的好感甚至爱情，很快就陷入了深深的迷恋当中。因为这种迷恋让对方的一切都笼罩在光环当中：她的冷淡却被理解为酷，他的奢侈也可能被理解为阔气，她的缺少教养可能被理解为粗犷。一旦到了从网络走向现实，面对双方"现实中的自我"时，就会遭遇希望越大失望就越大的尴尬。网恋的"见光死"频率也是非常高的。

不仅如此，网恋也是一件费时、费钱、费心的事情，同时也给那些怀有不良动机上网的社会闲杂人员或犯罪分子提供了可乘之机。陷入网恋的人，每天至少要花 6~8 个小时在网络上享受二人世界，为了一个虚幻的恋爱对象既浪费钱又浪费时间。一旦网恋"见光死"以后，心里的失落和懊恼比真正的失恋还要严重。

（四）同性恋

同性恋是指以同性为恋爱和性欲满足对象的爱情，既包括只与同性为恋爱和性欲满足对象的纯粹的同性恋，也包括既与异性发展爱情，同时又与同性有恋爱关系的双性恋中的同性恋部分。传统和狭义的爱情专指发生在男女两性之间的，不包括同性恋，所以一直以来同性恋都被看作另类。在心理学界，同性恋也一直被看作一种心理障碍。

但是，近年来，心理学家、精神病学家都同时注意到：同性恋者除了以同性为主要的（指双性恋）和唯一的性满足对象，无其他任何明显的精神和心理的异常，甚至在学习、工作或其他社会行为方面有优异的表现，社会适应良好。因此，很多国家现在都已经不再将同性恋列入心理疾病的诊断范围，个别国家在法律上还允许同性恋结婚和领养孩子。

一般来说，主动型的同性恋在恋爱过程中会感受到较多的痛苦和压力。男同性恋者可能有对其他男性"单恋"的情况，也可能因为家庭和社会世俗的压力而娶妻生子，但在家庭中无法扮演正常的丈夫的角色，对妻子可能没有真正的兴趣，家庭关系紧张，使得对方非常苦恼。女同性恋则更多的是因为追求女性失败或自己喜欢的女性突然有了新的男朋友或嫁给了其他异性而感到很受伤害。同时，由于不正常的性生活，也使同性恋中的艾滋病的发病率高于其他非同性恋人群。

（五）失恋

1. 失恋

失恋指恋爱过程中断，在主观上表现为失恋者体验到悲伤、忧郁、失望等消极情绪及心理痛苦和压力。恋爱的过程是两个人相互了解和选择的过程，当一方提出中断恋爱关系时，另一方就会失恋。世界上有恋爱就会有失恋。

2. 失恋的原因

第一，双方个性、价值观有很大差异，以致无法沟通。
第二，对方的价值观不符合自己的期待。
第三，第三者介入。
第四，时间、空间的距离。
第五，父母、家人或亲友的反对。

第六，误会太深。

第七，觉得自己付出太多，对方付出不够。

第八，失去了爱的感觉。

第九，对方过度关怀，使自己有压迫感。

第十，发现对方和他人有过亲密的行为。

第十一，发现对方有不良嗜好等。

3. 大学生应理性、正确地看待失恋

第一，失恋只是一种选择的结果，一个人不选择自己不等于自我就全面的失败、一无是处，每个人在爱的关系中心理需要不同，看重的关键点不同；每个人都有可爱的一面，只是每个人欣赏的角度不同。

第二，在失恋中学习，把失恋作为一种人生的财富，也许失恋给人带来的强烈的内心冲击是其他事件所不能代替的，这个过程中所体会到的情感、那份挣扎与痛苦，实为一笔人生财富，使人有了更多的人生体验，人会在失恋中变得更加成熟。

第三，失恋给人再恋爱的机会，一次失恋不等于整个爱情生命的结束，人还会再恋爱，再体验美好的爱情，只要用心去体验、去建设、去学习和感受。

第四，失恋后应及时找朋友或亲人倾诉，或者找专业人员咨询。

4. 如何调整因失恋带来的负面情绪

1）逆向思考

恋爱取得成功，除了社会公认的品质、观念以外，还有许多特殊的心理要求，比如：性格和谐、志趣相同、价值观一致、生理特征相配等。如果因为这些方面发生矛盾，使恋爱不能进行下去，倒不必过于痛苦。不妨反过来思考一下，如果勉强凑合下去，造成以后感情不和，爱情又有什么幸福可言？失恋固然不是幸事，然而没有志同道合、个性契合，及早分手也并非坏事，"塞翁失马，焉知非福"。

2）合理宣泄

失恋造成的情感压抑是十分严重的，如果不及时地合理宣泄，会出现各种不适应症状。比较有效的宣泄方法有以下几种：①向亲密的朋友或家人倾诉内心的苦闷和悲伤。②可以闭门痛哭一场。③寄情于山水之间，向大自然宣泄自己压抑的情绪。失恋后可以与朋友一起外出远游一次，体验大自然之奇丽与伟大、人生之赠与美好，会觉得自己失恋的痛苦只不过是沧海一粟，心胸会变开阔，郁闷的心情就会有所缓解。④升华。升华是宣泄失恋后心理能量的最理想方式。失恋者应运用理智，把感情、精力投到能充分实现自身价值的事业中和对生活的热爱上去，从而将失恋造成的挫折，在更高的升华境界中得到补偿，获得更大、更多的收益。

3）丢弃自卑

失恋并非羞耻之事。但有些失恋者却认为失恋是令人耻辱的，是被对方"涮"了、"玩"了，从而感到脸上无光，无地自容，产生强烈的自卑感，甚至因此离群索居。其实，任何事情的发展都面临着两种前途，恋爱也是一样。恋爱一次成功固然可喜，但这毕竟只是可能性，而不是必然性，所以谈恋爱就要有谈不成的心理准备，失恋也是在情理之中，是无可非议的。有思想、有志气的青年不应受世俗偏见的束缚，不能自己看不起自己。如果能从失恋中发现自己的不足，并有所进取，那倒从失恋中受益匪浅，不愁今后找不到称心如意的好伴侣。

技能导入 \\\\\\

一、培养健康的恋爱心理

（一）树立健康的爱情价值观

爱情作为男女之间一种相互爱慕的专一持久的情感，它深刻影响着人的精神生活以及其他方面。一对大学生从正常的交往、友谊的建立、爱情的萌芽到恋爱关系的确定、发展，这段时常伴随风雨的心理历程中总有一种相对稳定的意识活动左右和支配着个体的恋爱行为，这就是恋爱观。不同的恋爱观会产生各异的恋爱行为选择与行为方式，对于大学生而言，应树立正确的恋爱价值观，摆正爱情的位置，把握爱的真谛，这既是社会与时代的要求，也是大学生自身成长和获得真正爱情幸福的需要。

1. 端正恋爱动机

恋爱动机的纯洁和健康是保证恋爱顺利的重要基础。万丈高楼平地起，没有扎实的建立在真挚感情基础上的恋爱往往先天不足，容易夭折或发育不良，最终自食其果。有些人的恋爱动机不是出于爱情本身，而是为了安慰、解闷、寻找刺激、攀比、好奇和虚荣心等，必然给自己埋下隐患，导致恋爱悲剧。

2. 深刻认识爱的本质

爱情是一种复杂、圣洁、崇高的情感活动，是感情与理性的统一体。恋爱是一种普遍的社会现象，不仅涉及恋人双方的学业、事业、幸福和前途，涉及下一代，而且还会涉及双方家人的安宁与和谐，触及民族的道德观念和意识形态。爱情是由两颗心弹拨出来的和弦，不是单方面奏出的独赏曲，它是双方思想情感的一致、心理相容，而不是一方绞尽脑汁的单相思。它是相互倾慕、情投意合、由衷的热烈，来不得半点勉强和凑合。怜悯不能代替爱情，好感冲动不等于爱情，强求不能促成爱情。每个人都有爱与被爱的权利，只有双方相互了解、平等尊重、忠贞不渝，才能开出美丽的爱情之花。

3. 摆正爱情的位置

爱情虽是人生的一大主题，但不是人生的全部。在人生的道路上，孤立的爱情是不存在的，爱情如果失去了事业的附丽，也就失去了魅力。对于一个人来说，事业是中心点，对事业的追求越成功，随之而来的爱情也会越美好。反之，若把爱情视为生命的唯一，而事业一无所成，那么其爱情也就是温室的花朵，经不起任何打击。大学阶段是人生的黄金时期，学业是第一要务，今天的学习与未来的事业息息相关，也就是爱情美满的基础。大学生应该把学业放在首位，摆正爱情与学业的关系，克服爱情至上的思想，不能因谈情说爱而放松了学习，影响了学业；而应该变儿女情长为胸怀大志，把宝贵的时间和精力投放在学习上，让爱情服从学业，促进学习。

4. 担负起爱的责任

真正的爱就像弗洛姆讲的，意味着"关心、尊重、责任、认识，它不是为某个人所爱之意义上的一种情感，而是为所爱的人的成长和幸福的一种积极主动的奋斗，它根植于自身的爱的能力"。恋爱自始至终都是一种有意识的社会行为，它无可避免地具有道德性，它不仅仅是享受爱情的温馨和甜蜜，更多地意味着责任。它不光要求互相信任、忠诚，还要求互相帮助、负责，否则两性关系就没有安全感。鲁迅曾告诫过青年人："如果我们没有能力尽到自己责任，就不要轻易去谈论什么爱情。"不负责任的游戏爱情、轻率盲目的爱情、放纵自私的爱情不但浮浅无聊，而且害人害己，贻误青春。

（二）发展健康的恋爱行为

1. 言谈文雅，举止大方

恋爱交谈中，要诚恳、坦率、自然，语言文雅、举止大方，不要为了显示自己而装腔作势、矫揉造作，不要出言不逊，随口污言秽语，举止粗野鲁莽。在相互了解中，要注意分寸，不要无休止地盘问对方，使对方自尊心受损。一般来说，在恋爱开始时，男女双方感到羞涩和紧张，随着交往的增加，会逐渐自然大方。这个时期注意行为举止端庄，不宜过早地做出亲昵动作。

2. 亲昵动作，文明高雅

亲昵动作的表达方式也有高雅与粗俗之别。高雅的亲昵动作会发挥爱情的愉悦感的心理效应，而粗俗的亲昵动作往往起情感分离的消极心理效果。轻浮的举止，会使对方反感，影响感情的正常发展，有损于爱情的纯洁和尊严。大学生要注意恋爱行为的健康文明，亲昵动作注意场合和尺度，不要在公共场合过分亲昵，造成"环境污染"。

3. 控制感情，理智行事

恋爱中难免会引起性冲动，一方面要注意克制和调节，另一方面要注意转移和升华。可通过多种有益于身心健康的文体活动，使性冲动适度转移和抑制，自觉地把恋爱行为限制在社会规范的范围之内，不致越轨。恋爱中的性行为是不道德的，对于还没有能力承担后果的学生来说，后患无穷。恋爱中的女生应自重自爱，不要轻易以身相许，不然可能会给自己带来不幸，身心健康遭受巨大损失。

（三）培养爱的能力

爱的能力实际是一种综合的素质，表现为在爱的过程中许多方面的能力。

1. 表达爱的能力

当你爱上一个人时，能否用恰当的方式和语言向对方表达出来呢？表达爱需要勇气，需要信心。表达爱是在表明爱一个人也是幸福，即使可能得不到回报。你让对方知道被一个人爱着，这是一种很崇高的境界。

2. 接受爱的能力

当期望的爱来到了身边能否勇敢地接受也是爱的能力的表现。有的大学生在别人向自己示爱后，内心挺高兴，但又不敢接受别人的爱，或者对爱缺乏心理准备，或者觉得自己不配，不值得爱，因此而失去发展爱的机会。

3. 拒绝爱的能力

有爱的能力的人不是对爱来者不拒，或者将认为不是自己的爱简单地拒之千里。当然也有不少大学生当别人向自己示爱时有些优柔寡断，又怕伤害对方，又怕对方误会。拒绝爱的能力，首先表现为对他人的尊重，要感谢对方对自己的欣赏和感情；其次要态度明确，表达清楚，即和对方只能是什么样的关系，同学还是一般朋友，或者什么都不是；最后是行动与语言要一致。可能有些同学怕对方受伤害，虽然语言上拒绝了对方，但是行动上还与对方有较亲密的接触，如单独去看电影、吃饭等，这容易使对方误解，认为还有机会，还纠缠在与自己的情感中。

4. 鉴别爱的能力

鉴别爱是指能较好地分清什么是好感、喜欢和爱情。有鉴别爱的能力的人，是个自信也尊重别人的人。有鉴别爱的能力的人，会自然地与别人交往，主动扩展交往的范围，珍惜友谊，会尽量多体验他人的感受。过于自我孤立，过于站在自我的角度考虑问题，往往会对他人和自我感受的认识发生偏离。

5. 解决爱的冲突的能力

爱的冲突一方面来自日常生活中的不一致，或不协调；另一方面可能来自性格的差异。相爱的人不是寻求两人的一致而是看如何协调、合作。爱需要包容、理解、体谅。会用建设性的方式去解决冲突。沟通是非常有效的方式。恋人间需要有效的沟通，表达清楚自己的思想、感受。伤害性的争吵或者冷战都不利于问题的解决。

6. 面对失恋的心理承受能力

失恋可以讲是人生中一个很大的挫折，考验的是人的耐受挫折的能力。失恋使人产生痛苦的感觉是很自然的事，每个人都会有，只是程度有差别。失去爱会使人感到一种重要关系的丧失，一种身份的丧失，需要一定的时间去面对和适应，应该正确认识失恋。

7. 保持爱情长久的能力

保持爱情长久的能力，其实需要上面多种能力的综合。爱需要两个人真正地关心对方，走进对方的内心世界，以对方的快乐为自己的快乐。要保持爱情的常新，需要智慧、耐力、持之以恒及付出心血，同时又有自己的个性，有自己的追求与发展。学新的东西，善于交流，欣赏对方，是爱的重要源泉。

（1）有爱的能力的人，是独立的人，有自己独立的价值观，有自己的生活空间。有爱的能力的人也不排斥对方，又是尊重他人、关心他人的人，他会尊重对方的选择，尊重对方的个人隐私，尊重对方的发展。

（2）保持爱情的长久，也同时要学习处理恋爱与学业、与其他人际交往的关系等，将爱情作为发展的动力。

（3）爱需要学习和培养，每个人都有爱的能力。

心理训练营

一、心理体验

心灵体验：爱是什么？

活动目的：通过活动让同学思考自己的爱情观，同时通过大家对爱的实质的讨论更全面地领悟爱的真谛，并对自己的情感生活有所反思。

活动时间：20 分钟。

活动方法：请静静地思考一下"爱"是什么，并在白纸上写出 5 条你所认为的爱的实质，如爱是：需要、关怀……（请更关注那些直觉的、第一印象的内容，而非理性思考的内容和感受），写完后每个同学在小组里向大家分享自己的答案及感受。

结果分享：

（1）你在活动中有何感受？

（2）对你而言，爱的实质是什么？它对你曾经或目前的恋爱有何影响？你的选择与你的爱情观相符合吗？

（3）其他人的爱情观对你有何影响？

（4）最后每个小组将排在前 5 位的爱的实质写到黑板上在全班进行分享，教师进行点评、补充、总结。

二、心理训练

（一）心灵体操：失恋助我成长

失恋是大学生中比较常见的最大的情感挫折，一旦不得不面对失恋，又该怎么办呢？

1. 齐心协力，寻找失恋的十大好处

尽管失恋是痛苦的和不幸的，但并非绝对就是坏事，在某种意义上还可以说是好事，因此请同学们以各小组为单位，分别列举失恋的好处。每个小组最多可以列举十条建议，之后在全班范围内全体同学共同评出最合理、最可行的建议，并将此作为本班共同的情感自卫盾牌。

请以下面的句型为模板，完成十句话。

因为我失恋了，所以我获得了＿＿＿＿＿＿＿＿＿＿＿＿＿＿＿＿＿＿＿＿＿＿＿

2. 七嘴八舌，探索释放失恋情绪的渠道

尽管失恋后的我心情很不好，但是我不会永远这样的。朋友们告诉我，我可以用这些方法来放飞自己的心情。

方法一：＿＿＿＿＿＿＿＿＿＿＿＿＿＿＿＿＿＿＿＿＿＿＿＿＿＿＿＿＿＿＿＿

方法二：＿＿＿＿＿＿＿＿＿＿＿＿＿＿＿＿＿＿＿＿＿＿＿＿＿＿＿＿＿＿＿＿

方法三：＿＿＿＿＿＿＿＿＿＿＿＿＿＿＿＿＿＿＿＿＿＿＿＿＿＿＿＿＿＿＿＿

方法四：＿＿＿＿＿＿＿＿＿＿＿＿＿＿＿＿＿＿＿＿＿＿＿＿＿＿＿＿＿＿＿＿

3. "静夜思"——分析失恋的原因

这一次我在＿＿＿＿＿＿＿＿＿＿＿＿＿方面没有做好，以后我将＿＿＿＿＿＿＿＿＿＿去改进。

（二）心灵氧吧

推荐书籍：《爱情其实很简单》（张怡筠，河北教育出版社）

内容简介：爱情，之所以让人头疼，是因为爱情本身就是各种情绪泥潭的代名词。而这封闭的两人世界充满问题却无外力可以协调，我们只能靠自己。

超人气心理学家张怡筠很简单系列之《爱情其实很简单》，分为情篇、色篇和外遇篇，准确剖析爱情中遇到的种种难题，探讨爱情互动的秘诀，轻松说道理，明确讲做法，带领读者开启了一场充满趣味的情爱智慧之旅，使深陷爱情困惑中的读者快速摆脱爱情迷茫，尽情享受两人之间的甜蜜。

推荐影片：《初恋50次》（美国，2004年上映）

影片简介：这是一部由彼德·席戈尔执导，亚当·桑德勒、德鲁·巴里摩尔主演的爱情喜剧。片中亚当·桑德勒（Adam Sandler）饰演亨利（Herry），是夏威夷水族馆的一名兽医、一位快乐的单身汉。在管理海洋动物的同时，他也是这个领域的科学家；德鲁·巴里摩尔（Drew Barrymore）扮演露茜（Lucy），一名中学美术教师，因一场意外事故，脑部受损，第二天一到，就会把前一天的事全忘光。亨利爱上了患有短期记忆丧失症的女孩露茜，为了赢得女孩的芳心，亨利绞尽了脑汁。

（三）心灵感悟：五线谱凝成爱的丰碑

1853年，勃拉姆斯有幸结识了舒曼夫妇。舒曼非常赏识勃拉姆斯的音乐天赋，热情地向音乐界推荐了这位年仅20岁的后起之秀。不幸的是，半年后舒曼精神失常，被送进了疯人院。当时舒曼的夫人克拉拉正怀着身孕，残酷的现实使她悲痛欲绝。勃拉姆斯便来到了克拉拉身边，真心诚意地照顾她和孩子，还时常到疯人院看望恩师舒曼。

克拉拉是一位很有教养、品行高尚的钢琴家。在患难与共的日子里，勃拉姆斯渐渐由最初对克拉拉的崇拜而升华为真挚的爱恋。尽管她大他14岁，并且是7个孩子的母亲，但丝毫没有减弱他对她的痴情。克拉拉并非草木，但她却始终克制着，克制着……勃拉姆斯从克拉拉身上看到了人格的高尚与人性的光辉。他不断地给克拉拉写情书，却一封也没有寄出，他把所有的爱恋都倾注在五线谱上。终于，他用了整整20年的时间，写成了《G小调钢琴四重奏》，用自己20年的生命激情矗立起了一座爱情的丰碑。

请问：从勃拉姆斯和克拉拉身上，你感受到了什么？

三、思考与作业

（1）你是否具备了爱的能力？为什么？

（2）在现实生活中，是否存在浪漫而持久的爱情？

（3）大学生应该用什么样的态度对待爱情？

成功交往，快乐生活

在人的一生中，再也没有像青年时期那样强烈地渴望被理解的时期了……没有任何人会像青年时期那样深陷孤独之中，渴望着被人接近与理解；没有任何人会像青年那样站在遥远的地方呼唤。

——斯普兰格夫

人类的心理适应，最主要的就是对于人际关系的适应，所以人类的心理病态，主要是由于人际关系失调而来。

——丁瓒

人离不开其他人——他要学习他们，伤害他们，帮助他们——总之，人需要与其他人在一起。

——K·W·巴克

知识目标：了解大学生人际交往的含义、类型、影响因素及对大学生成长的影响；理解大学生人际交往的背景、特点、误区及心理因素对大学生人际关系的影响；把握人际交往的原则，掌握人际交往艺术。

技能目标：理解人际交往的理论，能够运用人际吸引的技巧实现成功交往；了解自己人际交往的情况，测试自己的交往能力；训练人际交往能力。

情感目标：帮助大学生理解人际交往是大学生活中不可缺少的内容；理性看待交往，积极适度的交往对促进身心健康发展具有十分重要的意义；提高自身交往能力。

任务一 理解交往内涵，实现快乐交往

某高职院校热门专业的大一学生小蕾（化名）几次找到班主任老师要求退学。小蕾的

班主任告诉我们，"小蕾写得一手好文章，还弹得一手好钢琴。入校不久，她就因文笔出众，被校内文学团体破格吸收为会员"。听说她要退学，大家都很吃惊。小蕾要退学的理由主要是，觉得同学们瞧不起她，总在背后议论她，以至于她感觉大家都挺虚伪的，一回到寝室，就胸口发闷，甚至觉得活着没意思。老师也描述说，小蕾讲到这一点时，就变得烦躁不安，最后竟然泪流满面。

案例启示

（1）小蕾主要由于在适应大学的人际关系环境中遇到了挫折，在人际交往中出现人际关系敏感问题，对同学比较敏感和多疑，心里感到紧张和不安，进而觉得自己与周围的人格格不入，产生强大的心理压力，有了退学的想法。

（2）大学生应能够了解人际关系的相关知识和理论，主动和同学建立良好的人际关系，这样才能拥有他人的支持力量，拥有归属感和安全感。

知识链接

一、大学生人际关系概述

（一）大学生人际关系的含义

1. 大学生人际关系的含义

大学生的人际关系有广义和狭义之分。广义的大学生人际关系是指大学生和与之有关的一切人的所有人际联系。它既指与大学生存在的时空相接近的人际关系，如大学生与父母、亲友、老师、同学的关系，又指时空阻隔的人际关系，如大学生与路人偶然相遇而形成的关系。前者对大学生的身心影响举足轻重，后者则无关紧要。狭义的人际关系是指大学生在校期间和周围与之相关的个体或群体的相处及交往关系，其中最重要的是师生关系和同学关系。

大学生的人际关系至关重要，是进行日常生活、学习和工作的基本条件和背景。

2. 人际关系的特点

人际关系是人与人之间由于交往而产生的一种心理关系。人际关系的亲疏反映了人们之间心理距离的大小。概括地说，人际关系的主要特点有：

1）以情感为纽带

人际关系带有鲜明的情绪与情感色彩。根据双方在交往中表现出来的满意、愉快、疏远或冷漠等情绪状态，人们就可以对其人际关系的好坏直接进行判断和评估。

2）人际关系是一种心理状态

反映了人们在相互交往中，其需要能否得到满足的心理状态。如果在交往中，交往双方的需要能得到一定程度的满足，其心理距离就会缩短，就会产生喜欢、亲近的情绪反应；反之，如果人与人之间产生矛盾冲突，心理距离就会拉大，产生反感、怨恨等不愉快的情绪反应。

3）人际关系以交往为手段

一方面，交往是人们交流信息、消除生疏、加深了解、获得肯定或否定体验的途径；另一方面，交往的频率是人际关系亲疏的调节器。一般说来，交往频率越高，人际关系就越容易向纵深发展，但也要掌握一个"度"，否则会适得其反。

4）人际关系是在人们的自我暴露逐渐增加的过程中发展起来的

随着我们对一个人接纳程度和信任感的增强，自我暴露会越来越多，会把心中越来越多的秘密告诉对方；同时，也要求和希望对方更多地暴露自己。实际上，双方自我暴露的程度标志着他们人际关系的深度。

（二）大学生人际关系的类型

1. 依据人际关系形成的基础来划分

1）血缘型

此种关系以家庭为中心，是一种天然的人际关系。与父亲、母亲、兄弟姐妹等有血缘关系的人际关系属血缘型人际关系，它是大学生人际关系中最直接、最自然的关系。

2）地缘型

此种人际关系是因为居住在共同的区域，以地域观念为基础而形成的人际关系。如邻里关系、同乡关系等。老乡会是大学生地缘型人际关系中最为常见的形式，老乡关系受到了大学生的普遍重视。

3）业缘型

此种人际关系是指大学生根据学习任务和所学专业而形成的关系，主要指师生关系和同学关系。在同学关系中，同班同学关系是业缘型人际关系中最主要的关系，大多表现为关系密切且持久。

4）趣缘型

此种人际关系是指大学生以兴趣爱好为纽带而形成的人际关系。如各种社团、协会、兴趣小组等。由于其成员的流动性比较大，其关系相对比较松散。

5）情缘型人际关系

此种人际关系是指男女大学生为满足爱情需要而建立的人际关系。它是大学生诸多人际关系中强度最大的一种。情缘型人际关系如果处理不好，会影响其原有的地缘型、业缘型和趣缘型人际关系，把双方限制在狭小的二人世界里。

2. 依据对心理健康的影响来划分

1）同学关系与师生关系

第一，同学关系是大学生人际关系中最基本、最常见、最重要的关系。

每个大学生都要和其他同学一起生活、学习和娱乐等。因此我们说一名大学生人际关系的好坏，主要是评价其同学关系如何。同宿舍间成员的关系是大学生人际关系的特殊形式，既可能使其人际关系非常密切，也可能使其人际关系非常紧张。

第二，师生关系是大学生人际关系中另一种比较重要的关系。

师生关系对大学生身心健康影响最大、最直接，主要指大学生与任课教师和班主任或辅导员的关系。与任课教师的关系可以在一定程度上影响学生对该门课程的兴趣，而与班主任或辅导员的关系则有可能影响大学生的个性发展。同学关系与师生关系是现实的和不可回避的，大学生要学会处理好这两种关系。

2）有益的和有害的人际关系

这是根据人际关系的性质和所导致的正负效应而划分的。所谓有益的人际关系，是指在大学生人际关系中，那些能够促进人际双方的友好相处、促进人际双方的进一步交往、促进人际双方的共同发展的关系；所谓有害的人际关系，是指大学生人际关系中，那些妨碍人际双方和谐相处、阻碍人际双方关系健康发展、影响人际双方共同提高的关系。

大学生要善于建立和发展有益的人际关系，识别和中断有害的人际关系，让人际关系成为自己成长进步的动力。

（三）影响人际交往的人际吸引因素

所谓人际吸引，通俗地说就是"喜欢"。它是在人际交往过程中形成的、以情感因素为主的、对他人的一种特殊形式的社会态度，是个体对他人给予积极和正面评价的倾向。人际吸引的状况，反映了交往双方的心理距离，是人际关系状况的重要标志。

在人际交往中，每个大学生都希望被别人喜欢，同时也希望自己喜欢一些人。但是在现实中，同学们往往不能完全如愿。其中，人际吸引力是重要原因。人际吸引力主要受下述主客观因素的影响。

1. 时间和空间因素

时空的接近性是大学生人际关系形成和存在的根本条件。

1）时间因素是指交往的机会和频率

一般来讲，人们交往的机会越多、频率越高，越有利于增进彼此的了解和信任，促进良好人际关系的建立。如：在同班同学之间、同宿舍同学之间、同一个社团的成员之间，更容易建立友谊和信任关系。

2）空间因素是指交往双方空间距离的远近

一般地说，同学间所处的地理位置越近，就越为交往提供了方便，促进双方的相识、相知。然而，时空距离的大或小与对大学生人际关系的影响的浅深并非完全成正比。有时过于频繁的接触和过小的空间距离，也容易产生摩擦和冲突，使双方对彼此的好感下降。

2. 相似性因素

相似性因素是指交往双方在个人特征方面越相似，就越能互相吸引，彼此产生亲密感，从而促进双方良好人际关系的建立。这种相似性主要包括：共同的语言、经历、兴趣爱好、文化背景、社会地位、人生观、价值观等。相似性是分层次的。较深层次的相似性，如共同的价值取向等，是产生人际交往吸引的持久性因素。有些同学之间的友谊可能会持续一生，原因之一在于他们有共同的价值观和人生态度。

3. 互补性因素

互补性因素是指在交往过程中，交往双方获得满足的心理状态。当双方的需要以及与对方的期望正好形成互补时，就会产生强烈的吸引力。美国的 L·弗里德曼指出："当一个人的需要可以满足另一个人的需要时，两人就趋于互相喜欢。一个支配型和一个服从型的人有着互补的人格，这是因为一个人的需要（要支配）满足了另外一个人的需要（接受支配）。因此，他们能形成一种巩固的关系，并能互相喜欢。"我们经常可以看到一个急性子的同学跟一个性格温和的同学是好朋友，而一个外向善辩的人和一个内向寡言的人关系密切。但值得注意的是，互补性因素不是绝对的，互补的范围是有选择的，它是以相似性为基础的，在人际交往中仅起补充作用。

4. 外表性因素

外表性因素是指一个人的长相、穿着、仪态、风度等。爱美是人的天性。通常情况下，英俊、靓丽的外表，帅气、苗条的身材，往往更容易讨人喜欢。戴恩在 1972 年曾做过这样的实验：让一些女大学生分别去看容貌美丑不同的两个 7 岁女童的照片，照片下面写着完全相同的一段文字，说明照片上的女童曾有过某些过失行为，然后要求女大学生们评价女童平时的行为是否越轨。结果发现，大学生们对容貌美的女童的评价偏向于有礼貌、肯合作，行为纵有过失，也是偶然的、可以原谅的；而对容貌丑的女童的评语，则大多推想她是一个相当严重的"问题儿童"。这种"以貌取人"的倾向更容易发生在人们初次见面或彼此不大熟悉的人们当中。

5. 人格因素

人格因素是指交往者在交往中所表现出来的能力、气质、性格、涵养、价值观等，即所谓的人格魅力。它与人的相貌关系不大，体现的是一个人内在的人格品质。我们经常会看到有的人相貌平平，却颇具亲和力，受到大多数人的喜爱。原因就在于他（她）的宽厚、善良、风趣和幽默等特质；相反，如果一个人自私、势力、脾气古怪、说话刁钻，即使他（她）生得相貌堂堂或美丽动人，人们也会心生反感，对他（她）敬而远之，他（她）的美好的外在形象也会退居次要地位。由此可见，大学生增加自己人际吸引力的根本办法，是坚持不懈地加强个人修养，优化自己的人格品质。

（四）人际交往对大学生成长的重要影响

一位哲学家说过："人生的美好是人情的美好，人生的丰富是人情的丰富。"对于正处在人生发展重要阶段的大学生而言，能否建立和维持良好的人际关系，将直接影响他们的学习、生活和身心健康。人际关系对大学生的影响主要有：

1. 促进知识的拓展和学习潜能的开发

良好的人际关系为大学生在学习上的交流和提高提供了条件。

（1）大学生和任课教师融洽的人际关系，促使他们与老师有更多的联系和沟通，也使他们在专业学习方面受益颇多。如：这些同学在遇到学习方面的问题时更乐于向老师请教，从而可以受到更多的启迪，也可以在课余时间从老师那里了解到本学科最前沿的东西，开阔视野，还可以参与老师的科研工作，在本科阶段掌握一定的科研方法等。

（2）同学间良好的人际关系，使他们在良好的学习态度上互相仿效，在学习方法上彼此借鉴，对学习中的难题共同切磋。由此产生的愉悦和谐的学习氛围，可进一步提高大家学习的积极性，进一步挖掘学习潜力，促进其学习效率的提高和潜力的开发。我们发现，有些大学生学习成绩下降，并不是智力和学习本身的问题，而是人际关系出现了麻烦，影响到其情绪和精力。

2. 促进社会化进程

社会化是指人接受社会文化的过程，具体地说是指"自然人"成长为"社会人"的全部过程。大学阶段是大学生实现社会化的关键时期，而这种社会化是在人际关系中进行的，人际关系是加速大学生社会化的重要途径。良好的人际关系能使大学生在与他人的交往中，获取更丰富的信息，积累更多的社会经验，学到在社会上生活的各种知识、技能和态度。良好的人际关系可以帮助大学生了解他人的思维方式和行为方式，增加人生的体验，避免简单化和片面性，明确自己的责任与义务，加速由"校园人"向"社会人"的转化。如果一名大学生孤僻、害羞或自我封闭，不注意与他人的联系和沟通，就减少了向他人和社会学习的机会，在步入社会后就容易显得幼稚并遇到较多的人际障碍。

3. 促进自我认识和自我完善

以人为镜，可明得失。从他人眼里认识自己，是大学生自我认识的重要途径。在与同学、老师和朋友的交往中，大学生可以通过他人对自己的态度和评价，了解自己在他人心目中的形象和在团体中的地位；可以在发现他人的长处和短处、与他人的比较中给自己一个比较准确的定位，从而更加全面、客观地认识自己，发现自己的优点和不足，克服自卑和自傲，促进自我完善和成熟，确定个性优化的目标并为之努力。

4. 促进身心健康

我国著名的心理学家丁瓒教授说："人类的心理适应，最主要的就是对于人际关系的适应，所以人类的心理病态，主要是由于人际关系失调而来。"美国心理学家沙赫特·斯坦利曾做过这样一个实验：他以每小时15美元的酬金聘请人到一个小房间去住。这个小房间完全与外界隔绝，没有报纸、没有电话、不准写信，也不让其他人进入。有5人应聘参加了实验。实验结果是：有一个人在小房间里只待了两个小时就出来了，有三个人待了两天，另一个人待了8天。这个待了8天的人出来以后说："如果让我在里面再多待一分钟，我就要发疯了。"

国外研究人员曾对4 000多名健康状况良好的男女进行过长达12年的调查研究，依照他们的生活状况，把他们分为"社群活动活跃组"和"与社群疏离组"两大类。12年的追踪调查发现，后组中的男性在这段时间内患严重疾病或死亡的人数，比前组男性高2～3倍；在女性方面，"与社群疏离组"中患严重疾病或死亡的人数，比"社群活动活跃组"多1.5～2倍，与社会疏离程度越大，患病率和死亡率越高。

5. 人际关系的状况对大学生身心健康的影响

1）满足心理需求，促进心理平衡

巴尔扎克说："精神生活和肉体生活一样，有呼也有吸，灵魂要吸收另一颗灵魂的感觉来充实自己，然后以更丰富的感觉送回给人家。人与人之间要是没有这点美妙的关系，心就没有了生机。"每个人都有被别人肯定、接纳、喜欢的需要。在人际交往中，大学生如果能够获得友谊、支持、理解、信任和关爱，就会得到内心的慰藉，增加自尊和自信，增强自我价值感，产生愉悦和幸福感；反之，如果大学生的人际关系处于冷漠、紧张或冲突的状态，大学生就会更加具有挫折感，感到压抑、孤寂、空虚和苦闷，产生一系列不良的情绪反应。

2）分享喜悦和忧愁

弗兰西斯·培根说："友谊的一大奇特作用是：如果你把快乐告诉一个朋友，你将得到两个快乐；而如果你把忧愁向一个朋友倾诉，你将分掉一半忧愁。"良好的人际关系可以使大学生在愉悦和高兴的时候有人分享，增强积极的情绪体验；在悲伤和痛苦的时候有人分担，使大学生的不良情绪得到宣泄，缓解内心的冲突与矛盾，得到更广泛的社会支持。反之，就会形成郁闷、压抑的心境，进而导致心理失调或心理障碍。

技能导入

一、人际吸引理论

在人际交往中，为什么有的人能互相吸引，有的人则相互排斥、分离，对此，心理学家做了大量的研究，提出了人际强化理论和社会交换理论。

（一）人际强化理论

人际强化理论是西方社会学家提出的，其代表人物是美国社会心理学家伯恩和洛克利，他们用行为主义的强化理论解释人际吸引，提出了人际吸引的强化模式，即人们都喜欢带给自己报偿的人，而讨厌带给自己惩罚的人。酬偿性刺激使人产生积极愉快的感觉，进而产生吸引，而惩罚性的刺激则使人产生消极不快的感受，因而，导致他们的厌恶和分离。该理论还认为，任何和酬偿或惩罚相关的中性刺激也会使人产生喜欢或厌恶之情。值得注意的是，对于很多人来说，受他人喜欢、尊重、理解就是一种报偿，而被他人讨厌、轻视、误解就是一种损害。人们喜欢爱自己的人，而讨厌恨自己的人。

人际强化理论对理解人际吸引现象、分析认识人际吸引形成发展的规律有一定启示，但它主要用"趋利避害"的生物学观点来解释人际吸引现象，而抹杀了人的主观能动性。

（二）社会交换理论

社会交换理论采用强化心理学原理和经济学原理，把人际交往过程看作一种商品交换过程，彼此满足、相互强化的程度影响人际交往的进展。代表人物霍曼斯认为，人际交往实际上类似于商品交换。这不仅是物、商品的交换，而且是赞许、声望、爱慕、服务、信息等精神商品的交换。在社会交换过程中，给予他人的东西对自己是损失，从他人得到的东西对自己来说是受益。人的行为都是以受益最大而损失最小为方向的，得到的益处、奖赏越多，其相应的行为越会重新表现。人际关系就是个体或集体彼此寻求满足的需要状态。因此，人们能否相互吸引，人际关系能否相互持续，主要取决于双方需要的满足程度。如果双方都感到受益大于或高于支出，关系则得以维持，反之，一方认为得不偿失，则吸引减少，关系逐渐淡化甚至中止。个体交往是这样，团体交往亦如此。

社会交换理论揭示了人际行为中的交换规律，为了解人类的一般社会行为、解释人际吸引现象提供了有益的借鉴和启示。但其中有过于经济化的倾向。

二、人际修养水平测试

人际修养水平测验

修养好不仅仅是宽容和忍耐，也不单纯表现为强压怒火和怨气，它还和合理移情有联系，即把自己的感情倾注在别人身上，用别人的观点看待事物。发现别人有没有修养并非难事，难的是正确认识自己的修养水准。

根据自己过去和现在的情况，选择适合你行为的选项。

（1）在街上或其他场合，遇到认识的人（　　）。

　　A. 我总是热情打招呼　　　B. 有时打招呼，有时则不　　　C. 从来不打招呼

（2）当你的朋友做出你极不赞成的事时（　　　）。

    A. 你与他断绝来往

    B. 你会把你的感受告诉他，但仍然保持友谊

    C. 你告诫自己，此事与自己无关，同他的关系依然如故

（3）如果别人严重伤害了你，（　　　）。

    A. 你把此事牢牢记在心中，永不原谅他

    B. 你原谅了他

    C. 原谅了他，但不会忘记此事

（4）你乘坐公共汽车时，只要有座位（　　　）。

    A. 你就抢占，不管有没有老弱病残

    B. 根据情绪好坏来定

    C. 总是让别人坐

（5）你对待商店、饭店、咖啡店的售货员、服务员总跟对待朋友那样有礼貌。（　　　）。

    A. 是的　　　　　　　　　B. 偶尔这样　　　　　　　　　C. 从来不

（6）你买东西回家以后，发现售货员多找了五元钱，（　　　）。

    A. 立刻退还　　　　　　　B. 不一定退还　　　　　　　C. 不退还

（7）在外玩雪的孩子使你不能集中精力工作时（　　　）。

    A. 你会因为孩子的快乐而高兴

    B. 对他们发脾气

    C. 感到心烦

（8）你在别人面前经常批评性地议论你的朋友吗？（　　　）。

    A. 经常　　　　　　　　　B. 很少，几乎没有　　　　　C. 有时

（9）如果你讨厌的人交了好运，（　　　）。

    A. 你嫉妒

    B. 不太在乎，但觉得自己交到这种好运该多好

    C. 先认为此事对他确实是件好事

（10）你属于哪种情况？（　　　）。

    A. 尽量使别人按照你的观点看待或对待事物

    B. 对事物提出自己的观点和意见，不会为此与别人争论或尽量去说服他人

    C. 别人不直接问你，你不会说出自己的观点

（11）你的自行车气芯不知道被谁拔走了，你会趁没人看见，拔一个别人的装上，反正你也没占便宜。（　　　）。

    A. 你总是这样认为　　　　B. 你从不这样想　　　　　　C. 偶尔这样

（12）你看到有人面临危难时，尽管不认识，你也能挺身相救。（　　　）。

    A. 是的　　　　　　　　　B. 不一定　　　　　　　　　C. 不

（13）在商店排队买东西时，你总想加塞儿，因为对于你来说时间就是金钱。（　　　）。

    A. 是的　　　　　　　　　B. 不一定　　　　　　　　　C. 不

（14）你做一件好事，别人误解了你，但你仍能坚持做到底。（　　）。

　　　A. 是的　　　　　　　　　　　B. 不一定　　　　　　　　　C. 不

（15）你在公共场合注意服装整洁大方。（　　）。

　　　A. 是的　　　　　　　　　　　B. 不确定　　　　　　　　　C. 不

（16）你认为（　　）。

　　　A. 制定一些准则，对社会中人们的行为加以控制是必要的

　　　B. 人必须有据可循，因为人需要控制

　　　C. 对人加以限制都是暴虐，而且是残酷的

（17）如果你信仰宗教，（　　）。

　　　A. 你认为你的信仰是唯一正确的

　　　B. 尊重信仰自由，各种信仰都有一定的道理

　　　C. 不信教的人是愚昧的人

（18）你会同一个不同种族或民族的人结婚吗？（　　）。

　　　A. 会的　　　　　　　　　　　B. 不会

　　　C. 在没有仔细考虑某些具体问题之前，是不会的

（19）如果你暂住在与你家庭生活习惯完全不同的人家，（　　）。

　　　A. 你很高兴地去适应

　　　B. 你会感到恼火和无法忍受

　　　C. 你觉得在短时间内还可以忍受，但时间一长就难以维持了

（20）你最赞成下面哪个做法？（　　）。

　　　A. 我们不应当对别人的行为妄加评论，因为没有人能够完全理解别人的行为动机

　　　B. 我们可以对别人的行为做些评论

　　　C. 我们必须对别人的行为做出评价

请将选择结果填写在表 6 - 1 里。

表 6 - 1　修养水平计分表

得分　　选择号　试题号	A	B	C
1	1	2	3
2	3	1	2
3	3	1	2
4	3	2	1
5	1	2	3
6	1	2	3
7	1	3	2

续表

得分＼选择号＼试题号	A	B	C
8	3	1	2
9	3	2	1
10	3	1	2
11	3	1	2
12	1	2	3
13	3	2	1
14	1	2	3
15	1	2	3
16	1	2	3
17	2	1	3
18	1	3	2
19	1	3	2
20	1	2	3

20～30 分：修养甚好。你是个备受尊敬的人，心胸开阔，能够充分意识到别人面临的困难，理解他们的难处，甚至当他们冒犯或伤害了你的感情时也能谅解对方。此外，还严于律己，遵守社会的公德，因而你很受别人的欢迎，并成为大家的好朋友。这种良好的心理状态以及外部环境定能使你人际关系融洽。

31～45 分：修养尚可，总体上说，你还是属于有修养的人。但是你的为人处世的态度、想法，使得你同朋友的友谊不会持续很久。在许多没有价值的小事上，你也浪费了许多感情。如果你能把自己的生活经历再扩大一些。同人们交往再多一些、心胸再开阔一点，相信你就会是一个很受大家欢迎的人。

46～60 分：修养较差。你有些专横霸道，固执己见，且易于冒犯别人。希望你从现在开始就注意自己的一言一行。

任务二　具备交往才能，超越交往障碍

案例导入 ////

　　小翠，女，某大学一年级学生。自述由于自己爱计较，也就是有些"小心眼儿"，往往为了一点儿小事，哪怕是同学的一句玩笑话也会生气，因此，在与同学的交往过程中经常闹别扭，弄得大家都很不开心，自己心里也总是不能平静，总是想着那些细枝末节，放也放不下，很是烦恼，为其所累。其实她自己也不想这样，但又不知道该如何改变。

案例启示 ////

（1）小翠也认识到了自己"小心眼儿"的问题，有主动求变的意愿。那么她首先应懂得人际交往的互酬心理，即不要只想到自己的私利，生怕自己吃亏，甚至还想从交往中获得好处，要明白自己付出多少，就会得到多少。

（2）大学生要能够认清人际交往中应遵守的原则，了解人际交往的特点和误区，掌握消除人际交往障碍的知识，认识自身人际交往状况，这样才能避免自我中心，更好地与他人交往。

知识链接 ////

一、大学生人际交往的背景

由于生理和心理的原因，大学生较之其他群体，对交往和友谊有着更为强烈的渴望。随着身心的发展和自我意识的增强，大学生逐渐发现了自己的内心世界和自我的独一无二，这一方面表明大学生正在走向成熟和独立，可喜可贺；另一方面也容易引起大学生的孤独感以及由此而带来的恐慌。为了对抗孤独，获得理解，大学生就有了对人际交往更为强烈的需要。随着独立性的增强，大学生由原来对父母、老师的依赖，转变为对同学关系的重视，希望得到同龄人的接受、认可和尊重。远离父母的集体生活，大学里丰富多彩的校园文化活动，为大学生之间的交往和友谊提供了条件。

二、大学生人际交往的特点及发展趋势

（一）大学生人际交往的一般特点

1. 平等互助

大学生人际交往中平等互助的特点源于他们较强的平等意识和客观上非功利的关系。大学生上大学的目的是学习与成才，这里不存在等级差别和高低贵贱之分，人与人之间较少经济和利益上的依赖。这使得大学生之间大多能够彼此尊重，互相帮助，团结友爱，和睦相处。

2. 注重感情

感情色彩浓厚是大学生人际关系的重要特点。这一方面表现在大学生对交往对象的选择和保持上，有很大程度受情感的支配。交往双方只要互相有好感，就会建立和发展友好关系，较少考虑功利的东西；注重感情的另一个含义，是把获取情感的需要作为交往的目的。通过交往，大学生可以互相倾诉喜怒哀乐，获得情感上的愉悦，消除孤独感。

3. 高期待值与高挫折感

大学生非常重视建立和保持良好的人际关系和友谊，对他们来说获得三五个知己是和学习任务同等重要的事情。然而，大学生对人际交往的追求又带有比较浓厚的感情色彩，他们希望对方完美无缺，与自己无话不谈，希望他们之间的友谊纯洁无瑕。在交往中一旦发现现实与自己的理想有差距，就会深感失望。一次对 500 名不同年级大学生的调查表明，他们中有 86.4% 的人感到需要好朋友，但又有 82.4% 的人对自己目前的朋友不满意，认为关系还

比较浅表，与自己追求的心灵默契的境界相比差距较大。

（二）大学生人际交往的变化

社会的发展与转型、各种竞争的加剧、素质教育的开展和就业的压力，使大学生在人际交往方面呈现出了一些新的特点和趋势。如：

1. 交往形式的多样性与开放性

除了参加学校、系、班级组织的活动之外，大学生还热衷于同学、老乡、朋友组织的聚会、郊游、沙龙等。此外，近年来勤工助学、社会实践、挂职锻炼等受到了大学生的广泛重视。随着大学与社会联系的增多，大学生的交往对象已跨越了年级、学校、地域、年龄和身份等的限制。这些活动为大学生走出"象牙塔"，广泛接触不同职业和背景的人提供了有利条件，从而扩大了大学生的活动范围和交际圈子，为他们了解和结交各种身份的人创造了条件。

2. 重视交往能力的提高

时代的挑战、大学生的责任和使命使更多的同学意识到，良好的人际交往能力是自己成才、成功的必要条件，人际交往能力的不足是成长道路上的屏障。昔日那种闭门读书、只重学问不重交往的情形已得到很大改变。越来越多的大学生能够积极主动地开放自己，以多种方式学习交往知识，锻炼交往能力，提高交往艺术。

三、大学生人际交往的误区

大学生在人际交往方面的误区既有观念上的，又有行为上的。其中比较有代表性的有：

（一）被动封闭

1. 不需要和别人交往

在观念上，这些同学认为：自己已是成年人了，自己的事情自己做，自己遇到了问题自己拿主意，大家井水不犯河水。我不需要别人的帮助，别人的事情我也不管。这样既省了时间，又避免了和别人的冲突，可以减少许多苦恼和麻烦。这种观点表面上看起来合情合理，但其实是对正常人际交往的一种回避。这种心态的背后往往隐藏着对自己交往能力的信心不足，害怕承受交往失败带给自己的伤害。结果越是回避交往，心理上就越容易产生被他人遗弃的感觉，导致人际交往能力的下降和人际关系的失调。

2. 缺少行动

有的大学生想建立更广泛的人际关系，想结交更多的朋友，但缺少现实的努力。他们不懂得交往的主动权掌握在自己手里，总希望别人采取主动，不能以自己的积极行动去引起对方的积极行为；不能主动为建立和维护友谊花费时间和精力；不主动去帮助别人、改善自己，播撒友好、收获友谊。大学生应该走出自我封闭的误区，积极主动地与人交往，在交往中获得理解、自信和友谊。

（二）他人中心取向

1. 人际关系好就是被所有人喜欢

有些大学生非常在意自己在同学中的形象，希望自己被所有的人喜欢和接受。因此他们把同学的态度和评价看得至高无上，对于同学对自己的态度过分敏感，过分在意别人的脸色，天天生活在别人的影子里，每天战战兢兢，活得很累。其实，每个人由于价值观、个性、兴趣爱好的不同，不可能赢得所有人的喜欢。想让所有的人喜欢是一种他人取向，这种观点的背后是自卑，怕别人看不起自己的根源是自己看不起自己。其实，同学们不必奢望让所有的人喜欢，只要得到大多数人的认可就很好。

2. 好人缘就得"有求必应"

有些同学为了搞好人际关系，对别人有求必应，即便有些要求是他个人能力难以做到的，有些要求是不合理、不正当的，也硬着头皮答应下来，不敢或不好意思拒绝。这样做的后果是把自己搞得很疲惫、很被动，有时甚至委屈地陪着别人犯错误，而人际关系并没有像他期待的那样好。其实，一个人的能力、精力有限，做不到有求必应；别人的要求未必每次都合理，不应该有求必应。因此，在与同学的交往中既要学会合作，又要学会说"不"，学会拒绝。

（三）以自我为中心

以自我为中心的同学在与人交往时，往往从自己的需要和兴趣出发，他们只关心自己的利益得失，不注意别人的需要和感受。其表现为傲慢自大，对别人缺乏尊重，给人以居高临下、盛气凌人之感。此种情况在大学生中并不少见。一些同学认为别人为他服务是应该的，不懂得给人以同样的回报；有的同学唯我正确，听不进别人的意见和观点，即便自己错了也固执己见；还有的同学唯我独尊，对超过自己的人嫉妒，对不如自己的人不屑一顾。此类同学不懂得人际关系是一种互动互利的过程，自我为中心的后果只能是自我孤立。克服的办法是了解他人、尊重他人，在看到自己优势的同时知道自己的不足，学会接受不同意见。

（四）社交焦虑

社交焦虑是大学生人际关系中的一个突出问题。其表现是对某一种或多种人际处境有较为强烈的忧虑、紧张、不安或恐惧的情绪反应，有时会有回避行为。大学生社交焦虑的程度不同，有的表现为在生人面前害羞、脸红、说话不自然；有的表现为在公开场合和人多的地方紧张。如：上课不敢抬头看老师，不敢主动回答问题。当有的同学被老师点名不得不发言时，也是神色紧张、不敢抬头，或声音很小，或前言不搭后语；还有一些人与异性交往时会恐惧，虽然他们渴望与异性交往，而一旦真的与异性接触，就会脸红、心慌、浑身不自在、说话语无伦次。为了避免紧张，一些人采取了逃避策略，对异性敬而远之。社交焦虑产生的原因有的跟气质、性格和早期的经历有关，更多的则源自近期的挫折性经历。如一名大学生在台上唱歌时跑了调，觉得很尴尬，很丢脸，以后再遇到相同场合就可能出现手心出汗、心跳加快、不敢上台等焦虑性反应。克服社交焦虑的办法，一是增加自信；二是根据自己的情况做系统脱敏训练。

四、心理效应对大学生人际交往的影响

人们对交往对象的看法和态度将直接影响到相互间关系的性质和发展趋向。大学生人际交往中的心理效应所产生的认知偏差主要有：

（一）首因效应

首因效应又称"第一印象"，是指初次见面对人产生的知觉印象往往最深刻、鲜明和牢

固，并对以后的认知产生较大的影响。首因效应是一种直观的感觉，所形成的印象往往不一定全面和可靠，容易导致认识上的偏差，但它又是一种客观存在。心理学家曾做过一个实验，他准备了两段文字：一段描写一个叫吉姆的人性格外向、开朗活泼、勇敢好斗；另一段描写吉姆性格内向、闭塞沉静、与世无争。然后让两组被试人员分别阅读两组材料，第一组把对吉姆外向的描写放在前面，第二组把对吉姆内向的描写放在前面。结果显示，第一组有70%的人认为吉姆是外向的，第二组只有18%的人认为吉姆是外向的，即材料的第一段文字留给人的印象深刻。大学生在人际交往中，要善于利用首因效应，当自己作为认识的客体时，要努力给别人留下良好的第一印象，为日后的交往做好铺垫；当自己作为认识的主体时，要尽量避免第一印象产生的偏差，客观全面地认识和评价他人。

（二）晕轮效应

晕轮效应又称光环效应，是指人们常从对方所具有的某个或某些特征而泛化到其他一系列尚不知道的特征的心理倾向。即人们常说的"抓住一点，不顾其余""一俊遮百丑""一丑遮百俊"。对大学生的实验发现，"热情"和"冷酷"常被视为一个人的主要品质。对于一个有"热情"特征的人，大学生往往会认为他必定慷慨、风趣、幽默；而对于一个"冷酷"的人，大学生则会认为他必定吝啬、刻板和残忍。晕轮效应的危害是以偏概全、一叶障目。

（三）刻板印象

所谓刻板印象，是指在人际交往中，人们往往习惯于机械地将交往对象归于某一类群体，而不管他是否表现出该类群体的特征。人们头脑中存在的刻板印象多种多样。如：年轻人是"嘴上没毛，办事不牢"、女性是"头发长，见识短"、南方人都是瘦小精干、知识分子必定文质彬彬、商人一定刁钻奸诈等。产生刻板印象的原因是看不到人的复杂性，把一个人的个性归于一类人的共性，将复杂的东西简单化。

（四）投射效应

投射效应是指在人际交往中，把自己具有的某些特质强加到别人身上的心理倾向，即以己度人。认为自己有什么言行及需要，别人也一定会有同样的言行及需要。自己喜欢背后议论人，就会认为别人也会在背后议论他；自己爱讲假话，就常常不相信别人的话。在卑劣者的眼里，似乎别人也跟他一样心术不正；在善良者的眼里，别人都是大好人。投射效应把别人的特性硬纳入自己既定的框框中，按照自己的思维方式加以理解，从而陷入偏见的泥潭。

"偏见比无知离真理更远"。大学生在了解了上述四种人际知觉的理论后，就要努力纠正自己的人际偏见，学会客观、全面、具体地看问题，最大限度地克服人际偏见在人际交往中的消极影响。

技能导入 ////

一、如何消除人际交往障碍

常有大学生说，很想与人交往，但不知如何交往，有时效果不佳，甚至事与愿违。这是因为没有找到通向交往成功的桥梁，这个桥梁就是交往的艺术。交往是一门艺术，掌握这门艺术有助于消除交往障碍，改善人际关系，从而给生活带来更多欢乐，给事业提供成功保障。

（一）确立良好的第一印象

第一印象是交往的开始，在以后的交往中起到心理定式的作用。如果给人留下的是诚恳、热情、大方的印象，自然受人喜爱，别人也愿意与之交往；相反，如果留下的是虚伪、冷漠、呆板的印象，别人也不会愿意接近。

第一印象首先来自外部特征。不难发现，在公众场合人们总是趋近外表美丽、英俊、衣着整洁、仪表大方的人，并且无意中把一个人的仪表风度同他相应的身份、修养、品德连在一起。注意仪表风度，能适应不同的场合、不同的文化氛围。其实是言谈高雅、内容丰富有趣能给人留下好的印象。反之，夸夸其谈、格调粗俗使人厌恶。再是举止得体、优雅、潇洒，增加人际吸引力，反映出一个人的内在气质和修养。而过分拘谨或轻浮粗鲁则使人远离。因此留意自己给人的第一印象，这在求职、交友、恋爱等方面都有着不可忽视的作用，也是今后与人交往的良好开端。

（二）人格和能力的完整

要想增长人际吸引力，须充分健全自己的人格，施展自己的才华，表现自己的特长，使自己的品格、能力、才华不断提高。因为人都有一种心理需求，就是使自己正确，令人尊重。如果与你交往的人是一个令人尊重的、有能力的人，你会感到有利于你的进步和提高，有利于你更加正确。

保持人格完整，优化个性品质是改进人际关系很重要的方面。每个人都有其独特的人格特点，有其独特的行为模式，但都应是完整的体系，即坚守自己的原则、坚持自己处事的立场和一贯性、不随波逐流。人格完整才能获得别人的尊重。个性品质对于他人来说亦有选择性，人们喜欢真诚、热情、友好的人，讨厌虚伪、自私、冷酷的人。对个性品质一般评价最高的是真诚，评价最低的是虚伪。在我国，大学生选择朋友首先考虑的是人格品质，愿意与成熟、热情、坦率、思想活跃、有责任感的人交往。

人际交往在心理上总是以彼此满意或不满意，喜爱或厌恶等情绪反应为特征的。一般来说，人们总是喜欢那些喜欢自己的人，对真诚地评价自己的人具有好感。自己一旦受到某人赏识、喜爱，得到好的评价，就会由于受到称赞而自尊心得到满足，对此产生心理上的接近和好感，因而也就减少了相互间的摩擦和人际冲突，达到情感相悦，为良好的人际交往提供了心理条件。真诚地赞美他人，他人反过来会对你抱有好感。有些人常常太注意自己，不能发现别人的可贵之处，如果你能仔细观察别人，注意别人，就会发现任何人都有值得赞美的地方，并且肯定和表扬别人的长处将会带来有益的报偿。

（三）改善交往措施

人与人交往都存在或近或远的心理距离，处于不同级差的心理距离状态，应当采取不同交往方式，从语言用词、语气、表情、行为到谈话涉及范围、交往进展的速度，等等。人际交往中的级差、层次是客观存在的，即便是朋友也是如此，可以是伙伴，可以是亲密的朋友，也可以是知心挚友。在交往中应注意交往方式，根据心理距离的变化，及时调整改变。人们即使在密友间，也需保持一定的社交距离，不可你我不分。因为每个人都有自己的心理敏感区，不可随意谈及，并且不考虑别人工作、学习、休息而随便打扰也会让人感到厌烦。

此外，朋友越亲密，相互尊重和鼓励的历史越长，彼此收回尊重所带来的破坏性就越大。这是客观存在的。

首先，良好的人际关系有赖于相互的了解，相互的了解有赖于彼此思想上的沟通。因此，需要经常与人交谈，交换看法，讨论感兴趣的事情。这样做，可借以表达自己的喜怒哀乐，降低内心压力，在沟通中求得主观世界与客观世界的平衡，有益于身心健康。

其次，一个人在不同的场合具有不同的角色，在交往活动中，如果心理上能够经常把自己想象成交往对方，了解一下自己处在对方亲近中的心理状态和行为方式，体会一下他人的心理感受，就会理解别人的情感和行为，从而改善自己待人的态度，这种心理互换也是培养交往能力的好方法。

最后，在人与人相互沟通中，语言起着重要的作用。第一，正确运用语言，表达清楚，准确，简练，生动。第二，学会有效聆听，耐心，虚心，会心。第三，要把握谈话技巧，能吸引和抓住对方，即从内容到形式适合对方的知识经验、心理需要、角色身份、双方关系及交往场合。总之，通过培养语言运用能力，就能优化人际交往。

二、了解自己的人际交往状况

（一）人际关系的自我评定量表

请仔细阅读下列各题，从每题后面的 A、B、C 三个选项中，按照自己的真实情况任选一个，并在下面画"√"。

（1）在人际关系中，我的信条是：

　　A. 大多数人是友善的，是可与之为友的。

　　B. 人群中有一半是狡诈的，一半是善良的，我将选择善良的与之交友。

　　C. 大多数人是狡诈虚伪的，是不可与之为友的。

（2）最近我新交了一批朋友，这是因为：

　　A. 我需要他们。

　　B. 他们喜欢我。

　　C. 我发现他们很有意思、令人感兴趣。

（3）外出旅行时，我总是：

　　A. 很容易交上新朋友。

　　B. 喜欢一个人独处。

　　C. 想交朋友，但又感到很困难。

（4）我已经约好要去看望一位朋友，但因为太累而失约了。在这种情况下，我感到：

　　A. 这是无所谓的。

　　B. 有些不安，但又总是在自我安慰。

　　C. 很想了解对方是否对自己有不满意的情绪。

（5）结交朋友的时间，通常是：

　　A. 数年之久。

　　B. 不一定，合得来的朋友能长久相处。

　　C. 时间不长，经常更换。

（6）一位朋友告诉我一件极其有趣的个人私事，我是：

　　A. 尽量为其保密。

　　B. 根本没有考虑过要继续扩大宣传此事。

　　C. 当朋友刚一离去，随即与他人议论此事。

（7）当我遇到困难时，我：

　　A. 通常是靠朋友解决的。

　　B. 要找自己合得来的朋友商量着办。

　　C. 不到万不得已，绝不求人。

（8）当朋友遇到困难时，我觉得：

　　A. 他们大都喜欢找我帮忙。

　　B. 只有那些与我关系密切的朋友才来找我商量。

　　C. 一般都不愿意来麻烦我。

（9）我交朋友的一般途径是：

　　A. 经过熟人的介绍。

　　B. 在各种社交场所。

　　C. 必须经过相当长的时间，并且还相当困难。

（10）我认为选择朋友的最重要的品质是：

　　A. 具有能吸引我的才华。

　　B. 可以依赖。

　　C. 对方对我感兴趣。

（11）我给人们的印象是：

　　A. 经常会引人发笑。

　　B. 经常在启发人们去思考问题。

　　C. 和我相处别人会感到舒服。

（12）在晚会上，如果有人提议要我表演或唱歌时，我会：

　　A. 婉言拒绝。

　　B. 欣然接受。

　　C. 直截了当地拒绝。

（13）对于朋友的优缺点，我喜欢：

　　A. 诚心诚意地当面赞扬他的优点。

　　B. 诚心诚意地对他提出批评意见。

　　C. 既不奉承，也不批评。

（14）我所结交的朋友：

　　A. 只能是那些与我利益密切相关的人。

　　B. 通常能和任何人相处。

　　C. 有时愿与同自己相投的人和睦相处。

（15）如果朋友们和我开玩笑（恶作剧），我总是：

    A. 和大家一起笑。

    B. 很生气并有所表示。

    C. 有时高兴，有时生气，依自己当时的情绪和情况而定。

（16）当别人依赖我的时候，我是这样想的：

    A. 我不在乎，但我自己喜欢独立于朋友之中。

    B. 这很好，我喜欢别人依赖于我。

    C. 要小心点！我愿意对一些事物的稳妥可靠性持冷静、清醒的态度。

各题记分标准如下：

（1）A. 1；B. 2；C. 1　　　（2）A. 1；B. 2；C. 3

（3）A. 3；B. 2；C. 1　　　（4）A. 1；B. 3；C. 2

（5）A. 3；B. 2；C. 1　　　（6）A. 2；B. 3；C. 1

（7）A. 1；B. 2；C. 3　　　（8）A. 3；B. 2；C. 1

（9）A. 2；B. 3；C. 1　　　（10）A. 3；B. 2；C. 1

（11）A. 2；B. 1；C. 3　　　（12）A. 2；B. 3；C. 1

（13）A. 3；B. 1；C. 2　　　（14）A. 1；B. 3；C. 2

（15）A. 3；B. 1；C. 2　　　（16）A. 2；B. 3；C. 1

根据你所选择的答案，找出相应的分数，将 16 道题的分数累加起来，这个总分值可以大致评定你的人际关系是否融洽：

38～48 分，说明你的人际关系是很融洽的，在广泛的交往中很受众人喜欢。

28～37 分，说明你的人际关系并不稳定，有相当数量的人不喜欢你。

16～27 分，说明你的人际关系是不融洽的，你的交往圈子确实太小了。

（二）社交能力自测表

这份社交能力自测表，共包括 30 道题。你可按照自己的符合程度进行打分并将分数写在每道题的后面。凡符合者打 2 分，基本符合者打 1 分，难以判断者打 0 分，基本不符合者打 -2 分，完全不符合者打 -2 分，最后统计总得分。

（1）我上朋友家做客，首先要问有没有不熟悉的人出席。如果有，我的热情就会明显下降。

（2）我看见陌生人常常觉得无话可说。

（3）在陌生的异性面前，我常感到手足无措。

（4）我不喜欢在大庭广众面前讲话。

（5）我的文字表达能力远比口头表达能力强。

（6）在公共场合讲话，我不敢看听众的眼睛。

（7）我不喜欢广交朋友。

（8）我的要好朋友很少。

（9）我只喜欢与我谈得来的人接近。

（10）到一个新环境，我可以接连好几天不讲话。

（11）如果没有熟人在场，我感到很难找到彼此交谈的话题。

（12）如果要在"主持会议"与"做会议记录"这两项工作中挑一样，我肯定是挑选后者。

（13）参加一次新的集会，我不会结识多少人。

（14）别人请求我帮助而我无法满足对方要求时，我常感到很难对人开口。

（15）迫不得已，我决不求助于人，这倒不是我个性好强，而是感到难以对人开口。

（16）我很少主动到同学、朋友家串门。

（17）我不习惯和别人聊天。

（18）领导、老师在场时，我讲话特别紧张。

（19）我不善于说服人，尽管有时我觉得很有道理。

（20）有人对我不友好时，我常常找不到恰当的对策。

（21）我不知道怎样同嫉妒我的人相处。

（22）我同别人友谊的发展，多数是靠别人采取主动态度。

（23）我最怕在社交场合中碰到令人尴尬的事情。

（24）我不善于赞美别人，感到很难把话说得自然亲切。

（25）别人话中带刺揶揄我，除了生气外，我别无他法。

（26）我最怕做接待工作、同陌生人打交道。

（27）参加集会，我总是坐在熟人旁边。

（28）我的朋友都是同我年龄相仿的。

（29）我几乎没有异性朋友。

（30）我不喜欢与地位比我高的人交往，我感到这种交往很拘束，很不自由。

评分标准

如果你的总得分在30分以上，那么可能你的社交能力相当差；如果得分在0～30分，说明你的社交能力较差；如果得分在-20～0分，意味着你的社交能力还可以；倘若得分低于-20分，那么说明你是一个比较善于交往的人。得分越低，社交能力越强。

任务三　掌握交往艺术，增强交往魅力

案例导入

我是一名女生，今年20岁。上高中的时候学习很刻苦，除了学习没有其他的爱好，也没什么朋友。考入大学后，班主任安排我当寝室长，我也想好好与寝室同学相处。但时间一长，我发现自己真的无法和室友们相处，我习惯早睡，他们却喜欢聊到深夜；我比较爱干净，他们却喜欢乱丢乱搭，不注意维护寝室环境。我以寝室长的身份给她们提出一些建议要求，她们不但不听，反而恶语相向。就这样，我与室友经常因为一些琐事发生争执，我认为自己是对的，但她们并不理睬，几乎没人跟我说话。现在我和室友的关系很糟糕，已经到了孤立无援的地步。

案例启示 ///

（1）该生高中阶段由于性格内向只顾学习而缺乏人际交往的锻炼，来到大学后过上了集体生活，各自生活习惯的不同，导致生活节奏无法与室友保持同拍，甚至发生人际冲突，受到孤立，导致人际关系僵化。

（2）大学生只有把握人际交往的原则，掌握建立良好人际交往关系的一些方法，才能掌握交往的艺术，更好地与他人交往。

知识链接 ///

一、把握人际交往中的原则

（一）真诚

真诚即对人真心实意、以诚相待。真诚包括内容真实反映客观实际，不说假话；态度认真而诚恳，能让人体会到真情和善意；情感上表达出关怀与重视。真诚是人际交往的基础，是大学生在人际交往中最重要、最有价值的特征。美国一位心理学家曾于1968年设计了一种测量表，列出了555个描写人的品质的形容词，让大学生指出其中哪些人品他们最喜欢，哪些人品他们最不喜欢。结果显示：大学生评价最高的品质是真诚，在8个评价最高的形容词中有6个和真诚有关，即真诚、诚实、忠诚、真实、信赖和可靠。而评价最低的品质中，虚伪居第一位。这充分说明，真诚是做人的基本准则，也是朋友间相互信赖的前提。只有以诚待人，才能使人际交往得以延续和深化。唯有真诚，才能深化情感，得到友谊，并让友谊之花长盛不衰。虚伪、谎言和欺骗是对友谊最大的伤害，是人际交往中的大敌。

（二）尊重

尊重包括尊重自己和尊重他人两个方面，是指对自己和他人人格独立的尊重和承认。一个人不论家庭背景如何、健康状况怎样、学习成绩好坏、相貌美丑和性格好与坏，都有做人的尊严，都希望得到尊重。在大学生的人际交往中，尊重他人就是首先要懂得别人和我们不一样；尊重别人的人生观和价值取向；尊重别人的兴趣、爱好、生活方式和待人方式。德国哲学家叔本华说过："谁要是生活在人群中，那他就绝对不应该摈弃任何人，只要这个人是大自然安排和产生的作品，哪怕这个人是最卑劣、最可笑的人。……如果我们不这样做，我们就是不公正的，我们就等于向这个人发出了生死决斗的挑战。原因在于没有一个人能够改变自己真实的个性，这包括道德品质、认识能力、长相脾气，等等。……这就是'生活，也让别人生活'的含义。"

尊重自己，就是要克服自卑，建立一种内在的自信，懂得自己和别人同等重要，自尊自爱，始终保持人格的独立。在人际交往中，可尝试如下做法：①不要总是把自己放在最后，让人觉得你无关紧要。当需要你发表意见时，你就说出你的想法，不要总是说："我无所谓"之类的话；②拒绝为他人的错误承担责任；③当别人对你无理时要提出抗议，维护自己的利益。要记住，从他人那里获得尊重的关键是自尊。一个以自我为中心的人在同学中固然不会受欢迎，而一个没有自我的人在人际交往中是不会受到尊重的。

（三）宽容

宽容既是一种境界，又是人际交往中非常重要的美德。它表现在对非原则问题不斤斤计较，用宽容的心态去对待别人的缺点和过失，求同存异，用博大的胸怀谅解别人的误会甚至伤害，以德报怨。

（四）互利

在人际关系中，互利的原则是指如果交往双方在满足对方需要的同时，又能得到对方的报答，交往的双方就能继续发展。如果一方只是索取，而不给予，交往就会中断。社会交换理论认为，人际交往实质上是物质的和精神的交换。人们在交往中彼此能否吸引、关系能否维持，主要取决于交往双方对物质和精神需要的满足程度和心理上的互利。两个人在一起时，如果双方感到自己付出的精力、时间、感情、真诚得到了相应的回报，得到了诸如赞许、爱慕、服务、信息等需要，彼此就会有心理上的满足。这种心理上的互利性越高，交往双方的关系就越稳定。如果一方认为自己的付出总是大于回报，就会有意疏远对方，以求得心理上的平衡。故大学生在与人交往时，必须遵守互惠互利的原则，在满足自己心理需要的同时，重视满足别人的心理需要，以便与更多的人建立和保持良好的人际关系。

二、掌握人际交往的艺术

人际交往的能力不是与生俱来，而是后天习得的。大学生要改善自己的人际关系，做一个受欢迎、受尊重的人，在良好的人际氛围里愉快地生活和学习，就要学习交往的艺术，提高交往的技巧。

（一）赞美

赞美是对人类行为的一种激励和鼓舞。它能够激发潜能，增强自信，成为人们继续努力的人生加油站和精神财富。著名心理学家詹姆斯说："人性中最深切的禀赋，是被人赏识的渴望。"真诚的赞美具有神奇的力量，它"能使衰弱的躯体变得强壮，能给恐怖的内心以平静，能让受伤的神经得到抚慰，能给身处逆境的人以求成之决心"。赞美的前提是发现别人的长处和闪光点，是用自己的审美眼光去对别人的个性、言行、成绩的一种羡慕式肯定，是一种理解和接纳。真诚和适时适度的赞美是人际关系的润滑剂，可以创造和睦温馨的氛围，得到积极友好的回报。有些大学生不喜欢、不习惯、不愿意或不会赞美别人，因此往往很难得到别人的赞美，失去了许多自我激励的机会；难以和别人拉近感情，无法获取他人的帮助和友情，也很少感受到人间的真善美。因此，大学生要学会赞美，让赞美成为沟通友谊的桥梁。

（二）沟通

沟通是指人与人之间信息交流的过程，是人与人发生联系的主要形式。沟通对大学生的成长具有重要作用。

1. 提供必要的信息，使人类接受外界的刺激并做出反应，从而保证人的身心健康

18 世纪末欧洲探险家史金克曾在一个荒岛上独居了四年。在这四年中，他可以自如地应付自然界的残酷，满足自己生存所需要的一切，但他无法忍受孤独。尽管史金克学着《漂流记》中的鲁滨孙养了一条狗、一只鹦鹉和几头野兽，每天和这些动物进行长谈，但由于没有与人的交流与沟通，他仍然常常陷入精神恍惚的状态。四年后，他虽然回到了家人的身边，但无法完全恢复与人交往的能力。

2. 有助于建立联系，丰富内心世界

一位名人说：掌握了沟通，你就掌握了世界，沟通方能产生双赢的结果。沟通可以使我们增加知识，开阔视野，丰富情感世界，增加积极的情绪体验，避免孤陋寡闻，减少消极的情感体验。

3. 增进了解，化解矛盾

大学生中的许多矛盾和误会在于缺少沟通，在于不懂或不会沟通。因此，懂得了沟通的重要性后，还要注意学习和掌握沟通的方式和技巧，使自己在人际交往中游刃有余。

（三）适度

"度"是保持事物质的数量界限，达不到或超过了这个度，都会使该事物发生质变。人际交往中的"度"是指保持良好人际关系所需要把握的"分寸"，主要指广度和深度。

1. 广度要适当

交往面不可过窄，这样容易限制自己的交际范围，失去许多可交的朋友；但交往面又不可过大，结交甚广的结果势必会占去过多的精力，使人际关系成为自己的包袱，影响正常的学习和生活。

2. 深度要适宜

这里的深度是指人际交往中的心理距离要恰到好处。每个人都有自己的心理空间，这个心理空间不容别人侵犯，哪怕是挚友亲朋也不例外。在现实中，我们常常发现特别要好的朋友反目为仇，同宿舍的人之间更容易出现摩擦。过于亲密的关系一方面使交往双方失去了分寸感，感觉其"私人领地"受到了侵犯；另一方面过甚的交往容易使双方发现彼此更多的缺点，而与当初的印象相悖。叔本华曾说过："社交的起因在于人们生活的单调和空虚。社交的需要驱使他们聚到一起，但各自具有的许多令人厌憎的品行又驱使他们分开。终于他们找到能彼此容忍的适当距离，那就是礼貌。"因此，大学生在相处时不要追求"亲密无间"，要学会保持一定的心理距离，保持人际交往中的"距离美"，使友谊之花永远鲜艳。

技能导入 ⟫⟫⟫

一、掌握建立良好人际关系的方法

（一）加强沟通与交流

良好的同学关系需要互相了解。要达到互相之间彼此了解，就要加强交流，在思想和态度方面加强沟通，课余时间多开展一些文体活动，如打球、下棋、郊游等，以增进了解和友谊。

（二）学会关心他人

希望得到他人的关心是一个人的基本需要，你越关心他人，你在他生活中的意义将因此而得到增加，自然他也会转而关心你。一旦彼此之间相互关心，同学关系自然密切了。

（三）学会宽容

"人无完人，金无足赤"，任何人都是有缺点的，也会做错事情，这些都是正常和不可避免的，对他人的缺点和错误能持一种宽容的态度，不过分计较，对方也会很感激并愿意与你交流。社会趋近多元化，人们相互之间的关系越来越复杂。社会的复杂性导致个性的丰富性，这必然引起个体之间冲突的加剧，要与周围的人保持良好的人际关系，就必须学会求同存异，具备宽宏豁达的心理品质；就必须多为他人着想，做到以诚相待。"大度集群朋"。高职高专学生在日常的生活、交往中应注重宽容品质的培养，以求更好地适应生活、适应社会。

（四）学会赞美他人

如果在人际交往中，人人都善于赞美他人，善于夸奖他人的长处，那么人际愉悦度将大大增强。夸奖他人时也应遵守两个原则：第一，赞美应出于真心，所夸奖的内容应是对方确实具有或将具有的优良品质和特点；第二，夸奖的内容应被对方所在意。

（五）距离产生美

人与人之间应当保持距离，为彼此的心灵留出一点空间，让彼此感觉到都是自由的，这样才有利于继续交往。

（六）不妨带点"土特产"

寒、暑假返校时不妨带点土特产给舍友，这会收到意想不到的效果。物质的东西是建立良好人际关系的调和剂。

（七）掌握交谈技巧

在与同学交谈时，要注意倾听他的讲话，并给予适当的反馈。聚精会神聆听代表着理解和接受，是连接心灵的桥梁。在表达自己思想时，要讲究含蓄、幽默、简洁、生动。含蓄既表现一个人的高雅和修养，同时也起到了避免分歧、说明观点而不伤害关系的作用；提意见、指出别人的错误，要注意场合，措辞要平和，以免伤人自尊心，产生反抗心理。幽默是语言的调味品，它可使交谈变得生动有趣。简洁要求在与人谈话时做到该说的说，不该说的不说。生动是以情动人。

（八）学会"七不"

1. 不讹传别人的短处

在同学交往中，误传别人的短处，不管是有意或无意，甚至是以开玩笑的方式，都是损害人际关系亲和力的"离心剂"。

2. 不凌辱别人的弱点

从道德的角度讲，一视同仁地对待强者和弱者，是做人的基本道德礼仪准则。

3. 不刺探别人的隐私

不好奇，不打听，不刺探别人的个人隐私。每个人都有自己的私密空间，不要擅自介入。

4. 不抹杀别人的实力

每个人都有其存在的价值，都有长处，不要瞧不起别人，自以为是。

5. 不要恶语伤人

"良言一语三冬暖，恶语一言六月寒"。不利的言辞常会引起他人的反感，从而影响人际关系的和谐。

6. 不记恨别人的过错

心胸要宽阔，不记恨别人的过错，要允许别人犯错误，也允许别人改正错误。

7. 不无根据地猜疑别人

（九）提高个人修养，增强个人魅力

同学关系紧张的人，大都在性格和习惯方面存在不足，应注意改变自己的不良性格和习惯，培养良好的行为习惯，注意言谈举止。不断提高个人修养、增加人格魅力，是建立良好人际关系关键所在。

学会掌握处理高职高专学生人际关系的原则和方法技巧，对于高职高专学生正确处理同学之间矛盾会起到积极的作用，对于构建文明校园、和谐校园具有重要的意义。

二、大学生人际关系综合诊断量表

大学生人际关系综合诊断量表

这是一份对人际关系中行为困扰的诊断量表，共 28 个问题，对符合你自己实际情况的画"√"，不符合的画"×"。请你认真完成，然会阅读后面的计算办法和对测验结果的解释。

问卷

（1）关于自己的烦恼有苦难言。

（2）和生人见面感觉不自然。

（3）过分地羡慕和嫉妒人。

（4）与异性交往太少。

（5）对连续不断的会谈感到困难。

（6）在社交场合感到紧张。

（7）时常伤害别人。

（8）与异性来往感觉不自然。

（9）与一大群朋友在一起，常感到孤寂或失落。

（10）极易受窘。

（11）与别人不能和睦相处。

（12）不知道与异性相处如何适可而止。

（13）当不熟悉的人对自己倾诉他的生平遭遇以求同情时，自己常感到不自在。

（14）担心别人对自己有什么坏印象。

（15）总是尽力使别人赏识自己。

（16）暗自思慕异性。

（17）时常避免表达自己的感受。

（18）对自己的仪表（容貌）缺乏信心。

（19）讨厌某人或被某人讨厌。

（20）瞧不起异性。

（21）不能专注地倾听。

（22）自己的烦恼无人可倾诉。

（23）受别人排斥与冷漠。

（24）被异性瞧不起。

（25）不能广泛听取各种意见、看法。

（26）自己常因受伤害而暗自伤心。

（27）常被别人谈论、愚弄。

（28）与异性交往不知如何更好地相处。

评分标准

画"√"的计1分，画"×"的计0分。

对测查结果的解释与建议

如果你得到的总分在0~8分，那么说明你在朋友相处上的困扰较少。你善于交谈，性格比较开朗，主动关心别人，你对周围的朋友都比较好，愿意和他们在一起，他们也都喜欢你，你们相处得不错。而你的生活是比较充实而且丰富多彩的，你与异性朋友也相处得很好。一句话，你不存在或较少存在交友方面的困扰，你善于与朋友相处，人缘很好，获得许多人的好感与赞同。

如果你得到的总分在9~14分，那么，你与朋友相处存在一定程度的困扰。你的人缘很一般，换句话说，你和朋友的关系并不牢固，时好时坏，经常处在一种起伏波动的状态之中。

如果你得到的总分在15~28分，那么表明你在同朋友相处上的行为困扰比较严重；分数超过20分，则表明你的人际关系的行为困扰程度很严重，而且在心理上出现较为明显的障碍，你可能不善于交谈，也可能是一个性格孤僻的人，不开朗，或者有明显的自高自大、讨人嫌的行为。

大学生在人际关系上所存在的一些心理健康问题总是主要表现为自我中心、多疑、害羞、孤僻、自卑、嫉妒、社交恐惧症等。一些研究表明，人际关系不和谐的大学生，其个人的成长及其未来的成就会因此而受到严重的影响。及时的诊断并采取必要的措施予以治疗，是消除大学生人际关系方面心理障碍的较好途径。

（资料来源：郑日昌. 大学生心理诊断［M］. 济南：山东教育出版社，1999：339 – 344）

心理训练营⫸⫸⫸

一、心理体验

心灵体验：心有千千结

活动目的：促进学生对人际矛盾的认识和感悟。

活动时间：20 分钟。

活动方法：

（1）将全班学生分成若干个小组，每组 10 人，让每组成员手拉手围站成一个圆圈，记住自己左右手各相握的人。

（2）在节奏感较强的背景音乐中，大家放开手，随意走动，音乐一停，脚步即停。找到原来左右手相握的人分别握住。

（3）小组中所有参与者的手都彼此相握，形成了一个错综复杂的"手链"。在节奏舒缓的背景音乐中，主持人要求大家在手不松开的情况下，用各种方法，如跨、钻、套、转等（但手不能放开），将交错的"手链"解成一个大圆圈。

结果分享：

（1）你在活动中有何感受？

（2）对你而言，人际关系的障碍是什么？你是如何解决你的人际关系障碍的？

（3）最后每个小组总结体会并在全班进行分享，教师进行点评、补充、总结。

二、心理训练

（一）心灵体操：人际关系中的我

请同学们在认真思考后，用一句话概括出自己在人际交往中的形象并写下来。

（1）父亲眼中的我_____

（2）母亲眼中的我_____

（3）祖父母眼中的我_____

（4）老师眼中的我_____

（5）兄弟姐妹眼中的我_____

（6）同学眼中的我_____

（7）朋友眼中的我_____

（8）恋人（或异性）眼中的我_____

（9）自己眼中的我_____

（10）自己理想中的我_____

交流与分享：每位同学在小组里谈自己写好的十种自我形象和活动后的感受。

（二）心灵氧吧

推荐书籍：《倾听和让人倾听：人际交往中的有限沟通心理学》（米尔顿·赖特，新世界出版社）

内容简介：米尔顿·赖特，美国著名沟通大师，对人类的沟通模式进行了十多年的潜心研究。本书是其在有限沟通心理学领域的成名作。

作者认为，每一个人的沟通能力并不是天生的，完全可以通过后天的学习使之提高。"谈话是一种权利，谈话就是说服、强迫、传达，就是消除别人心中原本具有的念头，并使之接受你的意念。"沟通的本质在于学会倾听别人和能让别人耐心地倾听。

推荐影片：《贱女孩》（美国，2004 年上映）

本片讲述的是 15 岁的青春少女凯蒂，跟随她身为动物学家的父母在非洲长大，那里艰苦的自然环境，养成了凯蒂坚强勇敢的性格。凯蒂觉得自己学会了适者生存这个道理，可是，当她回到美国来到一个新的环境时，她突然发现人与人之间的弱肉强食，要比自然界的更可怕。这个 15 岁的姑娘要面对的是心理上的较量和不成文的社交规则。

思考题：

（1）简述人际关系的概念及人际交往的原则。

（2）大学生的人际交往中存在哪些主要心理问题？

（3）影响大学生人际关系的原因有哪些？如何建立良好的人际关系？

（三）心灵感悟：一封不寻常的信

1991 年 11 月 1 日，北京大学博士研究生、赴美国艾奥瓦大学留学的中国学生卢刚，由于未获得艾奥瓦大学 D·C·斯普顿特 1 000 美元的论文奖和人际关系紧张而精神崩溃。在刚刚获得该校太空物理学博士学位之际，开枪打死了与论文评比有关的 6 个人。其中包括卢刚的正副导师，该校的副校长安·柯来瑞女士及一名和他同时获得博士学位的中国留学生，最后饮弹自杀。1991 年 11 月 4 日，艾奥瓦大学的全体师生停课一天，为安·柯来瑞女士举行了葬礼。安·柯来瑞女士的三个兄弟以柯来瑞的名义捐出一笔资金，用以促进外国学生的心理健康，减少悲剧的发生。在这个悲痛的时刻，柯来瑞女士的三个兄弟还宣读了致卢刚家人的信。信的内容是：

致卢刚的爱人：

我们经历了突发的剧痛，我们在姐姐一生中最光辉的时候失去了她。我们深以姐姐为荣，她有很大的影响力，受到每一个接触到她的人的爱戴——她的家庭、邻居，她遍及各国学术界的同事、学生和亲属。我们一家从很远的地方来到这里，不但和姐姐的众多朋友一同承担悲痛，也一起分享着姐姐在世时留下的美好回忆。

当我们在悲伤和回忆中相聚一起的时候，也想到了你们一家人，并为你们祈祷。因为这个周末你们肯定是十分悲痛和震惊的。安最相信爱和宽恕。我们在你们悲痛时写这封信，为的是要分担你们的悲伤，也盼你们和我们一起祈祷彼此相爱。在这痛苦的时候，安是希望我们大家的心都充满同情、宽容和爱的。我们知道：在此时，比我们更悲痛的只有你们一家。请你们理解，我们愿和你们共同承担这悲伤。这样，我们就能一起从中得到爱和支持，安也会希望这样的。

诚挚的安·柯来瑞博士的弟兄们：

佛兰克、麦克、保罗·柯来瑞

请问：看了本章所讲的安·柯来瑞博士的弟兄们的故事后，你有什么感触？安·柯来瑞博士的弟兄们为什么这样做？你能理解吗？

三、思考与作业

（1）你在人际关系方面有什么优势和不足？它们带给你的是快乐还是烦恼？

（2）你觉得自己受人尊重吗？为什么？

（3）但丁有一句名言："走自己的路，让别人去说吧。"这句话在人际关系里适用吗？为什么？

优化人格，和谐一生

完美的人格，高尚的品德，是从实际生活中锻炼出来的。

——叔本华

一个人的人格可以从他的眼神、笑容、言语、热忱、态度显示出来。

——乔·吉拉德

大地上，赤子的最高幸福是人格。

——歌德

学习目标

知识目标：了解人格的含义和特征，知晓大学生的气质与性格及大学生健全人格的标准。

技能目标：理解人格理论，学习培养良好气质、修炼和谐性格的方法，能够制定优化自身人格的策略。

情感目标：帮助大学生认识到健全人格对大学生全面发展的重要意义，修炼气质和性格，培养积极心态；塑造健全人格，追求快乐人生。

任务一　理解人格内涵，注重身心发展

案例导入

　　小 A 与小 B 是某高校大二的学生，同在一个宿舍生活。入学不久，两个人成了形影不离的好朋友。小 A 活泼开朗，小 B 性格内向、沉默寡言。小 B 逐渐觉得自己像一只丑小鸭，而小 A 却像一位美丽的公主，心里很不是滋味，她认为小 A 处处都比自己强，把风头占尽，时常以冷眼对小 A。大学三年级，小 A 参加了学院组织的服装设计大赛，并得了一等奖，小 B 得知这一消息后，先是痛不欲生，而后妒火中烧，趁小 A 不在宿舍之机将小 A 的参赛作品撕成碎片，扔在小 A 的床上。小 A 发现后，不知道怎样对待小 B，更想不通为什么她要

遭受这样的对待。

案例启示 ////

（1）小 A 与小 B 从形影不离到反目成仇的变化令人十分惋惜。引起这场悲剧的根源，关键是这个词——嫉妒。

（2）大学生要能够认清人格的含义及特征，掌握自身气质的特点和差异，这样才能完善自我，提高自身的心理素质。

知识链接 ////

一、人格的含义和特征

"人格"在我们日常生活中包含了多重含义，不同的学科对人格概念的理解并不相同。比如"他侮辱了我的人格"，是法律层面的含义，所说的人格是指人作为权利与义务主体的资格。"他的人格很高尚"，是道德层面的含义，所说的人格是伦理学意义上的人格，与人的品格同义。

（一）人格的含义

英文中的人格（Personality）一词，来自古希腊的面具（Persona），原意是指古希腊戏剧中演员戴的面具。这种面具类似于中国京剧的脸谱，每一个脸谱都对应于一个特殊的性格角色。面具随人物角色的不同而变换。用面具指人格，用来说明表现于外的行为特点，也暗示这只是个体特点的一小部分，个体还存在未显露的内隐成分。

"人格"一词在心理学中广泛运用则始于 20 世纪 30 年代，当时主要作为性格的替代概念出现。在西方语境中，"性格"往往带有道德评价的含义，而"人格"则显得更为中性。正因为此，心理学界借用这个术语表示每个人在人生舞台上扮演的角色及其不同于他人的精神面貌。

人格主要以气质为生物基础，以性格为外在表现。心理学意义上人格的定义为：人格是构成一个人思想、情感以及行为的特有模式，这个独特模式包含了一个人区别于他人的稳定而统一的心理品质。

（二）人格的特征

心理学意义上的人格内涵丰富，具有以下基本特征：

1. 独特性与共同性

人格的独特性是指人与人之间的心理和行为是各不相同的，先天遗传和后天环境以及人格结构组合的多样性，使每个人的人格在与他人具有共性的同时，又都有自己的特点。"人心如面，各有不同"这句话，可用来比喻人格的千差万别。其实，即便是长相十分相像的双胞胎，两个人的人格特点也会有所不同。但人格的独特性并不意味着人们的个性毫无相同之处。人格作为一个人的整体特质，既包括个体与他人不同的心理特点，也包括心理、面貌上相同的方面，如每个民族、阶级和集团的人都有共同的心理特点，即人格是共同性与独特性的统一。

2. 整体性与同一性

人格虽然由多种成分和特征组成，但在每个人的人格世界里，这些成分和特征并不是孤立存在或杂乱堆积的。人格是一个相互联系、相互作用的有机整体，具有内在的一致性。当一个人人格结构的各方面协调一致时，他的人格就会健康；反之，就会在内心发生冲突，出现人格分裂，形成双重人格或多重人格。

3. 稳定性与可塑性

人格的稳定性是指个体的人格具有跨时间的连续性和跨情境的一致性。偶尔表现出来的人格特征不能表明一个人的人格。例如一个人平时文静温和，偶尔有一次表现得脾气急躁。这里，文静温和是他的人格特征，而脾气急躁不是他的人格特征。一个人的人格特点一旦形成，就具有相对稳定性，不会变来变去。但是，人格的稳定性并不是绝对的、一成不变的，它还具有相对性和可变性的一面。尤其是处在青年期的大学生，其人格还具有较大的可塑性。

心理学意义上的人格大致包括气质、性格、能力、兴趣、爱好、需要、理想和信念等。其中气质和性格是人格结构中最重要的部分，也与大学生的成长息息相关。

二、气质

（一）气质的含义和特征

气质是一个古老的概念，相当于我们平时所说的脾气秉性。生活在大千世界的人们之所以脾气各异，秉性不同，从先天遗传的角度看与人的气质关系密切。

最早提出气质学说的是古希腊著名的医生兼学者希波克利特。他和他的学生在前人研究的基础上，提出了人具有四种气质类型的学说。认为人体内有四种不同的体液，即血液、黏液、黄胆汁和黑胆汁。由它们不同的比例配合形成了人的气质差异，当四种液体分别在人体中居于主导成分时，便构成了多血质、胆汁质、抑郁质和黏液质这四种不同的气质类型。现在看来，依照体液对气质进行分类缺乏科学根据，但气质及四种气质的分类一直沿用至今。

现代心理学认为，气质是一个人生来就具有的心理活动的动力特征，是高级神经活动类型在后天行为或活动中的表现，是一个人心理活动发生的速度、强度、稳定性、灵活性和指向性等动力方面特点的综合。

心理活动的动力特征，是指个体在认识、情感、意志活动和心理指向上存在着各自的独特性。包括感受性、耐受性、反应的敏捷性、情绪的兴奋性、外倾性与内倾性和行为的可塑性。如：个体在认识活动中，存在着知觉的速度、思维的灵活程度、注意力集中与稳定的时间长短等方面的特征；个体在情感活动中，存在着情感发生的强弱、深浅、持续长短的差别；个体在意志活动中，也会表现出抑制努力程度的差异；个体在心理指向上同样有差异，有的倾向于外部，有的倾向于内部。正是由于每个人心理活动中动力特征的不同组合，才形成了大千世界中人们气质类型的不同。如：有的人急躁外露，有的人温和耐心，有的人活泼善交，有的人孤寂寡言。

（二）气质的类型

巴甫洛夫用神经系统过程的特性来解释四种气质的机制，他认为高级神经活动类型是气质的生理基础。高级神经活动有三种基本的特性，即兴奋与抑制的强度、兴奋与抑制的平衡性和兴奋与抑制相互转换的灵活性。高级神经活动的三种特性的独特而稳定的结合，构成了四种高级神经活动类型，它们分别对应于四种气质类型（见表7-1）。

表7-1反映了高级神经活动类型与气质类型的对应关系，以及四种气质的心理特性及行为方式。在现实生活和文学作品中，我们随处可见具有这四种气质类型的典型人物。如：

胆汁质是类似《水浒传》中的"黑旋风"李逵式的人。这种人热情直率，精力旺盛，勇敢果断，反应迅速；但自制力较差，易感情用事，常常粗枝大叶，不求甚解。

多血质是类似《水浒传》中"浪子"燕青式的人。这种人聪明机警，活泼乖巧，多才多艺，善于结交朋友；但缺乏耐心和毅力，容易见异思迁。

黏液质是类似《水浒传》中"豹子头"林冲式的人。这种人沉着老练，稳重寡言，踏实细致，忍辱负重，自控力强，内刚外柔，交往适度且感情深厚；但反应较为缓慢，做事缺乏主动性。

抑郁质是类似《红楼梦》中林黛玉式的人。这种人聪明而具有想象力，自制力强，情绪体验深刻、细腻而又持久；但行为反应缓慢，不善交际，多愁善感，孤僻多疑。

值得注意的是，上面所讲的四种气质类型及其心理特点和行为方式，都是典型的和比较典型的。在现实生活中，具有典型气质的人只有少数。大多数人是四种气质互相交叉、彼此渗透，或是以一种气质类型为主、兼有其他类型特征的混合型。

表7-1　高级神经活动与气质类型及其心理特征

高级神经活动类型	气质类型	气质心理特征的组合	行为方式的典型表现
强而不平衡型（不可抑制型）	胆汁质	感受性低；有一定耐受性；反应快而不灵活；情绪兴奋性高；抑制能力差；外倾性明显；行为有一定可塑性	直率，热情，精力旺盛，情绪易冲动，心境变换剧烈，脾气急躁
强而平衡、灵活型（活泼型）	多血质	感受性低，耐受性高；反应快而灵活；情绪兴奋性高；外部表露明显；外倾性明显；行为可塑性大	活泼，好动，敏感，反应迅速，喜欢与人交往，注意力易转移，兴趣易变化，缺乏持久力
强而平衡、不灵活型（安静型）	黏液质	感受性低，耐受性高；反应速度缓慢，具有稳定性；情绪兴奋性低；内倾性明显；行为有一定可塑性	安静，稳重，反应缓慢，沉默寡言，情绪不易外露，注意稳定难转移，善于忍耐
弱型（抑制型）	抑郁质	感受性高；耐受性低；反应速度慢，刻板而不灵活；情绪兴奋性高而体验深；内倾性明显；行为可塑性小	情绪体验深刻，行动迟缓，多愁善感，能觉察他人不易觉察的事物，富有幻想，胆小孤僻

（三）气质稳定性与可变性

（1）气质受先天遗传的制约，它主要由大脑皮层神经过程的特性所决定。从这个意义上讲，气质类型是与生俱来的，气质的表现在整体上依赖于遗传的特性，因而它具有稳定性的特点。

（2）气质的个别心理特性在一定限度内可随外部环境和机体情况的变化而变化。在生活实践和教育的影响下，在个体的后天努力下，人的气质可以发生变化。当然这需要一个长期持续的过程。这就是说，就个体而言，人的气质的形成和发展具有一定的可塑性。一个人随着年龄的增长，在环境的长期影响和自身因素的作用下，其气质是可以发生某种变化的。

（四）正确认识气质的类型

1. 气质没有好坏之分

气质是人的天性，是人的生理特性的反应。从整体上讲气质没有好坏优劣之分，它只是给人们的人格或行为涂上某种色彩。每种气质既有积极的一面，又有消极的一面，某种气质特征在有些方面可以起积极的作用，但在另一些方面又可以起消极的作用。如多血质的人虽然灵敏活泼令人称道，但浮躁马虎往往与之同在；抑郁质的人虽然胆小忧郁，但敏感细致的特点有其优势。

2. 气质不决定人的成就大小

任何气质的人既可能成就卓著，也可能无所作为。俄国的四大文豪普希金、赫尔岑、克雷洛夫和果戈理分属于胆汁质、多血质、黏液质和抑郁质，但他们都在文学领域取得了辉煌的成就。而同属于抑郁质气质的果戈理、达尔文和柴可夫斯基，却分别在文学、生物学和音乐三个不同的领域里取得了伟大的成就。

三、性格

（一）性格的含义与特点

1. 性格的含义

性格是个体对现实比较稳固的态度以及与此相适应的、习惯化了的行为方式。性格是具有核心意义的个性心理特征，是人格的具体体现。

2. 性格的特点

第一，性格不是来自遗传，而是后天获得的。神经活动类型是性格的自然基础而非性格本身。性格是先天神经活动类型与后天生活环境的合金，是社会、学校、家庭和个体共同作用和影响的结果。

第二，性格不是中性的，受人的世界观、人生观和价值观的影响，性格有好坏之分。我们平时所讲的某人正直、诚实、热情、无私、善良、见义勇为、乐善好施；或某人虚伪、冷酷、自私、狠毒、恃强凌弱、唯利是图等，具有道德评价的意义。

（二）性格的结构

人的性格包括多方面的特征，这些特征的组合形成了复杂的结构。人们通常把这些特征分为以下几类：

1. 性格的态度特征

第一，对社会的、集体的、他人的态度。如关心社会、热爱集体、对人诚实热情；或冷漠无情、袖手旁观、趋炎附势、仗势欺人等。

第二，对学习、工作和劳动的态度。如刻苦钻研、认真负责、百折不挠；或不求甚解、敷衍了事、惧怕困难等。

第三，对自己的态度。如谦虚、自尊、自信、自强；或骄傲、自负、自卑、依赖等。

2. 性格的意志特征

第一，自觉或盲目，即做事情有明确的目的或不清楚行动的后果。

第二，自制或放纵，即有意识地约束自己的行动或放纵自己的冲动。

第三，果断或犹豫，即遇事能迅速果断地做出决定或优柔寡断、犹豫再三。

第四，坚韧或软弱，即无论遇到什么样的艰难困苦，都能坚定不移地实现既定目标，而不是妥协退缩。

3. 性格的情绪特征

第一，强度即意志对情绪控制程度的强与弱。

第二，稳定性即情绪对外界刺激反应的大与小。

第三，持久性是指情绪状态持续时间的长与短。

第四，主导心境是指在较长的时间里，乐观的还是悲观的心境占主导地位。

4. 性格的理智特征

第一，感知方面，有的人敏锐细致，有的人迟钝粗心。

第二，记忆方面，有的人迅速而准确，有的人迟缓而粗略。

第三，想象方面，有的人具有丰富的想象力，有的人则想象力贫乏。

需要注意的是：在现实中，人的上述性格特征不是互不相干、各自独立，而是互相联系、彼此制约的有机整体。我们往往可以根据某人的一种性格特征来大致推断出他的其他性格特征。如：思维敏捷、活泼好动的人容易见异思迁，缺乏耐心；而慢性子的人往往比较喜欢安静祥和的环境。

（三）性格的类型

人的性格是有差异的，性格的划分可以帮助我们从不同角度加深对性格的认识。性格的划分方法很多，如：按照对情绪的控制程度可划分为理智型与情绪型；按照个体的独立程度可划分为独立型与顺从型；按照个性的倾向性可划分为外倾型与内倾型；按照人的行为方式可划分为 A 型、B 型、C 型等。这里我们着重介绍外倾—内倾型和 A 型—B 型—C 型两种性格。

1. 外倾—内倾型

瑞士著名的心理学家荣格按照个体的心理倾向将人的性格分为外倾性和内倾型。

第一，外倾型。

外倾是一种客观的心态，即外倾型性格的人心理活动倾向于外部，他们较多地受正面临的外部事物的影响和支配，随环境而改变心境。外倾型的人感情外露，经常表现出对外部事物的关心和感兴趣，活泼开朗，善于交际，当机立断，独立性强，适应环境快。但轻信易变，自制力和坚持性不足，喜怒变化快，谨慎不足而粗心有余。如：《水浒传》中的李逵，《西游记》中的孙悟空，都属于外倾型性格的人。

第二，内倾型。

内倾是一种主观的心态。内倾型性格的人的心理活动倾向于内部，他们很少向别人显露自己的喜怒哀乐，常常倾向于按照自己的心理和自己对客观事物的解释来支配活动。内倾型性格的人感情较内敛，情绪体验深刻，沉静含蓄，处事谨慎，自制力较强，善于忍耐克制，富有想象力。但反应缓慢，做事情易优柔寡断，顾虑重重，适应环境的能力较差，比较孤僻，不善交际，不愿在大庭广众面前抛头露面。如：《西游记》里的沙和尚，《红楼梦》里的林黛玉都属于内倾型性格的人。

需要指出的是，一个人可能在某些时候是外倾的，而在另一些时候是内倾的，但一个人的心理倾向是由其一生中经常的、占主导地位的心态决定的。

2. A 型—B 型—C 型性格

第一，A 型性格。

A 型性格指性格外向、不可抑制、紧张、快节奏、敏感的性格。主要特点是时间观念强、说话快、动作敏捷、做事认真投入、有过高的抱负、争强好胜、个性强、固执等。A 型性格的人常生活于紧张状态，社会适应性差。

第二，B 型性格。

B 型性格指情绪较平稳，社会适应性比较均衡的性格。主要特点是性情温和，做事讲究方法，生活有节奏，能正视现实，对工作和生活满足感强，但抱负不高。

第三，C 型性格。

C 型性格是指情绪受压抑的内倾型性格，主要表现为忧郁、被动，逆来顺受，爱生闷气，缺少竞争意识。

在现实生活中，具有典型性格的人并不多见，多数人属于偏向于某种类型或处在性格的两极之间。而且，一个人在具有许多优良性格的同时，一般会有一些不好的性格，反之也是一样。

（四）性格的确定性与可变性

人的性格一方面具有多重性，即一个人的性格会随角色的转变、环境的变化以及自我要求的不同而呈现出不同的特征。如：一个人在单位做领导时会显出威严而坚韧的一面，而在自己年幼的孩子面前则会显得温柔而平和；但另一方面，人的性格仍然具有确定性，即虽然一个人在不同的情况下可能会呈现不同的性格特征，但一个人的性格是由该人比较稳定的、习惯化了的态度和行为方式决定的，这种比较稳定的、习惯化了的态度和行为方式就是该人的性格。如：一个一贯办事认真的大学生因偶尔粗心记错了开会时间，但他仍属于办事认真的人。

技能导入

人格是社会文化的产物，经历不同的校园文化氛围使大学生有了更强的适应性、灵活性和更大的发展可能，也为人格塑造提供了一个广阔的天地。大学生正处于身心急剧发展和自我意识由分化、矛盾逐渐走向统一的特殊时期。因此高职阶段仍然是大学生人格不断发展的重要时期。然而，急剧变革、观念多元的社会文化也使人格的形成变得困难，变得更加不确定，从而使大学生的人格发展出现更多的迷茫和冲突。

一、大学生的人格特征

根据国内外心理学家对人格素质结构的研究，结合我国当今社会发展的现状和大学生的实际特点，我们认为当代大学生在人格发展中呈现出如下几个方面的特征。

（一）能正确认知自我

首先是大学生能自我认可，基本上能接受一切属于自我的东西，从而形成对自己积极的看法；其次是他们自我客体化，对自己的所有与所缺都比较清楚和明确，理解现实自我与理想自我之间的差别。大多数人都有明确的奋斗目标和愿望，并能为之而努力。

（二）智能结构健全而合理

大学生具有良好的观察力、记忆力、思维力、注意力和想象力，没有认知障碍，各种认知能力能有机结合并发挥其应有作用。

（三）对社会环境的适应能力较强，不断地进行社会化的活动

当代大学生对外部世界有着浓厚的兴趣，有着广泛的活动范围和爱好，人际交往范围扩大，积极参与各种形式的社会实践活动。同时，能容忍别人与自己在价值观与信念上存在差别，能根据事物的实际情况看待事物，而不是仅根据自己的主观愿望来看待事物。

（四）富有事业心，具有一定的创造性和竞争意识

大学生能把事业看成生活的重要组成部分，在事业上有较强的进取心和责任感；具有竞争意识，具有开放性的思维观念，很少有保守思想；喜欢创造，勇于创新，甘愿冒险，独立性强，富有幽默感，态度务实。

（五）情感饱满适度

大学生在情绪上，稳定性与波动性、外显性与内隐性并存，情感丰富多彩，积极的情绪、情感体验在学习、生活中占主导。

二、大学生气质的特点与差异

黄希庭等人于1987年对我国大学生的气质调查研究表明，我国大学生属于复合型气质的人多于单一型，前者占65.93%，后者占34.07%。

（一）文理科特点差异比较

将文理科大学生加以比较，发现文科大学生中属于胆汁质、胆汁—黏液质、多血质、多血—黏液质、抑郁—多血质、抑郁—黏液质者，多于理科大学生，其中胆汁—黏液质差异显著；理科大学生中属于胆汁—多血质、多血—胆汁质、黏液质、黏液—胆汁质者，多于文科大学生，其中胆汁—多血质差异明显。

（二）男女生特点差异比较

男大学生中属于胆汁质、胆汁—多血质、多血质、多血—胆汁质、抑郁—多血质者，多于女大学生，但他们之间的差异不显著；女大学生中属于胆汁—黏液质、多血—黏液质、黏液质，黏液—胆汁质、抑郁—黏液质者，多于男大学生，但男女生的差异也不大。

三、大学生的性格特点

有研究表明，我国大学生性格的总体特点是：在聪慧、谨慎、敏锐、谦让、克己、忍耐、稳健等方面表现相当突出，在社会态度方面积极向上。在大学生的性格特点中，有两点值得关注：

（一）聪慧好强，张扬个性

随着社会的发展和教育制度的改革，大学已经从精英教育逐渐向普及教育发展。但大学生依然是同龄人中的佼佼者。他们的智力水平较同龄人高，有较高的抱负和志向。每名大学生都希望自己的大学生活亮丽充实，富有成就。许多大学生喜欢表现自己，赢得别人的关注；希望表现自己，得到老师喜爱和同学的青睐。如：有的人在专业学习方面力求好成绩，希望得奖学金；有的人参加各种学科、科技竞赛，希望拿到名次；有的人则热衷于社会工作，积极竞选学生会主席、各级学生干部和社团负责人等，希望展示自我的组织和交际才能；有的人参加演讲比赛，歌手大赛，舞蹈、绘画、小品、体育等竞赛，以展示自己的多才多艺。

（二）优越感较强、恃才傲物

作为同龄人中的知识群体，多数大学生充满自信，浑身洋溢着青春的活力。他们勤于思考，肯于钻研，对问题有独到见解。但也有一些大学生傲慢自负，比较浮躁。其表现是：自以为是，唯我独尊，唯我正确；听不进别人的意见，看不到别人的长处；对别人的优点视而不见，对别人的缺点嗤之以鼻；对社会、老师和同学的评价容易从理论出发，用想象代替现实。

大学生的性格还存在着性别和专业上的差异。表现在：在谦让、克己、忍耐、谨慎等性格特征方面，女生强于男生；在支配、冲动、自信、外向等性格特征方面，男生强于女生。

任务二　了解人格特征，培养积极心态

案例导入 ▶▶▶

成都某大学一名学生，进入学校 3 个月的 21 岁女生，家庭经济情况一般，有一弟弟读初中，从小父母对她的希望就是好好读书，长大能离开农村，应届考上某大学，她几乎没参加过其他劳动或活动，没有出过远门。她从小是个乖女孩，听老师的话，听父母的话，与同龄人相处较好。父母不愿她到陌生城市读书，出于经济原因考虑，她主动向父亲提出，填报相同专业中收费最低的成都某大学。两个月她 3 000 多元的存款在校园内被骗，事后出现失眠，无食欲，焦虑，反应力减慢，不能集中注意力思考、判断问题，情绪低落，愤怒，自责和羞耻。她感到生活中处处都是危险，成都人不能信任，自己不幸，这样的事会给家庭带来羞辱，目前及今后的生活不可控，四处找工作影响学习，经济压力打乱了日常生活，对今后能否继续上大学不确定。一个人时，她眼前常会出现骗子的画面，梦中会有事件的一些场景出现；下晚自习时害怕一人单独走回宿舍。

案例启示 ▶▶▶

（1）案例中的主人公的独立处理问题的能力差，有过分内省的人格倾向。认识存在误区，且工作受挫，感到压力和无助，影响了正常学习和生活。

（2）大学生要能够学会了解自己的人格特征，掌握健康人格的自我训练方法，这样才能培养健全人格，锻炼积极健康心态。

知识链接 ▶▶▶

一、大学生的气质

气质虽无好坏之分，但了解自己和他人的气质类型对大学生却是有益的。大学生可以通过气质问卷，测量出自己的气质类型，了解自己的气质特征。这对于学习、择业和心理健康都将具有积极的意义。

1. 气质对学习活动的影响

气质类型不决定一个人智力水平的高低，但影响智力活动的特点。胆汁质学生思维敏捷，学习热情高，刚强但粗心、急躁；多血质学生机智灵敏，适应性好，兴趣广泛，但烦躁、不踏实；黏液质学生刻苦认真，但迟缓、不灵活；抑郁质学生思维深刻，谨慎细心，但迟缓、精力不足。

2. 气质对职业的影响

某些气质特征往往能为个人从事某种职业活动提供有利条件。胆汁质者可以成为出色的导游、推销员、节目主持人、演讲者、外事接待人员、演员、监督员等，他们适应于喧闹、嘈杂的工作环境，而对于需要长期安坐、细心检查的工作则难以胜任。多血质者适宜的工作有外交工作、管理工作、公关工作、驾驶员、医生、律师、运动员、新闻记者、演员、军人、警察等，他们不适宜做过细的工作，也难以胜任单调机械的工作。外科医生、法官、管理人员、会计、保育员、话务员、播音员等是黏液质者比较能适应的工作，变化、灵活的工作使他们感到压力。对于抑郁质者来说，胆汁质无法胜任的工作他们倒恰到好处，如校对、打字、检查员、化验员、保管员、机要秘书、艺术工作等都是他们理想的工作。

3. 气质对人际交往的影响

人际交往上，胆汁质易怒，容易产生人际冲突，但直率、心眼好，比较义气；多血质新朋友多，老朋友少，交际广泛，主动热情；黏液质新朋友少，老朋友关系持久，交往缺乏主动性；抑郁质通常找同频率的人。因此，如果向黏液质提出要求，应让他有时间考虑；对抑郁质者应多给予关心和鼓励；与胆汁质者打交道应避免发生冲突等。

4. 气质对环境适应能力的影响

环境是在不断变化的，遇到变化的环境，一个人怎样应付能够自如，这是对一个人适应环境能力的检验。一般来说，多血质的人机智灵敏，容易用很巧妙的办法应付环境的变化；黏液质的人常用克己、忍耐的方法应付环境，也能达到目的；胆汁质的人脾气暴躁，在不顺心的时候容易产生攻击行为，造成不良后果；抑郁质的人过于敏感，比较脆弱，容易受到伤害。后两种类型的人适应环境的能力都不强。

5. 气质对人身心健康的影响

心身医学告诉我们，心理和身体是相互联系、相互影响、相互制约、相互转化的。一般来说，积极愉快的情绪能够提高人的大脑和神经系统的活动能力，增强人对生活和工作的兴趣和信心；消极不良的情绪会使人的心理活动失去平衡，甚至会造成身体器官及其生理生化过程的异常。不同气质类型的人情绪兴奋性的强度不同，情绪兴奋性太强或太弱，适应环境的能力比较差，容易影响到身体的健康。现代医学证明，人的气质特性与人的身心健康有关系。美国两位医生曾对某大学的毕业生进行了 30 年的追踪研究，发现易怒的学生中有 77.3% 患了癌症、高血压、心血管病、良性肿瘤等疾病；而安静与开朗的学生中患各种疾病的概率只有 25% 和 26.7%。

6. 气质对性格形成的影响

性格主要是在后天环境中形成的，它包含着多种特征。不同气质类型的人在形成这些性格特征的时候有些比较容易，有些就比较难。例如，胆汁质的人容易形成勇敢、果断、坚毅的性格特征，但难于形成善于克制自己情绪的性格特征；多血质的人容易形成热情好客、机智开朗的性格特征，却难以形成耐心细致的性格特征。

二、大学生的性格

(一) 影响大学生性格的因素

概括地讲，大学生性格的形成是遗传、环境和自我努力共同作用的结果。恩格斯指出："人的性格是先天组织和人在自己的一生中，特别是在发育时期所处环境这两方面的产物。"具体地说，影响大学生性格状况的因素主要有以下几点：

1. 遗传因素的影响

遗传因素对性格的影响主要表现在遗传因子上，父亲或母亲性格上的某些特点有可能通过他们混合的遗传信息遗传给子女。

2. 父母教养方式的影响

如：在民主型教养方式下，由于孩子得到了尊重和一定的自主权，他们多表现为谦虚、有礼貌、待人诚恳、活泼、快乐、善于交往与合作；在权威型教养方式下，孩子的一切由父母来控制，他们容易产生恐惧心理，表现出被动、服从、依赖甚至说谎；在保护型教养方式下，孩子得到了过多的溺爱或放纵，他们多表现得任性、自私、野蛮无理等。此外，父母自身的人格特征也会在与孩子的共同生活中对他们产生潜移默化的影响。

3. 学校生活的影响

首先是教师的影响。教师在性格上对大学生，尤其是低年级学生具有楷模的作用，教师的性格特征会潜移默化地影响学生。教师对学生的态度是专制的、民主的，还是放纵的，也会影响到学生的性格；其次是同学的影响。同学的性格，会通过他们对人、对事、对现实的态度与行为方式，对大学生的性格产生无形的影响。

4. 个体自身的因素

我们可以看到，处于相同的环境，大学生的性格特征却呈现出较大的差异。这里的原因很多，但大学生自身的因素最为重要。因为性格的形成是一个内化的过程，性格的优化要靠大学生在认识自我性格特点的基础上，有目的、有意识、积极主动、多方面地进行自我调节、自我控制、自我塑造和自我锻炼。

此外，早期的童年经验、生活中重大的事件和变故、校园文化的状况、社会文化和风俗的因素等，都会对大学生的性格产生影响。

由此可见，人的性格是先天遗传与后天环境相互作用的结果。但先天遗传与后天环境的作用不是平分秋色的，其中后天环境对人的性格的影响要大于先天遗传因素的作用。

(二) 性格与身心健康

古希腊的西波克拉底曾说过："知道一个什么样的人得病比知道一个人得了什么样的病更重要。"性格与人的身心健康关系密切。如：A 型性格的人由于争强好胜，易恼火和激动，这种现象的重复出现，会通过神经内分泌机制引起某种生理变化，从而导致高血压和心脏病；C 型性格的人由于习惯于把话憋在心里，不良情绪无法得到排解，爱生闷气，这会严重影响他们的免疫功能，容易患癌症。古今中外，因不良性格而患病，甚至身亡的事例不胜枚举。如：林黛玉的多愁善感，使她体弱多病；英国著名生理学家亨特，由于性格急躁，在一次医学会议的争论中，于盛怒之下当场身亡。

纵观身体强壮、健康长寿的人，不论其国籍、民族、性别、职业、贫富，都有着共同的人格特征，那就是心胸开阔、乐观豁达。其中的科学道理在于：性格乐观的人，能长期保持愉快的心情，从而有利于保护脑的功能，有利于神经系统的调节，进而促进内分泌系统、心血管系统、消化系统和免疫系统作用的正常发挥，使机体处于最佳状态，进而延缓重要脏器的衰老进程，减少疾病，达到延年益寿的效果。

(三) 大学生的性格与职业

性格与职业关系密切，了解自己的性格类型以及与职业的关系，能够更好地发掘大学生的潜力，实现自我价值。

下面这个小测验可以帮助大学生认识自己的个性，了解哪些职业可能适合自己的性格特点，哪些职业可能不适合自己的性格特点，为将来理智地择业提供参考。

对下面的问题，请回答"是"或"不是"。在回答"是"时，请在该题题号下面画"√"。回答没有对错之分，请如实填写。

(1) 读侦探小说，看侦破片时，你自己能否推测出谁是间谍或凶手？

(2) 你愿意听赏心悦目的音乐，而不愿听迪斯科、摇滚乐、爵士乐及现代舞曲吗？

(3) 你拼读外文或拼音时速度很快吗？

(4) 画、工艺品、书籍等没有放对地方，你心里总像有回事儿似的吗？

(5) 你是爱读说明文而不喜欢"瞎编"的小说吗？

(6) 影视与读物的情节和语句你能常记得吗？

(7) 你认为用不同的方法可以将一件事办好吗？

(8) 你喜欢玩棋类而不是扑克或麻将吗？

(9) 你借钱买急用的书吗？

(10) 见到一种新东西，你想知道它的机械原理吗？如组合音响的连接、对激光唱片的调试等。

(11) 你喜欢富有变化的生活吗？

(12) 空闲时你宁愿唱唱歌或活动一下也不愿读书吗？

(13) 你觉得数学难学吗？

(14) 你喜欢忘年交，愿意和比自己小的人在一起吗？

(15) 对称之为朋友的人你能说出所有人的名字吗？

（16）你喜欢节日和热闹的聚会吗？

（17）你厌倦精细的工作吗？

（18）你看书速度快吗？

（19）你同意"一山难容二虎"的说法吗？

（20）你有兴趣了解新知识和结识新朋友吗？

测试后，请数一下 1 ~ 10 题中有多少题你回答了"是"，再数一下在 11 ~ 20 题中有多少题你回答了"是"，然后将两组进行比较。如果前 10 题你回答的"是"多于后 10 题，说明你是严肃型的人，能严谨待事，适合于做学者、机械师、技术员、律师、医生、哲学家、工程师等；如果后 10 题回答"是"的多于前 10 题，说明你是公关、开拓型的人，适合做参谋、公关、演员、人事、推销、广告等；如果两组回答"是"的大致相等，则意味着你既适合做集中精力的事，又适合做处理人际关系的工作。如教师、画家、作家、管理、总裁、文秘、护士等。

（四）大学生的性格与人生

从某种意义上我们可以说，性格决定命运，不同的人格素质会有不同的人生，这是被古今中外无数人的人生经历证明了的"真理"。贝多芬在双耳失聪的情况下，扼住命运的喉咙，写出了不朽的音乐名作；楚汉相争，项羽拥有兵力 40 万人，刘邦只有兵力 10 万人，但最后的结局却是刘邦得到天下，项羽自刎乌江。这里的因素虽然很多，但也与项羽骄横自负和刘邦谨慎谦虚的性格有关；著名数学家陈景润之所以能攻克"哥德巴赫猜想"这一世界难题，与他的勤奋刻苦、不达目的决不罢休的性格密不可分。

在现实中，许多大学生在学校里的表现不相上下，但走上工作岗位后差距却明显拉大。这里非智力因素，尤其是性格因素起着重要的作用。同样面对着挫折和失败，坚强者发愤拼搏，屡败屡战，最终在事业上取得成功，享受着拼搏后的喜悦；而懦弱者则一蹶不振，屡败屡退，导致失败和退缩的结局，吞咽下懊悔的苦果。

技能链接 ▶▶▶▶

一、了解自己的气质与性格

（一）气质测验

下面 60 题可大致确定人的气质类型。在回答下列题目时，若与自己的情况"很符合"记 2 分，"较符合"记 1 分，"一般"记 0 分，"较不符合"记 -1 分，"很不符合"记 -2分，并填入表 7 - 2 中。

（1）做事情力求稳妥，一般不做无把握的事。

（2）遇到可气的事就怒不可遏，把心里话全说出来才痛快。

（3）宁可一个人干事，不愿很多人在一起。

（4）到一个新环境很快就能适应。

（5）厌恶那些强烈的刺激，如尖叫、噪声、危险镜头等。

（6）和人争吵时，总是先发制人，喜欢向别人挑衅。

（7）喜欢安静的环境。

（8）善于和人交往。

（9）羡慕那种善于克制自己感情的人。

（10）生活有规律，很少违反作息时间。

（11）在多数情况下情绪是乐观的。

（12）碰到陌生人觉得很拘束。

（13）遇到令人气愤的事，能很好地自我控制。

（14）做事总是有旺盛的精力。

（15）遇到问题总是举棋不定，优柔寡断。

（16）在人群中从不觉得过分拘束。

（17）情绪高昂时，觉得干什么都有趣；情绪低落时，又觉得干什么都没有意思。

（18）当注意力集中于一事物时，别的事很难使我分心。

（19）理解问题总比别人快。

（20）碰到危险情景，总有一种极度恐惧感。

（21）对学习、工作怀有很高的热情。

（22）能够长时间做枯燥、单调的工作。

（23）符合兴趣的事情，干起来劲头十足，否则就不想干。

（24）一点小事就能引起情绪波动。

（25）讨厌做那种需要耐心、细致的工作。

（26）与人交往不卑不亢。

（27）喜欢参加热烈的活动。

（28）爱看感情细腻、描写人物内心活动的文艺作品。

（29）工作时间长了，常感到厌倦。

（30）不喜欢长时间谈论一个问题。

（31）宁愿侃侃而谈，不愿窃窃私语。

（32）别人总是说我闷闷不乐。

（33）理解问题常比别人慢些。

（34）疲倦时只要短暂的休息就能精神抖擞，重新投入工作。

（35）心里有话宁愿自己想，不愿说出来。

（36）认准一个目标就希望尽快实现，不达目的，誓不罢休。

（37）学习、工作一段时间后，常比别人更疲倦。

（38）做事有些莽撞，常常不考虑后果。

（39）老师或他人讲授新知识、新技术时，总希望他讲得慢些，多重复几遍。

（40）能够很快地忘记那些不愉快的事情。

（41）做作业或完成一件工作总比别人花的时间多。

（42）喜欢运动量大、剧烈的体育运动，或参加各种文艺活动。

（43）不能很快把注意力从一件事情转移到另一件事情上去。

（44）接受一个任务后，就希望把它迅速解决。

（45）认为墨守成规比冒风险好一些。

（46）能够同时注意几件事物。

（47）当我烦闷的时候，别人很难使我高兴起来。

（48）爱看情节起伏跌宕、激动人心的小说。

（49）对工作抱认真严谨、始终如一的态度。

（50）和周围人关系总是处不好。

（51）喜欢复习学过的知识，重复做能熟练做的工作。

（52）希望做变化大、花样多的工作。

（53）小时候会背的诗歌，我似乎比别人记得更清楚。

（54）别人说我"出语伤人"，但我并不觉得这样。

（55）在体育活动中，常因反应慢而落后。

（56）反应敏捷，头脑机智。

（57）喜欢有条理而不甚麻烦的工作。

（58）兴奋的事常使我失眠。

（59）老师讲新概念，我常常听不懂，但弄懂了以后很难忘记。

（60）假如工作枯燥无味，我马上就会情绪低落。

表 7-2 气质测验答卷

胆汁质	题号	2	6	9	14	17	21	27	31	36	38	42	48	50	54	58	总分
	得分																
多血质	题号	4	8	11	16	19	23	25	29	34	40	44	46	52	56	60	总分
	得分																
黏液质	题号	1	7	10	13	18	22	26	30	33	39	43	45	49	55	57	总分
	得分																
抑郁质	题号	3	5	12	15	20	24	28	32	35	37	41	47	51	53	59	总分
	得分																

评分方法如下：

第一，如果某一项或两项的得分超过 20 分，就为典型的该气质。如，胆汁质超过 20 分，则为典型胆汁质；黏液质和抑郁质的得分都超过 20 分，则为典型黏液—抑郁混合型。

第二，如果某一项或两项以上的分在 20 分以下，10 分以上，其他各项得分较低，则为该项一般气质。如：一般多血质；一般胆汁—多血质混合型。

第三，若各项得分均在 10 分以下，但某项或某几项得分较其余项为高（相差 5 分以上），则为略倾向于该气质（或几项的混合）。如略偏黏液质型，多血—胆汁质混合型，其余类推。一般来说，正分值越高，表明该项气质特征越明显；反之，分值越低，表明越不具备该项气质特征。

（二）性格倾向测试

下面有 50 道题，请根据自己的实际情况作出回答。符合的，请把该问题后面的"＋"圈起来；难以回答的，请把"？"圈起来；不符合的，则把"－"圈起来。

（1）我与观点不同的人也能友好往来。　　　　　　　　　　　＋　　？　　－

（2）我读书较慢，力求完全看懂。　　　　　　　　　　　　　＋　　？　　－

（3）我做事较快，但较粗糙。　　　　　　　　　　　　　　　＋　　？　　－

（4）我经常分析自己，研究自己。　　　　　　　　　　　　　＋　　？　　－

（5）生气时，我总不加抑制地发泄怒气。　　　　　　　　　　＋　　？　　－

（6）在人多的场合我总是力求不引人注意。　　　　　　　　　＋　　？　　－

（7）我不喜欢写日记。　　　　　　　　　　　　　　　　　　＋　　？　　－

（8）我待人总是很小心。　　　　　　　　　　　　　　　　　＋　　？　　－

（9）我是个不拘小节的人。　　　　　　　　　　　　　　　　＋　　？　　－

（10）我不敢在众人面前发表演说。　　　　　　　　　　　　＋　　？　　－

（11）我能够做好领导团体的工作。　　　　　　　　　　　　＋　　？　　－

（12）我常猜疑别人。　　　　　　　　　　　　　　　　　　＋　　？　　－

（13）受到表扬后我会更努力地工作。　　　　　　　　　　　＋　　？　　－

（14）我希望过平静、轻松的生活。　　　　　　　　　　　　＋　　？　　－

（15）我从不考虑自己今后几年将会发生的事情。　　　　　　＋　　？　　－

（16）我常常一个人想入非非。　　　　　　　　　　　　　　＋　　？　　－

（17）我喜欢经常变换工作。　　　　　　　　　　　　　　　＋　　？　　－

（18）我常常回忆自己过去的生活。　　　　　　　　　　　　＋　　？　　－

（19）我很喜欢参加集体娱乐活动。　　　　　　　　　　　　＋　　？　　－

（20）我总是三思而后行。　　　　　　　　　　　　　　　　＋　　？　　－

（21）使用金钱时我从不精打细算。　　　　　　　　　　　　＋　　？　　－

（22）我讨厌在我工作时有人在旁观看。　　　　　　　　　　＋　　？　　－

（23）我始终以乐观的态度对待人生。　　　　　　　　　　　＋　　？　　－

（24）我总是经过独立思考回答问题。　　　　　　　　　　　＋　　？　　－

（25）我不怕应付麻烦的事情。　　　　　　　　　　　　　　＋　　？　　－

（26）对陌生人我从不轻易相信。　　　　　　　　　　　　　＋　　？　　－

（27）我几乎从不主动制订学习或工作计划。　　　　　　　　＋　　？　　－

（28）我不善于结交朋友。　　　　　　　　　　　　　　　　＋　　？　　－

（29）我的意见和观念常会发生变化。　　　　　　　　　　　＋　　？　　－

（30）我很注意交通安全。　　　　　　　　　　　　　　　　＋　　？　　－

（31）我肚里有话藏不住，总想对人说出来。　　　　　　　　＋　　？　　－

（32）我常有自卑感。　　　　　　　　　　　　　　　　　　＋　　？　　－

（33）我不大注意自己的服装是否整洁。　　　　　　　　　　＋　　？　　－

（34）我很关心别人对我的看法。　　　　　　　　　　　　　＋　　？　　－

（35）和别人在一起时，我的话总比别人多。　　　　　　　　　　＋　？　－

（36）我喜欢独自一个人在房内休息。　　　　　　　　　　　　　＋　？　－

（37）我的情绪很容易波动。　　　　　　　　　　　　　　　　　＋　？　－

（38）看到房间里杂乱无章，我就静不下心来。　　　　　　　　　＋　？　－

（39）遇到不懂的问题我就去问别人。　　　　　　　　　　　　　＋　？　－

（40）旁边若有说话声，我就不能静下心来。　　　　　　　　　　＋　？　－

（41）我的口头表达能力不错。　　　　　　　　　　　　　　　　＋　？　－

（42）我是个沉默寡言的人。　　　　　　　　　　　　　　　　　＋　？　－

（43）我能很快熟悉新的环境。　　　　　　　　　　　　　　　　＋　？　－

（44）要我同陌生人打交道，常感到为难。　　　　　　　　　　　＋　？　－

（45）我常会过高地估计自己的能力。　　　　　　　　　　　　　＋　？　－

（46）遭到失败后我总是忘却不了。　　　　　　　　　　　　　　＋　？　－

（47）我感到脚踏实地地干比探索理论原理更重要。　　　　　　　＋　？　－

（48）我很重视同伴们的工作或学习成绩。　　　　　　　　　　　＋　？　－

（49）比起读小说和看电影，我更喜欢郊游和跳舞。　　　　　　　＋　？　－

（50）买东西时，我常常犹豫不决。　　　　　　　　　　　　　　＋　？　－

计分和评价

题号为奇数的题目（1，3，5，7，9，…），每圈一个"＋"计2分，每圈一个"？"计1分，每圈一个"－"计0分。题号为偶数的题目（2，4，6，8，10，…），每圈一个"－"计2分，每圈一个"？"计1分，每圈一个"＋"计0分。最后将各题的得分相加，其和即为你的性向指数。

性向指数在0～100。由性向指数的数值就可以了解一个人的内倾或外倾（内向或外向）指数。总分为0～19分的，性格倾向为内向；总分为20～39分的，性格倾向为偏内向；总分为40～59分的，性格倾向为中间型（混合型）；总分为60～79分的，性格倾向为偏外向；总分为80～100分的，性格倾向为外向。

二、性格的自我训练

（一）从小事入手

性格是在环境、教育等各种内外因素长期作用下逐步发展起来的。对其改变也需要一个长期的渐变过程。对性格的训练，刚开始时不能要求过高，比如，性格急躁、爱发脾气的人，自我训练的第一步应当是先设法克制火气，使自己冷静下来。多一段时间，再提出进一步要求，即不但不发火，还要表情自然；再进一步要求自己抑制火气时能挥洒自如、豁达大度。如此循序渐进，性格才会逐渐地由急躁易怒变成宽容大度。

（二）习惯潜化

从改变习惯到改变性格，这是实现性格转化的途径之一。有人曾把习惯比作人的"第二天性"。实际上，人的性格中的很大一部分所表现的正是一个人习惯化了的行为方式。俗话说，

"积习难改","习惯成自然",在对自己行为的支配中,习惯的力量比任何理论原则的力量都来得更大。因此,大学生在性格修养过程中,要努力培养自己良好的学习习惯和生活习惯。

（三）实践磨炼

性格的改变过程,首先是一个实践的过程。在实践中检验和判断性格,到实践中去培养磨炼性格,是我们进行性格修养的根本途径。性格向良好方向转变,往往不是由良好的训练计划、指导性修养方法所决定的。一百个空头计划不如一个具体的培养锻炼的行动。因此,性格修养应当坚持从实践做起,在学习、与同学交往及业余爱好的发展中陶冶自己的性格。没有什么捷径和窍门,只有针对自己性格上的缺点,制订一个在实践中克服这些缺点的长期计划,并按照这个计划持久地实践下去才能逐步取得效果。

任务三　塑造健全人格，追求快乐人生

案例导入

王某,男,20岁,某高校大学生。在班主任陪同下来咨询,班主任介绍情况如下:

通过1年多观察,注意到该生性格固执、多疑、情绪不稳、心胸狭窄,自我评价高,不愿接受不同意见。在日常生活和学习过程中遇到挫折总是责备别的同学,办了错事常把责任推给别人。常常把同学提出的中性的甚至是友好的表示看作敌视或蔑视行为,常与人发生摩擦,几乎与同寝室的同学都吵过架。

学习成绩和组织能力一般,缺乏自知之明,说老师和同学不信任他,别人常对其敬而远之。一周前该生的一本复习资料丢失,他认为是同寝室同学联合起来整他,想让他考试不及格,与寝室长及其他同学多次发生争吵,并要求班主任调换寝室。由于该生性格多疑敏感,同学间人际关系紧张,故其他寝室同学都不愿接纳他,我也很为难。我曾经多次找他谈话,做思想工作,均无任何效果。担心他精神有问题。

来访者自己介绍情况如下:

我确实比较敏感,我对任何人都抱有一种提防心理,包括班主任和同学,甚至我的父母亲,我对他们都抱着怀疑态度。我常常对别人存在戒心,老是猜疑他们对我不怀好意,看不惯就顶牛、发脾气。我也做了一些努力,少参加集体活动,少与别的同学交往,减少矛盾,但他们确实捉弄我,甚至暗算我。我与别人是常出现摩擦,但责任不在我,是他们故意整我,也常使我情绪不好,特别是近一周丢书后我情绪更糟,有时我急得坐卧不安,越想越气,可是我不认为我有什么精神病……

智力测量:智商108分。精神卫生自评量表评定（SCL—90）:"偏执"一项分值明显升高,"敌对"和"人际关系"分值也颇高。

案例启示

（1）案例中的王某存在偏执型人格障碍,这种人格特点会严重影响到其人际关系,甚至影响个体心理健康和人生。

（2）大学生要能够了解有关人格的基本知识，了解自己的气质与性格类型，认识到自身人格状况，掌握塑造自身人格的原则和方法，这样才能积极主动地优化自己的人格品质，使自己的学业更加进步，人生更加完满。

知识链接

一、大学生健全人格的理想标准

所谓理想标准，是指人格的最高追求与可能达到的一种境界，是人格的生理、心理、社会、道德和审美各要素完美的统一、平衡与协调，是人的才能的充分发挥，是马克思所描写的那种"全面发展的、自由的人"。它代表着社会文化和个人的价值理想。

人格标准是理想标准与相对标准的统一。因为人是具体的人，是处在一定社会环境下的。因此，不同时代和不同的社会环境会有与之相对应的具体的人格标准。如：封建社会的人格标准与社会主义的不同，中国改革开放以来，人们的人格特征也发生了比较明显的变化。

二、大学生健全人格的具体标准

（一）正确的自我意识

自我意识是个体对自己和自己与他人、与周围世界关系的认识。具有健康人格的人对自己有恰如其分的评价，充满自信，懂得接受自我，悦纳自我，扬长避短，能够使自己的言行和所处的环境保持平衡，抓住一切可能的机会和条件发展自己。而缺乏正确自我意识的人往往表现出自我冲突和自我矛盾，他们有的自恃清高，妄自尊大，看不到自己的不足；有的不满意自己，看不到自己的长处，自怜自卑，消极被动地听凭"命运"的安排。

（二）健康向上的生活态度

积极的人生态度是人类在实践中获得本质力量的表现。乐观的人常常看到生活的光明面，对前途充满希望和信心，对自己所从事的工作或学习抱有浓厚的兴趣，并在其中发挥自己的智慧和才能。即使遇到困难和挫折，也能千方百计予以克服。悲观消极的生活态度是大学生成长成才的大敌，它会使大学生用消极的眼光看世界，处处得出悲观失望的结论。这正像同在一个玫瑰花园里的两姐妹，面对满园玫瑰，乐观的姐姐看到的是刺的后面全是花，她的眼里被美丽和喜悦所充盈，对生活充满了热爱；悲观的妹妹看到的是花的后面全是刺，她的眼里被丑陋和邪恶所充斥，得到的只能是愤怒和不平。

（三）良好的社会适应能力

社会适应能力反映了人与社会的协调程度。人格健康的大学生能和社会保持良好亲密的接触，以开放的态度关心、了解社会；主动追踪社会发展的脚步，使自己的思想和行为能跟上时代的发展；在新的环境面前采取积极主动的态度，能很快适应新的环境。

（四）和谐的人际关系

人际关系最能体现一个人人格健康的程度。人格健康的人乐于与他人交往，能与他人建立良好的关系，有广泛而稳定的朋友；与人相处时，尊敬、信任等积极态度多于嫉妒、怀疑等消极态度，并能从交往中获得愉悦的体验；人格健康的人常以诚恳、谦虚、宽容的态度对待别人，同时也能得到他人的信任与尊重，形成人际关系的良性循环。

（五）良好的情绪调控能力

情绪标志着人格的成熟程度。人生活在社会里会受到各种刺激，当不良的刺激来临时，人格健康的人能做自己情绪的主人，而不是情绪的奴隶。人格健康的人对外界刺激的情绪反应适度，时刻对自己的情绪负责，具有调节和控制情绪的能力。积极情绪在情绪体验中占主导地位，经常保持愉快、满意、喜悦的心境，富有幽默感。当消极情绪出现时能合理宣泄、排解和转移。

三、大学生中常见的人格发展缺陷及其克服

（一）概念

人格缺陷是介于正常人格与人格障碍之间的一种人格状态，是一种人格发展的不良倾向。大学生中常见的人格缺陷有自卑、抑郁、怯懦、孤僻、冷漠、悲观、依赖、敏感、猜疑、狭隘、鲁莽、焦虑等。

（二）表现

1. 鲁莽及克服

鲁莽：是以冒失、莽撞、急躁、马虎为基本特征的人格品质。表现为办事急躁、冲动、感情用事、不计后果。这在部分男大学生中表现得比较突出。如：同学间为了一点小事发生口角，为了显示自己的能力、勇气和义气，动手打人，用器械伤人，受到学校的严肃处理。事后当事人非常后悔，但为时已晚。

克服鲁莽的办法是：事前多问几个为什么，做到三思而后行；养成抑制冲动的习惯，用理智战胜情感；加强修养，在平时培养自己谨慎、自制、耐心的品质。

2. 猜疑及克服

猜疑：是指建立在猜的基础上的判断，这种判断往往缺少事实根据，甚至也不符合思维逻辑。如：看到某同学见面时没和自己打招呼，便猜想这个同学是故意的，是对自己有意见等。好猜疑的人往往拿假想做根据，又据此得出错误的结论。中国古代的寓言"疑人偷斧"就是对猜疑人格的生动说明。

猜疑会导致人际关系的紧张，甚至酿成祸端，同时也会使自己处在不良的心里。俄国的伊凡四世正是由于过分多疑，怀疑儿子伊万要篡位而亲手杀死了自己的儿子。

克服猜疑的办法是：心地坦荡，抛弃成见，宽以待人，加强沟通。此外，在产生疑惑时，不要轻举妄动，要待事情完全搞清楚后再下结论。

3. 狭隘及克服

狭隘的特点：是斤斤计较、好嫉妒、好挑剔，往往因一点小事就耿耿于怀。心胸狭隘的人一般容易伤害别人，造成人际关系紧张，也给自己平添了许多苦恼，影响自己的情绪和在他人心目中的形象。狭隘人格多见于内向者。

克服狭隘人格的办法：是心胸宽广坦荡，凡事从大处着眼，丰富自己的知识和阅历，并

学会宽容。

技能导入 \\\\\\

一、人格的影响因素

人格的形成与发展离不开先天遗传与后天环境的影响与作用。心理学家认为，人格是在遗传与环境的交互作用下逐渐形成并发展的。

（一）生物遗传因素

遗传是人格不可缺少的影响因素，其对人格的作用程度随人格特质的不同而异。通常在智力、气质这些与生物因素相关较大的特质上，遗传因素作用较为重要。罗（D. C. Rowe，1987）把双生子与寄养子进行研究，一出生就离开父母的同卵双生子，与在同一家庭中长大的同卵双生子相比，他们具有相同的基因与不同的环境，结果显示，分开抚养与一起抚养的同卵双生子，在人格特质上很接近，这说明遗传是影响人格的一个重要因素。

（二）自然物理因素

生态环境、气候条件、空间拥挤程度等这些物理因素都会影响到人格的形成与发展。有研究说明气温会提高某些人格特征出现的频率，例如，天气闷热会使人烦躁不安，对他人采取负面反应，发生反社会行为；此外，地理环境也会对人格具有一定程度的影响，比如我国北方人大多豪爽，南方人细腻，等等特征。总之，在不同物理环境中，人可以表现出不同的行为特点，但自然物理环境并不对人格起决定性作用。

（三）社会文化因素

人一出生，便置身于社会文化之中并受社会文化的熏陶与影响，文化对人格的影响伴随着人的终生。社会文化塑造了社会成员的人格特征，使其成员的人格结构朝着相似性的方向发展，而这种相似性又具有维系一个社会稳定的功能。这种共同的人格特征又使得个人正好稳稳地"嵌入"整个文化形态里。社会文化对人格的影响力因文化而异，取决于社会对顺应的要求是否严格，越严格，其影响力就越大。

电视、电影、报刊和文艺作品等社会文化信息也会对人们，特别是对儿童的性格有较大的影响。研究表明，让儿童经常观看具有攻击性行为的节目，往往使他们攻击性行为增多。而那些优秀的文艺作品中的英雄榜样，常常能激起学生丰富的感情和想象，引起模仿的意向，有助于他们做出良好的行为、形成良好的道德。

（四）家庭环境因素

家庭是"人类性格的工厂"，它塑造了人们不同的人格特质。在家庭中，父母的教养方式、家庭的组成状况（如单亲家庭、家中子女多少）、出生顺序、家庭社会经济地位等会对人格的发展产生影响。如，父母的教养方式：

1）民主型

父母与孩子处于平等和谐的氛围中，父母尊重孩子，既能满足孩子的正当要求，尊重孩子的自由和独立，又给孩子一定的限制或禁止；既保护孩子的活动，又给以社会和文化的训练。这种教养方式易使孩子形成活泼、快乐、直爽、自立、彬彬有礼、善于交往、富于合作、思想活跃等积极的人格品质。

2）权威型

家长用各种清规戒律约束孩子，干预孩子的个人意志，防止和制止孩子的独立行为，经常发出各种指示和禁令，如不许淘气、不许乱跑等，孩子的一切都由父母来控制。这种教养方式易使孩子形成消极、被动、依赖、服从、懦弱，做事缺乏主动性，甚至会形成不诚实的人格特征。

3）溺爱型

父母对孩子过于溺爱，盲目接纳孩子的要求，让孩子随心所欲，教育时很容易失控。这种教养方式易使孩子形成任性、自私懒惰、野蛮无理、蛮横胡闹、缺乏独立和进取精神等人格特征。

（五）学校教育因素

学校是一种有目的、有计划地向学生施加影响的教育场所，教师、班集体、同学与同伴等都是学校教育的元素，也是学生人格成长中重要的影响因素。有研究表明，在不同的教室气氛中，学生常有不同的行为表现，教师对学生人格发展具有导向作用，教师的期望则会引起"皮格马利翁效应"；另外，学校是同龄群体聚集的场所，同伴群体常对人格发展产生"弃恶扬善"的作用。

二、大学生的人格异常

大学生作为一个文化层次相对较高的群体，在日常生活和人际交往中大部分表现出良好的适应能力，但是仍然有一些同学因为某些人格方面的障碍给正常的学习和生活带来不利的影响。目前大学生中常见的人格障碍有以下几种。

（一）偏执型人格

偏执型人格又叫妄想型人格。其基本特点是固执、敏感、傲慢；情绪不稳、易躁易怒；心胸狭隘、好胜心强、常感情用事并伴有攻击行为、好与人争论、常为一些小事与人争得面红耳赤，为人死板，缺乏幽默感，对侮辱和伤害不能宽容，长期耿耿于怀；易将他人无意的或友好的行为误解为敌意或轻蔑而产生歪曲体验；看问题主观片面，工作和学习上往往言过其实，生性嫉妒；失败时常推诿于他人，往往认为自己是别人阴谋的牺牲品。这种人格的人在家不能和睦，在外不能与朋友、同事相处融洽，周围的人只好对他敬而远之。

（二）强迫型人格

强迫型人格以要求严格和完美为主要特征，责任心过强，过分认真与注意细节，为自己建立严格的标准，思想呆板、保守，行动拘谨、小心翼翼。自我怀疑，担心达不到要求致使神经常常处于焦虑和紧张之中，精神得不到松弛。担心犯错误，遇事优柔寡断，难以做出决定。明知不需要，但还是难以控制自己，强迫与反强迫并存。

（三）依赖型人格

依赖型人格对亲近与归属有过分的渴求，带有强迫性、盲目性和非理性，与真实的感情无关。个体宁愿放弃个人趣味、人生观，只要能找到一座靠山，时刻能得到他人的关心就足矣。依赖型人格的这种处事方式使得个体越来越懒惰、脆弱，缺乏自主性和创造性。由于处处委曲求全，个体会感到越来越压抑，这种压抑感阻碍他为自己生活或建立个人爱好。

（四）回避型人格

回避型人格又叫逃避型人格，最大特点是行为退缩、心理自卑、敏感羞涩、面对挑战多采取回避态度或无能应付。主要特征表现为：很容易因他人的批评或不赞同而受到伤害；除至亲外，没有好朋友或知心人（或仅有一个）；除非确信受欢迎，一般不愿卷入他人事物中；行为退缩，对需要人际交往的社会活动或工作总尽量逃避；心理自卑，在社交场合缄默无语，怕回答不出问题而惹人笑话；在做那些普通但不属于自己常规之事时，总夸大潜在的困难、危险或可能的冒险而设法推辞，从不接受过多的社会工作。

（五）自恋型人格

自恋型人格的基本特征为对自我价值感的夸大和对他人共感性的缺乏，常无根据地夸大自己的成就和才干，认为自己应当被视作"特殊人才"，自己的想法是独特的，只有特殊人物才能理解。稍不如意，就会体会到自我无价值感。他们幻想自己很有成就，拥有权力、聪明和美貌，对别人的才智十分嫉妒；过分关心别人的评价，要求别人持续地注意和赞美他；对批评则感到内心的愤怒和羞辱，但外表以冷淡和无动于衷的反应来掩饰；不能理解别人的细微感情，不能将心比心，人际关系常出现问题。

三、大学生健全人格塑造的原则与方法

（一）扬长避短，优胜劣汰

拥有健全人格既是大学生身心健康的需要，又是大学生自我发展和自我实现的需要。优胜劣汰的具体方法是：第一，自我分析与评价。即自己对自己的人格有一个基本的认识和评价，自己给自己打分，自己给自己的人格定位。这当中可参考亲朋好友、老师和同学的意见与评价。第二，经常发现和反省自己在人格方面的优点、缺点，优势、不足，同时把一些人良好的人格品质作为自己学习的榜样，发扬优势，克服不足，积极主动地进行人格方面的自我优化，从身边的小事做起，坚持不懈，日积月累，必见成效。

（二）学习知识、增长智慧

大学生要努力学好科学文化知识，用智慧之火照亮自己的人格发展之路。培根有句名言："知识就是力量。"荣格也有句名言："文化的最后成果是人格。"现实中的许多个案说明，一些青少年的人格缺陷是由无知造成的。无知容易使人自卑、粗鲁；而渊博的学识能使人自信、谦和。人的知识越多，自身也越完善。丰富的专业知识和人文修养为大学生人格品质的塑造提供了丰富的养料。学习科学文化知识、增加智慧才干的过程，同时也是健全人格、整合人格、塑造人格的过程。因为："读史使人明智，读诗使人灵秀，数学使人周密，科学使人深刻，伦理学使人庄重，逻辑修辞之学使人善辩，凡有所学，皆成性格。"

（三）在社会和集体的沃土中成长

人是生活在社会关系中的，不管我们意识到与否，愿意不愿意，大学生的人格都是在社

会和集体中形成、展现、发展和塑造的。马克思说："只有在集体中，个人才能获得全面发展其才能的手段，也就是说，只有在集体中才能有个人自由。"大学生通过在集体中与别人的交往互动，获得自我认识的一面镜子，学到自我发展的方法和技巧，达到在他人身上认识和发展自己的目的。

（四）把握好人格塑造的度

1. 为什么要把握好人格发展的度

因为"一个人的缺点，仿佛是他的优点的继续。如果优点的继续超过了应有的限度，表现得不是时候、不是地方，那就会变成缺点"。一个人的直爽、率真是优点，但如果这种直爽、率真过了头，就会显得莽撞和缺少教养。同时，要注意自身不同性质人格品质的协调发展。在自信时不忘谦虚，活泼而不失庄重，使自己的人格品质具有一定的韧性和较强的适应能力。

2. 人格追求的目标和层次要适度

人格追求的目标和层次要符合自己的实际。不同的人，由于所处的客观条件和具体环境不同，人格层次会有差别。在人格塑造时，其目标和层次要因人而异，目标定得过高会增加挫折感，定得过低则缺乏内在的动力。

3. 美国著名的心理学家提出形成健全人格的十个途径

（1）对自己和生活的世界有积极的看法。把自己看作被喜欢的、被需要的、被热情接待的、有能力的并生活在自己能应付的世界里的人。

（2）和别人有着热情的、亲密的人际关系；和别人有基本信任的关系。

（3）有时间冷静地独处反省，使自己有机会揣摩、体验各种人的情感，而这有助于更好地理解自己的人格。

（4）在发展社会性的、智力的以及职业的各种技能方面取得成功。即在学习上、工作上和人际交往上有成功的体验。

（5）接触新思想、新哲学，以及和有独特见解的人交往。

（6）找出充分表达自己情绪的方法、嗜好。和朋友间的亲密关系或"一群青年人聚在一起"，有助于基本情绪的释放。

（7）经常提高独立性的程度。逐步减少对他人的依赖而更多地依靠自己的能力和价值体系，如对工作和家庭、邻里以及人类社会承担更多的责任，自爱和自尊。在该做和该说时，无拘无束地表示自己的意见。

（8）灵活性和创造性。并非在任何情境中都要按一个标准行事。学会知道不总是"非此即彼"，而是"这个、那个和无限量的各种组合"。

（9）在关心他人方面达到高水平。

（10）在每一生活阶段学会和别人在一起时变得更人性些。

愿大学生朋友们充分认识到人格修养的重要意义，努力在人格修养方面实现知和行的统一，积极主动地塑造自己的健康人格。

心理训练营

一、心理体验

心灵体验：签名

（1）请同学们拿出一张空白纸，在纸上签下自己的名字。

（2）请换另一只手，再次在纸上签下你的名字。

（3）两次签名有什么不同的感受？请用几个词来形容一下。

说明：

当我们用自己常用的那只手签名时，通常会感到"得心应手"，很自如，几乎不假思索，也不用费什么力气，对自己能够做好这件事很有信心。而当我们用另一只手签名时，就感到不习惯、别扭、费劲，而且签的名字也歪歪扭扭。不过，我们发现自己也还是可以用另一只手签名的。

我们在其他事情上也是如此，天生有自己擅长的一面，也有自己不擅长的一面，就如我们的右手和左手，它们没有好坏或对错之分。如果能够找到一个适合的环境，使我们在其中发挥自己的长处和优势，那么我们会很自信，并且往往取得佳绩。相反，如果我们要求自己做不擅长的事情，那么多半会感到不舒服、不自在，而且可能干不好工作。

二、心理训练

（一）心灵体操：能不能有点弹性

让你的固执态度有点弹性，不但不会削弱你，反而会使你更强。这样，你会变得更明智、更温和，可能会改善你生活中的人际关系。在下面写下你最固执的两件事，列出每一个你难以放弃的原因，然后，列出在你变通之后，可能产生的某些积极方面。

坚持的立场 1：＿＿＿＿＿＿＿＿＿＿＿＿＿＿＿＿＿＿＿＿＿＿＿＿＿＿＿＿＿

为什么我不能放弃：＿＿＿＿＿＿＿＿＿＿＿＿＿＿＿＿＿＿＿＿＿＿＿＿＿＿

变通的好处：＿＿＿＿＿＿＿＿＿＿＿＿＿＿＿＿＿＿＿＿＿＿＿＿＿＿＿＿＿

坚持的立场 2：＿＿＿＿＿＿＿＿＿＿＿＿＿＿＿＿＿＿＿＿＿＿＿＿＿＿＿＿＿

为什么我不能放弃：＿＿＿＿＿＿＿＿＿＿＿＿＿＿＿＿＿＿＿＿＿＿＿＿＿＿

变通的好处：＿＿＿＿＿＿＿＿＿＿＿＿＿＿＿＿＿＿＿＿＿＿＿＿＿＿＿＿＿

（二）心灵氧吧

推荐书籍：《平凡的世界》（路遥，北京十月文艺出版社，2009 年 1 月出版）

《平凡的世界》是一部现实主义小说，也是一部小说形式的家族史。作者浓缩了中国西北农村的历史变迁过程，在小说中全景式地表现了中国当代城乡的社会生活。

《平凡的世界》时间跨度从 1975 年到 1985 年，全景式地反映了中国近 10 年间城乡社会生活的巨大历史性变迁；以孙少安和孙少平两兄弟为中心，以整个社会的变迁、思想的转型为背景，通过复杂的矛盾纠葛，刻画了社会各阶层普通人们的形象，成功地塑造了孙少安和孙少平这些为生活默默承受着人生苦难的人们，深刻地展示了普通人在大时代历史进程中所走过的艰难曲折的道路。在这里人性的自尊、自强与自信，人生的苦难与拼搏，劳动与爱情，挫折与追求，痛苦与欢乐，日常生活与巨大社会冲突，纷繁地交织在一起，读来令人荡气回肠，不忍释卷。

推荐影片：《肖申克的救赎》（*The Shawshank Redemption*）（1994）

20世纪40年代末，小有成就的青年银行家安迪〔蒂姆·罗宾斯（Tim Robbins）饰〕因涉嫌杀害妻子及她的情人而锒铛入狱。在这座名为肖申克的监狱内，希望似乎虚无缥缈，终身监禁的惩罚无疑注定了安迪接下来灰暗绝望的人生。未过多久，安迪尝试接近囚犯中颇有声望的瑞德〔摩根·弗里曼（Morgan Freeman）饰〕，请求对方帮自己搞来小锤子。以此为契机，二人逐渐熟稔，安迪也仿佛在鱼龙混杂、罪恶横生、黑白混淆的牢狱中找到属于自己的求生之道。他利用自身的专业知识，帮助监狱管理层逃税、洗黑钱，同时凭借与瑞德的交往在犯人中间也渐渐受到礼遇。表面看来，他已如瑞德那样对那堵高墙从憎恨转变为处之泰然，但是对自由的渴望仍促使他朝着心中的希望和目标前进。而关于其罪行的真相，似乎更使这一切朝前推进了一步⋯⋯

（三）心灵感悟：飞翔的鹰

山区里的一位老人，在山上砍柴的时候，捡到了一只生命垂危的幼鹰。老人把受伤的幼鹰带回了家。伤势好转之后，老人将鹰和鸡一起养在鸡笼里。这只受伤的幼鹰同鸡群一起啄食、散步、嬉闹和休息，逐渐恢复了健康。时间久了，幼鹰把自己当成了一只鸡。这只幼鹰一天一天地长大，羽翼丰满了。老人想早日把它放归自然。但是由于这只鹰终日同鸡混在一起，已变得像鸡一样，根本没有飞翔的渴望了。老人试了很多放飞的办法，都毫无效果。最后，老人把鹰带到高高的悬崖绝壁，一把将鹰抛了出去。这只鹰像块石头一样迅速坠落下去，惊慌失措的鹰拼命地扑打着翅膀，就这样，它居然在绝望中飞了起来！

请问：鹰从不会飞到会飞的原因何在？你从中受到什么启发？

三、思考与作业

（1）"性格决定命运"的含义是什么？你对此有何认识？

（2）追求完美对吗？过分追求完美会怎样？

化解压力，接受挑战

人生的意志，不能受社会的压力而软弱，也不能受自然的压力而萎缩，应当天天站得笔直的、轩昂的，但不是骄傲的。这就是我的人生。

——彭相山

有压力才会有动力，有动力才能坚持进步。

——雷锋

曲折，不想念眼泪；悲伤，弥补不了曲折的遗憾。只有坚强的人，才能在曲折中奋进，获得加倍的报偿。

——朱光潜

学习目标

知识目标：了解压力，正确地认识和了解自身压力的产生原因，了解压力的作用和管理策略，认识大学生常见的挫折种类和应对策略。

技能目标：认清压力源，能够做好自身的压力管理和调适，掌握大学生应对挫折的有效方法。

情感目标：帮助大学生正视压力，能够以积极态度面对生活学习中的压力，更好地调试自我心情，尽快适应大学生活和学习。

任务一　理解压力内涵，认清压力源

案例导入

刘同学，男，19岁，大学二年级学生，高中时经常看到影视剧中对大学生活的描述，心中充满向往，觉得大学生活会多姿多彩，自己也会有更多展示的空间。可是已经大学二年级的他，发现大学并不是自己想象的样子，每天除了教室就是食堂，过着两点一线的生活。即使这样，大一学年的学业成绩也没有预想的满意，最近还因为作息时间问题和舍友闹矛盾。看到身边有不少同学不但成绩优异，宿舍关系也很融洽，而且还在很多学生活动中获奖。他开始怀疑自己，不知道是自己期望过高还是能力太低，渐渐地，整个人也变得焦虑和沉闷起来。

案例启示 ///

（1）刘同学在自己向往的大学生活逐渐被压力所影响、在缺乏相关知识情况下，他不知所措，心理健康受到严重影响。

（2）大学生要能够了解压力的相关知识，知晓压力的特征表现，掌握认清自身压力源的能力，这样才能帮助我们更好地认识自身的压力，更好地应对压力。

知识链接 ///

一、压力的含义

（一）压力的概念

压力是指人们在社会适应过程中，对各种刺激作出的生理和行为反应，是所产生的一种紧张的心理体验和感受。压力在西方文献中也称为应激（stress），压力是一般意义上使用的概念，应激则是临床使用的概念。

（二）心理压力的概念

我们所说的压力即心理压力，以后简称"压力"。心理压力是个体在生活适应过程中的一种身心紧张状态，源于环境要求与自身应对能力不平衡；这种紧张状态倾向于通过非特异的心理和生理反应表现出来。

（三）对压力和心理压力的理解

在现实生活中，我们对压力概念的理解颇感费力，有莫衷一是之感。压力是一个前沿科学概念，不是心理压力的简称，也不宜作为心理学的专业术语。心理压力是个体在日常生活中对压力源反应而形成的一种持续紧张的综合性心理状态，即个体心理真正意识到了压力的存在而又无法摆脱时所形成的带有紧张情绪的心理状态。

我们通常所界定的心理压力实际上指一种综合的心理状态，是在个体意识到他人或外界事物对自己构成威胁，即对压力源进行主观反应时，才可能产生心理压力，其主要表现为认知、情绪、行为的有机结合。另外，心理压力是一种内心感受，由于个体对刺激情境或事件的应对方式、认知评价、个性特征及压力的承受能力等方面的差异，同一刺激情境或事件可能使个体产生不同的心理感受。反之不同的个体遇到同一情境或事件时，心理感受也许会大相径庭。

压力是一个过程，在这个过程中，环境的需要超过了个体能承受的最大量，从而引起个体心理上或生理上的变化，导致疾病。

（四）压力的研究

1. 压力的研究内容

（1）压力作为烦恼、不愉快的环境的刺激特性。

（2）压力是个体对烦恼的环境反应，它是人体内部出现的解释性、情感性和防御性应对过程。

（3）压力是一种环境需求与个体资源之间的和谐的缺失。

2. 对压力的认识

压力是压力源和压力反应共同构成的一种认知和行为体验。人的内心冲突及与之相伴随的情绪体验是心理学意义上的压力。从心理学角度看，压力是外部事件引发的一种内心体验。

完全没有心理压力的情况是不存在的。我们假定有这样的情形，那一定比有巨大心理压力的情景更可怕。换一种说法就是，没有压力本身就是一种压力，它的名字叫作空虚。无数的文学艺术作品描述过这种空虚感。那是一种比死亡更没有生气的状况，一种活着却感觉不到自己在活着的巨大悲哀。

二、压力的来源

压力源则是指一定令个体紧张、感受到威胁性的刺激情境或事件，一般情况下也可与压力通用。通过以上对心理压力和压力源的解释，我们可以较好地把压力与心理压力联系起来或直接区分开来，也可把心理压力和一般性的情绪紧张状态区分开来。压力源是心理压力产生的直接原因或必备条件，它是可以通过行为施加给他人或自己的；而心理压力则是个体对压力源的反应所形成的综合心理状态，无法施加给别人，只有自己能体验到。

（一）压力源按照性质划分

1. 生物性压力源

生物性压力源包括躯体疾病、饥饿、性剥夺、睡眠剥夺、噪声、气温变化等。

2. 精神性压力源

精神性压力源包括错误的认识结构、个体不良经验、道德冲突及不良个性等。

3. 社会性压力源

社会性压力源包括家庭压力因素、工作压力因素（学习）、社会压力因素、环境压力因素等。

（二）压力源按照强度划分

（1）单一性压力源。如升学考试、期末考试、参加面试等。

（2）叠加性压力源。如"四面楚歌""祸不单行"等。

（3）破坏性压力源。即极端压力，如地震、战争等生命威胁等。

三、压力的特征

（一）压力是一种心理感受和体验

我们这里所说的压力不同于力学范畴中的压力。力学中的压力是实实在在的直接作用，可以测量，并且也容易控制和消除。而心理压力则是一种心理感受，同时存在个体差异。压力是心理失衡的结果，来源于内心冲突。心理作为现实的反应，必定将我们日常生活中遇到的各种各样的矛盾，如理想与现实、自我与社会等冲突，引入我们的内心世界，从而引发焦虑、苦恼等情绪体验和感受。

（二）压力是压力源作用的结果

压力虽然是一种体验，但离不开客观刺激——压力源。诸如生活费超值、即将到来的期末考试、毕业后的就业问题等，成为大学生压力的原因。

（三）压力反应与主观评价

压力并不直接导致我们的感受和体验，而我们对压力的认识反应或主观评价，决定论我们的感受和体验。对压力的反应包括心理和行为两个方面。

1. 压力的心理反应

在压力情境下，个体的感知功能被激活，注意力集中，记忆力增强，思维也变得活跃。个体的认知反应既有积极的一面，也可能具有消极的作用。积极的一面是认知活动增强，有利于应对压力情境，迎接威胁与挑战。但也可能产生诸如"灾难化"消极认知反应，即对负性压力源的潜在后果估计得过分严重。消极认知反应还包括自我评价降低，使得个体的自主感知自信心丧失。例如，一个长期得到师生称赞的学生，突然面对一次考试失利，很可能就会一蹶不振，变得怀疑自己。

个体的心理反应还集中在情绪方面。面对压力，个体最常见的情绪反应包括：焦虑与恐惧、愤怒与怨恨、抑郁等。

2. 压力的行为反应

压力条件下的行为反应，与心理和情绪反应密切相关，也可以将其视为心理和胜利过程的外显反应。行为反应主要涉及面板表情、目光、身姿和动作，也包括声调、音高、语速和节奏等副言语线索。当压力超过当事人承受能力的时候，个体的行为反应可能会显得惊慌失措，以致身体的协调能力和灵活性下降，动作刻板，或运动性不安，搓手顿足；或运动减少而呆滞木僵。

3. 对压力的认知和评价

个体对压力的反应，不是直接而单纯的，而是要受到中介机制——认知评价的影响。它决定着个体如何看待刺激的行走与压力的大小。认知与评价机制主要取决于以下因素：

（1）压力源本身的性质与特点，既是单一性的，也是复合性的；既是一般性的，也是破坏性的。

（2）社会支持系统。当个体具有较强的社会支持系统时，他可能对压力知觉为没什么大不了的，自己可以得到帮助；相反，社会支持系统薄弱的人会很沮丧，有一种独自面对困难的悲伤。

4. 当事人自身的身心特点

当事人自身的身心特点主要包括三个方面：性别、年龄、受教育程度、经济状况、婚姻状况、职业等人口统计学状况；体魄强壮与否的生理状况；认知与归因风格、性格倾向、情绪状态、应对能力与应对风格、人格动力特征、自我概念等心理因素。

技能导入

一、认清大学生的压力源

（一）大学生压力源的分析

有相关学者对我国部分高校（包括某 211 院校和某普通院校）在校学生进行 500 人的整群施测。测量工具选用的是自编压力源量表（五级评分）、焦虑量表和抑郁量表。收集数据后运用 SPSS 对有效数据进行描述性分析、差异分析、相关分析和探索性因子分析，得出了以下结论，仅供参考。

1. 大学生压力源的排序

大学生压力源的均值和方差排序见表 8－1。

表 8－1　大学生压力源的均值和方差排序

排序	1	2	3	4	5	6	7	8
	恋爱	身心健康	家庭	人际	自我	学习	生活挫折	就业
均值	1.28	1.54	1.63	1.92	2.27	2.35	2.42	2.68
	学习	身心健康	生活挫折	恋爱	人际	就业	自我	家庭
标准差	1.06	1.08	1.08	1.14	1.14	1.14	1.19	1.30

由表 8－1 可见，给大学生带来困扰最大的是就业，其次是生活挫折，而后是学习和关于自我的思考。此处的"生活挫折"主要是指大学生在生活中的"在公众场合发言""受到不公正的待遇"等情况。

2. 大学生的压力源事件排序

以上研究除了对发生的压力源事件带来的困扰进行调查，还对事件的发生率进行了考察，结果见表 8－2，表中所列是位居发生率前十的压力源事件。

表 8－2　位居发生率前十的压力源事件

排序	事件项目	频数	发生率/%
第十	未能实现设定的目标（如入党、评优、评奖、参加学生会等）	409	86.00
第九	被人误解、错怪	411	87.00
第八	上课听不懂或学习效率低，学习较为吃力	415	88.00
第七	面临考试，担心考不好或补考	420	89.00
第六	生活繁忙，自由支配的时间过少	424	89.00
第五	担心自己将来从事的职业社会地位和收入状况不佳	426	90.00
第四	没能考到自己理想的分数	435	92.00
第三	针对未来的就业，自己的专业理论知识不扎实或能力不足	436	92.00
第二	在公众场合发言	450	95.00
第一	反省自己	462	97.00

表8-2反馈，"反省自己"在大学生中发生率最大，达到了97%。学习、生活中的挫折、就业等是发生频率比较多的压力源事件。

以上压力源的分析情况可供同学们进行参考，以便帮助大家更好地认清自己的压力源，正确分析自己即将遇到的压力源事件。

（二）认清压力源存在的关联性

压力源在对个体产生反应时不是单独起作用的，也并非是一成不变的，在一段时间内，它们之间表现出可叠加性和传递性的特征。单个压力源本身无足轻重，但如果加在业已很高的压力水平上，它就可能成为"压倒骆驼的最后一根稻草"。心理压力是逐步积累、加强的，每一个新的持续性的压力因素都会增强个体的压力水平。倘若要评估一个研究生所承受的压力总量，就必须综合考虑他所经受的机会压力、限制性压力和要求性压力。研究发现，给他们造成巨大压力的并不是失恋、交通意外、传染病流行等大灾难，而是一些看上去很不重要的小压力源，如环境适应、家庭经济状况、人际交往、学业困惑等问题。这些压力源本身虽不是太过于强烈，但具有持久、叠加性的特征，可能贯穿于整个读研期间。所以，压力研究大师拉扎鲁斯认为，这种看似渺小的压力源的危害远大于其对人身体健康的危害。大学生在日常生活中碰到的这些细微性压力源，论单个压力源，在短时间内产生的反应，个体似乎感觉不出来，影响微乎其微，但这些压力源往往并不是单独发生作用，而是几个叠加在一起同时生效，且持续时间长，这种情况下影响相对就较大，对于一些心理承受能力不强的研究生来说，几乎相当于一个重大压力源产生的影响。

任务二　熟知压力反应，学会管理压力

案例导入

王同学，21岁，男，某大学大三学生，家在农村，经济状况一般，认为自己有责任挑起家庭的重担，但又觉得力不从心。该生学习一般，在班上成绩中游，自己总想力争前茅，但是又不能集中精力学习。自卑，缺乏自信，生活态度比较消极，认为所有的一切都糟透了。该生坐在教室里看书时，总担心会有人坐在身后并干扰自己，有强烈的不安全感，以至于只能坐在角落或者靠墙而坐，否则无法安心看书；对同寝室一位同学放收音机的行为非常反感，有时简直难以忍受，尤其是中午睡午觉时总担心会有收音机的声音干扰自己，从而睡不着觉，经常休息不好。但又不好意思跟其发生当面冲突，因为觉得为这样的小事发脾气，可能是自己的不对。很长时间不能摆脱这种心理困境，很苦恼，严重影响了自己的日常生活和学习。即将毕业，心中一片茫然，担心找不到理想的工作，寻求咨询师帮助。

在该案例中，实际上求助者的心理困境主要是由各种压力源造成的。来访者面对压力，采取的是消极应对策略——回避。压力使求助者的心理变得异常敏感和脆弱，这一点在他的日常学习和生活过程中直接体现出来。经过咨询师的帮助，该生逐渐掌握一些压力的应对方法，学习效率也得到了大幅提高。

案例启示 \\\\\\

（1）王同学由于压力的影响而变得心理异常敏感脆弱，他只有掌握一定的压力应对方法和策略，才能摆脱压力对自身学习生活的影响。

（2）大学生要能够认识和了解压力对我们的积极影响和消极影响，掌握一定的压力管理策略，这样才能学会自我调整一般压力。

知识链接 \\\\\\

一、压力的作用

（一）压力对健康的积极作用

一般单一性社会压力有益于健康，它使人生活得充实，人生变得有意义，这类压力称为良性压力。事实上完全没有压力的生活是不可想象的，也是不真实的。

心理学的研究表明，早年的心理压力是促进儿童成长和发展的必要条件。经受过生活压力的青少年在以后的生活和工作中更容易适应环境，更容易取得成功；反之，早年生活条件太好，没经历过挫折和压力，则有如温室里成长的花朵，经不起生活的风吹雨打。对于大学生而言，适度的压力是维持正常身心功能活动，激发大学生的积极性和主动性，锻炼和培养良好意志力品质的必要条件。

（二）压力对健康的消极影响

继时性压力和破坏性压力，则成为人们健康的杀手。继时性压力使人处于慢性心理应激状态，时间一久便容易引发一系列的身心症状。病人会产生呼吸困难、易疲劳、心悸和胸痛等生理症状。此外，还有紧张性头痛、焦虑、抑郁、强迫行为等心理症状，此为慢性应激障碍。

破坏性压力，比如地震、战争等，则容易使人患上创伤后压力失调，或创伤后应激障碍，造成感知、情绪、行为等方面的系列问题，是急性应激障碍。比如女性被强暴后会变得呆滞、心因性记忆丧失、回避社会活动、失去安全感，等等。强大自然灾害的心理反应，则比创伤后压力失调更为严重，产生灾难症候群。

二、压力的反应阶段

压力作用于个体之后，会引发一系列的变化，如心跳加快加强，血液循环加快，血压升高；内脏血管收缩，骨骼肌血管舒张，血流量重新分布；呼吸加深加快，肺通气量增多；汗腺分泌迅速；代谢活动加强，为肌肉活动提供充分的能量等。这一系列活动均有利于机体动员各器官的贮备力，尽力应对环境的变化。根据内分泌学和生化学家塞利（H. Selye, 1956）的研究，在适应压力的过程中，个体的生理、心理及行为特点分为以下三个不同的阶段。

（一）警觉阶段

警觉阶段又叫唤醒期或准备期。发现事件并引起警觉，同时准备应付。交感神经支配肾上腺分泌肾上腺素和副肾上腺素，这些激素促进人体的新陈代谢，释放储存的能量，于是主要器官的活动处于兴奋状态，包括：呼吸、心跳加快；汗腺分泌加速；血压、体温上升；骨骼肌紧张，等等。

（二）搏击阶段

搏击阶段又叫战斗期或反抗期。继警觉之后，人体全身心投入战斗，或消除压力，或适应压力，或退却。这一阶段人体会出现以下生理、心理和行为特征：

（1）警觉阶段的生理生化指标表明恢复正常，外在行为平复。实则处于意识控制之下的抑制状态。

（2）个体内部的生理和心理资源以及能量被大量耗费。

（3）此时个体变得极为敏感和脆弱，即便是微小的刺激，也能引发个体强烈的情绪反应。比如，爱人的唠叨、孩子的纠缠都会让一个下班的、精疲力竭的丈夫或者妻子勃然大怒，找对方"出气"。

（三）衰竭阶段

衰竭阶段又叫枯竭期或倦怠期。由于抗击压力的能量已经消耗殆尽，此时个体在短时间内难以继续承受压力。如果一个压力反应周期之后，外在的压力消失了，经过一定时间的调理休息，个体很快就能恢复正常的体征。如果压力源持续存在，个体仍不能适应，那么一个能量已经消耗殆尽的人，就必然会发生危险，此时，疾病、死亡都是极有可能发生的。长期处于叠加性压力和破坏性压力状态下的确容易出现身心疾病，就是这个道理。

三、压力的管理策略

压力无处不有，无可逃避，因此，这就有了压力适应的问题。所谓压力适应，是指个体在压力反应之后能很快恢复正常的身心特征，或者面对持续压力其反应不处于极端状态而能保持身心健康的能力。为了能很好地适应大学乃至今后的学习、生活和工作，大学生朋友宜进行有效的压力管理，提高自己的压力适应能力。所谓压力管理，是指针对可预见的压力源进行必要的干预，维护身心健康，提高问题处理的效率，保证学习生活目标顺利实现的管理活动。压力应对具有事后性和被动性，而压力管理则带有一定程度的主动性和积极性特征，它包含压力应对。我们建议大学生朋友从以下几个方面着手进行压力管理。

（一）构建自己的社会支持系统

当一个人独自面对压力的时候，其应激反应的消极作用远远大于社会支持的效果。因此，要想不在压力面前孤立无助，最好构建自己的社会支持系统，这其中包括自己的亲人、朋友、同学、老师等。社会支持系统可以在你需要的时候给你情感安慰、行动建议，帮助你渡过难关。强大的社会支持让你不再感到孤立无援，可以迅速恢复你的信心和勇气，面对挑战，解决问题。当然，要构建社会支持系统，你需要：

（1）学会尊重他人。其中当然包括你的同学和老师，因为，只有尊重他人的人才能获得他人的友谊，也才可能获得帮助。

（2）扩大社会交往面，结识更多的朋友。首先，让你的同学成为你最亲密的朋友；其次，你需要一位人生的导师，可以在你遇到困难的时候客观地分析和提供有益的观点，而这样的导师无疑就是你的老师或者其他长者。

（3）你需要向亲人、朋友和老师敞开你的心扉。你可能基于自尊或面子的考虑而拒绝他人的帮助。但是在你确实无法解决的时候，将你面临的压力说给他们听，让他们帮助你分析并提供建议。请相信这样做不会招致嘲笑，只会让他们感到你对他们的信任，因此你也能得到最大可能的帮助。

（二）调整自己的生理状态

生理状态是压力最直接的指标。要想有效管理压力，首先要有压力意识，要能觉察压力的信号。人在应激状态下，本能会驱动机体的防御机制，这是自发发生的。现在，我们要进入自觉反应状态。有效的压力管理，需要我们建立一个对付压力——尤其是那些慢性压力的预警机制。为此，你需要：

1. 有意识地察觉自身的紧张、焦虑等情绪状态

当你处于应激状态时，自己的生理和情绪上会有什么样的不适反应？记录自己的这些压力反应，然后锁定这些反应指标，以后每当你产生这些不适反应时，便对自己发出警告。你的压力预警，就像战争中的雷达一样，让你保持必要的警惕。

2. 学会控制自己的不良生理指标

当你的压力知觉性提高时，你也需要提高生理指标控制力，比如心跳、呼吸、血压等。这实际上就是生物反馈过程。当然，提供反馈的不是机器而是你自己的觉知能力。

（三）减轻和消除自己的心理负累

应激，即便是本能反应，也足以使我们身心疲惫。现在，必须卸掉我们身上由压力带来的紧张和焦虑。否则，持续性的压力累积效应，迟早会让我们垮掉。消除心理负累的方法很多。

1. 理性辨析和积极归因

找来纸笔，将你面临的核心问题写下来；接下来你需要围绕着这个问题逐步回答：这个问题是如何产生的？这个问题真的与我有关吗？这个问题真的就是一种威胁吗？这个问题真的就不能解决吗？通过如此反复逐层深入的自我辨析，理清问题症结所在，来减轻对压力情景认识的模糊或者夸大威胁而产生的焦虑。

2. 学会经常进行放松训练

放松训练是通过一定的练习程序，学习有意识地控制和调节自己的身心活动，以达到降低机体唤醒水平，调整因紧张而紊乱的身心功能，从而使机体内环境保持平衡与稳定的过程。

（四）进行有效的时间管理

我们日常学习、生活和工作中的许多压力，都来源于事情和任务本身。因此，对压力源进行管理，也是压力管理的重要策略。压力源管理常常与时间管理相关联。所谓时间管理，简单说就是为了提高时间的利用率和有效性，而对时间进行合理的计划和控制，有效安排和管理日常事务的管理活动。大学生的时间管理，是大学生对大学生活时间（包括学习时间和闲暇时间），采用科学的手段，围绕学习生活事务及其进程，进行有计划、有系统的控制、调节，最终达到有效利用时间来实现自我发展的目的的管理活动。以下时间管理方式，建议大学生朋友学会运用：

1. ABC 时间管理法

最初由美国管理学家莱金（Lakein）提出，他建议为了提高时间的利用率，每个人确定今后 5 年、今后半年及现阶段要达到的目标。人们应该将其各阶段目标分为 A、B、C 三个等级，A 级为最重要且必须完成的目标，B 级为较重要、很想完成的目标，C 级为不太重要、可以暂时搁置的目标。我们可以按照如下具体实施步骤：列出"日学习清单"，对学习目标进行分类；然后按照重要性和紧急程度确定 A、B、C 顺序；确定工作日程及时间分配；实施计划；记录花费的时间；总结经验。

2. 四象限时间管理法

按照重要性和紧迫性把事情分成四个维度：其一是按重要性排序；其二是按紧迫性排序；其三是把所有事情纳入四象限；其四是按照四个象限的顺序灵活而有序地安排工作。

3. 记录统计法

通过记录和总结每日的时间消耗情况，来判断时间耗费的整体情况，分析时间浪费的原因，采取适当的措施节约时间。

技能导入 ////

一、认清压力的积极作用和消极影响

（一）心理压力的积极作用

1. 激发动力

动力性是心理压力的一个重要特征，心理压力最显著的正面影响在于能激发出个体的能动性，心理压力对个体行为的调节作用也就在于此。心理压力的动力性表现为对适应行为的积极增力作用和消极减力作用两个方面。有研究表明，在适度压力或轻度压力状况下，个体可能在理智的控制范围内，充分发挥主观能动性的作用，对压力事件进行较妥善的处理，从而使自身的心理承受力得到增强，使自身生物性行为和正向的适应性行为增多，通过这种方式自身的动力性也随之增长。

当然我们也不能忽视，不少老师和家长由于缺乏对心理压力动力性的全面正确认识，经常陷入两个误区：一是以为有压力才有动力，压力越大动力越大，因而过分给学生施加压力，造成学生心理压力过大，出现心理障碍和疾病增多的情况。二是认为心理压力只会产生消极情绪，危害人的身心健康，因而怕给学生施加压力，不敢严格要求，自由放任，致使学生正向适应性行为能力降低。这些都不利于学生的健康发展，都是我们应克服的。

2. 积极仿同

积极仿同，是指一个人在遭遇压力而痛苦时，效仿他人获得成功的经验和方法，使自己的思想、信仰、目标和言行更适应环境的要求，从而在主观上增强自己获得成功的信念，以此冲淡因压力而产生的焦虑和维护个人的自尊。简单地说，大学生产生压力后的积极仿同就是把别人具有的而自己又感到羡慕的品质加在自己头上，或者简单地将自己与所崇拜的人混为一体，以提高自己的信心、声望，从而减轻自身的压力感。

研究表明，积极仿同是值得提倡的，如崇拜偶像是为了学习其优秀品质，以重新鼓舞勇气，努力使自己克服压力，增强自身的心理承受能力，成为一个成功者。所以，学校应当有意识地向学生推荐一些榜样人物事迹，作为他们学习的榜样，让他们从对优秀人物的学习、模仿中提高自己的修养，修炼自己的品质。

3. 适度补偿

当由于主客观条件的限制，使个人目标无法达成时，设法以新的目标代替原有的目标，以现在的成功体验去弥补原有心理压力带来的痛苦，我们称之为补偿，即所谓"失之东隅，收之桑榆"。补偿包括适度补偿和过度补偿，适度的补偿对缓解学生心理压力有积极意义，而过度补偿则是不可取的。许多学生产生心理压力后都在积极寻找符合社会规范和个人发展需要的新目标、新活动，以此来弥补因压力而带来的损失和心理创伤。通过这些方式和途径，他们不仅可以达到自己既定的需求目标，也可以减轻心理上的负面情绪。如情感上产生压力，便转向认真学习，努力工作，来加以补偿。

虽然适度的补偿对缓解心理压力有一定的积极作用，但并非所有新的目标和活动都具有积极的作用，那些于事无补、有害的补偿是坚决不可取的。所以，学生在寻求补偿的过程中必须加以区分。

（二）心理压力的消极影响

1. 认知消极

当个体认定一个刺激是危险的时候，在认知方面的功能就会受到影响。一般来说，适度的压力能使人集中注意力、促进思考、激发斗志。但压力越大，个体用于关注压力源及个人焦虑的注意力就会越强，从而也就更容易引发其思考变通性变差、认知效率降低等问题。

目前，大学生典型地表现为他们做事前信心百倍，认为自己没有完成不了的事，但一遇挫折，心理上便会产生种种困惑和错误的观念。倘若这些困惑和错误观念得不到及时的纠正，反过来还会"放大"他们的心理压力，造成恶性循环，那么可能产生更为强烈的焦虑、茫然等消极情绪。另外，压力还会削弱人的记忆，干扰其判断、解决问题的能力，从而影响决策水平。这是因为压力使得个体知觉范围变小，容易用刻板或直接的方式思考问题，从而不具有创造力和灵活性。

2. 情绪欠缺

压力的情绪反应多种多样，而且几乎所有的压力都会伴有一些情绪反应，有的还可能是多种情绪反应的交织。在压力面前，大学生的情绪反应表现为不稳定，具有两极性和矛盾性的特点。主要体现在两个方面：

（1）有些学生好急功近利，做事不分轻重缓急，易走偏道。同时，在与人交往的过程中，还常常表现出以自我为中心，不顾别人感受的一面。他们在面对压力时心理上会折射出各异的不良情绪。

（2）许多学生现实自我和理想自我的不一致常常会引发矛盾，有的学生开学时立下抱负，但是在坚持的过程中往往因为很多原因没有实现自己的理想，这时现实中的自我难以转变为理想中的自我，一些心理承受力差的学生情绪容易烦躁、倦怠、焦虑。

3. 意志减弱

意志指人追求某种目的和理想时表现出来的毅力、信心和不屈不挠的精神状态。许多大学生在学习生活中受压力事件的影响，加上对此认识、准备方面的不足，心理上可能会一时难以接受，产生困惑、焦虑等消极的情绪。而且由于这些消极情绪的持续存在，还可能致使他们在应对新的压力事件时缺少坚强的意志，产生随波逐流、消极怠慢的想法和行动。长此以往，他们的自信心也将会遭到严重的打击，在遇到新的压力源时，不仅会对自己的能力产生怀疑，而且还会丧失应对压力的勇气，出现自我意志力减弱的倾向。

二、学会应对一般压力

（一）识别压力预警信号

首先，生理信号。

（1）神经系统。当你处于压力之下时，头疼的频率和程度在不断增加，也易出现肌肉紧张，尤其是头颈部、肩部、背部的紧张。

（2）皮肤对压力特别敏感。皮肤干燥、有斑点和刺痛都是典型的反应征兆。

（3）消化系统问题。如胃痛、胃胀及消化不良，都可能是身体向我们发出的压力信号。

（4）心血管系统。心慌和胸部疼痛也经常是与压力有关的。

其次，精神信号。

（1）注意力难以集中，经常是由于大脑中转来转去的事情太多所造成的。

（2）优柔寡断，缺乏决断力，经常更改自己的决定，即使是对最无关紧要的事情也一样。

（3）记忆力下降，经常忘事。

（4）压力削弱判断力，导致错误的做出某些决定，并将造成某些过错。

（5）易出现惶恐不安及意志消沉。

再次，情绪信号。

（1）容易烦躁或喜怒无常通常表示你正处于压力之下。

（2）丧失信心，认为自己生活得毫无价值，充满了失败感，常感到前途渺茫。

（3）感觉精力枯竭且缺乏积极性。

（4）经常感到孤立无援。

最后，行为信号。

（1）睡眠易受打扰，无论是失眠还是睡眠过多，都是你正在受到压力的确定信号。

（2）比平时更经常地饮酒及吸烟，这是企图寻找短期精神放松的表现。

（3）从朋友和家庭的陪伴或同事的友谊中退出，这通常意味着你感觉到对这种关系无法应付。

（4）难以放松，经常烦躁和坐立不安，这表明你很可能正在处于压力之下。

（二）积极的减压方式

面对压力，积极的、富有建设性的减压方式是相对破坏性的减压方式而言的，它们是：

1. 直面问题，解决问题

直接面对问题，而不是逃避、压抑、转嫁或迁怒于无关的人或事；理性地评价、选择解决问题的方案；解决问题的策略要与现实相符，其出发点是对问题的真实估计，而不是自我欺骗或自暴自弃。

2. 管理自己的情绪和行为

学会认识和抑制毁灭性的或潜在危害性的各种负面情绪，即学会情绪管理；学会控制自己具有危害性的习惯性行为；努力保证自己的身体不遭受酒精、药物的伤害，加强锻炼，保证睡眠。

3. 坚持适当和必要的体育锻炼

尤其是感到有压力的时候，你需要做的不是坐在那里发愁或者抱怨，而是走出去活动活动。你可以慢跑，请注意，一定是慢跑！慢跑的过程中，呼吸缓慢而有节奏，一边跑一边意念，让神经和身体彻底放松；你身心投入运动中。体育活动是非常有效的减压方式，它基本不产生额外花费。但是可以迅速改善你的某些生理系统及其功能，让你充满生命活力，找回控制感，从而有效减轻你的心理负累。

4. 置身于文艺世界

你可以看电影、听音乐、欣赏书画作品。任何让你真正能够感受到美的东西，你都可以尝试。在欣赏和感受美的过程中，你可以找回人生的光辉、世界的美好和生活的希望。

5. 郊游或者远足

你可以根据你的时间表和你的经济条件，把自己交给大自然。请记住：大自然永远是人类最宽宏慈爱的母亲！当你面对她的时候，你可以完全抛开你在社会中因为防御需要带上层层面具，重新思考过去没有考虑到的东西，真实面对自己。

6. 户外体验或者拓展训练

你可以个人报名或者组织同学、朋友进行一次户外体验或者拓展训练。这同样可以让你放松减压。

7. 阅读书籍，吸取榜样力量

当你面对压力感到不知所措的时候，你可以从榜样身上寻找力量。杰出人物毫无疑问经历了无数的挫折与压力，那么他们是怎么做的？去看看人物传记吧。

8. 寻求专业人士的帮助

如果上述方式都无济于事，那么，我们建议你，是时候寻求专业人士的帮助了。你需要进行心理咨询，让专业人士引导你排除压力。

任务三　提高抗挫能力，化解应激事件

案例导入 ///

案例一，莫某，女，20岁，海南某职业学院学生。该生在求职和考证的过程中遇到了各种压力，不堪忍受重负，于2014年5月的一日凌晨，坠楼身亡。

案例二，吴某，女，19岁，福建人，某高校大一学生。在2014年12月学校的一次检查之后，她被查出大三阳，系乙肝病毒携带者。2015年3月，该生被安排进单独的学生宿舍居住，加之其他同学对她疾病状况的不理解，2015年4月10日，她在学校单间宿舍烧炭自杀。

案例启示

（1）以上两个案例，都以悲剧结局，都是由大学生无法化解心理的压力带来的挫折导致，大学生往往不会积极地应对挫折，所以我们要学会应对生活中常见挫折，积极面对人生。

（2）大学生要能够正确地认识挫折，提升自身对挫折的应对能力，认识常见的挫折及表现，掌握应对挫折的有效方法，必要时学会寻求帮助，这样才能锻炼对挫折的应对能力，提升自身的抗挫能力。

知识链接

一、挫折概念

（一）哲学的解释

哲学将挫折理解为主客体之间的对立，是主体对象化和客体异化这两个过程矛盾运动的结果。辩证唯物主义认为，客观世界在于人。当客体世界能为主体所认识和掌握的时候，主体自身力量得到彰显，人是自由的；当主体无法认识和把握客体，客体就反过来支配主体，这时，人是不自由的。反映在心理上，就形成压力与挫折。

晚近的建构主义哲学强调，人的主观世界是自己建构的结果，这种建构的建立是在已有经验基础之上的。换言之，外部世界能否成为主体的异化力量，很大程度上依赖于主体自身怎么理解和诠释。比如，老师对自己严格要求，你可以把教师的这种要求理解为是对自己自由的一种干涉，是自己意志行为中的一种挫折。但是如果你知道这位老师一贯对学生要求严格，并且在生活中很爱护学生，那么，你会将老师的这种行为理解为一种爱，是对自己成长的一种监督和帮助。在我们的大学生活中，主客体矛盾主要表现为现实与理想的矛盾。一方面大学生希望能够按照自己的意志去成长；另一方面，我们却感觉到生活并不是按照计划安排的那样去发展。于是感叹：愿望是美好的，现实是残酷的。

（二）心理学的解释

心理学着重于人们的体验的反应，认为挫折是意志行为过程中由于不可预知的因素对目标有所阻碍，从而在主体身上引起的一种情感体验和行为反应。

1. 挫折针对意志行为

人的大多数行为是具有明确目标的意志行为。人之所以常常有苦恼、焦虑、愤怒这些负性情绪体验，就是因为行为目标遇阻和受挫。如果人没有明确的目标，行为没有意志性，挫折就无从产生。即便遇到障碍，也不会把它看作挫折。例如，如果你只是抱着试一试的心态去参加研究生入学考试，读不读研究生对你来说都没有重要的意义。也就是说，你根本没把研究生当作你的目标，那么，即使你失利了，这对你来说根本不是一种挫折。

2. 挫折是主体的情绪体验

人在遭受挫折后，会马上引起复杂的情绪体验和情感反应。个体会有自尊心的损伤感、自信心的丧失感、行为的失败感和达不到目的的愧疚感等一系列纠结的情绪情感，之后会形成一种紧张、不安、忧虑、恐惧等情绪体验所交织成的复杂心情，我们概括之为焦虑。

正是因为挫折能够引起人的这种巨大的负性情感反应，使人痛苦，所以人们才不愿意面对挫折。就是遇到了，有的还可能采取一些防御性心理反应，从而避免陷入痛苦的泥潭。

3. 挫折是主体的认识

引起挫折的刺激是客观存在的，一般不受个人支配与控制。但是对于同样的刺激是否会引起同样的反应，却存在个体差异。这就是说，人对于刺激情境是否会引起挫折反应，还在于主体自己怎么去认识这种刺激情景。我国古代寓言故事"杯弓蛇影"便生动说明了这个道理：同样的情境，不同的诠释，导致不同的结果。

4. 挫折是不可预知的

传统的科学观总幻想着人类能够完全掌握事物的发展过程，控制行为结果。对于像火箭发射、机械运行这类物理事件，科学家已经实现了精确的控制。但是对于由人参与的社会性活动呢？20 世纪后半叶发展起来的自组织理论告诉人们，对世界的完全控制只是人类的美好愿望，永远不可能达到，尤其是社会历史进程。因此，对日常的意志行为过程，我们可以大概估计会遇到哪些困难，但是永远不能精确到它们会是什么，以及如何发生、何时发生。大学生由于社会生活经验不够丰富，更是缺乏对挫折的预测与准备。

二、大学生挫折的种类与反应

（一）大学生挫折的种类

大学生活虽然如诗歌浪漫美好，但是挫折也常常不期而遇。当代大学生主要遭遇如下挫折。

1. 学习挫折

这几乎是所有挫折中最常遇到的。由于我国的应试教育导向，学习挫折感便由此而来。而且由于分数作为衡量学生学习效果的主要评价标准，所以大学生的学习挫折，往往表现为某学科的成绩不够理想。学习挫折直接削弱大学生的主观幸福感。据一项调查显示，大学生遭受学习挫折后，"难过"占41.6%，"担忧"占31.7%；其次，"不安"占26.2%，"紧张"占19.2%，"难堪"占16.4%，"气愤"占16.4%；选择"无所谓"的比例仅6.1%。

2. 人际交往挫折

人际交往对大学生而言是仅次于学业发展的一项重要的社会需要。大学生都希望获得更广泛的良好人际关系，从而维系个人发展与社会需要之间的纽带。但是，由于性格或者成长经验的影响，在人际交往中，往往难以达到理想效果。要么难以抛开自尊、自傲和矜持的面具，要么以错误的方式伸出橄榄枝，反而引起别人的误解，导致人际挫折。

3. 恋爱挫折

对爱情的渴望也常常折磨着大学生。应该说，爱情对大学生而言是非常正常的需求，但是，由于现实因素的限制，很多大学生往往难以得到爱神的垂青。我们从大学校园 BBS 上公开征友信息来看，女生选择男朋友的标准往往是"阳光帅气，身高175 厘米以上"，而男生择友的标准也往往是外表美丽、性格温柔。不可否认，近年来大学生的恋爱现象越来越具有追求感性和物质化的倾向，加上大学生恋爱动机的差异、恋爱过程中交流沟通技能的欠缺，维持恋爱需要的物质条件不具备等原因，部分大学生也会遭遇恋爱挫折。

4. 择业挫折

逐年加大的就业压力，给大学生带来隐性压力不言而喻。对即将毕业的大学生来说，择业更是一种现实的挫折。根据调查，无论是就业岗位、地点、薪酬福利等，大学生的期望一般高于社会提供的范围。所以，在整个就业过程中，大学生都会感到失望、焦虑。

（二）大学生挫折的反应

影响挫折反应的因素，大体上可以分为主体因素和客体因素或者内部因素与外部因素两大类。人们在日常的学习生活中，由于主客观条件各不一样，因此挫折反应也各不相同。人们的挫折反应在生理、情绪和行为三方面。需要强调的是，下面的心理与行为反应，有积极的也有消极的，是人们在生活经验中习得的结果，无所谓对错之分。

1. 生理反应

个体遭受挫折以后，机体内部的自我调节机制将会最大限度地调动机体的潜在能量，以有效地应付外界环境的变化。比如，受挫后交感神经系统的兴奋性会增强，消耗大量的能量，于是神经末梢释放生物信息，刺激心肌收缩力增强，以促进血液循环加快，血压升高；刺激呼吸加快，以保证氧气供应；刺激各种激素分泌增加，促进蛋白质、脂肪、糖原分解。

体内潜能大量消耗的同时，机体内部那些与情绪反应无直接联系的器官或系统则得不到必要的能量而不能维持正常功能，如消化道蠕动减慢、胃肠液分泌减少等。如果长期处于挫折情境而得不到消解，上述生理变化将会进一步增强，从而引起身心病变，出现皮肤和面色苍白、四肢发冷、心悸、气急、腹胀、尿少等一系列症状。

2. 心理反应

挫折情境中的心理反应包括情绪反应，以及较为复杂的防御性心理反应。

1）愤怒和敌意

受挫者如果意识到挫折情境来自人而不是自然因素，就会产生愤怒和敌意的情绪体验。所谓"怒从心头起，恶向胆边生"，愤怒之后可能还会有进一步的极端行为反应。比如，2004 年 2 月，云南大学马加爵残忍杀害同寝室的同学这次事件，就是马加爵在遭受同学的嘲讽之后产生的愤怒行为反应所导致。

2）焦虑与担忧

通常情况下我们不知道挫折的原因是什么，或者就是知道挫折来源于什么，但是我们无法解决，这时我们往往会产生焦虑与担忧的情绪反应。焦虑是挫折后常见的一种心理反应。适度焦虑，如考试前适度紧张，对提高活动效率、发挥潜能有一定的积极作用。而过度的焦虑是有害的，严重的会导致心理疾病，发展成焦虑症。焦虑之外，往往还有对事情进展能否顺利、目标能否达到的担忧。

3）冷漠

当人遇到挫折以后，表现出无动于衷、漠不关心的态度，好像没有什么情绪反应，这就是受挫后的冷漠反应。冷漠并非没有情绪反应，相反，它是一种压抑极深的痛苦情绪反应。当个人面对亲人、朋友带给自己的伤害，或者面对无法摆脱的挫折情境时，通常会表现出冷漠的反应。

4）压抑

当我们无法对挫折情境表达我们的愤怒与不满的时候，需要暂时将消极情绪压抑起来。压抑并不意味着问题的解决，按照精神分析理论，被压抑的情绪进入潜意识，会通过其他途径变相表露出来。

5）升华

以积极的心态看待挫折，将挫折转化为一种激励的力量。所谓"屡战屡败，屡败屡战""越挫越勇"就是这种在挫折面前自我激励的情绪状态。

6）向下比较

有时候当我们遇到挫折的时候，有必要和那些命运比我们更差的人去比较，以消除心里的愤怒不平的消极情绪，让自己心理获得一种平衡感。

3. 行为反应

人在挫折情境下除了有情绪反应之外，可能还伴随着某种行为反应。

1）报复与攻击

对于人为造成的挫折，比如他人的恶意阻挠，会激起当事人强烈的反应，可能会直接激发出报复和攻击行为。受网络暴力文化的影响，很多青少年面对挫折具有暴力倾向，比如大学生犯罪。

2）退行

所谓退行，是指遇到挫折时，心理活动和反应退回到个体早期发展水平，以幼稚的、不成熟的方式应对当前情境。比如，大学生的活动计划如果受到家长或者老师的反对，可能就会采取赌气、咒骂、暴食、疯狂购物、砸物甚至出走等非积极、非成熟的方式去应对。

3）习得性无助

所谓习得性无助，是指个人在面对挫折情境，经多次尝试也无法避免失败的经验，使得个体在挫折面前完全失去任何意志、努力的现象。这是心理学家进行动物实验时发现的现象。在现实生活中，由于人们遭受多次挫折和打击，却不能克服苦难、战胜挫折，久而久之就会沮丧，从而倾向于放弃意志、努力，听从命运摆布。

4）补偿

所谓补偿，是指一个因某方面的缺陷而无法达到期望的目标时，以其他方面的成功来弥补先前的遗憾与自卑的现象。例如，大学生因为家庭经济条件或者自身的相貌条件在恋爱问题上受挫，那么他就可以发奋学习，以学习的成功增加自己的自信心。

5）幽默

遇到挫折，以看似轻松发笑的语言对挫折的原因或者遭受挫折以后的后果进行解说，使人的心理紧张或愤怒感暂时消失的艺术，就是幽默。幽默反映个人看待挫折成败的一种超然心态和智慧。幽默搞笑日渐成为大学生释放学习挫折和压力的一种手段，反映中国大学生对当前教育体制环境的无奈和不满。

6）宣泄

宣泄是指采用道德法律许可的方式发泄心中的不满、愤怒等极端情绪，从而避免发生直接人际冲突和心理郁积的一种方式。常见的宣泄方式有在空旷空间大吼大叫、摔打物品、打出气袋、跳舞、唱歌等。大学生遇到挫折时很容易产生强烈的情绪反应，宣泄是一种很好的挫折应对方式。

三、大学生常见的挫折应对策略

挫折的发生无可避免，但是，这并不意味着我们面对挫折无能为力。相反，能否正确看待挫折，并有意识地培养、锻炼自己的挫折容忍力，关系着大学生朋友今后的人生幸福和事业成败。因此，采取积极态度应对挫折，是必要的。所谓挫折容忍力，也称为挫折忍受力，指个体遭受挫折情境而免于精神与行为失常的一种能力。

对于人生的挫折，人们自古就有充分的体验和认识，并总结了许多修炼挫折忍耐力的方法。我们不仅要从心理学，也要从前人行之有效的经验中，学习应对挫折的方法。

（一）端正认识，直面人生挫折

1. 挫折不会仰人鼻息

不管你曾经多么优秀，进入大学，你就进入了一个"准社会"。当代大学生独生子女居多，按照中国传统的家庭教养方法，除非家庭条件有限，一般都得到父母的格外照顾和宠爱。但也由此容易让大学生滋生一种盲目的优越感，形成一种"自己永远是生活的宠儿、世界应该围绕我而转"的错觉。这种态度在大学生的人际交往中表现得尤其明显。但是，挫折不会因人而异，更不会仰人鼻息。社会的真实含义是别人不会迁就你，以你为中心，人生道路不可能永远由自己的父母去铺平。对从小生活条件优越且较少经历过挫折的大学生，我们的建议是：正确地面对并深刻地体会社会的复杂和人生的曲折，也许是首先需要解决的问题。

2. 挫折是人生的宝贵财富

任何事物都具有两面性。挫折尽管让我们难受，使我们的学习和发展受阻，但是它同时又是人生的宝贵财富，是促使成长的必要条件。认识到这一点，我们才有勇气和信心去勇敢地面对挫折。古谚云：宝剑锋从磨砺出，梅花香自苦寒来。不经一番寒彻骨，哪得梅花扑鼻香。没有挫折的人生是苍白虚幻的人生，不经过挫折的磨炼，也就没有成功的喜悦和人生的幸福。快乐不是平坦笔直的康庄大道，或者无忧无虑的锦衣玉食，而是经过奋力攀登后踏在脚下的高峰，用自己的坚韧和勤劳换来的硕果。任何人都不可能避免挫折，挫折是促进大学生成长的积极因素，它可以磨砺我们的意志、丰富我们的经验、增长我们的能力。

3. 挫折是可以克服和战胜的

挫折是不可预知的，也是必然的。但是挫折不是不可战胜的。古今中外，无数杰出的人先后以他们自身的人生经验，诠释着人类意志的力量。我国古代统治者为了维护剥削和压迫，鼓吹天命观，但荀子提出"人定胜天"的思想。人类祖先敢于和大自然抗争，所以人类才能逐渐成为地球上的主宰，劳动人民敢于抗争，才能掀起一次又一次的革命战争，争取社会进步和人民的解放，科学家、艺术家勇于探索科学和艺术的真谛，才使得人类创造出灿烂的文化；在历史长河中，无数人以他们坚强不屈的精神改变着自己的命运，也改变着人类的命运。

（二）修身养性，提高心理素质

除了对挫折要有正确的认识之外，我们还必须具备良好的心理素质，面对挫折能够泰然处之。这种心理素质只能靠修炼而得。

1. 适应与调整

外界环境和条件的变化，不以个人的主观意愿而转移。我们原来设想好的目标，往往因为客观条件出乎意料的改变而变成了镜中月、水中花。面对意外情况出现，我们必须及时调整自己的心态和目标，以适应这种改变。这种适应和调整，主要通过降低自我期望和改变行为目标而实现。研究表明，挫折感的强度，与自我期望相关。高自我预期导致较强的挫折感，较低的自我期望形成较弱的挫折感。

2. 忍耐和控制

遇到挫折即有情绪和行为反应，这本是人之常情。但是并不是任何反应都有利于事情的发展，尤其是当我们所面对的挫折情境是自己不能马上控制和解决的时候，忍耐就成为必要的一种策略。所谓"小不忍则乱大谋"说的就是这个道理。凡人生事业取得成功的人，无不在逆境和挫折情境中善于忍耐。以下两种情况，需要大学生学会忍耐：一是当我们还不清楚事情的前因后果，没有充分掌握相关信息的时候，冲动很可能造成误会和不可弥补的伤害；二是挫折源力量强大，我们尚不能控制的时候，不满和愤怒的反应不利于事情的解决。

3. 放松训练

忍耐和控制并没有消除内在的紧张，因此还需要对消极情绪进行疏导宣泄，如采取心理学的放松训练法等。

（三）平心静气，改善社会关系

如果说前几个方面是从内部着手应对挫折，后面几个方面则强调从外部着手，以应对挫折。

人总是生活在现实的社会关系网络之中的。当我们遇到挫折的时候，既要充分利用社会关系，寻求社会支持，也要主动改变不利的社会关系，以克服困难，战胜挫折。

1. 处理好理想、期望与现实的关系

目标挫折来源于理想、期望与现实的某种差距。大学生所遇到的很多挫折，比如学习、爱情、就业等，很大程度上存在目标和预期过高的现象。当现实条件不能满足的时候，挫折就不可避免了。为此，我们在制定行为目标的时候，要尽可能地遵循现实的原则，不可好高骛远。当挫折出现的时候，我们也不要怨天尤人，宜及时调整目标，降低期望，从而避免强烈的心理失衡。

2. 处理好自我与他人的关系

很多挫折，比如阻碍性挫折，都源于自我和他人的关系问题。原委是自己的目标直接或间接损害了他人的利益，或者在实施过程中与他人的利益发生冲突。这时候阻碍性挫折便不可避免。为了顺利达成自己的行为目标，大学生在制定自己的目标的时候，首先需要考虑的是必须兼顾他人的权益，至少以不损害他人利益为前提；其次，围绕着行为目标，要尽可能地考虑涉及的所有关系，事前处理好各种关系，尤其是不友好的关系，以保证目标过程的顺利进行。

3. 处理好友情与爱情的关系

友情与爱情，是大学学习生活中极为重要的社会需要。很多大学生朋友感到孤独、寂寞，与他们不善于经营有很大的关系。当代大学生的独立性增强，但往往混淆了独立性与自我性之间的关系。需要友情却不知道如何获得，于是干脆独来独往，或者过早涉足二人世界，结果友情没有得到，爱情也相当脆弱。处理不好友情与爱情的关系，大学生很容易体验到匮乏性情感挫折。

4. 处理好兴趣、爱好和专业学习的关系

大学生的学习兴趣、爱好随着求知欲的增强而具有易变性和广泛的特点，这往往和专业课程的学习发生冲突。简单说就是，自己喜欢的学科，课程设置里面没有，而作为必修课的专业课程，常常是自己不喜欢的，学习评价往往是围绕着课程设置而展开的，如果不能学好专业课，势必形成学习挫折。因此，大学生应谨慎处理好个人爱好和专业学习的关系。

（四）积极奋斗，改变客观条件

环境对我们心理和行为的影响作用是相当大的。对挫折情境的理解，既不能否认人们认知上的差异，更不能否认和无视外部环境的作用。大学生朋友除了要正确地看待挫折，学会自我调适之外，更重要的是要充分发挥自己的创造力和能动性，主动创造条件，为意志行为目标的顺利实现而营造良好的外部环境。

1. 系统分析，科学决策

在确定行动目标的时候，全面考虑各方面的条件，是保证行动目标顺利实现的必要条件。如果不系统分析目标达成所经过的阶段，以及各阶段所需要的条件，以便事先予以安排和开展必要的工作，则可能会遇到障碍，遭受挫折。大学生行动之前往往缺乏系统的考虑，所以也往往容易遇到预想不到的困难。这就需要大学生朋友学会系统思维，尽可能详尽地考虑行为各方面的因素，并作出周密安排。

2. 善于争取，敢于抗争

挫折的人性本质在于意志不自由。因此争取自己的合理权利，摆脱一些不合理的束缚，或者与不利的环境条件抗争，这也是人本主义心理学所一贯倡导和主张的立场。面对各种挫折，大学生需要具有同命运抗争的勇气和精神，自觉改善自身发展的环境条件。

技能导入

一、掌握应对挫折的有效方法

（一）直面挫折

草地上有一个蛹，被一个孩子发现并带回了家。过了几天，蛹上出现了一道小裂缝，里面的蝴蝶挣扎了好长时间，身子被卡住了，一直出不来，孩子看着蝴蝶痛苦挣扎的样子十分不忍，于是用小刀帮助蝴蝶拨开了蛹。然而，由于这只蝴蝶没有经过破蛹而出必需的痛苦挣扎，以至于出壳后身躯臃肿，翅膀干瘪，根本飞不起来，不久就死了。

其实，这个故事告诉我们压力对于每一个生命来说都是必然存在的，我们要正视这个问题，迎难而上，通过自己的努力克服自身的挫折，才能真正成功。所以，直面挫折要求我们，首先，正确认识挫折，挫折是生活的一部分，有了挫折我们才能进步、提升，当然挫折过大没有调节好也会影响健康的。其次，我们要能动地去接受自身的挫折，不能只是认命，要积极应对挫折。

（二）改变思维方式

首先，警惕非理性的行为方式。像我们平时会存在的"逆来顺受、逃避、穷紧张、鲁莽行事"的行为方式一定要努力克服，否则不利于我们应对挫折。

其次，培养理性的处事态度。培养理性的处事态度的步骤如下：

（1）认清压力事件的性质。

（2）理性思考并分析事件。

（3）确认个人对问题的处理能力。

（4）积极寻求能解决问题的资讯（含支持系统）。

（5）拟订计划，运用解决问题的技巧。

（6）积极处理问题，若仍不能解决问题，要做好打"持久战"的准备。

（三）适度宣泄以尽早摆脱

1. 学会倾诉

同学们有没有过事事不顺，心理压力很大，想找朋友诉说一下，却发现没有愿意静心倾听的对象的情况呢？下面我们就说说向友人倾诉的技巧。

（1）最好能找一位有共同经历和体验的朋友为倾诉对象。俗话说："同病相怜"。这样不仅容易得到对方的同情，还很有可能得到一些有益的指导。

（2）选择对方最闲暇的时间。当你准备向某位友人倾诉时，一定要了解他的休闲时间。反之，那种不分场合和时间的倾诉，往往效果不佳。

（3）突出重点。向他人倾诉，主要是寻求解决问题的方法和途径，讲清事件的大致过程，而非过多地抒发情感和细说枝节。如果对方在你大致诉说后并不再追问详情，你便不必再"啰唆"了。

（4）在倾诉中一定要给对方说话的机会。作为倾诉者，应在诉说的同时注意听者的反应，经常地停下来给对方插话的机会，只有这样才易使话题深入下去。

2. 高歌或释放音乐

有两种音乐可以起到舒缓压力的作用：一是个人喜欢的音乐；二是节奏适中的音乐。前一种音乐之所以可以起到减压的作用，是因为听到熟悉和喜爱的音乐时，往往会让人觉得更有安全感和更舒适；后一种音乐减压的原理则是由于人的脉搏具有固定的频率，人与人之间的差异不大，因而当音乐的节拍与人的脉搏达到和谐状态时，会让人觉得很惬意，从而暂时忘掉一些烦恼和不愉快。

3. 以静制动

以静制动就是以冷静的态度对待纷乱的局面。本意出自《孙子兵法·军争篇》的"以治待乱，以静待哗，此治心者也"。这里面我们要告诉大家的是，任何挫折感都会让我们变得浮躁不安，这是因为如果我们盲目行事自然可能出现不好的结果，所以我们不妨在承受挫折时，静下来思考和沉淀一段时间，相信会受益匪浅。

4. 不妨痛哭

哭作为一种常见的情绪反应，对人的心理起着一种有效的保护作用。当你的精神蒙受突如其来的打击时，当你的心情抑郁不乐时，不妨痛痛快快哭一哭。强烈的负性情绪会造成你心理上的高度紧张，而当这种紧张被你压抑下去得不到释放时，势必成为一种积累待发的能量，引起机体植物神经系统功能的紊乱，久而久之，会造成身心健康的损害，促成某些疾病的发生与恶化。而哭泣则能提供一种释放能量、缓解心理紧张、解除情绪压力的发泄途径，从而有效地避免或减少此类疾病的发生和发展。

（四）培养乐观豁达的性格

1. 正确认识性格与压力的关系

由于性格的原因，我们在承受压力的表现和调节能力上会存在不足，我们要正视这个情况，预估自己可能面临的压力局面，更好地应对压力。

如 A 型性格的人喜欢过度的竞争，喜欢寻求升迁与成就感；在一般言谈中过多强调关键词汇，往往越说越快并且加重最后几个词；喜欢追求各种不明确的目标；全神贯注于截止期限；憎恨延期；缺乏耐心；放松心情时会产生罪恶感。这样性格的人对压力更敏感，也比较容易过激，对压力的心理承受能力也差一些。因此要避免陷入焦躁状态，不要被突发事件打乱阵脚，更不要时刻让自己处于紧张状态。

2. 保持正向乐观的人生态度

在我们的生活中，不管是学习上，还是工作中，面对挫折保持乐观向上的心态是我们成功的重要因素，这说起来容易但做起来很难。具体应该怎么做才会让我们时刻保持一种乐观心态呢？

（1）人生于世十有八九是不如意的，在遭遇委屈和不幸时，绝望或颓废不仅于事无补，反而还会影响我们身心健康，要努力保持良好心态。

（2）感恩，是人际关系中最好的沟通。父母养育之恩、师长教育之恩，我们的周边有很多值得我们感恩的人和事，时时怀着感恩之心，人才会以更加宽容、更加热情的态度，投入生活。也能更好地保持自己的心理健康。

（3）人与人交际保持适当的距离。视线通透了，看对方也就更为长远、更客观，适当距离可保持闲适，更加清淡的人际交往，对保持心理健康十分有益。

（4）高洁情趣对人保持心理健康十分重要，闲暇时不妨放下手里的工作。

（5）反省自己。这种方式有利于你更加完善自己。

（6）要把奋斗目标定在自己能力所及的范围之内，保持心情快乐。

（7）经常把"我没有这个能力"改成"到目前为止我还没有这个能力"，"我做不成这件事"改成"到目前为止我还做不成这件事"，保持乐观心态。

（五）放松训练

面对挫折与压力，我们可以通过健身活动、深呼吸、放松调节等放松训练来暂时缓解我们的压力。不过这里要说明健身活动要适度，深呼吸就是我们心理学说的腹式呼吸，而放松调节的方法也有想象法、音乐调节法、快速宁静系列法、阳光治疗法、肌肉放松法等多种，同学们可以参考使用。

想象放松法：在心理咨询与治疗中，想象技术是最常用的技术之一，而且，通常结合其他的一些方法，比如暗示、联想等。想象最能让自己感到舒适、惬意、放松的情境，通常是在大海边。例如："我静静地俯卧在海滩上，周围没有其他的人；我感觉到了阳光温暖的照射，触到了身下海滩上的沙子，我全身感到无比的舒适；海风轻轻地吹来，带着一丝丝海腥味；海涛在轻轻地拍打着海岸，有节奏地唱着自己的歌；我静静地躺着，静静地倾听这永恒的波涛声……"自我想象放松可以通过自己在心中默念的方式来达成。节奏要逐渐变慢，配合自己的呼吸，自己也要积极地进行情境想象，尽量想象得具体生动，全面利用五官去感觉，想象放松方法，初学者可在别人的指导下进行，也可根据个人情况，自我暗示或借助于磁带录音来进行（在训练营中介绍一些具体方法）。

（六）建立有效的支持系统

（1）建立良好的人际关系。

（2）营造良好的心理安全氛围。

（3）积极参加丰富多彩的文体活动和社会实践活动。

（4）扩展可利用的各种资源。

心理训练营

一、心理体验

对压力再认识

压力在精神上的表现：消沉；思维混乱；失眠；思想消极；大喊大叫；过度亢奋；神经衰弱；喜怒无常。

什么人耐压力？

同样的事情对一个人是压力，对另外一个人却不是。这是因为性格的不同。不同性格的人对事情有不同的认知，所以对压力的看法和理解也是不同的，比如说，升职对有些人来说是压力，对有些人却认为这是理所当然的事情。

有学者提出，一般来说，有较高压力耐受力的人有三个特征：敢于承担义务；期待变化，勇于挑战；有控制感。

以下任何一种症状都表明你正因为压力而遭受痛苦：心跳过重；掌心冰冷或出汗；持续头痛；呼吸短促；胃部不适；恶心或呕吐；腹部疼痛；健忘；脾气不好；大喊大叫；肌肉刺痛。

二、心理训练

（一）心灵体操：受挫弹性测试

每个人的生活中都不同程度地受到挫折，人们在受挫后恢复的能力却各不相同。有些人弹性十足，有些人受挫后一蹶不振，而大多数人则介于两者之间。下列问题则可以测验出你应付困境的能力。在回答这些问题时，请你用"同意"或"不同意"作答。回答愈坦白，愈能测验出你的受挫弹性。同意画"√"，不同意画"×"。

（1）胜利就是一切。

（2）我基本是个幸运儿。

（3）白天工作不顺利，会影响我整晚的心境。

（4）一个连续两年都名列最后的球队，应退出比赛。

（5）我喜欢雨天，因为雨后常是阳光普照。

（6）如果某人擅自动用我的东西，我会气上一段时间。

（7）汽车经过时溅了我一身泥水，我生气一会儿便算了。

（8）只要我继续努力，我便会得到应有的报偿。

（9）如果有感冒流行，我常是第一个被感染的人。

（10）如果不是因几次霉运，我一定比现在更有成就。

（11）失败并不可耻。

（12）我是有自信心的人。

（13）落在最后，常叫人提不起竞争心。

（14）我喜欢冒险。

（15）假期过后，我需要舒散一天才能恢复常态。

（16）遭遇到的每一否定都使我更进一步接近肯定。

（17）我想我一定受不了被解雇的羞辱。

（18）如果向我所爱的人求婚被拒绝，我一定会精神崩溃。

（19）我总不忘过去的错误。

（20）我的生活中，常有些令人沮丧气馁的日子。

（21）负债累累的光景叫我寒心。

（22）我觉得要建立新的人际关系相当容易。

（23）如果周末不愉快，星期一便很难集中精力学习和工作。

（24）在我的生命中，我已有过失败的教训。

（25）我对侮辱很在意。

（26）如果聘任职务失败，我会愿意尝试。

（27）遗失了钥匙会叫我整星期不安。

（28）我已达到能够不介意大多数事情的地步。

（29）想到可能无法完成某项重要事情，会使我不寒而栗。

（30）我很少为昨天发生的事情烦心。

（31）我不易心灰意冷。

（32）必须有百分之五十以上的把握，我才敢冒险把时间投资在某件事上。

（33）命运对我不公平。

（34）对他人的恨维持很久。

（35）聪明的人知道什么时候该放弃。

（36）偶尔做个败北者，我也能坦然接受。

（37）新闻报道中的大灾难，使我无法专心工作。

（38）任何一件事遭到否决，我都会寻求报复的机会。

统计与解释

上列问题，列入"不同意"者为：（1）（3）（4）（6）（9）（10）（15）（17）（18）（19）（20）（21）（23）（24）（25）（27）（28）（29）（32）（33）（34）（35）（36）（37），其余题为"同意"。

依上列答案，相符者给 1 分，相反为零分。如果你只得到 10 分或者更少，那么你就是那种易被逆境、失望或挫折所左右的人，你易于把逆境看得太严重，一旦跌倒，要很久才能站起。你不相信"胜利在望"，只承认"见风转舵"。总分在 11 ~ 25 分者，遇到某些灾祸或逆境的时候，往往需要相当时间才能振作起来。不过这类人却能找到很多的技巧和策略来获取个人的利益。如果你的总分高于 25 分，则显示你应付逆境的弹性极佳。不理想的境遇对你虽然会造成伤害，但不会持久。这类人在情感上通常相当成熟，对生活也充满热爱，他们不承认有失败，纵或一时失败，仍坚信有"东山再起"的一天。

（二）想象放松法的应用

想象放松法主要通过唤起宁静、轻松、舒适情景的想象和体验，来减少紧张、焦虑，控制唤醒水平，引发注意集中的状态，增强内心的愉悦感和自信心。如，想象自己躺在温暖阳光照射下的沙滩上，迎面吹来阵阵微风，海浪有节奏地拍打着岸边；或者想象自己正在树林里散步，小溪流水，鸟语花香，空气清新。

这种技术首先要求采取某种舒适的姿势，如仰卧，两手平放在身体的两侧，两脚分开，眼睛微微闭起，尽可能地放松身体。慢而深地呼吸，想象某一种能够改变人的心理状态的情境。尽可能使自己有身临其境之感，好像真的听到了那儿的声音，闻到了那儿的空气，感受到了那儿的沙滩和海水。练习者身临其境之感越深，其放松效果越好。

成功地利用想象来放松的关键在于：①头脑里要有一种与感到放松密切相联系的、清晰的处境；②要有很好的想象技能，使这种处境被心理上的"眼睛"看得很清楚，并进入放松的状态。

情境：

（1）请注意听以下暗示语，它们会有助于你提高放松能力。每次我停顿时，继续做你刚才正在做的事。好，轻轻地闭上双眼并深呼吸三次……

（2）左手紧握拳，握紧，注意有什么感觉……现在放松……

（3）再次握紧你的左手，体会一下你感觉到的紧张状况……再来一次，然后放松并想象紧张从手指上消失……

（4）右手紧紧握拳，全力紧握，注意你的手指，手和前臂的紧张状况……好，现在放松……

（5）再一次握紧右拳……再来一次……请放松……

（6）左手紧紧握拳，左手臂弯曲使肱二头肌拉紧，紧紧坚持着……好，全部放松，感觉暖流沿二头肌流经前臂，流出手指……

（7）右手握紧拳头，右手臂弯使肱二头肌发紧，紧紧坚持着，感觉这紧张状态……好，放松，集中注意这感觉流过你的手臂……

（8）请立即握紧双拳，双臂弯曲，使双臂全部处于紧张状态，保持这个姿势，想一下感觉到的紧张……好，放松，感觉整个暖流流过肌肉。所有的紧张流出手指……现在我静静地躺在湖边的草地上，周围没有其他人，清风轻轻地吹着，我渐渐聆听到风吹过草地和我的耳旁，我感受到了阳光照射的温暖，触到了湖边柔软的草儿，我全身感到无比的舒适，微风带来（清新的味道），（湖面上的水静悄悄地涌过来，时不时有鱼儿嬉水溅出的水花声），我静静地，静静地谛听着（这令人神往的梦里水乡）……

（三）心灵氧吧

推荐书籍：《登天的感觉》（岳晓东，上海人民出版社）

内容简介："我恨我自己，我实在太愚蠢了""我们的爱情还有救吗？"……这些日常生活中随处可见的问题，妨碍着我们对幸福的追求。在处理这些心理个案的过程中，作者展现了心理咨询的神奇技巧——原来一个人的人生道路可能因为几句话而改变！

日常生活中的许多困扰我们的问题实际都是心理问题，本书将给你带来飞翔在云端般的美妙感受——登天的感觉。

本书出版后曾多次再版，深受广大读者欢迎。本书是 2008 年最新修订版，正文中穿插的作者在哈佛大学活动以及哈佛校园风景的彩色图片，使我们在走近作者的同时，获得赏心悦目的阅读感受。

推荐影片：《阿甘正传》（美国，1994 年上映）

影片简介：是由罗伯特·泽米吉斯执导的电影，由汤姆·汉克斯、罗宾·怀特等人主演。电影改编自美国作家温斯顿·格卢姆于 1986 年出版的同名小说，描绘了先天智障的小镇男孩福瑞斯特·甘自强不息，最终"傻人有傻福"地得到上天眷顾，在多个领域创造奇迹的励志故事。电影上映后，于 1995 年获得奥斯卡最佳影片奖、最佳男主角奖、最佳导演奖等 6 项大奖。

（四）心灵感悟

海伦凯勒（1880—1962），美国女学者，生于亚拉巴马州的小镇塔斯康比亚，1 岁半时突患急病，致其既盲又聋且哑。在如此难以想象的生命逆境中，她踏上了漫漫的人生旅途……

人们说海伦是带着好学和自信的气质来到人间的，尽管命运对幼小的海伦是如此的不公，但在她的启蒙教师安妮·莎利文的帮助下，顽强的海伦学会了写、学会了说。小海伦曾自信地声明："有朝一日，我要上大学读书！我要去哈佛大学！"这一天终于来了。哈佛大学拉德克利夫女子学院以特殊方式安排她入学考试。只见她用手在凸起的盲文上熟练地摸来摸去，然后用打字机回答问题。前后 9 个小时，各科全部通过，英文和德文得了优等成绩。4 年后，海伦手捧羊皮纸证书，以优异的成绩从拉德克利夫女子学院毕业。海伦热爱生活，她一生致力于盲聋人的福利事业和教育事业，赢得了世界舆论的赞扬。她先后完成了《我生活的故事》等 14 部著作，产生了世界范围的影响，她那自尊自信的品德，她那不屈不挠的奋斗精神被誉为人类永恒的骄傲。

请问：这个故事说明了什么道理？你从中受到哪些启示？

三、思考与作业

（1）请列举你入学以来面临过的压力有哪些，并试着分析压力产生的原因，现在你会如何应对这些压力？

（2）你是否能承受住学习生活中挫折对你带来的突发影响，你能够为自己做些什么来帮助你提升自我的心理承受力？

调整心态，准备择业

心灵格言 ///

在选择职业时，我们应遵循的主要方针是人类的幸福和我们自身的完美。

——马克思

看重你的工作，精神振奋地投入每一件事，会使你充满活力，并赢得尊重。

——雨果

为了使人们在工作时感到快乐，必须做到以下三点：他们一定要胜任自己的工作；他们不可做得太多；他们必须在自己的工作中获得成功感。

——罗斯金

学习目标 ///

知识目标：了解职业、职业生涯和职业生涯规划；能了解分析就业市场现状，能调试大学生择业中的心理矛盾；了解影响大学生择业的因素。

技能目标：掌握心理障碍的相关知识，理解生命的价值，理解危机可能是转机。

情感目标：帮助大学生认识社会、了解社会，认识自我、了解自我，做好择业前的心理准备和职业准备。

任务一　做好职业准备，明确职业定向

案例导入 ///

刘某是某职业院校计算机专业的学生，毕业在即，但是工作的事情一筹莫展。一开始他想做一名软件工程师，因为这和他的专业更贴近。但是他从报纸上了解到，软件工程师是一个青春职业，和年龄有很大的关系，35岁以后软件工程师就面临着被淘汰的可能性，工作不太稳定。于是他想去卖包子，因为他认为他家楼下卖包子的生意很稳定，后来因为家里的反对，放弃了这个想法。于是，他决定去公司应聘。首先他想到的是去做销售，因为他看到很多公司的高层领导都是从销售开始的。但是求职销售没有成功，他又回到IT业，想做IT

培训老师，但是也没有成功。整个过程下来，他找了很多工作，做了很多选择，但都没有成功。他变得非常失望、焦虑，他觉得自己的能力不被社会接受，于是他去上网、玩游戏，以暂时缓解焦虑的情绪。

案例启示 ▶▶▶

（1）刘某的求职方向变动很大，不太清楚自己适合哪种类型的工作；另外，他的行动最后很消极。由此可见，我们需要进行职业测评和职业生涯规划，才能清楚干什么是适合自己的工作。

（2）大学生要能够认清求职成功的影响因素，了解职业生涯规划的基本要求，掌握职业生涯规划的方法，这样才能选择适合自己的职业，提升成功率。

知识链接 ▶▶▶

一、职业、职业生涯及职业生涯规划

（一）职业的含义

职业是指人们为了谋生和发展而从事的相对稳定的、有经济收入和特定类别的社会劳动。这种社会劳动决定于社会分工，并要求劳动者具备一定的生活素养和专业技能。这种社会劳动是人们的生活方式、经济状况、受教育程度、行为模式和道德情操等的综合反映，是权利、义务与责任的具体体现。

职业具有三个特征：第一，经济性，即通过职业的劳动取得经济收入。第二，社会性，即符合社会需要。职业是根据社会需要将一部分劳动者相对稳定地安置在劳动岗位上，使之固定从事某项稳定的工作。第三，职业与收入密切相关。没有经济报酬的工作，即使是稳定的，也不能称之为职业。

（二）职业生涯及职业生涯规划

有人说：人生如同一盘棋子，黑白之间蕴藏着无限的玄机。如果想要成为这盘棋的胜者，就应该想想这盘棋怎么个下法。每个人只有一次人生，但有无数次的机会。理想的职业需要我们科学的规划和积极的行动。

1. 职业生涯的含义及其特点

美国生涯理论专家萨珀（D. E. Super）说："生涯"是生活里各种事件的方向，它统合了个人一生中各种职业和生涯的角色，由此表现个人独特的自我发展形态；它也是人生自青春期至退休所有有酬或无酬职位的综合。除了职位之外，还包括与工作有关的各种角色，如学生、退休者，甚至包含了家庭和公民的角色。

职业生涯是对生涯的狭义理解，专指个体职业发展的历程。它是一个人从踏入社会、从事工作之前的职业训练或职业学习开始，到职业劳动最终结束、离开工作岗位为止的这一段人生旅程。

生涯具有以下四个特点：第一，终身性。生涯的发展不是个人某一阶段所特有的，而是终生发展的过程。第二，独特性。每个人的生涯发展都是独一无二的。第三，发展性。生涯

是一个动态发展的历程。第四，综合性。生涯以个人事业角色的发展为主轴，包括其他与工作有关的角色。

2. 职业生涯规划的含义及作用

1）职业生涯规划的含义

职业生涯规划是个人对今后所要从事的职业、要去的工作单位、要担负的工作职务等一系列发展问题做出的设想和规划。做好职业生涯规划，不仅能帮助人们真正了解自己，明确自己的目标和追求，而且能够帮助人们将理想人生转化为现实人生。

2）职业生涯规划的作用

第一，职业生涯规划有利于明确人生的奋斗目标。

我国台湾金树人曾说过："人为自己设定目标，带出希望，所有的行动都会凝聚在这个希望周围，活出意义来。"只有确立了明确的目标，才能激励人们去努力奋斗，并积极创造条件去实现目标，避免盲目和浪费青春。

第二，职业生涯规划有利于个体更好地了解自己的实力和特长。

一个人应该有自知之明，既要知己所长，又要知己所短。为了能够在工作中掌握主动权，要根据环境和个人条件，制定出能够扬长避短的职业生涯规划，只有这样才能选择适合自己的职业。

第三，职业生涯规划有利于个人制订出有针对性的培训开发计划，有助于将前途和命运掌握在自己手中。

通过职业生涯规划，可以有针对性地制订学习计划来提高自身的知识水平和自我管理能力，以实现自己的奋斗目标。

第四，职业生涯规划有利于用人单位人尽其才，避免人力资源的浪费。

用人单位应该根据每位员工的气质、性格、能力、兴趣、价值观和理想等，特别是根据每位员工的职业发展规划和设想，为他们创造实现奋斗目标的环境和条件，以真正实现人尽其才。

3. 我国职业生涯规划的类型

1）按历史发展分为以下四个类型

第一，子承父业型。

在自然经济中，经济发展落后，信息封闭，家传亲授各种谋生的技艺或手工艺十分普遍，某些行业至今仍是这样。例如，现在社会上有很多梨园世家、医生世家、教师世家、家庭手工艺作坊等，甚至有的"青出于蓝而胜于蓝"。但与此同时，"子叛父业"的人数也在增加。

第二，服从分配型。

在计划经济时代，大学生实行"包学费、包分配、包当干部"。那时，包括大学生在内的全体民众都是服从分配，"一颗红心、多种准备""我是一颗螺丝钉，拧在哪里都不放松"十分盛行。

第三，临阵磨枪型。

在计划经济向市场经济的转型中，国家实行了大学生"自主择业"的新政策。一些大学生临近毕业时，简单接受就业指导、临时收集就业信息、临时制定就业决策、匆忙准备就业资料，一派"现上轿、现扎耳朵眼"的仓促窘况。

第四，未雨绸缪型。

在市场经济中，社会竞争日趋激烈，越来越多的大学生意识到"预则立，不预则废"的道理，也越来越重视生涯规划的作用。在正确认识自我的前提下，大学生根据社会发展需要和自己的专业兴趣，确定自己的职业生涯规划，并积极做好知识、技能、思想及心理上的准备，努力实施生涯规划。

2）按照规划的时间维度，职业生涯规划可分为四种类型

第一，短期规划，即两年以内的规划，主要是确定近期目标，规划近期所要完成的任务。

第二，中期规划，一般指 2~5 年内的职业规划，是最常见的一种职业生涯规划。

第三，长期规划，一般指 5~20 年的规划，主要是设定一个较长远的职业目标，以及为此制定具体的措施。

第四，人生规划，至整个职业生涯阶段的规划，时间长达几十年，主要是设定整个职业阶段的发展目标和行动规划。

（三）舒伯——生涯发展论

从 20 世纪 50 年代初开始，许多学者开始研究职业和生涯发展问题，形成了一系列理论学说，其中舒伯的生涯发展理论是最有代表性的理论之一。他的职业生涯发展阶段理论是一种纵向职业指导理论，重在对个人的职业倾向和职业选择过程本身进行研究。

舒伯把"生涯"定义为生活中各种事件的演进方向和历程，它统合了人一生中的各种职业和生活角色，由此表现出个人独特的自我发展形态；生涯也是人生自青春期至退休后所有有酬和无酬的职位的总和，除了职位以外还包括与工作有关的各种角色。

根据布尔赫勒的生命周期和列文基斯特的发展阶段论，舒伯发展出一个新的诠释职业和生涯的发展概念模式。他在 1953 年提出了 10 个基本主张，在之后出版的《职业发展：研究的架构》（*Vocational Development：a Framework for Research*）和他与巴克拉奇合著的《科学的生涯和职业发展》（*Scientific Careers and Vocational Development Theory*）中，又进一步发展为 12 个基本主张。

资料链接 \\\\\\

舒伯对生涯和职业发展的 12 项基本主张

（1）生涯是一种连续不断、循序渐进且不可逆转的过程。

（2）生涯发展是一种有秩序、有固定形态，且可以预测的过程。

（3）生涯发展是一种动态的过程。

（4）自我观念在青春期就开始发展，至青春期逐渐明朗，并于成年期转化为职业生涯的概念。

（5）自青少年期至成人期，随着时间及年龄的渐长，现实因素，如人格特质及社会因素，对个人职业的选择愈加重要。

（6）对于父母的认同会影响个人正确角色的发展和各个角色间的一致及协调，以及对职业生涯计划及结果的解释。

（7）职业升迁的方向和速度与个人的聪明才智、父母的社会经济地位、本人的地位需求、价值观、兴趣、人际技巧，以及经济社会中的供需情况有关。

（8）个人的兴趣、价值观、需求、对父母的认同、社会资源的利用、个人的学历，以及其所处社会的职业结构、趋势、态度等均会影响个人的生涯选择。

（9）虽然每种职业均有特定要求的能力、兴趣、人格特质，但颇具弹性，以致允许不同类型的人从事相同的职业，或一个人从事多种不同类型的工作。

（10）工作满意度视其个人能力、兴趣、价值观及人格特质是否能在其工作中适当发挥。

（11）工作满意的程度与个人在工作中实现自我观念的程度有关。

（12）对大部分人而言，工作及职业是个人人格完整的重心。

舒伯认为，人的每一个年龄阶段都与职业发展有着相互配合的关系，人的生涯发展会伴随着年龄的成长而递进，每个年龄阶段各有其生涯发展的任务。他将人的生涯发展分为成长（growth，儿童期）、探索（exploration，青春期）、建立（establishment，成年前期）、维持（maintenance，中年期）、衰退（decline，老年期）五个阶段，每一阶段又分别包含几个子阶段。

1. 成长阶段（0~14 岁）

此阶段的主要任务：经由与家庭、学校中重要人物的认同而发展出自我概念。此阶段的重点之一是身体与心理的成长。透过经验可以了解周围环境，尤其是工作世界，并以此作为试探选择的依据。

成长阶段的三个子阶段分别是：

（1）幻想（fantasy，0~10 岁）：以需求为主，角色扮演在此阶段很重要。

（2）兴趣（interest，11~12 岁）：喜欢是期望从事某活动的主因。

（3）能力（capacity，13~14 岁）：能力占的比重较大，也会考虑工作要求的条件。

2. 探索阶段（15~24 岁）

此阶段的主要任务：自我概念与职业概念的形成、自我检视、角色尝试、学校中的职业探索、休闲活动与兼职工作。

探索阶段的三个子阶段分别是：

（1）试探（tentative，15~17 岁）：会考虑自己的需求、兴趣、能力、价值与机会，并会透过幻想、讨论、课程、工作等尝试做试探性的选择。此时的选择会缩小范围，但因仍对自己的能力、未来的学习与就业机会不是很确定，所以现在的一些选择以后并不会采用。

（2）过渡（transition，18~21 岁）：更加考虑现实的状况，并试图将自我概念实施。

（3）尝试（trial，22~24 岁）：已确定了一个似乎是较适当的领域，找到一份入门的工作后，并尝试将它作为维持生活的工作。此阶段所选择的工作范围会更缩小，只选择可能提供重要机会的工作。

3. 建立阶段（25~44 岁）

此阶段的主要任务：凭借尝试错误以确定前一阶段的职业选择与决定是否正确。若自觉决定正确，就会努力经营，打算在此领域久留。但也有一些专业的领域，还未尝试就已开始了建立阶段。

建立阶段的两个子阶段分别是：

（1）尝试（trial，25~30 岁）：原本以为适合的工作，后来可能发现不太令人满意，于是会有一些改变。此阶段的尝试是定向后的尝试，不同于探索阶段的尝试。

（2）稳定（stabilization，31～44岁）：当职业的型态都很明确后，便力图稳定，努力在工作中谋取一个安定的位子。

4. 维持阶段（45～64岁）

此阶段的主要任务：守住这份工作，继续将它做好，并为退休做计划。

5. 衰退阶段（65～死亡）

此阶段的主要任务：在体力与心智逐渐衰退时，工作活动将改变，必须发展出新的角色：先是变成选择性的参与者，然后成为完全的观察者。

衰退阶段的两个子阶段分别是：

（1）减速（deceleration，60～70岁）：工作速度变慢，工作责任或性质亦改变，以适应逐渐衰退的体力与心智。许多人也会找份代替全职的兼职工作。

（2）退休（retirement，71岁至死亡）：有些人能很愉快地适应完全停止工作；有些人适应困难、郁郁寡欢；有些人则是老迈而死。

在以上这些不同的阶段，人所扮演的角色也不同，且通常要同时扮演几个角色，如子女、学生、工作者、配偶、家长等。舒伯设计了生涯彩虹图来表示不同角色在人生各个阶段的地位，如图9-1所示。

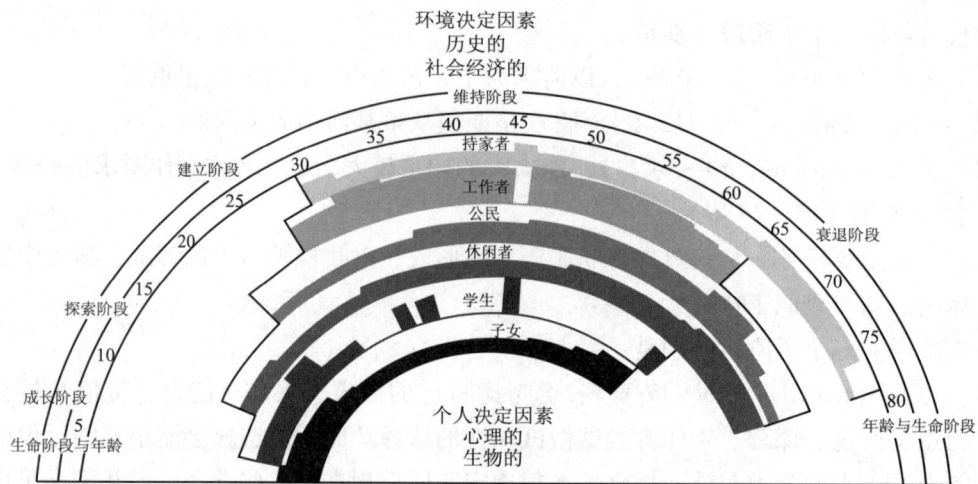

图9-1　舒伯的生涯彩虹图

综合阶段理论和角色理论，舒伯把人生发展分为三个层面：

（1）时间层面，即每个人从生到死的整个生命过程。

（2）广度层面，即每个人一生中在不同阶段所扮演的各种不同角色。

（3）深度层面，即每个人在扮演各个角色上的投入程度。比如有的人在工作角色上投入程度多一些，有的人则在家庭角色上投入更多一些等。

二、职业生涯规划的意义

（一）职业生涯规划针对个人而言

1. 就未入职的大学生来说

职业生涯规划是人生和事业成功的导航仪，对个体在人生各个阶段的成长和发展都有着非常重要的指导作用。高校大学生进行职业生涯规划更有重要的现实意义。

1）职业生涯规划有利于学生理性认知自我，不断完善自身

通过开展职业生涯规划可以使学生更加理性地认识自己，更加深入地探索自我，能够正确地认识自身的性格特质，认清自身的优势和不足，重新对自己的价值进行定位，不断完善自己的人格，谋求自身更好的发展。

2）有助于学生增强学习的目的性和计划性，激发学习动力

职业生涯规划可以极大提高学生学习的目的性和计划性，使学习方向更加明确，学习效率更高，学生也从不断地自我实现中得到满足，激发学习的动力，更加积极主动地去学习和探索。其次，职业生涯规划有利于学生发掘自身潜能，提升综合竞争实力。通过职业生涯规划教育，使学生了解社会现实和职业要求，确立职业发展目标，在日益激烈的社会竞争中找到适合自己发展的平台，并有针对性地开展学习、培训和各种实践活动，充分发挥个人长处，克服缺点和不足，挖掘自身潜能，增强自身综合素质，提升竞争实力。

2. 就已入职人员来说

职业生涯规划是针对决定个人职业选择的主观和客观因素进行分析和测定，确定个人的奋斗目标和职业目标，并对自己的职业生涯进行合理规划的过程。职业生涯规划要求你根据自身的"职业兴趣、性格特点、能力倾向，以及自身所学的专业知识技能等"自身因素，同时考虑到各种外界因素，经过综合权衡考虑，来把自己定位在一个最能发挥自己长处的位置，以便最大限度地实现自我价值。一个职业目标与生活目标相一致的人是幸福的，职业生涯规划实质上是追求最佳职业生涯的过程。哈佛大学的爱德华·班菲德博士对美国社会进步动力的研究发现，那些成功的人往往都是有长期时间观念的人。他们在做每天、每周、每月活动规划时，都会用长期的观点去考量，他们会规划五年、十年，甚至二十年的未来计划，他们分配资源或做决策都是基于他们预期自己在几年后的地位而定。这一研究成果，对于刚刚跨入社会的职场人士有着重要的启示作用。

（二）职业生涯规划针对社会而言

1. 将有利于缓解我国大学生就业压力

众所周知，近年来我国一直面临巨大的就业压力。虽然大学生就业难是多方面的因素造成的，如国际经济的不景气、我国正处于经济体制的转型时期以及高校的扩招、高校的专业设置不能适应市场的需求等，但其中还有一个非常重要的问题，那就是我们的毕业生自身的问题。现在的高校毕业生中，有相当一部分学生到毕业时都不知道自己该干什么、能干什么，更不知道自己适合哪些岗位、职业，因此在就业时存在着盲目择业的问题。这就更进一步激化了我国的就业难问题，对社会的安定也有很大的负面影响。而如果我们能够有效地实施大学生职业规划教育，就能在很大程度上缓解我国大学生的就业压力，最终促进社会的和谐与安定。

2. 将有利于高校的生存与进一步发展

近几年媒体不断在报道，各地放弃参加高考的人数逐年上升，虽然弃考的原因是多方面的，但主要原因则是觉得上大学不合算，因为在高校高额学费的背后，却面临毕业时的就业难。家长看到这种现象自然会考虑孩子是否有必要上大学的问题。因此大学生的就业问题也是影响高校进一步生存与发展的至关重要的问题，只有很好地解决了这个问题，高校才能进

一步生存与发展。

技能导入 ///////

一、职业生涯规划基本要素和步骤

（一）职业生涯规划应考虑的基本要素

职业生涯规划对于一个人的人生具有重要意义。一个人若决策正确，就有可能扬长避短，事业有成；反之，则会走许多弯路，经历较多的失败。在进行生涯规划时，只有认真思考，审时度势，才能创造完美的人生。一般来说，要考虑5个"W"1个"H"，即：

（1）WHO（人）：主要回答"我是谁""我具备什么特质""我的专长何在""我父母对我的期望"等问题。

（2）WHAT（事）：进行生涯抉择时，要问自己"我有哪些选择""我的问题在哪里""我每个决定可能产生的影响是什么"等问题。

（3）WHEN（时）：着重考虑时间的长短与紧迫性，如"我的计划允许我搜集资料的时间有多长""我有多长的时间做出决策"等。

（4）WHERE（地）：指职业发展的空间因素，即职业发展的地点，如"是选择家乡还是大都市""是去南方发展还是留守在北方"等问题。

（5）WHY（原因）：即回答抉择的理由，如"我为什么留在北京发展""我为什么放弃原先的想法"等。要充分考虑抉择的利与弊、优与劣，审时度势，做好充分的思想准备。

（6）HOW（如何）：做好抉择前的信息和实力的准备。如知识经验的积累、能力的提高、知识的储备、信息的搜集等工作。

（二）职业生涯规划的基本步骤

职业生涯规划由自我分析（知己、知彼）、生涯抉择、制定目标和行动四个环节组成。其关系如图9-2所示。

（1）职业生涯规划必须在正确、充分认识自身条件及相关环境的基础上进行。即所谓"知己知彼，百战百胜"。"知己"就是有正确的自我认识，知晓自己的长处、短处、兴趣和爱好；"知彼"就是熟悉周围环境，特别是要了解与生涯发展有关的工作领域，如业务范围、人际关系圈等。

图9-2 职业生涯规划四环节的关系

（2）在认真思考的前提下，"衡外情、量己力"，选择最适合自己的工作。例如：杨婧是个热情爽朗、活泼干练的经济管理专业的学生，她是校学生会文艺部部长，多才多艺，并具有较强的组织和管理能力。她希望找到能够发挥自己的专业和特长的工作，成为外资企业的高级管理人员或自主创业当老板。

（3）制定切实可行的目标。目标的确立既要立足现实，适合自身特点，又要符合用人单位的需求。上例中杨婧为了实现自己的理想，制订了如下计划：英语能够熟练地听、说、读、写，获得大学英语六级证书；熟练掌握计算机操作，获得国家计算机三级考试证书；持

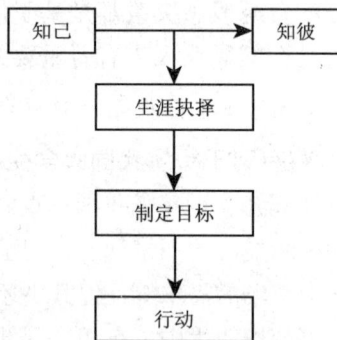

有汽车驾驶证；掌握一门第二外语，如德语或法语；学好本专业知识，选修相关学科的课程，如国际金融、西方经济学、法学等。

（4）积极行动。当职业目标确定后，应瞄准目标，集中自己的脑力、时间、精力、物力、财力等一切可以调动的能量，勤奋刻苦地为实现目标而努力。在这个过程中，要排除无益于目标实现的活动和干扰，沿着既定的目标而努力。上例中杨婧为了实现自己制定的目标，制订了每天学习、工作的计划，把自己的时间安排得非常合理，不仅在知识上不断充实自己，而且利用业余时间，积极锻炼身体，努力提高自己各方面的能力。如人际交往能力、组织能力等。

（5）在制定职业生涯规划时，要注意以下三方面的问题：①正确认识社会发展的客观需要，特别是用人单位对职业的现实要求；②正确认识自己，根据自身的实际情况，实事求是，与时俱进地制定符合自己实际的职业生涯规划；③根据已经确定的职业生涯规划，努力学好相关知识，掌握基本职业技能，不断提高自身的综合素质，学会学习，学会做人，学会做事，学会与人相处。

二、职业生涯规划的方法和流程

（一）职业生涯规划的方法

职业生涯规划也和初次上路的行者一样，需要认真思考自己要去的方向，拟订一个行动计划，步步为营；如果且走且战，则很容易陷入职业发展的泥淖，疲惫不堪。听从内心需要，挖掘出自身潜能，需要遵循一套客观、科学、实际的规划方法和流程。图 9-3 描述了系统的生涯规划方法。

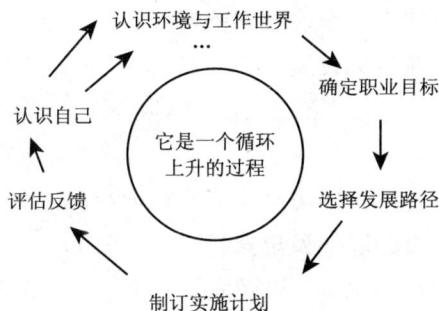

图 9-3 系统的职业生涯规划方法

（二）职业生涯规划的流程

1. 自我评估

自我评估就是对自己作全面分析，认识自己、了解自己，这是实施生涯规划的重要一步。理想的职业要靠科学的规划，科学规划的基础是准确的评估。

1）自我评估的内容

自我评估的内容包括个人的兴趣、特长、性格、学识、技能、智商、情商、逆商、财商、健商，以及组织管理、协调、活动等的能力。

2）自我评估的方法

· 自评法：自我反省、自我分析。

· 他评法：利用家长、同学、朋友对自己的分析评价。

· 测试法：利用职业测评软件对自己进行测评。

在自我评估时，往往是几种方法共同使用，最终得出交集。

2. 环境分析

环境因素对个人职业生涯发展的影响是巨大的，它为每个人提供了活动空间、发展条件和成功的机遇。环境分析的内容包括对社会环境、组织环境和家庭环境的分析。社会环境包括：政治、经济、文化、社会价值观。组织环境包括：组织状况和特色、发展战略、管理制度、领导者风格等。家庭环境包括：家庭的经济地位、家族期望、传统文化等。

在进行职业生涯设计时，要通过分析各种环境因素，特别是对组织发展战略、人力资源需求、晋升机会分析，以及对社会政治环境、经济环境等有关问题的分析和探讨，弄清楚环境的特点、环境的变化趋势、个人与环境的关系、个人在环境中的地位、环境对个人的要求，弄清环境对职业发展的作用和影响，以便更好地进行职业目标的设计和职业路线的选择。

3. 确定目标

行为科学认为，目标是一种刺激，合适的目标能够激发人的动机，规定行为的方向。行为科学家佛隆认为：人们把目标的价值看得越大、估计实现的概率越高，这个目标对他的激发力量也就越大。理想的职业生涯目标，对个人的发展有着重要的激励作用。由于知识、经验、阅历、态度、各自利益的不同，每个人对于自己预期的职业生涯目标也各不相同，应根据自己不同的需要确定自己的职业生涯目标。

人生的职业目标有短期目标、中期目标和长期目标之分，在一定的时期内，要依据社会环境等客观实际情况的变化进行一些必要的调整，使职业目标更贴近实际。要善于将职业生涯远期目标分解为有时间规定的长、中、短期分目标，目标分解的过程就是职业生涯不断清晰化、具体化的过程。另外，在目标设定上，应根据主客观条件来设计，要保证目标适中，不可过高或过低。

4. 选择路线

通过自我评估、认识自己、分析环境确定未来职业目标之后，就要从自己的价值观、理想、成就动机等对自己以后从事的职业做出选择。

选择职业生涯路径，通常有"纵向""横向""网络""双重"这四种职业路径可供选择，其选择因人不同而不同。职业生涯路线也可能出现交叉与转换，个人可依据自身特点和外界环境，选择职业发展路径。

（1）纵向职业路径——传统路径，在变换工作的同时提升在组织中的层级。

（2）横向职业路径——选择积累阅历、扩大知识技能面的跨职能边界进行工作变换。

（3）网络职业路径——纵向、横向相结合。

（4）双重职业路径——选择凭自己能力的提高为组织做出贡献，从而赢得更好的待遇、应有的承认，即不必成为管理者而只做技术、管理专家的双重职业路径。

5. 制订计划并实施

一种性格决定一种命运，一种习惯决定一种性格，一种行为决定一种习惯，一种思想决定一种行为。当思想上确定了目标，行动便成了关键的环节。行动计划是指落实目标的具体措施，主要包括工作、训练、教育、学习等多方面的措施。行动计划由长期和短期两部分组成。长期计划有点像人生目标，它的实现有众多不确定因素，我们有必要根据自身实际和社会发展趋势，不断地设定新的短期可操作的目标。

当生涯计划的策划部分完成后，便要采取行动，因为坐而知是不够的。空有计划，而无行动，则一切都如梦幻泡影。以工作生涯的发展为例，付诸行动时要考虑的因素包括：自己现有的教育与训练，是否足够应付工作所需？如果答案是否定的，哪些机构可以提供这些服务？质量如何？价钱多少？是否需要取得一些工作经验？短期的还是长期的，业余的还是全时的？义务性的还是要求报酬的？总之，在行动中积累自己的资源，是此步骤中的重点。

6. 及时评估反馈并调整

常言道，计划赶不上变化。事物都是处于运动变化中的，由于自身及外部环境条件的变化，职业生涯设计也要随之变化。种种不确定因素可能会使得原本制定好的规划设计与实际情况产生偏差。但是我们不必过于担心这个问题，正如航天飞机在飞向月球的过程中，97%都是偏离航道的，不断地从回馈中修正航道是不可避免的事。职业生涯规划也是如此，即使能从事自己喜欢的工作，仍然会不时地被杂事缠身，从而偏离或失去方向。因此，需要对原来的设计做出及时而准确的修订。以上步骤是动态的和闭合的一个系统，可用图9-4来示意。

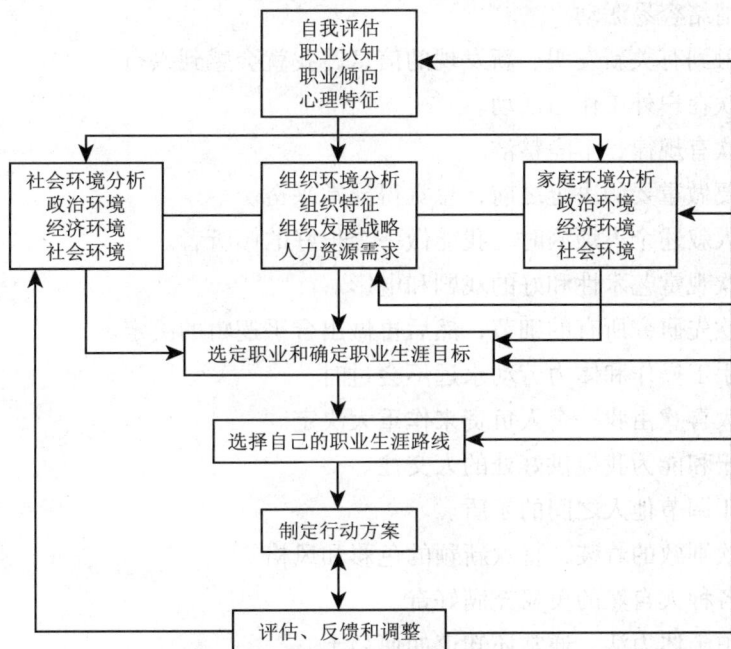

图 9 - 4　职业生涯规划流程

三、心理测试

什么职业适合我？

以下有 60 道题目，如果你认为是符合自己情况的选项，便在题目后面的表 9 - 1 中相应的序号上画个圈，反之则不必做记号。答题时不需要反复思考。

（1）我喜欢自己动手干一些具体的、能直接看到效果的活。

（2）我喜欢弄清楚有关做一件事情的具体要求，以明确如何去做。

（3）我认为追求的目标应该尽量高些，这样才可能在实践中多获得成功。

（4）我很看重人与人之间的友情。

（5）我常常想寻找独特的方式来表现自己的创造力。

（6）我喜欢阅读比较理性的书籍。

（7）我喜欢生活与工作场所布置得朴实些、实用些。

（8）在开始做一件事情以前，我喜欢有条不紊地做好所有准备工作。

（9）我善于带动他人，影响他人。

（10）为了帮助他人，我愿意做些自我牺牲。

（11）当我进入创造性工作时，我会忘却一切。

（12）在找到解决问题的办法之前，我通常不会罢手。

（13）我喜欢直截了当，不喜欢说话婉转。

（14）我比较善于注意和检查细节。

（15）我乐于在所从事的工作中承担主要责任。

（16）在解决个人问题时，我喜欢找他人商量。

（17）我的情绪容易激动。

（18）一接触到有关新发明、新发现的信息，我就会感到兴奋。

（19）我喜欢在户外工作与活动。

（20）我喜欢有规律、干净整洁。

（21）在我要做重要的决定之前，总觉得异常兴奋。

（22）当别人叙述个人烦恼时，我能做一个很好的倾听者。

（23）我喜欢观赏艺术性和好的戏剧和电影。

（24）我喜欢先研究所有的细节，然后再做出合乎逻辑的决定。

（25）我的手工操作和体力劳动永远不会过时。

（26）我不大喜欢由我一个人负责来作重大决定。

（27）我善于和能为我提供好处的人交往。

（28）我善于调节他人之间的矛盾。

（29）我喜欢别致的着装，喜欢新颖的色彩和风格。

（30）我对各种大自然的奥秘充满好奇。

（31）我不怕干体力活，通常还知道如何巧干。

（32）在做决定时，我喜欢保险系数比较高的方案，不喜欢冒险。

（33）我喜欢竞争与挑战。

（34）我喜欢与人交往，以丰富自己的阅历。

（35）我善于用自己的工作来体现自己的情感。

（36）在动手做一件事情之前，我喜欢先在脑中仔细思索几遍。

（37）我不喜欢购买现成的物品，希望能购买到材料自己做。

（38）只要我按照规则做了，心里就会踏实。

（39）只要成果大，我愿意冒险。

（40）我通常能比较敏感地察觉到他人的需求。

（41）音乐、绘画、文字，任何优美的东西都特别容易给我带来好心情。

（42）我会把受教育看成不断提高自我的一辈子的过程。

（43）我喜欢把东西拆开，然后再使之复原。

（44）我喜欢每一分钟都过得很充实。

（45）我喜欢启动一项工作，而具体的细节让其他人去负责。

（46）我喜欢帮助他人，提高他人的学习能力。

（47）我很善于想象。

（48）有时候我能独坐很长时间来阅读。

（49）我不怎么在乎干活时弄脏自己。

（50）只要能仔细地完整地做完一件事情，我就感到十分满足。

（51）我喜欢在团体中担当主角。

（52）如果我与他人有了矛盾。我喜欢采取平和的方式加以解决。

（53）我对环境布置比较讲究，哪怕是一般的色彩、图案，都希望能赏心悦目。

（54）哪怕我明知道结果会与我的期盼相悖，我也要深究到底。

（55）我很看重拥有健壮灵活的身体。

（56）如果我说了我来干，我就会把这件事情彻底干好。

（57）我喜欢谈判，喜欢讨价还价。

（58）人们喜欢向我倾诉他们的烦恼。

（59）我喜欢尝试有创意的新主意。

（60）凡事我都喜欢问一个"为什么"。

评分标准

在表9-1中将每一列画圈的数量加起来填在每一列最下面，哪一列分数高，便倾向于哪种类型。

表9-1　分值表

R	C	E	S	A	I
1	2	3	4	5	6
7	8	9	10	11	12
13	14	15	16	17	18
19	20	21	22	23	24
25	26	27	28	29	30
31	32	33	34	35	36
37	38	39	40	41	42
43	44	45	46	47	48
49	50	51	52	53	54
55	56	57	58	59	60

自我评析

R：现实型。喜欢做使用工具、实物、机器或与物有关的工作，具有手工、机械、农业、电子方面的技能，爱好与建筑、维修有关的职业，脚踏实地，实事求是。适合做机械师、工程师、司机、电工、木匠等。

C：常规型。喜欢做系统的整理信息资料一类的事情，具有办公室工作和数字方面的能力，爱好记录、整理文件、打字、复印及操作计算机等职业，尽职尽责，忠实可靠。适合做会计师、银行出纳、计算机操作员、打字员、书记员等。

E：企业型。喜欢领导和左右他人，具有领导能力、说服能力及其他一些与人打交道所需的重要技能，爱好商业或与管理人有关的职业，雄心勃勃，友好大方，精力充沛，信心十足。适合做公司经理、电视制作人、广告部长、销售、个体工商业者等。

S：社会型。喜欢参加自学、培训、教学和各种理解、帮助他人的活动，具有与他人相处共事的能力，爱好教师、护士、律师一类的职业，乐于助人，友好热情。适合做教师、医生、教练、导游、公务员等。

A：艺术型。喜欢不受常规约束，以便利用时间从事创造性的活动，具有语言、美术、音乐、戏剧、写作等方面的技能，爱好能发挥创造才能的职业，天资聪慧，创造性强，不拘小节，自由放任。适合做音乐家、作家、记者、演员、主持人等。

I：研究型。喜欢各种与生物科学、物理科学有关的活动，具有极好的数学和科学研究能力，爱好科学或医学领域里的职业，好奇心强，勤奋自立。适合做学者、科学家、编辑、医学实验室的技术人员等。

（资料来源：高校教材编委会. 大学生心理健康教育导论 [M]. 沈阳：辽宁大学出版社，2007：234 -237）

任务二 了解职业需求，走出择业误区

案例导入

某高职院校 2016 届毕业生王某，男，性格内向，不善言谈，在校期间学习成绩一般，也很少参加集体活动，是老师同学眼中的"落后分子"。临近毕业，看着同学们相继找到合适的工作岗位，而他的工作仍没有下落，自卑的情绪日益严重，却又不知该如何摆脱，整日精神萎靡，烦躁不安。有工作机会，同学劝他去试试，他总是看看摇头说"我肯定不行"。毕业后，经家人的努力，帮他联系了一家单位，但面试之后在等待结果的时间里，他的精神开始出现恍惚，家人不得已只好先带他进行治疗。

案例启示

（1）王某在择业时缺乏主动争取和利用机遇的心理准备，缺乏信心和主动性，最后在择业遭受挫折后一蹶不振，丧失了应有的自信心。这种心理严重妨碍了一部分毕业生正常的就业竞争。

（2）大学生要能够认清择业的现状，了解择业中存在的心理困扰，掌握择业困扰的调试技巧，学会择业技巧，这样才能主动、大胆地与用人单位交谈，更好地表达自己，克服不良心理，最终择业成功。

一、大学生择业的现状

（一）就业市场的现状与问题

1. 就业方式与就业观念的转变

随着我国市场经济的确立，大学毕业生的就业方式和择业观念发生了很大的变化。就业方式从先前的"统招统分"逐步转变为"双向选择"。一方面，大学生失去了"皇帝女儿不愁嫁"的优越感；另一方面，大学生传统的就业观念也发生了深刻的变化。随着时代的发展，毕业生逐步转变了只有进全民、集体或事业单位找"铁饭碗"才稳定的思想，树立了任何所有制单位都平等的新观念；转变了一次就业定终身的思想，树立了先就业、后立业、再创业的观念；转变了工作靠国家安置的旧观念，树立了自主择业、竞争就业的新观念。

2. 不同专业供需差距明显

在大学毕业生就业市场上，一些问题困扰着人们。其中一个突出的问题是，供求关系存在着专业上的不平衡。一些热门专业"供不应求"，供需比例可达1:20；而一些"长线"专业严重"滞销"，需求几乎为零。例如，曾出现一些基础学科专业的学生，如地理、历史等非热门专业无人问津，而热门专业如计算机、电子信息专业的毕业生供不应求的局面。

3. 人才资源的地区分配不合理

近年来，由于地区经济发展的不均衡，大学生的择业目标趋向于沿海开放大都市和经济特区，即所谓的"孔雀东南飞"，而对于"老、少、边、穷"地区却不予垂青。这种情形导致了人才过于向经济较为发达的地区集中，人才密集、竞争激烈、大材小用的现象比比皆是。而西北、西南等经济欠发达地区，由于少有大学毕业生的青睐和光顾，而变得人才匮乏，进入恶性循环。随着我国"西部大开发"战略的顺利实施，这种状况已有所改善。

4. 女大学生就业难

目前，用人单位"重男轻女"现象仍然比较严重，女大学生就业难的问题至今仍未解决。一些用人单位宁可求其次地用条件一般的男生，也不愿接收条件优异的女生。"男生紧俏，女生心焦"的说法形象反映了男女大学毕业生的不同心态。

（二）大学生择业中的心理矛盾

目前，大学生已逐步接受了"自主择业"和"双向选择"。但在具体的择业过程中，仍然存在如下的心理冲突：

1. 个人志趣与现实利益的矛盾

在择业过程中，个人志趣与现实利益、近期目标与长远目标之间，常会发生矛盾与冲突。许多同学在择业中一方面追求现实利益，希望获得高收入；另一方面又希望发挥个人的专长、兴趣与爱好。当两者不能达到统一时，就会产生心理冲突，进入两难境地。

2. 端"铁饭碗"与承担职业风险的矛盾

一些大学生在择业过程中既想获得稳定、可靠、安逸的工作，又不想承担职业风险，在取舍的过程中，内心容易发生激烈的冲突。如：美玲是某高校英语专业毕业生，择业时其父母希望她能找一个稳定、安逸的工作，如留在高校教书；而美玲却认为外资企业更适合她，虽然要承担较大的职业风险，但能经受更大的锻炼，有更高的收入。这使得美玲内心很矛盾，左右为难，不知如何是好。

3. 学习好与好工作的矛盾

在大学生择业的过程中，出现了一些不正之风，严重挫伤了大学生学习的积极性。一些学习并不是很好的学生通过门路找到满意的工作，而一些学习好、各方面均优秀的同学却找不着理想的工作。于是有些人也效仿他人的样子，放下了书本，四处拉关系、走后门。他们一方面想通过真才实学获得理想工作，另一方面却"身不由己"地寻求不正当的帮助，从而内心发生了剧烈的冲突。

（三）影响大学生职业选择的因素

职业的选择是一个人世界观、人生观、价值观的具体体现，它直接影响大学生的学习和生活。职业选择的过程就是主观因素与客观因素交互作用的过程。一位哲学家曾说过："选择职业就是选择自己的未来。"

1. 客观因素的影响

1）政治经济的影响

职业的出现和选择与一定的社会政治制度、政策法规密切相关。社会制度不同，职业工种也会不同。例如：赌博业、娼妓业在一些资本主义国家受到法律保护，而在我国，早在新中国成立以后就被取消。同时，职业的选择也与一个国家的经济体制、发展水平、发展规模、发展方向等因素有关。例如，随着时代的进步和社会的发展，社会上出现了许多新兴职业，如工程造价师、心理咨询师、房地产评估师等。

2）家庭文化背景的影响

不同的家庭文化背景会产生不同的心理需要和行为处理方式。大学毕业生的家庭社会地位和文化背景也会影响他们对职业的选择。例如，教师家庭出身的学生受家庭的熏陶，大多倾心于教师的职业；而干部子弟则往往倾向于选择当公务员或做工商企业的管理人员。

3）职业本身的特点

社会职业种类繁多，千差万别，每种职业因其自身特性和内容的不同，对任职者的要求也不同。如：会计的职业需要细致、认真和谨慎，而活泼好动、注意力容易转移、情绪不稳定的人往往不适合做此项工作。

2. 主观因素的影响

1）职业价值观

大学生在选择职业的时候都会受到一定动机的支配，而择业的动机一般是由职业价值观决定的。职业价值观是指一个人对各种职业价值的基本认识和基本态度。长期以来，职业的不同在很大程度上决定了人们政治、经济地位的高低，人们对某种社会地位的仰慕也就成了对占有这种社会地位的某种职业的仰慕，因此，产生了对社会不同职业的评价，也相应地形成了个人对待职业的态度，产生了职业价值观。

不同的时代，人们对职业的社会评价不同，选择职业的热点也不同。例如：战争年代，往往以军人的职业为自豪；突出政治时期，以当英雄、做模范为青年人的追求；经济高速发展时期，很多人期望成为企业家、创业者等。

当前，在大学生群体中主要有以下职业价值观：

第一，乐于从政的"红道"观。

持有这种价值观的人通过选择拥有某种权利的职业，达到对权力的支配，以满足自己某些方面的欲望。近年来，从政是许多大学生的选择，他们在激烈的仕途竞争中，宦海浮沉，通过自身的努力，实现奋斗目标。

第二，乐于经商的"黄道"观。

经商既能施展个人才华，实现理想和抱负，带来高收入，又能锻炼自己的应变能力和社会适应能力。虽然商海竞争激烈，风险重重，但还是有越来越多的大学生倾心于这种职业，乐于在商海的搏击中实现自己的人生价值。

第三，乐于治学的"黑道"观。

所谓"黑道"是指成为一名专家、学者或教授，在自己的知识领域中有所建树。虽然生活清贫却精神富有，这是许多大学生的志向所在，期望能够在专业领域实现自己的价值。

2）专业背景

大学生所学的专业对择业也有一定的影响。近年来，理工科的学生相对比较好找工作，计算机专业的毕业生更是供不应求，而文科背景的毕业生在择业时可选择的面要窄一些。大学生根据自己的专业背景择业，可以较快地适应新工作，易于工作的开展，减少了工作以后再补课的负担。同时，在大学期间积累的专业知识既可使工作深度增加，又有利于将来工作领域的拓展。

但是，由于多种因素的影响，许多大学毕业生在择业时不能找到"专业对口"的工作。现在许多用人单位认识到，大学毕业生只要具备良好的学习创新能力和综合素质，即使从事的工作与所学专业不对口，也能很快熟悉工作；如果一名大学毕业生的适应能力和学习能力较差，即使是专业对口，也不能胜任工作，无法为单位创造价值。

大学生在择业过程中，当遇到自己的知识和能力结构同用人单位的工作不适应的时候，千万不要紧张畏缩，而应该充满信心地接受挑战，通过自学、进修和实践等，弥补知识与能力上的差距。

3）大学生的个性心理特征影响职业的选择

在择业的过程中，大学生的兴趣、能力、气质、性格等个性心理特征对职业的选择和确立具有重要的影响。

·兴趣与职业选择

兴趣是一个人对一定事物所抱的积极态度，它是人积极研究某种事物或从事某种活动的意识倾向。俗话说"兴趣是最好的老师"。对于有兴趣的事情，人们总能愉快地去探究，使工作与研究过程不再是一种负担，而是一种身心上的享受。

兴趣对一个人事业的发展至关重要，它是职业选择应考虑的重要因素之一。如果兴趣的对象是职业，就形成了职业兴趣。职业兴趣在职业活动中起着重要的作用。它主要表现在：第一，兴趣可以影响人们的职业定向和职业选择；第二，兴趣可以开发人的潜能，激发人们去探索和创造；第三，职业兴趣促使人们更快地熟悉并适应职业环境和职业角色，以提高工作效率；第四，兴趣是事业成功的重要因素。

·能力与职业选择

能力是指一个人顺利完成某种活动所必须具备的心理特征。人与人之间存在着能力类型和能力水平的差异。能力类型的差异表现在个体能力发展方向的差异和能力发展早晚的不同两方面。

大学生在择业过程中要努力使自身的能力类型与职业类型相匹配。例如，有的人擅长逻辑思维，有的人擅长形象思维，还有的人擅长行动思维。如果根据思维能力类型来选择职业，逻辑思维的人比较适合从事哲学、数学等理论性强的工作，形象思维的人比较适合从事文学、艺术方面的工作，行动思维的人则比较适合从事机械修理方面的工作。如果不考虑能力类型，从事了与能力不相匹配的工作，效果就不会很好。加拿大《职业分类词典》把职业能力分为学习能力、语言表达能力、算术能力、空间判断能力、形象知觉能力、事物能力、动作协调能力、手指灵活度、手指灵巧度、眼—手—足协调能力、颜色分辨能力十一个方面。

大学生在择业过程中还要考虑自身的能力水平与职业要求是否完全一致或基本一致。根据自己的能力类型确定了职业类型后，还应根据自己所能达到或可能达到的能力水平，确定相吻合的职业层次。只有清楚了解自己能力的大小，并清楚这种能力在哪些方面表现得更突出，才能在择业时扬长避短，发挥自己的专长。

气质与职业选择、性格与职业选择请参见本书项目七。

二、大学生择业中的不良心理问题与调适

（一）大学生择业中常见的心理问题

1. 自卑心理

自卑是一种消极的心理现象，是一个人对自己评价偏低的一种负性情绪反应。自卑感强的人，在求职时胆怯、害羞，害怕别人瞧不起自己，更怕在竞争中遭到失败，故在心理上往往采取退缩性的自我防御。如：小蓓和小琳同去某外企面试。整个面试过程，小琳表现得沉着冷静，回答问题不卑不亢。小蓓虽然在服饰上下了不少功夫，但言谈举止间还是透露出不自信。尽管她一直都在鼓励自己，但是另一个"我"却在说："小琳的确比我强，我肯定比不过她。"这种自卑心理严重阻碍了小蓓的临场发挥，面试的结果自然是小琳胜出。

一个人如果不相信自己的力量，就很难成功。因此，驱逐内心中自卑的阴影，朝着自己的理想，充满信心地前行是成功择业的关键。

2. 从众心理

从众心理是在社会或群体的压力下，个体放弃自己的意见，而采取顺从的心理倾向。当某人与大多数人的意见不一致时，就会觉得不安。为了消除这种感觉，人们就会放弃自己的观点，采取与他人意见相一致的方法，以增强安全感。如：小华看见自己的同学到三资企业发展后，高薪、高职、事业有成，于是她放弃自己干得不错的机关工作，也来到了外企。到了外企后，她失去了自己"笔杆子"的优势，事业发展并不像自己想象的那么好，后悔当初不该跟别人学。

有从众心理的人容易接受暗示，缺乏主见，依赖性强，不能进行独立思考。大学生要增强自己的独立思考能力，逐步培养自己独立分析问题、解决问题的能力，克服从众心理。

3. 挫折心理

日本一家著名企业在一次高级管理人才的公开招聘中，发生了这样一件事：有一个平素成绩优异、对未来充满信心的大学毕业生因为未被录取而自杀了。三天后，招聘结束了。当企业负责人查询电脑资料时，竟意外地发现，那个自杀的应聘者其实是成绩最好的，只是由于电脑的故障，才导致他落选。

仅仅因为落选就放弃自己生命的人实在令人扼腕叹息，不能战胜挫折的人也不会成为事业上的成功者。挫折并不等于失败，失败尚有机会转化为成功，挫折会与人生相伴，会像阴雨天一样无法躲避，重要的是认清自己的弱点和缺陷，学会认真思考如何不在同一个地方跌倒，从而获得个人的成长。

4. 功利心理

功利心理是妨碍大学生择业的一种不健康心理。有这种思想的大学生往往在择业中把注意力集中在社会知名度高、经济收入高、待遇优厚的工作岗位上。他们选择职业时往往以赚钱为标准，不考虑自己的优势和竞争能力，不考虑自己的爱好。如：小李给自己定的收入标准是月薪5 000元，否则不予考虑。由于他的要求与用人单位的实际需要存在很大距离，在就业中屡遭失败。其实，以收入作为择业标准的人，即便有幸找到了工作，也容易因特长无法发挥而产生失落感。

（二）走向社会前的心理准备

从大学走向社会，大学生的角色发生了深刻变化，意味着从莘莘学子转变为独当一面的"社会人"，意味着从注重"知识的积累"转变为注重"工作成就"的产出。在"社会"这个大课堂里，大学生要从学生时代的"学习""实验"真正转变为"实际生活"。不能像在学校时那样享有某种特权，需要对自己的行为负全责。大学生应全面分析自己，消除择业中的心理障碍，做好如下心理准备：

1. 树立自信

1）全面、客观地认识自我

俗话说："自信是成功的基石。"从择业心态上，大学生既不要采取自以为是的"专家心态"高估自己，也不要采取自以为非的"受挫心态"贬低自己。要正确认识自己的优点和缺点，客观分析自己的优势和劣势，扬长避短，走向成功。

2）无条件接纳自我，这是适应社会的前提

要悦纳自己，多看自己的长处，客观地认识、对待自己的优缺点，不对自己提出苛刻、非分的要求，原谅自己的失误与过失。一个人只有悦纳自我，才能以积极的观念进行自我指导，自如地驾驭自己的生活；才能充满信心地对待周围环境，对待面临的困难和挫折，把握自己的命运。一个人如果处处对自己不满意、处处沮丧，那么就会越来越消沉，越来越无望，越来越自弃。而且，一个不接受自己的人，社会和用人单位也不可能接受和尊重他。

3）摈弃自卑，树立自信

要懂得一个人的能力是有限的，人不可能处处完美。失败是在所难免的，逃避和歪曲不能从根本上解决问题，只有勇敢地面对失败和挫折，冷静客观地分析原因，才能吸取教训，振奋精神，最终走向成功。

4）确立积极的自我形象

积极自我的确立，能使大学生立足于自身的基础，开始新的起步，建立积极的自我形象；还能促使大学生以良好、向上的态度对待生活、工作和学习，以诚恳、宽容的态度对待周围的同学、同事，以良好的韧劲和耐力面对困难和挫折，以成熟的心态对待社会的复杂纷争。

2. 培养独立性

走向社会的大学生，卸去了学生的身份，将以一个独立的个体——"社会人"的身份面对世界，这意味着社会不再把他们当成一个学生或未成熟的青年，而是要求其对自己的行为负完全的责任。走向社会后，大学生会失去师长的庇护，失去以往享受的对学生的种种优待和宽容，所有的事情要靠自己做，所有的成功要靠自己去拼搏。这对大学生的独立性是一个严峻的考验。

独立并不意味着独来独往，独当一面，而是指个体要更多地依靠自己的力量和努力去克服和解决问题，而不是完全依靠他人的帮助或依赖于他人，独立意味着个体要对自己负有完全、不可回避的责任。

大学生独立性的培养包含三个方面的内容：

1）生活上的独立

这是大学生独立性最平凡而又必不可少的一个方面。大学生应从日常的小事做起，培养自己处理问题、发展各种生活技能的能力，逐步摆脱对家庭的依赖，实现思想上的成熟与独立。

2）学业和工作上的独立

一位刚参加工作不久的大学生面对一项新任务时会采取不同的策略，有的人习惯于去问别人；有的人习惯于观望，看别人怎么干；有的人要求上级领导给出具体的工作计划。但这些做法显然是被动和缺乏独立性的。现代社会要求每个人都能发挥自己最大的创造性，大学生在学生时代就要注重培养自己独立处理问题的能力，不断增强自己的独立性。

3）心理上的独立

这是大学生走向独立最重要的一个方面，也是独立性更为内在的表现。一个成熟的人，首先应保持思想上的独立与活跃，科学地进行自我定向，寻找自己理想的奋斗目标，独自面对遇到的各种问题。同时还要有自信心，无论自己成功与否、处于顺境还是逆境，无论他人对自己的评价是好还是坏，都始终对自己抱有坚定的信心，相信自我的能力，相信自我能够克服困难，走向成功。

3. 培养积极的心态

1）正视现实，调整自我，学会适应

走出校门的大学生应意识到现实不是完美的，总有这样或那样的不如意；而自身也是不完美的，尽管自己有较高的学历，有一定的理论知识，但是在社会这所大学里，还有许多东西需要学习。大学生应努力改变自己过于理想化、过于追求完美的不合理信念，调整自己的目标，积极地去适应社会。

2）培养积极、乐观的心态

这是大学生心理健康的最主要的品质，是走向自我完善的最重要的特征，也是在社会上立足的内在资源。大学毕业生应该以积极的价值观和敏锐的洞察力去体验现实生活，努力挖掘现实世界中美好的事物，寻找生活中的快乐与幸福。同时还应学会坦然接受不如意的现实，善待自己，宽容待人。此外，大学生还应学会情绪调适的方法，通过合理宣泄，把负性情绪释放出来，建立积极的情绪体验。学会化消极心理为积极心理，不为事物的阴暗面所困扰，学会换个视角看问题，发现事物积极、有利的一面，保持好心情。

3）积极参与社会生活

大学毕业生要打破自我封闭，积极参与现实生活，勇敢地面对现实，努力开辟新的活动领域，结交新的朋友，开始新的工作，从而获得新的乐趣、新的能力和新的成长。同时，大学生还应放下架子，从身边的每一件小事做起，努力在社会这所大学里学习书本里学不到的知识，促进自我的完善和成熟。

4. 充分发挥自己的潜能

潜能，是人类最大而开发最少的宝藏，它好比水下的冰山，蕴藏着无穷的能量。发挥自身潜能，实现自我完善，应注意以下几点：

1）要了解自己

了解自己就是不回避自身弱点并努力修正它，积极发挥自己的长处。同时，了解自己还意味着充分地信任自己，不自卑，不被他人的评价所左右。

2）要学会思考

潜能的发挥不是在别人的指导下实现的，需要依靠自己的力量。只有独立思考，才会形成真正有见地的看法，不盲从他人。大学生应能从客观的角度看待事物，摆脱思维定式的影响，以全新的视角重新发现问题，学会深入思考，逐步走向成熟。

3）不过分追求完美

大学生富于理想，容易追求完美。然而现实是不以人的意志为转移的。大学生不能让"完美"束缚自己的手脚，应懂得人的能力是有限的，世界是由不完美的事物组成的。大学生应该换一种方式来追求完美，不要刻意追求无法实现的每件事的完美，而是通过每一件事的"完成"使人生趋于"完美"。

4）要积极行动

追求成功体验。体验成功的时刻是生活中最奇妙、最快乐、最令人欣喜的时刻，它能增加人的自信。在制定了切实可行的目标后，要努力付诸行动，在行动中体验幸福、成功和自己的价值。

技能导入 ///////

一、大学生成功择业的方法与技巧

（一）求职面试时应注意的问题

面试是一种经过精心设计、以交谈和观察为主要手段、以了解被试者素质及有关信息为目的的一种测评方式。在求职面试时要特别注意以下问题：

1. 做好充分的前期准备

1）充分了解用人单位及自己要竞聘职务的情况

要通过多种渠道了解用人单位的性质、规模、组织结构、产品和服务、金融业务和发展前景等，甚至应该知道有关领导的名字，这样会使人觉得你对该单位感兴趣，并且是个工作认真、有能力、有责任感的人，同时还要清楚自己所要竞聘职务的情况。

2）分析招聘者的类型，随机应变

为了成功求职，求职者应善于分析和识别招聘者的类型，这样才能利用其弱点，处于主动地位。美国求职专家将招聘者分为四大类型：一是目标导向型。他们总是板着面孔，简单明了地提问。这时回答问题要简明扼要、信心十足，切忌含糊、犹豫不决和不准确。二是温馨家庭型。他们说话亲切、客气，在回答他们的问题时要注意强调团结合作的精神，切忌贬低别人、抬高自己。三是轻松浪漫型。这种人喜欢自我表现和诉说，在回答问题时要自信和谦虚，并要做个"好听众"。如果谈话能引起你的共鸣，将给对方留下好印象。四是深思熟虑型。这种人重视理智和道德，会提出有关理想、信念的话题。回答时应思路正确，条理清楚，尽量使自己的回答合乎社会道德规范。

3）准备面试时可能谈到的话题

面试是一种互动的、双向选择的过程，大学生在面试前不仅要预测面试中可能问到的问题，而且还要准备好自己的提问。要事先罗列出可能要被问到的问题，针对每个问题逐一做出书面回答，并熟记在心。回答问题时要注意简短、清晰、中肯。此外，还要准备自己的提问，通过这种提问，可以表明你对所应聘的工作有浓厚的兴趣，以增加对方的好感。对于关系到切身利益的问题，如：收入、住房、福利等问题要委婉提出，给人认真务实的感觉。为使自己的提问不鲁莽、谨慎适度，可以先征求对方的意见，如"我可以问个问题吗"等。

4）做好个人材料的文本准备

自传、简历、学习成绩、获奖证书、资质证书、推荐书等都要事先准备好，以方便用人单位查询。

2. 建立良好的第一印象

在面试中，第一印象非常重要，因为"良好的开端是成功的一半"。要利用招聘者心理效应中的"首因效应"为自己赢得优势。大学生在面试中尤其要注意以下几个问题：

1）遵守时间

面试时，无论何种原因都不能迟到，最好提前 10 分钟左右到达，以表示求职的诚意，取得对方的信任。此外，因每个人的面试时间是事先规定好的，所以要遵守面试时间的长短，不能问这问那，过于拖拉，应体现你的办事效率，以赢得对方好感。

2）服饰要得体

一个人的服饰、装扮会影响他人的评价，面试时优雅庄重的外表会给人留下良好的第一印象。面试的着装应以庄重、大方为前提，并且要与所谋求的职务相符相称。女生宜穿职业套装，不宜戴过多首饰；男生应穿西装，并打好领带。同时还应准备一个公文包，装入个人的文本材料和必要用品，以便谈话时使用。

3）表情自然，举止文明、端庄

进门时应主动打招呼，如："您好！我是×××。"如果是自己约对方面谈，则一定要表示歉意，如："对不起，打扰您了"等；在对方没有请你坐下时，切勿急于坐下；请你坐下时，应说声"谢谢"。坐下后要保持良好的体姿，不要挠头皮、抠鼻孔、挖耳朵或跷二郎腿等。面试时一定要真诚地注视对方，表示对他的话题很感兴趣，决不能东张西望、心不在焉。对对方的谈话反应要适度，不能做作或大惊小怪。在面试结束后，即使对方表示不予录用，也都应以各种方式表示感谢，说不定这种举动会使对方改变初衷。

3. 充满自信，机智应变

面试时，应充满自信。面试时要单独前往，让主考官认为你是充满自信、有能力、有魄力的人。在面试中要恰当地介绍自己，既不妄自菲薄，也不自我夸奖，从而获取对方的信任。在取得对方初步的信任之后，还应进一步努力，力争让对方喜欢你。这就需要在面试的过程中把握倾听与交谈的技巧，耐心、细心、专心，促进情感的交流与沟通。

（二）求职文本资料的准备

1. 怎样写自荐信

写好自荐信非常重要，它是敲开求职大门的钥匙。自荐信应包含以下几方面的内容：首先，应说明个人的基本情况和获取该单位用人信息的来源；其次，要说明本人能胜任某项工作的条件和优势；再次，要介绍自己的潜力；最后，要附带证明材料或文件（自荐信的范例见表9-2）。

2. 怎样写个人简历

个人简历是个人生活、学习、工作经历的概括，它一般很少单独寄出，总是作为自荐信和学校推荐表的附件，呈送给用人单位。

个人简历一般有两种格式：一种是按年月顺序，列出自己的学习、工作经历；另一种是根据需要有选择地列出自己的学习、工作经历，充分表现自己的品德和技能。对于刚毕业的大学生来说，采用第一种格式一般会好一些。

个人简历是推销自己的广告，应本着"简"的原则，文字干净利落，重点突出。首先要列出自己的基本情况，如姓名、性别、学校及专业。获得的学位及自己的愿望和工作目标等；其次要简述自己的学习、工作经历，包括自己的学习情况、工作情况、获奖情况，爱好特长、联系电话和地址等（个人简历的范例见表9-3）。

表9-2　自荐信的范例

尊敬的经理先生：

　　您好！

　　几天前，我从160服务台招聘信息中了解到贵公司欲聘两名产品推销员的消息，很愿意一试，故冒昧地给您写信。

　　我所学的专业是市场营销，今年7月将从某大学毕业。去年社会实践我曾为贵公司做过一个月的商品促销工作。其间贵公司产品的良好质量给我留下了深刻印象。我由于促销得力亦受到过有关人士的好评。我希望能到贵公司工作，以自己微薄之力为公司扩大销售效力。

　　我是专科生，自知自己的学识水平与贵公司的要求相距甚远。但本人相貌端庄，身体健康，爱好广泛，谦虚好学，乐于助人，能吃苦耐劳，有良好的环境适应能力与人际交往能力，这些都是一名优秀推销员必不可少的基本素质。

　　我家庭出身贫寒，为人朴实、正直，在小学、中学、大学多次获奖，多次被评为优秀团员、三好学生和优秀干部。本人学习成绩优良，具有较强的外语和计算机应用能力（随信附上我在校期间的成绩记录及获奖情况）。

　　以上这些都表达了我真诚希望成为贵公司一员的愿望。如贵公司能给我一次锻炼学习的机会，请打电话或来函预约面谈时间，我会准时拜见。热诚地期待着你们的答复，谢谢！

　　附联系地址、电话（略）。

　　此致

敬礼！

求职人：马华
2017 年 5 月 8 日

表 9 - 3　个人简历的范例

个人简历

　　姓名：王超

　　联系地址：（略）

　　电话：（略）

　　求职意向：本人有志在市场和经营管理等部门工作。

　　主要资格和能力：商业管理学学士，假期曾做过市场调研和预测工作，具有较丰富的市场营销经验和较强的管理能力。

　　所受教育：2017 年毕业于××大学经济管理学院管理系，获管理学学士学位。所学的主要课程有：市场营销、广告与策划、公共关系学、商业经济、商业管理、商业传播等学科。选修的课程有：企业经营管理、计算机原理与应用。在校期间我的学习成绩一直名列全班前三名，曾连续三年获得校"三好学生"称号。

　　工作经历：2016 年 7—9 月在一家超市做过市场营销及相关管理工作。

　　主要社会工作：大学期间曾担任校学生会副主席，曾在《商业周刊》等杂志上发表论文 3 篇，并获得该杂志 2016 年 4 月举办的广告设计大赛一等奖。

　　其他情况：1995 年出生，能熟练地使用各种现代化办公工具，英语通过六级，并具有一定的听、说、读、写能力，性格开朗，与人相处融洽。

二、大学生择业心理倾向测查

　　下列题目有两组共 20 题，请根据你的实际情况，做出"是"（Y）或"否"（N）的选择，在表 9 - 4 选项里打上"√"。

表9－4　择业心理倾向测查

第一组		
题　目	选　项	
（1）就我的性格来说，我喜欢同年轻人在一起。	Y	N
（2）我心目中的伴侣应有独到见解和思想。	Y	N
（3）对于别人求助我的事情，我总是乐意帮助解答。	Y	N
（4）我做事情重速度和数量，但缺乏精细。	Y	N
（5）我喜欢新鲜这个概念，如新环境、新朋友等。	Y	N
（6）我讨厌寂寞，而希望与大家在一起。	Y	N
（7）我读书的时候就喜欢语文课。	Y	N
（8）我喜欢改变某些生活惯例。	Y	N
（9）我不喜欢那些零散、琐碎的事情。	Y	N
（10）假如我进入招聘职员的经理室，他正在忙，没有理会我，我会自己找个凳子坐下来等着他。	Y	N
第二组		
题　目	选　项	
（1）我读书的时候很喜欢数学课。	Y	N
（2）看过电影、戏剧后，我喜欢独自沉思。	Y	N
（3）我书写整齐清楚，很少写错别字。	Y	N
（4）我不喜欢读长篇小说，而喜欢读议论文、小品文或散文。	Y	N
（5）业余时间，我喜欢做智力测验和智力游戏。	Y	N
（6）如果墙上的画挂歪了，我会设法扶正它。	Y	N
（7）我经常好摆弄一些电子、机械物品。	Y	N
（8）我做事情时总希望精益求精。	Y	N
（9）我对服装设计有研究。	Y	N
（10）我能控制经济开支，一般不借他人的钱。	Y	N

选择"Y"计1分，"N"不计分，各题得分相加，分别计算两组得分。假设第一组得分为A分数，第二组得分为B分数。

你的A分数

你的B分数

A＞B：你的思想活跃，善于与人交往。你喜欢把自己的想法让别人去实现，或者与大家共同去实现，适宜你的职业是记者、演员、推销员、采购员、服务员、人事干部、宣传机构的工作人员等。

B＞A：你具有耐心、谨慎、肯钻研的品质，是个精细的人。适宜于选择编辑、律师、医生、工程师、会计师、技术人员、科学工作等职业。

A≈B：你具有A、B两种类型人的长处，不仅能独立思考，也能处理好人际关系。供你选择的职业包括教师、护士、秘书、美容师、各类管理人员（如经理）等。

心理训练营

一、心灵体验：我的未来不是梦——生涯列车

活动目的：学会画生涯列车，对自己的生涯有初步的设想，并通过交流了解他人的规划。

活动时间：45 分钟。

活动方法：先播放歌曲《我的未来不是梦》，按儿童组、少年组、青年组、中年组和老年组进行分类，每个同学设计自己的生涯列车，车厢节数、长短、形状等都是自己设定，每节车厢按年龄段连贯；然后小组内交流"生涯列车"的含义，同组成员间可以提出质疑，最后主持人找出经典案例与全班同学分享。

分享：

（1）你的"生涯列车"的含义是什么？

（2）你的"生涯列车"的特点是什么？

（3）你的"生涯列车"开往的最美丽的景色是什么？

（4）你的"生涯列车"为什么不同于其他人？

二、心理训练

（一）心灵体操

快速完成下列句子，它们将帮助你以更为具体的方式澄清你的职业兴趣。

（1）我的父亲希望我成为_____。

（2）我的母亲希望我成为_____。

（3）我的朋友认为我应该从事_____。

（4）我不想做的事情有_____。

（5）我希望做的事情有_____。

（二）心灵氧吧

推荐书籍：《你的降落伞是什么颜色》（理查德·尼尔森·鲍利斯，中信出版社）

内容简介：《你的降落伞是什么颜色》是一本关于你、你的未来和你的梦想的书。追求梦想的过程就像侦探寻找线索一样，线索收集得越多，人生目标和梦想就会越清晰；影响了全世界数百万人的"职场导师"鲍利斯将用他的"魔法棒"引领你发现自己的兴趣与技能，选择喜欢的大学专业，制定理想的职业目标，最重要的是，找到属于你的人生梦想和未来。

你可能会这样想，我现在才十几岁，工作、梦想和未来对我来说还很遥远，没有必要这么早就开始规划吧？其实，时间过得可比我们想的快多了，现在恰恰是你思考未来和为梦想做准备的最佳时机。抑或认为自己是小大人的你已经开始思考一些重要的问题：要不要上大学？上大学应该学什么专业？毕业后的第一份工作会是什么样子？未来会过着怎样的生活？……

你的降落伞是什么颜色？好奇的你赶快阅读这本书吧，像侦探一样搜寻关于你自己的降

落伞的线索。随着你慢慢长大和成熟，答案会越来越清晰。

推荐影片：《杜拉拉升职记》（中国，2010 年上映）

影片简介：《杜拉拉升职记》是徐静蕾自导自演的都市爱情影片。黄立行、吴佩慈、莫文蔚等倾情出演。影片讲述了职场女性杜拉拉在外企经历八年，见识了各种职场变迁及职场磨炼，最终成长为一个专业干练的 HR 经理，同时收获爱情的故事。

（三）心灵感悟：给自己建造的房子

一位老木匠准备离开建筑行业，回家乡与妻儿共享天伦之乐。老板舍不得让他离去，就向他提出能否再建造一座房子。老木匠嘴上答应着，可心早已飞回故土。建这最后一座房子，老木匠用的是次材料，做的是粗活，他心中惦念着快快完工，暗自算计着回家的日子……房子建好的那一天，老板把大门的钥匙递到老木匠的手里。"这是你的房子"，他说，"这是我送给你的礼物。"听完这话，老木匠震惊得目瞪口呆，羞愧得无地自容。如果老木匠早知道是在为自己建房子，他怎么也不会这样草率应付，这样粗制滥造。

请把自己假设成这个老木匠，试想我们为自己造的"房子"是一种怎样的质量，这个故事给了我们什么启示？

三、思考与作业

（1）你认为哪些因素影响人对职业的选择？

（2）大学生应如何对待择业中的挫折？

（3）认真思考并回答下列问题，每个问题写出 20 个答案，并根据答案规划自己的职业生涯。

- 我是谁？
- 我想做什么？
- 我会做什么？
- 我做某项职业还缺少什么素质和能力？
- 我的职业规划是什么？

跨越障碍，活出精彩

实现明天理想的唯一障碍是今天的疑虑。

——罗斯福

生活就是面对真实的微笑，就是越过障碍注视将来。

——雨果

我觉得坦途在前，人又何必因为一点小障碍而不走路呢？

——鲁迅

知识目标：了解心理障碍的基本知识、生命的含义、大学生心理危机的基本知识。
技能目标：掌握心理障碍的相关知识，理解生命的价值，理解大学生危机可能是转机。
情感目标：帮助大学生树立正确的生命观，能够调节自己的身心状态。

任务一 普及心理知识，享受快乐生活

王同学，女，从小学到大学一直做班干部，学习成绩也不错，所有任课教师对她评价都很高，是那种大家都认可的"优秀学生"，并且顺利考上了心仪的大学。

主要个性特征：①内向与外向并存，内省理智，与人友善；②感情自制力好，情感不易外露，好胜心强，追求完美，做事井井有条；③敏感，多虑，遇事过于细致严肃，易从消极方向进行归因；④不安于现状，易产生内心冲突，对自己要求很高；⑤执着，具有坚持性。

大一，入学快一年了，却发现自己怎么也融不进大学生活，产生了许多烦恼。原本在高中是同学中的佼佼者，本来以为到了大学也会混得如鱼得水，却发现在学习上问题很多，不懂的题目也找不到老师询问，不像高中老师常常来班级辅导，又不好意思向同学询问，怕丢脸。

和同学们的关系不融洽，和班级上的同学都很陌生，平时都见不到面，室友也有自己的活动空间，她的人际交往能力很差。屡屡报名社团却总是不被录用，参加的比赛初赛就被刷下来，自尊心遭受严重打击。情绪经常发生波动，有时会很冲动、烦躁焦虑，有时又会抑郁、悲观，不知道怎么改变现状，上课没有精神，甚至会逃课，对大学生活感到很失望，没有激情，经常感到疲惫、力不从心。不清楚自己未来的目标，很惶恐。总是忐忑不安，觉得别的同学在背地里说自己的坏话，担心老师不认可自己，等等。

更加看重自己的外貌衣着，总是感觉不如别人，缺乏自信，不敢和异性交往，感到莫名的孤独，经常一个人呆坐着幻想不同的生活，却没有实际行动。经常对自己所做的事情感到不满意，总感觉手没洗干净，会反复地清洗，虽然心里并不想这么做，但不洗就会感到烦躁不安，控制不住。

案例启示

（1）王同学性格具有双重性，有明显的心理障碍，表现出了经常性的焦虑、过度压抑自己、缺乏自信，她需要学习相关知识，及时调节、主动求助。

（2）大学生要能够了解心理障碍的知识，掌握简单的常见心理障碍的判断方法和治疗措施，这样才能帮助自己和同学跨越障碍，享受快乐的大学生活。

知识链接

一、心理障碍概述

（一）心理障碍的概念

心理障碍（psychological disorder）与心理健康一样是一种状态。对于心理健康来说，表现为心理功能的一致性、协调性、稳定性、和谐性；至于心理障碍，恰恰相反，表现为不协调、不稳定、扭曲甚至分裂。心理障碍是指一个人由于生理、心理或社会原因而导致的各种异常心理过程、异常人格特征的异常行为方式，是一个人表现为没有能力按照社会认可的适宜方式行动，以致其行为的后果对本人和社会都是不适应的。

通常所说的"心理障碍"有一个比较一般的定义，指没有能力按社会认为适宜的方式行动，以致其行为后果对本人或社会是不适应的。这种"没有能力"可能是器质性损害或功能性损害的结果，或两者兼而有之。可概括为：①心理机能失调指认知情感或者行为机能的损坏；②该病症给个人造成痛苦；③非典型的或者非文化所预期的不是该地区文化行为典型的特点。

当心理活动异常的程度达到医学诊断标准的时候，我们就称之为心理障碍，心理障碍强调的是这类心理异常的临床表现或症状，而不把它们当作疾病看待。此外，使用心理障碍一词容易被人们所接受，能减轻社会的歧视。

（二）心理障碍的类型

1977年世界卫生大会通过并出版的《国际疾病分类》（ICD-9），将心理障碍分为三大类：精神病、神经官能症（即神经症）、人格障碍和其他非精神病性心理障碍及精神发育迟滞。1992 年的《国际疾病分类》（ICD - 10）将心理与行为障碍扩展为 10 大类 300 余种，反映了对人的心理与行为障碍认识的不断深化。

在这里我们需要澄清两个经常被人混淆的概念，即精神病和神经症。

精神病，即人们经常使用的"神经病"。其实这种说法并不科学。准确地说，根据世界卫生组织 1977 年公布的《国际疾病分类》（ICD - 9）中的定义，精神病是指精神功能受损程度已达到自知力严重缺失，不能应付日常生活要求或不能保持对现实的恰当接触。它是一种严重的精神紊乱，突出地表现为感知、思维、情感、注意、记忆、行为、意识和智能等方面的异常，同时伴有现实检验能力、自知力缺乏和社会功能严重下降的一组精神障碍。

神经症亦称"神经官能症"，是一组非器质性精神障碍，主要表现为因各种躯体或精神不适感，或强烈的内心冲突，或不愉快的情感体验而苦恼。《中国精神疾病分类与诊断标准》第二版（CCMD - 2）（1989）把神经症分为：神经衰弱、焦虑性神经症、强迫性神经症、恐怖性神经症、疑病性神经症、抑郁性神经症和癔症性神经症。其共同的特点是：表现为精神和躯体症状，但检查不能发现器质性变化；除部分癔症病人外，一般病人意识清楚，与外界没有失去联系；病人对疾病有自知力，要求治疗；人格一般没有障碍，行为可保持在社会许可的范围内。

总之，精神病与神经症的根本区别在于：两种疾病的轻重程度不同，在与现实的关系、社会适应力、行为责任力、思想内容、情感、自知力、智能和人际关系等方面的表现存在着本质的差异。

心理障碍呈现的许多精神症状，是个体对心理挫折及困难所发生的心理反应。如紧张、焦虑、害怕、伤心、忧郁等，是人们经常发生的情绪反应。只是心理障碍的患者反应程度比较强烈，超出了正常范围，影响了个体的正常生活。因此，可以说这些心理症状是过分而且变质的心理反应。

一般来说，根据病情的程度，心理障碍可以划分为轻微性心理障碍和重性心理障碍两种。轻微性心理障碍包括神经症、人格异常、心身疾病、脑外伤后遗症等，该类患者的基本思维大致正常，与现实的接触良好，没有奇异的情感、动作或行为表现，整个人格保持完整。重性心理障碍包括精神分裂症、躁狂抑郁症、反应性精神病、周期性精神病等。该类患者否认自己精神不正常，感知、情感、思想与行为脱离现实，显著地妨碍生活、学习或工作，甚至给周围环境和社会造成不良影响。

人的心理非常复杂，心理与精神受各种各样因素的影响，心理与精神上的问题与疾患是由复杂的病因引起的。而且造成心理障碍的原因极为复杂，一直是心理学家们不断研究和探讨的问题。从变态心理学的角度讲，变态心理的实质一般理解为大脑结构或功能的失调，以及人对客观现实反映的紊乱和歪曲。它既是自我概念及某些能力的异常，也表现为社会人际关系和个人生活上的适应障碍。

（三）"灰色区"理论

由于心理健康并不像生理健康那样具有一个明确、绝对的标准或界限，所以对于心理障碍的判别，目前国际上并没有一个客观、统一的标准。

心理健康的水准可以分为五个等级：一般心理健康水准、高于一般心理健康水准、极端心理健康水准、低于一般心理健康水准、严重心理疾患。

曾在美国哈佛大学攻读心理学的岳晓东博士提出了心理健康的"灰色区"概念。他认为，如果将人的精神正常比作白色，精神不正常比作黑色，在白色和黑色两极状态之间存在着一个巨大的缓冲区——灰色区。这个区域可以说是非器质性精神痛苦的总和，是心理障碍的易感人群。岳晓东博士进一步将灰色区划分为浅灰色区和深灰色区两个区域。处于浅灰色区的个体只有心理冲突而无人格变态，主要是由家庭不和、人际关系紧张、失恋等生活矛盾引起的心理不平衡和精神压抑；处于深灰色区的个体患有各种异常人格和神经症，如强迫症、恐怖症等。两者间没有明确的界限，后者往往包含了前者，如表10-1所示。

表10-1 心理健康状态与服务模式一览表

区域	对象	服务人员	服务模式
纯白色区域	具有健康人格、自信心高、适应性强的人	无须	无须
浅灰色区域	各种由生活、人际关系压力而产生心理冲突的人	心理咨询员及社会工作者	咨询心理学模式
深灰色区域	各种变态人格与人格异常、人格障碍的人	心理医师及心理门诊大夫	临床心理学模式
纯黑色区域	精神病患者	精神病医生	医学模式

这里需要说明的是：心理健康与否并没有一个绝对的界限。"正常"和"非正常"只是相对而言。精神状态不正常的人的精神活动也并非都是异常的，他们也有部分正常的精神活动；而正常人的精神活动也不都是正常的，他们有时也存在着部分不正常的思维和行动。对于处在青年期的大学生来说，判断心理健康与否的关键在于能否进行正常的学习、工作和生活。

二、心理障碍的判定

判断有否心理障碍常用下述方法：

1. 比较

以经验作为标准，有两个方面的经验：一是个体自己的主观经验；二是观察者的经验。个体自己可以感到不同于以往，如体验到情绪低落、不高兴或压抑且感到痛苦，因而需要寻求医生的帮助。观察者根据自身的经验观察到患者的行为不同于以往，亦可以认为是异常。

2. 心理活动性质的改变

如果观察到患者的心理活动有明显的质的改变，如出现幻觉、妄想、明显的语言紊乱或行为异常，则提示是心理障碍。

3. 社会适应标准

在正常情况下，个体的行为能适应环境，并参与改造环境；他的行为应符合社会准则，根据社会要求和道德规范行事；因此，人的行为总是与环境协调一致的。如果个体出现了社会适应不良，则反映他的心理活动可能异常。

4. 统计学标准

人们已经设计出不同的心理测量技术测定不同的心理特征。根据某一个体的测量结果与正常人群测量结果的比对可以区分出正常、异常或临界状态，如智商：低于 70 定为异常；70～90 定为临界状态；90 以上为正常。另外，临床使用的一些量表也是利用类似的原理设计的，其结果可以供临床参考。

5. 症状与病因学标准

症状与病因学标准是将心理障碍当作躯体疾病来看待。如果一个人身上表现的某种心理现象或行为，可以找到病理解剖或病理生理变化的依据，便认为此人有心理障碍或精神疾病。如药物中毒性心理障碍，可把是否存在某种药物作为判断依据。此时物理、化学检查和心理生理测定等具有重要的意义。

总的来说，以上每一种判定标准都有其各自的特点和优势，但同时也都存在一定的特性，几乎都不能单独地完全判定心理正常与异常的问题。因此，各种标准应相互补充，通过多方面的资料进行综合分析，最终判断是否存在心理障碍。

技能导入 \\\\

一、心理治疗的流派及方法

绝大多数专家和学者认为，心理咨询和心理治疗没有本质上的区别，只是在工作对象、遵循的模式、工作任务的侧重面、从业人员的来源等方面有所不同。在这里我们重点介绍心理治疗的相关知识。

（一）心理治疗概述

心理治疗（psychotherapy）亦称"精神治疗"，与躯体治疗相对，是指应用心理学的理论和技术，治疗心理疾病和有关躯体疾病的疗法。为心理治疗奠定理论基础的是著名的精神分析学派的鼻祖弗洛伊德。他在试用催眠术治疗癔病患者时，发明了"宣泄"式的谈疗法，并应用于实践。1900 年弗洛伊德出版了《梦的解析》，建立了精神分析疗法的基本体系。

此外，心理学中的其他派别根据自己对人及其心理实质的理解也形成了心理治疗的其他理论观点，包括行为疗法的理论和人本主义治疗理论等。下面我们简要介绍心理治疗的主要流派及治疗方法。

（二）心理治疗的流派及方法

1. 精神分析治疗

1）理论简介

精神分析治疗是以弗洛伊德精神分析学说为理论基础、以心理分析技术为方法的一种心理治疗。代表人物有：弗洛伊德、荣格、阿德勒、霍妮等。

2）治疗方法及原理

精神分析的理论认为：我们本身的事情有许多是连我们自己都不容易知道的。该疗法的原理是：发掘患者潜意识内的矛盾冲突或致病情结，把它们带到意识域，使就诊者对其有所领悟，在现实原则指导下得到纠正或消除，并建立起正确与健康的心理结构，从而使病情获得痊愈。精神分析治疗采用的方法如下：

·自由联想。这是精神分析疗法的主体。弗洛伊德认为浮现在脑海中的任何东西都不是无缘无故的，都是有一定因果关系的，所以借此可挖掘出无意识之中的症结。在治疗中，病人舒适放松地躺着，医生站在他的背后，病人不加选择地、毫无保留地诉说心中所想，无论是痛苦的还是愉快的，合理的或不合理的。其根本目的是使病人把压抑在潜意识中的冲动、欲望、幻想、冲突及各种不被社会认可而且未被满足的动机得以释放，并从中找出病人无意识之中的矛盾冲突。

·梦的解析。弗洛伊德把梦作为一种精神过程，作为一种可探究心理奥秘的窗口。梦的内容与被压抑的无意识幻想有着某些联系，通过分析患者的梦，把梦的显像还原为它的隐意，进而发现患者潜意识中的动机和愿望。

·移情分析。这是精神分析治疗中非常重要的内容。移情的作用是使患者把自己儿童期与父母的情绪依恋关系转移到治疗者身上，使治疗者在患者心目中成为父母的替代者，让患者重新体验童年时期与父母的关系，消除过去留下的心理矛盾。通过解释，可以使患者认识到他与治疗者的关系实际上是他先前情绪障碍的反映，从而从移情状态中解脱。

·阻抗分析。在自由联想的过程中，一些患者拒绝把痛苦体验或隐藏在内心的感情、欲望全部诉说出来，使治疗难以进行。这种不合作的态度就是阻抗（包括有意识的或无意识的），也是心理异常的根源。通过分析过程可以使患者内心压抑的矛盾、冲突得以释放，缓解紧张情绪。

·阐释。这是克服阻抗的主要方法。其原理是通过治疗者对病人的一些本质问题加以解释、引导和劝阻，使病人对自己一直没有理解的心理事件变成可以理解的，把看起来似乎没有意义的想法和行为与可以理解的往事联系起来，使病人逐渐理解抗拒和移情的性质，最终使症状消失。

3）适用病症

精神分析治疗适应证包括歇斯底里症、强迫症、恐怖症等。

2. 行为治疗

1）理论简介

行为治疗（behavior therapy）亦称"行为矫正""条件反射治疗"，是一种新兴的心理治疗方法。目前已为多数临床心理学家和精神病学家所采用，是继精神分析疗法之后出现的主要心理治疗方法之一。行为治疗的理论基础是行为主义理论中的学习学说、巴甫洛夫的经典条件反射学说和斯金纳的操作条件反射学说。代表人物有：艾森克、沃尔普、斯金纳等。

2）治疗方法及原理

行为治疗把人的各种心理病态和躯体症状都看成一种适应不良或异常的行为。这些适应不良的行为都是病人在过去的生活经历中，经过条件反射，即所谓"学习"过程而固定下来的。因此，只要设计某些特殊的治疗程序，通过条件反射的方法，即"学习"的方法，来消除或纠正病人的异常行为和生理功能障碍，并形成某种新的合理要求的行为。采用的方法有：

·系统脱敏法。该疗法是由精神病学家沃尔普首创。基本思想是：使一个原来可以引起微弱焦虑的刺激，在处于全身松弛状态下的病人面前重复暴露，从而逐渐失去引起焦虑的作用。通常分为评定主观焦虑单位、放松训练和脱敏过程三个步骤。比如：采用系统脱敏法治疗一位患登高恐怖症的患者。首先确定患者对不同高度的恐怖程度，排列出引起焦虑的刺激强度的均匀等级，同时进行放松训练。在患者全身放松的状态下，治疗者开始向患者描述最低等级的、能引起焦虑的情景，并要求患者想象身处其中的情境。与此同时，治疗者要求患者放松自己，直到患者能够在焦虑情境中保持放松为止。然后进入下一个更高等级的焦虑刺激的脱敏，依此类推，直至全部完成。

　·厌恶疗法。这是从巴甫洛夫经典条件反射原理发展出来的一种治疗方法。主要是通过把条件刺激和阴性刺激相结合的方法，使条件刺激消退为中性或阴性刺激。具体方法是把打算消除的行为和痛苦刺激联系起来，直到行为得到抑制甚至是厌恶为止。比如：在治疗反复洗手的强迫症患者时，可以在患者的腕部带上橡皮圈。当患者出现洗手的观念或行为时，令患者立即用橡皮圈弹击皮肤，重复多次后，可以减轻或消除患者的这种不良行为。

此外，行为治疗采用的方法还有行为塑造法、代币奖励法、冲击疗法（暴露疗法）、自信训练法、生物反馈治疗、消退疗法、行为契约法、示范疗法等。

3）适用病症

行为治疗的适应证包括神经症、习得性不良习惯、自我控制不良行为、性功能障碍、性变态障碍、慢性分裂症、部分心身疾病等。

3. 人本主义心理治疗

1）理论简介

人本主义心理治疗（humanistic psychotherapy），是当代心理治疗三大流派之一，是以现象学和存在主义为哲学基础、根据人本主义心理学原理创建的一种心理治疗方法。代表人物有：奥尔波特、马斯洛、罗杰斯等。

2）治疗方法及原理

人本主义心理治疗与精神分析和行为治疗不同，不是通过探究潜意识的情结和改变反应形式来纠正不正常的行为，而是着重于调动人的主体内在的潜能进行自我治疗。人本主义心理治疗法认为生活没有保证是产生焦虑的来源。治疗的目的就是要帮助来访者正视自己的焦虑，意识到自己的存在和潜在力，意识到如何发挥自己的潜在力，从而使他们开始一种真正的、可靠的生活，成为生命的主宰。采用的方法有：

　·理性—情绪疗法（RET），也称认知疗法。由美国临床心理学家艾利斯创立。RET中最关键的是 A、B、C、D 四个因素：A 指诱发事件（Activating Event）；B 指个体对事件所持的信念（Belief）；C 指信念引起的情绪后果（Emotional Consequence）；D 指劝导干预（治疗）（Disputing Intervention）。艾利斯认为不良的情绪反应来自病态的信念和歪曲的认知。理性—情绪治疗的目的是使病人的非理性认识得以纠正，从而使某些不良情绪反应得以消除。

　·患者中心疗法。这是由罗杰斯创立的。该疗法强调来访者的经验和主观世界。心理医生的作用是帮助来访者意识到解决自己问题的能力只存在于他们本身。患者中心疗法在治疗过程中将主导权赋予患者，由他们作为主宰，决定治疗的方向，找出治疗的办法。心理医生对患者的关系只是促进因素，患者借助这种关系增强自我意识，挖掘自己改变生活的潜力。该疗法特别强调医生对患者治疗潜能的内引和对患者内心世界的理解，以及良好的医患关系。

此外，人本主义心理治疗采用的方法还有自我实现疗法、现实疗法和格式塔治疗法等。

3）适用病症

人本主义心理治疗的适应证包括神经症、青少年行为障碍、酒瘾、社交恐怖症、精神病等。

4. 森田疗法

1）理论简介

森田疗法（Morita Therapy）是日本慈惠医科大学森田正马教授在总结国内外心理治疗方法，以及个人的神经症体验和多年的临床实践经验的基础上，不断地改进完善，于1920年首创的一种基于东方文化背景的、独特的心理治疗的理论与方法。

2）治疗方法及原理

森田疗法是适用于神经症的特殊疗法。该疗法认为神经症的发生基础是共同的素质倾向（或称疑病素质），这种素质表现为性格内向、孤僻、敏感，有强烈的自我意识，过度地追求十全十美，过分地担心自身的健康等。当出现诱发因素时，具有疑病素质的人就将注意力指向自我，集中注意于焦虑，并竭力回避它。事实上，越是集中注意于自身的焦虑，就会变得更加敏感，越发感到焦虑，形成恶性循环，最终病人的焦虑以躯体的症状表现出来。在治疗中，森田疗法不重视症状，而注重解决病人主观与客观的矛盾，把病人当前的精神能量改变方向朝向外界，从而摆脱内心冲突，使症状消失。治疗的基本原则是：养成顺其自然的态度；忍受痛苦，为所当为；目的本位，行动本位；克服自卑，保持自信。森田疗法根据病人的病情，可以采用门诊治疗或住院治疗的形式。

3）适用病症

森田疗法治疗的对象主要是神经症患者，如强迫症、恐怖症、疑病症等。近年来，森田疗法的适应范围扩大到精神病、人格障碍、酒精药物依赖等。

除了上述心理治疗的流派及方法外，还有中医心理治疗。该疗法是基于"形神一体"和辩证论治疗原则，理论上运用阴阳学说、五行学说和精、气、神学说来解释心理治疗。采用的方法有：情志相胜法、激情刺激法、假借针药疗心病、气功行为治疗法、移精变气治疗等。

二、大学生中常见的心理障碍及治疗

从个体发展的角度来看，大学生正处于青年期向成年期的转变过程，大学阶段也正是个体逐渐走向成熟、走向独立的重要时期。在这个时期，大学生在学习、生活中难免会遇到这样或那样的困难与挫折，加之自身的心理发展尚未完全成熟，自我调节和自我控制能力不强，容易出现心理疾患。在这里对大学生常见的心理障碍进行简单介绍，以帮助大学生识别和防治。

（一）神经衰弱的治疗与调适

1. 神经衰弱的概念

神经衰弱是一种最常见的神经症，可在一次传染病或消耗性衰竭以后或同时发生，也可在持续性情绪紊乱以后发生，在大学生中发病率较高。

2. 特点及表现

神经衰弱是以易于兴奋和易于疲劳或衰竭，伴有头昏、头痛及睡眠困难为主要特点的神经症。该病是由于长期高度的心理压力和紧张、消极的情绪体验、生活的无规律等因素所诱发的。神经衰弱患者常见症状为：神经兴奋性增高、神经衰弱性增高、植物神经功能紊乱、焦虑和疑病等。

如：某院校大一学生，自入学以来，生活态度消极，情绪不稳定。由于他来自贫苦山区，生活困难，只能依靠贷款维持基本的学习和生活。常常因生活习惯、经济方面的原因受到同学的嘲笑，情绪低落，不能安心学习，但是又害怕辜负亲人的期望。于是出现了苦闷、注意力不集中等现象，晚上睡觉困难，白天头痛、头昏，最后患上了神经衰弱。

3. 治疗与调适方法

对于神经衰弱，主要是采用各种形式的心理治疗与调适，让患者正确认识该病产生的原因，树立战胜此病的信心，合理安排自己的学习、工作、生活，进行适当的体育锻炼，增强体质，发挥自身的主观能动性，必要时给以药物或理疗作为辅助治疗手段。

4. 治愈效果

大学生一旦患上神经衰弱，千万不要紧张。神经衰弱属于较轻的一种神经症，除了工作、学习效率不高和患者自己主观感觉不舒服外，没有其他不良后果，治愈后效果非常好。

（二）强迫症的治疗与调适

1. 强迫症的概念

强迫症是"强迫性神经症"的简称，是一种以强迫观念和强迫行为为特征的神经机能障碍。它多在一定的精神因素作用下发病，或病前有躯体疾病、过度疲劳或身体衰弱等，从而造成神经系统功能减退而发病。

2. 特点及表现

患有强迫症的大学生一般都具有谨小慎微、优柔寡断、凡事爱钻牛角尖等人格特点。患者虽然意识到这种强迫观念、强迫意向和强迫动作是不必要的，但不能为主观意志所控制；患者为这些强迫症状而苦恼和不安；患者表现为有强迫观念（强迫回忆、强迫疑虑、强迫性穷思竭虑、强迫性对立思考）、强迫动作（强迫洗涤、强迫计数、强迫性仪式动作）或强迫意向；患者自知力保持完好，求治心切。

如：某女士的一位好友患肝癌去世，她在伤心之余也非常紧张和担心。因为两人平时关系很好，使用很多物品时都不分彼此。该女士将朋友使用过的所有物品都处理了，经常洗手、洗澡，也要求家人做到。即便是这样，她还是认为不干净，总害怕自己被传上肝炎，一天洗手几十次，她知道这样做很过分，但是无法控制自己。

3. 治疗与调适方法

对于强迫症主要是采用心理调适和药物治疗相结合的方法。可运用精神分析疗法、厌恶疗法、系统脱敏法和森田疗法等，帮助患者合理安排生活，培养健康人格，提高自信，调整心态，进行自我疏导等。

4. 治愈效果

强迫症患者经过一段时间的心理调适和必要的药物治疗，一般能够取得较好的疗效。

（三）疑病症的治疗与调适

1. 疑病症的概念

疑病症亦称"疑病性神经症"，是以过分关注自身健康，不切实际地解释自己躯体或感觉的异常，并深信自己有严重疾病而表现出恐惧不安为特点的一种神经症。

2. 特点及表现

疑病症患者的性格大多谨慎、敏感、多疑而且主观，对自己的健康要求十全十美，如稍有不适，便反复思考是否患有某种疾病，并且将一些听到的病症作为自己的症状。对体内轻微的不适，表现出高度的敏感、紧张和恐慌，并努力寻找造成不适的原因。这些患者经常因要求医生对自己无休止的检查且达不到自己的愿望而焦虑，或担心自己得了不治之症而惶惶不安，甚至出现恐惧。如：钟友彬先生在《中国心理分析——认知领悟疗法》中介绍了一个疑病症的例子：

一位研究生在图书馆的一本科普杂志上，看到喉癌的早期症状及早期治疗方法。他当时感到嗓子不舒服，心情紧张，害怕得了此病。于是开始到各大医院检查，医生诊断为慢性喉炎。他仍然不放心，自己翻阅其他杂志，查找有关癌症的知识；想到腰部皮肤上有一个黑痣，害怕是癌，到医院检查，医生多次否认是癌症，他不相信，坚持要求医生做了病理检查。从此总担心自己得了癌症，惶惶不安。

3. 治疗与调适方法

对于疑病症，主要以心理治疗为主，药物治疗为辅。一般采用认知疗法或森田疗法。通过治疗，帮助患者全面、科学地认识人体的生理病理现象，消除偏执观念，认识到自己的怀疑是不切合实际的，不要对身体健康的要求十全十美。让患者任其自然，同时尽量安排一些活动转移患者的注意力，加强人格锻炼，克服谨小慎微、自我中心的人格弱点。

4. 治愈效果

多数疑病症患者经过治疗与调适，都能够认识到病症的实质，改变、调整自己的认知结构，重新投入工作和学习生活中。

（四）抑郁症的治疗与调适

1. 抑郁的概念

抑郁症亦称"抑郁性神经症"，属于神经症的一种。该病是一种以抑郁性情感作为突出表现，同时又具有神经性症状的心理疾患。

2. 特点及表现

抑郁症以心境低落为主要特征，常伴有焦虑、躯体不适和睡眠障碍。患者有治疗要求，无明显的运动性抑制、幻觉、妄想以及思维和行为紊乱等精神病特征，生活能力未受到严重影响。严重者感到绝望而采取极端行为。研究表明，抑郁症患者一半以上有自杀的想法，15%～20%最终以自杀结束生命。

如：一位来自偏远地区的学生，由于家庭经济条件不好，学习非常用功，希望通过自己的努力改变现状，得到同学的认可。可是，同宿舍的同学经济条件都比较好，花钱比较大方。该生于是觉得无论自己取得怎样好的成绩，也不能和他们融合，为此感到非常自卑。进入大二不久，该生有了一个不错的女友，他感到生活变得美好。可是没有多久，女友就与他分手了。该生为此情绪低落，期中考试成绩很不理想。不久就出现了胸闷、无力、失眠、常做噩梦等症状，严重时彻夜不眠。

3. 治疗与调适方法

对于抑郁症，主要采取心理治疗，同时配合使用抗抑郁的药物进行辅助治疗。具体可采用认知疗法、森田疗法等。对于焦虑、睡眠障碍、多种躯体不适感，可以运用松弛法，并且加强体育锻炼，提高情绪，增强信心。在治疗中，治疗者对患者的支持、鼓励和解释非常重要。即对患者遇到的学习问题、生活困难、人际关系紧张等挫折，进行恰当的解释、开导和鼓励，帮助他们提高对自己、他人和环境的认知水平和理性处理挫折的能力，树立正确的人生观，培养坚强的意志、乐观的情绪和健全稳定的个性。同时家人、朋友、同学的理解和关心也有利于病情的缓解和改善。

4. 治愈效果

大部分抑郁症患者经过治疗可以在 3 个月内恢复健康。

（五）神经性厌食症的治疗与调适

1. 神经性厌食症的概念

神经性厌食症（也称神经性食欲障碍）属于心身疾病的一种，多发生在青少年女性中。是由心理因素引起的长期不愿进食、自愿饥饿和体重明显减轻的一种常见的心身障碍。

2. 特点及表现

神经性厌食症患者大多比较幼稚和不成熟，常表现为胆怯、保守、偏食、疑病、焦虑等，有的可能有强迫性格和内向性格。患者多认为自己过胖，形体不苗条，没有"曲线形"的身段。为了获得理想的体形而节制饮食、自愿挨饿甚至是不愿进食。也有的患者是因为环境或家庭发生变化，情绪低落，食欲下降，甚至拒绝吃饭。

如：某女大学生经过一段时间的节食后，减肥取得了一定的效果，得到周围同学的羡慕。为了巩固减肥成果，她的饭量越来越少，最后发展到吃什么吐什么，身体急剧消瘦，得了厌食症，住进了医院。

3. 治疗与调适方法

对于神经性厌食症，一般以心理治疗为主，适当辅以药物。多采用认知疗法和行为疗法相结合的治疗方法，消除以苗条为美的社会文化习俗的影响，纠正不正确的饮食习惯和嗜好，同时帮助患者提高自身的认知能力。

4. 治愈效果

神经性厌食症患者经过心理调适和一定的药物治疗，大多能够治愈。

任务二　加强生命教育，提升生命价值

案例导入

小芳从小就是一个比较内向的孩子，是那种很典型的乖乖女，不注重与人交往，只是一个劲地学习，别人也都觉得她挺好的，但是她自己并不是很开心。

小芳在大学以前几乎所有的时间都用在学习上。别的同学们有一个小圈子，而小芳总是不和别人玩，久而久之，就没有朋友，慢慢有了一种自卑感。跟家长和老师之间也有一些冲突和摩擦，但为了保持好成绩，一直压抑着。这些不良因素的积累，到了大学就显现出来了。大学里，很多同学都是各个学校的尖子生，再想让成绩名列前茅就不是很容易了，而她从前总是以成绩的好坏来衡量自己的价值，成绩不好了就很自卑。另外，同学们刚来，彼此之间都比较客气，原来的缺陷没有完全暴露出来，但是相处一个学期后，人际交往等各种问题就出现了，大家的摩擦也多了起来。由于不善于交往，小芳开始被同学取笑。到大二时，小芳的成绩变得更差了，心情进入低谷，比较自卑、害怕、胆小，感觉自己一无是处，学习也不好、性格也不好、外表也不好、谈吐气质也不好、家庭也不好、经济条件也不好……

小芳整天很压抑，觉得世界很灰暗，看不到光彩，待在一个地方不想出去活动，也不想说话。脑子里盘旋着各种各样的想法，甚至想到了死……

案例启示 ▮▮▮▮

（1）小芳对生命的困惑代表了部分大学生对生命的困惑，大学中可能会有一部分同学出现类似的感受，体验到生活无意义感。

（2）大学生要能够了解生命的意义和价值，学会尊重生命、珍爱生命、捍卫生命，掌握自我心理调节的方法，这样才能提升自身生命的价值。

知识链接 ▮▮▮▮

一、生命的含义

人作为具有自我反思能力的生物，其终极问题之一是我们从何而来、往何处去、如何"安身立命"。

生命的含义很复杂，不同的学科、不同的研究者对生命有不同的定义。从广义上看，生命是指一切具有新陈代谢力、繁殖力、生长力和环境适应力的生物体。从狭义上看，生命专指人的生命。我们在这里只研究狭义的生命概念，即人的生命。

人的生命，是人的生理、心理、社会属性的复杂统一体。因此，人的生命分为生理生命、心理生命、社会生命。

（一）生理生命

人的生命首先是一种生物体生存，它由蛋白质组成，是一种生命现象。它主要包括：新陈代谢、生长、发育、遗传、变异、感应、运动等。恩格斯认为，生命是蛋白体的存在方式，这个存在方式的基本因素在于和它周围的外部自然界的不断地新陈代谢，而且这种新陈代谢一停止，生命就随之停止，结果便是蛋白体的分解。生理生命是人之为人的前提和基础。

（二）心理生命

人的心理生命，也是人的精神生命。心理学认为生命即意识到自我：从婴儿期开始缓慢发展。它是指人具有自我意识，人能够通过自己的认识、情感、意志、想象、直觉、灵感、体验等内在的心理活动，自觉地思考、调控、引导他的生命活动。人的心理生命使人超越了人的生理生命，使人与动物区别开来。

（三）社会生命

人的社会生命，指生命的存在是一种社会关系存在。社会关系决定了人的潜能和创造力的实现，决定了人的生命的自由、尊严等价值，决定了生命的权利、义务和责任。

生命的这三个部分并不是完全独立的，而是紧密地联系在一起，共存于一个生命体中，作用于人整个生命活动的。

二、大学生生命教育

（一）大学生生命教育的含义

生命教育是帮助学生认识生命、尊重生命、珍爱生命，促进学生主动、积极、健康地发展生命，提升生命质量，实现生命的意义和价值的教育。

大学生生命价值教育是指根据大学生个体生命特点和当前社会发展的需要，有目的、有计划地对大学生进行生命理想教育、生命信仰教育、人生责任教育、人生幸福教育，使之形成正确的生命价值观的教育实践。

（二）大学生生命教育的意义

加强大学生生命教育，具有十分重要的意义：一是使大学生认识到生命的重要性，帮助大学生形成积极健康的生命态度；二是通过对大学生进行生命价值教育，让大学生珍惜、热爱生命，丰富大学生思想政治教育实践活动；三是进一步明确大学生生命教育的目标，为生命教育指明方向。

（三）大学生生命教育的功能

1. 认识功能——认识自我，升华道德境界

大学生生命教育的内容覆盖大学生生活的方方面面，如生命理想教育、生命信仰教育、人生责任教育、人生幸福教育等。大学生生命教育的中心任务就是帮助学生发现自身特殊的生命意义。开展大学生生命教育，将改善现实教育中忽略生命教育的现状，从大学生的生理、心理特点和社会发展现状出发，引导大学生珍惜和热爱自己的生命，形成积极健康的生命态度，并在此基础上实现生命的价值。

2. 激励功能——确立目标，提高学习效率

意志力消失的结果就是感觉生命失败和直觉价值的丧失。为此，生命教育要求教育者必须培养大学生树立长远目标和远大理想，使其产生使命感。另一方面，帮助大学生规划出一个个近期明确的并完全可以实现的小目标，使其有兴趣、有信心去完成。

3. 实用性功能——张扬个性，增强就业能力

生命教育正是坚信"人人都有特殊的责任和使命，因而人人都有特殊的生命意义"，强调从实际出发，根据学生的家庭背景、个性特点、特长爱好和社会需求引导学生发现自己特殊的生命意义，制订有个性特征的职业生涯规划，并在个性发展得到充分尊重的职业教育环境中，人尽其才，各扬其长，使学生的个性、特长得到淋漓尽致的发挥。

4. 预防性功能——充实生活，促进身心健康

弗兰克尔说："世界上没有任何东西比生命中存在着意义更能帮助人在最恶劣的环境中

生存下来。"

阿尔伯特·爱因斯坦说："认为生命毫无意义的人不仅得不到快乐，而且很难生存下去。"

5. 发展性功能——获取意义，提升生命价值

生命教育要求把大学生学到的本领运用到实践中去，使学生的潜力得到更大发挥，在"为人民服务"的社会实践中让他们感受到知识的意义、人生的意义。

（四）大学生生命教育的实施

1. 增进生命健康教育

1）确立生命健康观念

健康意识是生命健康的先导，在一定意义上说，有什么样的意识，就会有什么样的生命健康。这里的健康意识，指对生命健康和影响健康的因素，以及如何促进健康在意识上的坚信、确认，并形成取向性的生命健康观。这种意识对学生十分重要，现代社会的趋向功利和普遍浮躁已经使学生的生命健康观大打折扣。

2）锻炼坚强健康体魄

健康的体魄是生命健康的可靠保证。体魄健而生命旺，体质弱而生命衰，健康的体魄不仅是无疾病，少生病，肌肉发达，皮肤光润有弹性，各项器官功能完好，而且应对环境的适应能力强，对疾病的抵抗和修复能力强，抵抗心理压力和工作压力的能力强，这对生命十分重要。

3）锻炼稳定健康的心态

健康的心态是生命健康的坚实基础，没有健康的心态也不会有健康的生命，甚至危及生命。心理危机的产生往往源自患者不健康的心态，心态一变天地宽。健康的心态，应是一种对人、对事、对物表现出来的平和、平静、平稳的心理状态或心境。有了闲看云卷云舒、花开花落的心境、心态，才会处变不惊、临危不乱、得失坦然、苦乐笑对，不为名所惑、不为利所累、不为失所痛、不为欲所淹，这样才会促进健康。

2. 端正生命的态度

对生命的态度，从根本上说，是如何对待和如何珍惜、超越生命。

1）善待生命

生命需要善待，一切对生命的不经意、不在意都可能伤害到生命，更不用说恶意地对待生命。善待生命，是指在生命活动中对人对己均以善良之心、善意之举、善待之行去对待生命，视生命为圣物，为不可侵害之瑰宝。

2）珍爱生命

生命需要珍爱，不仅在于它无比宝贵，也在于它经不起浪费。珍爱生命，是指对生命的无比珍惜、精心呵护、尽心爱护、推己及人，绝不随意地消耗、浪费生命，又不轻易、毫无价值地结束生命，而是不断调整、消除对生命不利的消极因素，不断增长对生命有利的积极因素，充实地过好生命的每一天，努力使生命之树常绿、常青。

3）磨砺生命

生命需要磨砺，磨砺生命是成熟之必需，未经磨砺的生命经不起摔打。磨砺是指对生命的洞悉，把人生中的一切不如意都作为对生命的磨炼，用心待之，泰然处之。艰难困苦、得失成败、福祸多舛等都是生命的磨砺石。生命只有经过磨砺，才能变得坚实、坚硬、坚强，能经受住任何考验，战胜任何困难。

4）超越生命

生命需要超越，超越的生命才是真正的生命。超越生命，主要是指使生命增能、增势、增值、增彩，放大生命能量，拓宽生命影响力，提高生命的意义，使个人之"命"成为众人之"命"、社会之"命"的生命活动过程。

3. 树立正确的生命尊严意识

21世纪的大学生应该注意从以下几个角度树立正确的生命尊严意识，从而科学地认识生命、正确地发展生命、主动地完善生命。

1）在与他人的关系上

要理解"人是一个共在体"以及他人的存在对自己生命的意义和价值。要把每一个人当作独一无二的生命个体来对待，尊重他人、关怀他人，要有宽容意识，尊重个体差异，创造和谐的人际环境。

2）在与社会的关系上

要懂得人不能脱离社会而存在，要适应社会的要求，学会正确处理个人和集体的关系。既要维护个人正当权益，又要维护公共道德和集体利益，树立社会关怀和正义感；在人与自然界关系上，要尊重生物的多样性，要有一种民胞物与的情怀，珍惜周围的自然环境，保护生态平衡，追求可持续发展；在人与宇宙的关系上，要正确认识死亡，要积极探索人类存在的价值，确立自己的人生信仰，努力创造自己的灿烂人生。

4. 敢于承担生命责任

生命是一种责任，承担和履行责任的过程是探索和实现生命价值的过程。生命因承重、承担和履行着对自己、对他人、对社会的责任而显得靓丽、充实而富有意义。大学生要克服无兴趣、无所谓、无意义的精神疲软状态和极端功利化趋势，勇于、敢于承担自己的生命责任。

1）大学生要正确认识自我价值，自觉社会之责任

长期以来，大学生将自己看作接受社会规范和社会影响的客体，而忽视了个人作为人的主体地位和精神自由，忽视了个人对社会责任的自觉意识和生命体验。这种对社会与个人关系的非自觉意识和体验导致了部分大学生对生命质量的感受下降，产生了一种强烈的失落感、空虚感、孤独感，严重会行为失常，甚至是人格分裂和精神绝望。因而，大学生要把个人成才与社会发展有机结合，自觉把社会理想、时代要求内化为个人成材目标，树立社会责任感和使命感。只有对人生目的、人生态度和人生理想等问题有了正确认识，建立起正确的自我意识，才能形成社会责任感的内在精神支柱和产生履行社会责任的强大动力。

2）大学生要积极投身社会实践，体悟生命之意义

应该说，将自己的责任置于人生责任之首本无可厚非，但少数同学对个人爱好的偏执和对个人利益的过分敏感使他们的自我责任意识呈现明显的情绪化和功利化倾向，个人责任和社会责任错位。如片面强调个人现实权力和利益的获取，不愿意付出艰辛努力和承担自己行为的后果，过度关注自我，忽视对他人、对家庭、对社会的责任等。这种过度关注自我甚至损害他人和社会利益的行为，必然遭到社会的否定和排斥，从而使个人陷入孤立境地，最终选择对自我责任的彻底放弃，甚至选择结束自己的生命。因而，大学生应自觉走出校园，深

入社会，到社区、基层，通过实践活动，了解社会、认识国情，丰富情感，磨砺意志，以真正体悟生命之意义、珍爱生命之美好。

3）大学生要担当生活之主体，提升生命责任感

大学生是大学生活的主体，要尊重自己的主体地位和主体人格，学会在各种利益冲突中独立地判断和选择，并对自己行为后果负责。因为如果一个人对自己都不负责，对自己怎么做人都糊里糊涂，甚至自暴自弃，也就谈不上他人和社会负责了。因而，大学生要对自己负责、对自己的生命负责、对自己的事业负责、对情感负责，由己及人，由近及远，对自己的亲人负责，对周围人负责，再升华到对社会、对民族、对国家负责。生命责任感应具体化到生活的每一个层次、每一个领域、每一个行动。

技能导入

一、大学生自我心理调节

人的一生不可能是一帆风顺的，当我们在生活、学习中遇到挫折和困难时，适当地运用一些自我心理调适的方法，能够及时地缓解心理压力和心理冲突，避免造成心理上的伤害，在一定程度上预防心理疾患的产生。大学生进行自我调节的方法很多，这里重点介绍常用的三种方法。

（一）心理暗示法

1. 概述

暗示是一种特殊的心理现象，它通常是通过语言的刺激来纠正或改变人们的某种行为状态或情绪状态。心理暗示是一种无对抗的心理影响。根据语言刺激来源的不同，可以分为自我暗示和他人暗示。自我暗示是指自己有意识地将某种观念暗示给自己，从而对情绪和行为产生影响；他人暗示是指所接受的暗示语言来自别人而非自己。

2. 作用

心理暗示不仅能够影响人的情绪，甚至能够影响人对情绪的控制能力。一般来说，实施暗示影响的人在被暗示者心目中威信越高，效果越好。例如，容易激动的人经常警告自己"冷静"，可以减少不必要的人际冲突；在公共汽车上，经常会发现这样一种现象：一个人张大嘴打了个哈欠，他周围会有几个人也忍不住打起了哈欠。再比如生活中的从众心理，也是心理暗示的作用，许多商家正是抓住人们的这种心理推销自己的产品。

我国著名儿童故事家孙敬修曾经亲身体验过暗示的效果。他小时候患病，身体非常不好，每天夜里三点一敲钟，他就吐血。一天夜里，他和往常一样从床上爬起来。此时，他的母亲已经点上灯，拿起闹钟说，都四点了，你今天还没有吐血，你的病好了。他感到非常兴奋，涌到嗓子的血又退了回去。从此，他的病就真的好了。后来他才知道，那天是他的母亲提前将闹钟拨到了四点。

在心理学的研究中经常使用心理暗示，著名的精神分析学派使用的催眠疗法，就是心理暗示的应用。该技术在西方被广泛应用于调整情绪，但是在使用该技术时一定要避免运用不当带来的消极影响。

（二）音乐调节法

1. 概述

音乐作为一种艺术，是人的情绪情感的一种表现方式。音乐调节主要是利用音乐对大脑皮层所引起的刺激作用，影响情绪，从而起到对心理的调节作用。

2. 作用

研究表明，音乐对人的情绪有着很大的影响。现代生理学家发现，人体的各种节奏，如心跳时的脑电波等，趋向于和音乐的节奏同步。生理和心理学家们还发现，心理失常的人在听到舒缓、庄重的音乐时，会心跳减慢、血压下降。

不同的音乐可以起到不同的作用，当一个人感到烦躁时可以听柔和的音乐；感到忧郁时可以听雄壮、欢快的音乐和舞曲。通过实验还发现，急速、缓慢、高扬和低沉的曲调，同样能够调节不同的情绪。例如，A 调昂扬、B 调悲哀、D 调热烈、E 调安定、G 调浮躁等。个人可以根据不同的情绪选择不同的音乐，以改变和调节自己的心情。科学家经过研究，总结出一些适合不同情绪的乐曲，如：

解除忧郁的乐曲：贝多芬的《艾格豪特序曲》，比才的《卡门序曲》，西贝柳斯的《悲痛圆舞曲》，中国名曲《喜洋洋》《啊，莫愁》《春天来了》等。

解除焦虑的乐曲：肖邦的《前奏曲》、J·斯特劳斯的《华尔兹》等。

镇静作用的乐曲：《塞上曲》《春江花月夜》《小桃红》等。

催眠作用的乐曲：《二泉映月》《平湖秋月》《出水莲》等。

（三）自我宣泄法

1. 概述

自我宣泄法，也称自我疏导法，是以情绪的充分表达和转移为主要特征的方法。具体地说，可以通过向人倾诉、诉诸文字、大哭一场、大笑一次、剧烈运动等，使人们的不良情绪得到释放，从而缓解心理上的压力。

2. 作用

人的情绪处于压抑状态时，应当加以宣泄，可以调节机体的平衡、缓解不良情绪的困扰，恢复正常的情绪和情感状态。比如当大学生遇到挫折或不顺心的事情时，可能会感到心情苦闷和痛苦，这时候可以找一个合适的地方痛痛快快地大哭一场，也可以找好友倾吐一番，或者以写日记的方式倾诉等，使不良的情绪得到释放。在进行宣泄的时候，要注意适度，同时也要注意场合和对象，否则会带来不良的后果。

此外，大学生进行自我心理调节的方法还有放松法，即呼吸放松法、肌肉放松法和想象放松法。

二、大学生健康人格量表

大学生健康人格量表（UPI）

以下问题是为了了解你的健康状况并为了增进你的身心健康而设计的调查。请你按照题号顺序阅读，在你最近一年中常常感觉到、体验到的项目的题号下画"√"。请如实填写。

（1）食欲不振

（2）恶心，胃口难受

（3）容易拉肚子或便秘

（4）关注心悸和脉搏

（5）身体健康状况良好

（6）牢骚和不满多

（7）父母期望过高

（8）自己的过去和家庭是不幸的

（9）过于担心自己的前途

（10）不想见人

（11）觉得自己不是自己

（12）缺乏热情和积极性

（13）悲观

（14）思想不集中

（15）情绪起伏过大

（16）常常失眠

（17）头疼

（18）脖子、肩膀酸疼

（19）胸口痛，胸闷

（20）总是充满朝气

（21）气量小

（22）精神疲惫

（23）焦躁不安

（24）容易动怒

（25）想轻生

（26）对任何事情都没兴趣

（27）记忆力减退

（28）缺乏耐力

（29）缺乏决断力

（30）过于依赖别人

（31）为脸红而苦恼

（32）口吃，声音发颤

（33）身体感觉忽冷忽热

（34）注意排尿和性器官

（35）心情开朗

（36）莫名其妙地不安

（37）一人独处时感到不安

（38）缺乏自信心

（39）对任何事情都犹豫不决

（40）容易被人误解

（41）不相信别人

（42）多虑

（43）不愿交往

（44）感到自卑

（45）自寻烦恼

（46）身体倦乏

（47）一着急就出汗

（48）站起来就头晕

（49）曾有过失去意识、抽筋

（50）总是被他人所喜欢

（51）过于拘泥

（52）对任何事情不反复确认就不放心

（53）对脏过分敏感

（54）摆脱不了毫无意义的想法

（55）觉得自己有怪味

（56）怀疑别人说自己的坏话

（57）对周围的人怀有戒心

（58）在乎别人的视线

（59）觉得别人轻视自己

（60）情绪易受伤害

计分方法

在这 60 个项目中作肯定选择的项目计"1"分，其中第（5）、（20）、（35）、（50）项不计分，满分为 56 分。

分类标准

第一类：（1）问卷总分在 25 分以上者。

（2）5 项（想轻生）作肯定选择者。

（3）曾经觉得心理卫生方面有问题者。

（4）曾经接受过心理卫生的咨询和治疗者。

（5）明确提出咨询要求者。

符合以上标准之一者，应立即到心理咨询机构面谈。

第二类：（1）问卷总分在 20～25 分者。

（2）第（8）、（16）、（26）项中有一项作肯定选择者。

（3）感觉在自身健康方面有问题者。

符合以上标准之一者，应引起注意，有条件的情况下也请到心理咨询机构面谈，或观察一段时间。

第三类：即不属于第一、二类者，一般没有特殊问题，属于心理健康范围。

任务三 做好心理调节，应对心理危机

案例导入 ///

刘珊，女，汉族，某大学学生，现已毕业，供职于××有限公司。刚上大学时，刘珊即表现出不合群、孤僻等特点。刚入多彩的大学校园，与同学们的好奇兴奋、乐观开朗不同，刘珊却总是一个人独来独往，沉默寡言，拒绝与其他人交往，尤其抵触与男同学有任何接触，甚至是辅导员谈话也是如此。同时，也拒绝参加体育运动、班级等集体活动。在其他同学的欢声笑语中，刘珊总是一个人孤独地坐在角落里，不与任何人交往。在沉默寡言的同时，刘珊对周围的环境也十分敏感。同学不经意间的一句话，都可以引起她的无端猜想，总是认为周围的人和事是在针对自己。幻想别人总是在讨论自己，在背后议论自己、对自己指指点点，从而时刻保持着一种自我防备状态，精神高度紧张。

因为如此性格，她总是精神萎靡不振，无法专心学习。上课总是坐在人群的最后面，座位的最后一排，教室的角落里。一个人独自学习，学习成绩并不好，在全班总是倒数。因为成绩的原因，她总是感觉很自卑。据其室友反映，她经常一个人躲在厕所哭泣。在宿舍中，她也总是沉默寡言，很少与室友交流。室友们问她有什么心事，告诉她也许他们可以帮助她，但是她不跟他们说。

在此之前，学院辅导员曾经要求各班班委设立心理委员一职，以便辅导员能通过各班心理委员了解到各位同学的思想状况。于是，刘珊的这种状况，被心理委员及时地传达给了辅导员老师。

发现了这种状况，辅导员老师及时找到刘珊谈话。一开始，她很抵触，总是低着头一言不发，任凭老师如何劝说，总是不开口。老师总是耐心地给她进行疏导、心理干预，和其聊天、谈心。与此同时，老师也要求班委对其进行帮助，多与其交流、沟通。全班同学也要参与进来，对其进行帮助，无论是学习上的，还是心理上的。随着交往次数的增多，刘珊逐渐地敞开了自己的心扉。

原来，刘珊上中学的时候，因为容貌总是被班上几个调皮的男同学嘲笑，还被同学起了个很不光彩的外号，然后外号就被传开了，被几个男生一直嘲笑。而此时中学老师也没有及时地介入，父母也粗心大意，忽视了女儿逐渐产生的变化，加上她自己的心理因素，她逐渐变得自卑孤僻、沉默寡言。

进入青春期，大多数同学自我意识增强，比较在意异性的评价。加上刘珊性格内向，朋友少，应对人际关系能力较差，缺乏有效解决问题的方式；与父母沟通不良，父母对其本身关注少，更多关注的是她的学习，忽略孩子青春期的心理变化；受到同学嘲笑后，没有很好地进行自我调节，社会支持也不够，便落下心理阴影，觉得所有人都在与自己为敌，所有人都在嘲笑自己。于是，便封闭自己，越来越孤僻、越来越沉默。最终，发展成严重的心理问题，乃至自闭。

　　了解到这种状况之后，辅导员老师便经常地和她交流、沟通、疏导，经常地鼓励她，让她在各个方面发挥她的特长。在交谈中，辅导员老师发现长跑是她的特长，于是帮她报名参加了校运动会长跑项目，她最终取得了全校第四的好成绩。这顿时让同学们对其刮目相看。她也逐渐提升了自信心，爱上了体育运动，经常参加学校的各类比赛，通过运动来缓解内心的压力与焦躁，使精神能有一个舒缓的渠道。

　　在班级的班委干部的选择上，老师果断地让其担任了体育委员。让其组织同学参加各种活动以及运动会。迫使其与同学交流，与同学交往。在交往的过程中，她也逐渐地能与大家共处，相互之间增进信任。逐渐地，她开始接纳周围的同学，也开始与异性交往。经常与同学一起参加比赛，一起进行班级活动……

　　大学四年过后，那个曾经性格孤僻、沉默寡言的刘珊仿佛脱胎换骨一般，变成了一个阳光开朗、热情活泼的大女孩。她乐观积极、学习刻苦、成绩优异，与同学关系融洽。毕业之后，她被××有限公司录用。在属于自己的天空中，努力翱翔。

案例启示

　　（1）刘珊同学面对自身的心理危机渐渐变得自卑孤僻、沉默寡言。在辅导员的帮助下，她努力认识自己的状况，掌握了应对自身危机的方法，赢得了属于自己的幸福。

　　（2）大学生要能够认识心理危机，了解自身产生心理危机的原因，掌握积极应对心理危机的方法，这样才能处理得当，化解危机。

知识链接

一、心理危机的基本概念

（一）心理危机的概念

　　日常生活中，我们经常听到"经济危机""政治危机"这样的概念，对于"心理危机"很多人感到还很陌生。什么是心理危机呢？心理危机这一概念是美国心理学家卡普兰（G. Caplan）首次提出的。他认为，心理危机是当个体面临突然或重大生活事件（如亲人死亡、婚姻破裂或天灾人祸）时所出现的心理失衡状态。他认为，每个人都在努力保持一种内心的稳定状态，使自身与环境稳定协调，当重大问题和剧烈变化使个体感到问题难以解决时，平衡就会打破，正常的生活受到干扰，内心的紧张不断积累，继而出现无所适从甚至思维和行为的紊乱，进入一种失衡状态，这就是心理危机的状态。

（二）心理危机的特征

1. 突发性

危机常常是出人意料、突如其来的，具有不可控制性。

2. 紧急性

危机的出现如同急性疾病的爆发一样具有紧急的特征，它需要人们去紧急应对。

3. 痛苦性

危机在事前事后给人带来的体验都是痛苦的，而且还可能涉及人尊严的丧失。

4. 无助性

危机的降临，常常使人觉得无所适从，而且，危机使得人们未来的计划受到威胁和破坏。由于心理自助能力差、社会心理支持系统不完善，危机常常使个体感到无助。

5. 危险性

危机之中隐含着危险，这种危险可能影响到人们的正常生活与交往，严重的还可能危及自己和他人的生命。

（三）大学生心理危机的种类

大学生心理危机分为发展性危机、境遇性危机和存在性危机三种。

1. 发展性危机

发展性危机是个人在正常成长和发展过程中，对急剧的变化或转变所产生的异常反应，如升学危机、性心理危机等。这些危机是大学生生命中必要和重大的转折点，每一次发展性危机的成功解决都是大学生走向成熟和完善的阶梯。

2. 境遇性危机

境遇性危机是指突如其来、无法预料和难以控制的心理危机，如交通事故、人质事件、突然的绝症或死亡、被人强暴、自然灾害等。

3. 存在性危机

存在性危机是指一些人生中的重要事件出现问题而导致的个人内心的冲突和焦虑，是伴随重要的人生目的、人生责任和未来发展等内部压力的冲突和焦虑的危机。

二、大学生心理危机的诱因

社会竞争激烈，学习和就业压力增大，加上身心疾病、感情波折和经济困难等因素，大学生心理危机时有发生，甚至出现自杀和违法犯罪等恶性事件。大学生心理危机问题已经开始引起全社会的广泛关注。

按照心理社会转变模式来看，大学生的心理危机同样源自个体内部和环境两个方面。源于内部的危机，其实质是埃里克森指出的"自我同一性"危机。大学生在寻找和确立自我的过程中，常常由于自我期望与实际能力、自我评价与他人评价不一致而导致对自我的价值产生怀疑，对自我生命存在的意义产生怀疑，这是他们产生心理危机的深层次的"内部困难"。导致大学生产生心理危机的外部因素，主要涉及家庭、人际关系、学习压力、就业压力、社会变革等方面。内部因素是大学生心理危机的根源，外部因素是直接的诱因，危机通常是两方面因素相互作用的结果。

对于青年人来说，考上大学，既意味着人生前一阶段的"成功"，又意味着新的人生挑战的开始、新的适应与发展任务的开始。他们面临着学习方法、生活环境、生活方式、原有社会关系与角色等方面的改变，任何一个方面的适应不良，都可能引起心理危机。

（一）学习方面

学习动力的缺失、专业选择时的盲目、应试学习模式训练导致的自主学习、创造性学习能力低等问题，都会造成大学生的学习困难。由学习困难发展为心理危机，主要在于一部分大学生在学业上缺乏成就感，或者个人的专业兴趣得不到满足，学业的自我形象降低，进而影响到整个自我评价。这也与学校及社会对学生的评价体系中学业仍然是最重要的依据不无关系。

（二）环境方面

当代大学生绝大多数是独生子女，他们普遍存在以自我为中心、独立生活能力差、社会经验少等问题，进入大学后对新的学习和生活环境，不能根据环境的变化调整自己的生活，容易感到不适应。少数学生也会因为较长时间的不适应，对自己失去信心而出现心理危机。

（三）恋爱方面

关于大学生恋爱的研究显示，在校大学生中约超过 1/2 的人谈过恋爱，但仅有 8.1% 的大学生认为他们是"真爱"。由此可见，大学生对待恋爱的态度及观念存在极大的偏差，容易产生问题。谈过恋爱的大学生中有 50% 的人经历了失恋。有些大学生对于恋爱期间出现的矛盾不能正确对待，更不能承受失恋的打击。由于恋爱挫折而引起的心理危机甚至自杀，在大学生心理危机干预中占了相当大的比例。

（四）经济方面

一个已经引起各方面关注的事实是，我国贫困大学生的数量在逐年增多。由于贫困大学生正常的学习与生活费用得不到保证，容易产生失落感、自卑感和孤独感。物质生活的匮乏与心理方面的困惑交织在一起，容易使他们长期处于一种焦虑状态，产生心理危机。

（五）就业方面

每一个大学生都会走向社会，寻找工作岗位。越来越严峻的就业形势必然对大学生形成压力，有的学生刚一进校就担心将来就业是否顺利。就业压力成为大学生产生心理危机的重要因素之一。

（六）家庭方面

大学生心理危机产生的另一个重要因素是家庭。父母离异或父母关系破裂、丧失亲人、家庭发生其他重大变故等，都会使他们失去重要的社会支持的来源，从而感到孤独、悲伤，缺乏安全感，给生活带来实际的困难。

技能导入 ////

一、大学生心理危机的应对

心理危机带给我们巨大压力。危机开始时，我们的身心会自动动员起来，全力应对挑战。但只要面对的是危机，就意味着我们的力量和身心资源是不足的。我们只能勉力应付，但结果不一定成功。这就是危机凶险的一面。不成功的应对，会导致身心系统的崩溃，或留下持久的心理创伤。因此，现代人心理保健的一个重要课题，就是要学习应对心理危机。

（一）"心理危机"之自我应对

心理和身体一样，都是有一定免疫力的。大学生应充分调动自身潜在的这股力量，有效应对可能发生在自己身上的心理危机。

1. 自我调适

智慧的本质就是适应，也可以说适应是一种智慧和能力。对于大学生来说，遇到心理危机时要能积极主动调适，否则对学习效率和生活质量都会产生影响。

1) 审视自己的生命观

当前，许多大学生出现"生命的困顿"，表现为陷入严重的郁闷、无聊、纠结、"活得很累"，严重者则发展到网瘾、自闭、斗殴、自残；再严重者沦入吸毒、自杀、伤害他人的种种困境之中。现代人尤其是青少年往往对生命的理解狭隘化，或仅仅视生命为实体性生理生命，于是沉溺在生活感官享乐之中，一旦满足不了，则认为整个生命无价值，人生无意义。当代中国大学生之生命困顿主要表现在生命价值的缺失与生活意义的迷惘上。

郑晓江提出的"生命二重性"原理告诉我们：人之生命不仅仅是它的物质性形态（实体生命），还有关系性形态（人文生命）。所以，人死亡后离开世界，实体性生命归于"无"，但并不是一切都结束了，人的血缘性亲缘生命、人际性社会生命、超越性精神生命仍然会存在下去，体现出来。既然如此，我们的生命不仅存在于现在，还可以存在于未来。那么，我们就应该也必须好好地把握生活，珍惜生命，创造价值，让人生精彩，以使我们的关系性生命在实体性生命终结之后，还能得到更好的、永远的延续。这便是关于人之生命意义何在的答案，这也是我们需要人生奋斗的根本理由之一。

2) 审视情绪，找回理智，重新出发

心理危机的爆发会让我们情绪混乱，认知扭曲。当我们觉得不对劲时，可以先尝试以下三步自我调适法。

（1）审视情绪：心理危机中表现最突出的就是情绪反常和失控。进行情绪管理是转化危机的关键一步。有关情绪管理的具体内容在前面章节中已有具体叙述，在此仅特别提醒几个要注意的问题。

第一，要努力察觉情绪。不管我们处在何种负面情绪中，先接受自己真正的情绪状态。例如，当我们因朋友约会迟到而对他冷言冷语时，问问自己："我现在有什么感觉？"冷言冷语背后的情绪是生气。只有当我们认清自己的情绪，知道现在的感受时，才有机会掌握情绪，才能对自己的情绪负责，而不会被情绪左右。

第二，尽力分化情绪。由于情绪本身的复杂多变，我们所直接感受或表现出来的可能是已经包装或伪装的情绪，如以生气的方式来掩藏内心受伤的感觉等，所以我们要学习分化并辨识我们真正的需求或感受。还以朋友约会迟到的例子来看，我们之所以生气是因为他让我们担心。有时，我们心中意念纷扰，情绪五味杂陈，整个人心烦意乱，这时觉察和辨识可以避免自己沉浸在持续恶化的情绪中，帮助我们将注意力集中在自己内心，有安定情绪、促进自我了解的作用。

第三，要认识"负面"情绪的价值意义。在某种意义上情绪并无好坏之分，它只是告诉我们，在生命过程中有些事情出现了，需要我们去处理。每份情绪都有其意义和价值，负面情绪也是如此。例如，愤怒的情绪可以推动我们去改变一个不满的现状，痛苦则会指引我们离开威胁或伤害。明白了这一点，就不再盲目地抗拒内心的情绪，而可以运用这些情绪的价值和意义，去改变糟糕的"情况"和"威胁"。

（2）找回理智：首先要检查非理性信念，恢复理性思维。在情绪基本冷静下来，能够思考时，我们紧接着要做的便是检查和反省自己在遭遇刺激事件后，在感到焦虑、抑郁或愤懑时，对自己"说"了些什么。理情行为疗法的创始人艾利斯（Ellis）告诉我们在初期识别出那些与具体诱发事件或情景相联系的非理性信念就够了，进一步挖掘他们背后更一般化的生活哲学和人生信条，这可放在稍后一时候进行。检查非理性信念的关键是把握它的"非理性"特征，比如"糟糕至极""因此所有的……""必须……""应该……"或"绝对不能……"等。总之，看思想中是否包含倾向于把事物和自己看得绝对化、过分概况化的成分。

其次重新认识自我。应该对自己的现有情况进行客观准确的评估，认清自己的实力、特长、薄弱环节和潜力所在，不要过高或过低评估自己，可以采用列清单的办法进行自我重新评估。在对自己客观准确的评估后，给自己一个合理的定位。自我是人格的核心，时刻保持清醒的自我认识和客观的自我评价将有助于人格的稳定和完善。

当然，我们还必须正确认识危机事件，对危机事件的理性认识，在前文我们已经述及"它意味着新的起点"，"是对我们应对能力的检测"，因此要抓住时机积极应对，努力转化。

（3）重新出发：情绪稳定了，认识清楚了，最后就是要付诸行动。作为一名大学生，要对自己的生活有计划、有目标。大学课余时间充裕，对于自学的要求非常高。所以我们要把自己的学习和生活安排得充实一些，把每天、每周、每个阶段的任务和目标合理地安排好并付诸实施，避免过多的空想。

2. 积极求助

并不是每次心理危机都可以靠自己"搞定"的。事实上，心理专家总是劝告人们，当遭遇危机时，要积极求助。

许多人对求助他人解决心理问题顾虑重重，男生尤其如此。求助的顾虑各种各样，且表面上都合情合理。例如，担心别人帮不了自己，认为自己的问题应该自己"搞定"，觉得求助于人没有面子，怕暴露隐私，不愿承担专业求助的花费等。与心理危机造成的恶劣后果比较起来，这些风险或"成本"都不足挂齿。而且，现在多数大学生都有心理咨询中心，这里为同学提供免费、专业的心理服务，就更不必千思万虑迈不开腿了。

（二）"心理危机"之朋辈互助

我们都生活在同学、朋友之中，有向别人求助的时候，也免不了有助人解困的时候。当朋友或同学满心烦乱或痛苦不堪地向我们伸出求助之手时，大多数同学会毫不吝啬地伸出援助之手。但愿意帮助是一回事，善于帮助则又是一回事。以下是一些朋辈互助的忠告。

1. 要学会倾听传爱心

常常会有这种情况，那就是我们仅凭良好的倾听便能很好地安抚求助者，让其充满烦乱、焦虑甚至恐惧的心灵归于平静。因为，在求助者讲述自己的故事、叙述自己的经历和现在的体验过程中，他们能够构建自己的身份地位，并为自己的生活赋予意义和目的。当求助者的故事中包含了背后隐藏着的"苦难"或"羞耻"时，聆听的这种治疗作用就更加明显。

虽然我们强调以助人为目的的倾听要尽量少说多听，但毕竟人是灵动的，不可能面对一个向我们倾吐苦水的来访者毫无反应，否则，那又何异于对牛弹琴？所以我们要有反应地倾听。为此，必须把握两点要领：其一，识别出求助者所表达的关键信息（内隐的，感受性的，主要的，有助当事人自我了解的，促进探索的，促进对情境的理解的……）；其二，把这种了解尽可能清楚地、明白地、简明地、贴切地传达给求助者。

2. 要学会观察报危情

当人处于严重心理危机状态时，有可能产生自杀或自伤这样一些极端的想法和行为，这也是最危险的情况。那些助人者就要特别注意观察发现这些危险因素。

1）要留心求助者的任何自杀征兆

对于绝大多数经受心理的巨大痛苦而想自杀的人来说，自杀前常常出现以下一些迹象。

（1）言语上的直接或间接的征兆，即直接向人说"我想死""我不想活了"等，或间接向人说"我所有的问题马上就要结束了""现在没有人可以帮助我""没有我，他们会过得更好""我再也受不了了""我的生活毫无意义"等；也可能谈论与自杀有关的事或开自杀方面的玩笑，甚至是谈论自杀计划，包括自杀方法、日期和地点。计划的可行性越强，危险就越大。

（2）行为上的征兆，即出现突然明显的行为改变（如中断与他人的交往或出现很危险的行为）；抑郁表现（对什么事都失去兴趣，学习成绩全面下降，懒散，赖床，个人卫生状况急剧下降）；将自己珍贵的东西送人；频繁出现意外事故；不遵守课堂规则，逃学或多次旷课；酗酒；生活安排得一塌糊涂等。

总之，不论他们用什么方式流露，不要害怕询问他们是否考虑自杀，这样不会使他们自杀，反而会挽救他们的生命。我们可以尝试这样问："你的心情是否如此糟糕，以致想结束自己的生命？""在你痛苦、绝望的时候想过要结束生命吗？"

2）及时转介情况危急者

如果我们发现求助者当时自杀的危险性很高，不要让他们独处。要把他们送到能提供心理服务的诊所或医院。如果他们对寻求专业帮助恐惧或者担忧，应花时间倾听他们的担心，告诉他们大多数处于这种情况的人需要帮助，解释建议他们见专业人员不是因为对他们的事情不关心。对出现自杀行为（服毒、割腕等）的人，要立即送到最近的急诊室进行抢救。对于那些有明显精神病性障碍甚至精神分裂症的求助者，或者有较高的敌对性和攻击倾向者，特别是已有详细攻击或伤害他人计划的求助者，要及时转介到学校的心理健康教育中心，交由老师按相关程序处理。

最后，要特别提醒注意的是，无论我们发现了哪种危险情况，都不要承诺我们会保密，应请其他人最好是老师一起承担帮助他们的责任。

（三）"心理危机"之专业帮助

心理危机的解决，需要自助，需要互助，更离不开专业帮助。了解专业人员如何帮助当事人应对心理危机，有助于我们学会配合专业人员，提高服务效能。专业人员一般会按照六个步骤进行心理援助。

1. 确定问题

首先，专职人员会认真、专注地倾听我们的陈述，帮我们了解和理解我们面对的困难。然后他们会根据我们的言语和非言语信息，理解和确定我们所处的状态和存在的问题。再根据对我们的问题评估确定接下来的援助流程。

2. 保证求助者安全

在心理危机援助过程中，保证我们的安全是首要目标，专职人员会尽其所能，做出适当的安排，把我们对自己和他人造成的身心危险性降低到最小。为了保证这一目标的稳妥实现，会不断对求助者进行自杀或他伤的危险性评估。同时会预备一些替代冲动和自我毁灭行动的解决方法。

3. 给予支持

在与我们的交往过程中，专业人员不会去评价我们的经历与感受是否值得称赞，或者是否为心甘情愿的，而是始终提供这样一种机会，让我们相信"这里有一个人确实很关心我们"。我们也会在感受他们的言语和行动的过程中，认识到他们是以关心的、积极的、不偏不倚和个人的态度在对待我们的事情，是能够真正给予我们以支持、接纳和肯定的人。

4. 探索可变通的解决方法

处于心理危机中的我们，在多数情况下思维是不灵活的，不能恰当判断什么是最佳选择，有时甚至会认为无路可走。这时，专业人员会帮助我们认识到有许多变通的应对方式可供选择，帮助我们探索自己可以利用的解决方法。我们会因此搜索到可以获得的环境支持、可利用的应付方式，发掘出积极的思维方式。他们还会帮助我们回忆起有哪些人曾经关心过我们、帮助过我们，找到可以用来战胜目前危机的行为和资源。慢慢地，我们的应激焦虑水平就会降低下来。

5. 制订计划

接下来，专业人员会在我们的主导之下，协助我们制订行动步骤来矫正我们情绪的失衡状态。计划的内容因人而异，但一般会涉及：①明确有哪些人、组织、团体或机构能够为自己提供支持和帮助。②明确我们现在能够理解和付诸行动的应对机制或步骤流程。

制订计划的过程中，也许我们会退缩，这时专业人员会鼓励我们勇敢地迈开走向新生的第一步。也许我们会依赖他们的帮助，这时他们会要求我们好好把握和行使自己权利；也许我们的计划会有许多奇思妙想，这时他们会由衷地欣赏和赞美。通过制订计划并开始实施，我们会感到不再那么依赖专家了，而且恢复了行动力和自制力。

6. 得到承诺

通过前面的努力，我们已经为自己制订了一个积极可行的行动计划，为了确保落实，专职老师会要求我们签订承诺。在结束本次心理危机援助工作前，与我们同甘共苦一路走过的老师，会要求从我们那里得到另外一个承诺，以避免再次发生危机或危机升级。

你所在的大学校园里，就有这样一个专业机构，它的名称可能叫"心理咨询中心""心理健康教育中心"。中心的老师们，就是这方面的专业人员。千万不要忘了，心里有"事"了，感觉迈不过这个坎了，就拨通心理中心的电话！

心理训练营 \\\\\\

一、心理体验：临终十事

设计理念：什么时候你最重视"健康"？当你生病的时候！什么时候你最珍惜"青春"？

当你发现自己开始衰老的时候！同样的道理，什么时候你才能发现自己最渴望的东西？当你面临"失去"的时候。虚拟即将"失去"的情境，能帮助我们体察自己内心深处的渴望，帮助我们摆脱生活中一系列的"着急事"，找出被一直忽视的"重要事"。

活动时间：20 分钟左右。

活动方法：

（1）暖身与分组。通过游戏活动，将全班学生分成若干组，每组人数最好在 10 人以下。

（2）教师引入。"同学们，我们每天过着平静的生活，可能从来没有想过死亡。但今天我们要一起想象一下，如果因为疾病的原因，你发现自己只剩下一个月（或一年、一天、一星期）的生命，你最希望做的事情是什么？有什么事情如果没有完成会让你觉得遗憾和后悔？按照事情的重要性排序，在纸上写出'我最希望完成的十件事'。"

学生在纸上写"我最希望完成的十件事"。填写完成后，让每个组的学生围坐成一圈，进行小组讨论。在每轮讨论之后，可以邀请一些学生自愿上台，与全班同学一起分享自己的感受。

最后，留出充足的时间，引导学生想象和体会"临终"时的心理感受，独立记录自己的想法。

（3）讨论和分享。为了帮助学生进一步反思，教师可以邀请学生详细说说"你为什么觉得这件事情这么重要"，以此帮助学生反思自己的价值观。再进一步讨论"为什么这么重要的事情，你现在却没有着手去做"，以此帮助学生激发当下行为改变的动力。

注意事项：面对这样的活动，如果学生没有情感投入，就会给出一些符合社会期望但缺乏真情实感的"标准答案"。如果教师能够在学生下笔之前，帮助学生充分体验到"临终"的感觉，学生写出来的事情就更真实，就能反映出他们内心深处长久期望但又一直缺乏采取实际行为勇气的那些价值观。

创新建议：

（1）对活动的内容可以稍加变动，讨论"临终遗言"：如果生命走到尽头，你最希望对什么人说些什么话？例如，致谢的话、道歉的话、祝福的话等。这样的活动可以引导学生反思自己的人际网络，理解把握时间和机会的重要性，获得改变人际关系的勇气。

（2）保持"把每一天都当成生命中的最后一天来过"的心态，能促使我们更真实地面对自己，体察自己的生命价值观。设计一个扩展活动：让学生在纸上写出"临终十事"，放在随时可见的地方，从现在开始努力实现上面的事情，每完成一件就把它划去，直到完成所有可能实现的事情。然后，重新写一份"临终十事"，继续此过程。鼓励学生保留每张纸条，从中觉察自己的价值观。

二、心理训练

（一）心灵体操：生命曲线

（1）活动目的：回顾"过去的我"，总结"现在的我"，展望"未来的我"，对自己的人生作出评估。

（2）活动工具：一张白纸、一支笔。

（3）活动步骤：

第一步，请准备好一张白纸，先把白纸摆好，最好横放，在纸的中央画出一个坐标。

第二步，在坐标的原点写上"0"这个数字；在横坐标的方向分别标出 10 岁、20 岁、30 岁，并写上你为自己预计的年龄，可以写 80，也可以写 100；纵坐标方向代表的是生活满意度，分别沿着箭头方向写上 50%、80%、100%。

第三步，闭目思考一下，找出自己成长历程中、生活中的一些重要的转折点以及对当前的人生具有影响力的重要经历，并评价一下自己对这些重要事件的感受，按照发生的时间和对此事件的满意度在坐标中用一个点表示，并简要地把事件标注在点的旁边。

第四步，将不同的点连成线，一边看着线一边反省，并对未来人生的趋向用虚线表示。

第五步，请一寸一寸地抚摸这条线，它就是你脚步的蓝图，无论你走到哪里，都走不出它的坐标系。在探讨的过程中，你可以参考以下问题思考：你对过往的人生历程满意吗？人活着有什么意义？你认为生命的质量如何，有价值和意义吗？请你仔细再看看这简单而富有意义的生命线，并注意内心的真实反应。

（二）心灵氧吧

推荐书籍：《大学生心理健康十六讲》（樊富珉等，高等教育出版社）

《国际精品视频公开课教材·大学生心理健康教育通识课教材：大学生心理健康十六讲》是国家精品视频公开课"大学生心理健康"（清华大学樊富珉教授主讲）配套教材，采用积极心理学的理念和团体心理辅导的方法，内容涵盖大学生心理健康教育中的十六个专题：心理健康知识、生活管理与时间管理、自我概念、情绪管理、人格完善、学习心理、人际交往、人际沟通与冲突管理、恋爱心理、性心理、生涯规划、压力管理、逆商与挫折应对、心理困扰及异常心理、心理咨询与辅导、危机干预与幸福人生。各讲内容以心理学研究为依据，介绍大学生各方面发展知识，辅以大量的同伴分享案例、课堂自测活动和团体辅导活动，帮助学生认识自我、建立积极心态、开发潜能、健康发展。《国际精品视频公开课教材·大学生心理健康教育通识课教材：大学生心理健康十六讲》是编者精心编制、专门为大学生打造的贴心礼物，是一份可以享用三年（四年）甚至终身的精神大餐。每章均有源于现实的案例、生动亲切的描述、丰富多样的材料以及活泼有趣的测试。《国际精品视频公开课教材·大学生心理健康教育通识课教材：大学生心理健康十六讲》可作为大学生心理健康教育课程教材，可作为高校辅导员、教师培训教材，也可供所有关注自身心理健康的青年朋友阅读参考。

推荐影片：《美丽心灵》

《美丽心灵》（A Beautiful Mind）是一部关于一个真实天才的极富人性的剧情片。影片讲述一位患有精神分裂症但在博弈论和微分几何学领域潜心研究，最终获得诺贝尔经济学奖的数学家约翰·福布斯·纳什。同名传记由西尔维雅·娜萨儿撰写，于 1998 年出版，电影则于 2001 年上映。

电影剧情：英俊而又十分古怪的数学家小约翰·纳什念研究生时便发明了他著名的博弈理论，短短 26 页的论文在经济、军事等领域产生深远的影响，他开始享有国际声誉。但纳什出众的直觉受到了精神分裂症的困扰，使他向学术上最高层次进军的辉煌历程发生了巨大改变。

　　面对这个曾经击毁了许多人的挑战，纳什在深爱着他的妻子艾丽西亚的相助下，与被认为是只能好转、无法治愈的疾病作斗争。经过十几年的不懈努力，完全通过意志的力量，他一如既往地坚持工作，并于 1994 年获得诺贝尔奖，他在博弈论方面颇具前瞻性的工作也成为 20 世纪最具影响力的理论。而纳什也成了一个不仅拥有美好情感，而且具有美丽心灵的人。

　　（三）心灵感悟：束手就擒的猴子

　　在森林里有一个部落，他们捕猴的方法甚是独特。首先，做一个如鸟笼一般的笼子，木棍与木棍之间的缝隙恰好能让猴爪子伸得进去，笼中放一些蜜桃。然后，找一个空场将笼子牢牢地固定住。负责捕猎的人在周围埋伏好，手持大鼓，待顽皮的猴子发现笼中的至爱，伸进爪子，向外拿桃的时候，埋伏的人立刻擂起大鼓。顿时，鼓声震天，人们群起而围之，受惊的猴子束手就擒。为什么呢？因为猴子抓住桃子不放，手不能伸出，只好任人处置了。

　　请问：猴子为什么只能束手就擒？这个故事给了你什么启示？

三、思考与作业

　　（1）什么是心理健康的"灰色区"理论？
　　（2）如何理解生命的意义？
　　（3）大学生如何进行自我心理调适？

[1] 王剑，王和平．大学生心理健康教育——呵护心灵健康成长［M］．长春：吉林大学出版社，2011.

[2] 汪海燕，马奇柯．高职高专学生心理健康指导［M］．北京：高等教育出版社，2005.

[3] 沈德立．大学生心理健康［M］．北京：高等教育出版社，2013.

[4] 闫华，张澜．当代大学生心理健康教育［M］．长春：吉林人民出版社，2012.

[5] 教育部思想政治工作司．最新大学生心理干预及健康训练方案全集［M］．北京：高等教育出版社，2012.

[6] 包陶迅．现代生活与心理健康［M］．沈阳：辽宁教育出版社，2011.

[7] 陈晓蕾，单常艳，田云平．当代大学生身心发展特点和规律［J］．科教导刊，2011.

[8] 雷静辉．浅析亲子关系与大学生心理健康［J］．长沙铁道学院学报，2010.

[9] 刘玉华，等．大学生心理发展与心理健康［M］．合肥：安徽大学出版社，2000.

[10] 蔺桂瑞．大学生心理健康与人生发展——成长从关爱心灵开始［M］．北京：高等教育出版社，2010.

[11] 崔晓星，刘霞．大学生心理健康教育——开启心门的金钥匙［M］．长春：吉林大学出版社，2012.

[12] 闫华，张澜，欧阳辉．当代大学生心理健康教育［M］．长春：吉林人民出版社，2012.

[13] 欧阳辉，闫华，林征．大学生心理健康应用教程［M］．沈阳：辽宁教育出版社，2013.

[14] 方平．自助与成长——大学生心理健康教育［M］．北京：教育科学出版社，2010.

[15] 赵川林，吴兆方．大学生心理健康［M］．北京：经济科学出版社，2010.

[16] 通识教育规划教材编写组．大学生心理健康［M］．北京：人民邮电出版社，2010.

[17] 岳学友，赵雅丽．大学生心理健康教育［M］．西安：西北工业大学出版社，2011.

[18] 周家华，王金凤．大学生心理健康教育［M］．北京：清华大学出版社，2010.

[19] 肖兆飞．大学生心理健康辅导教程［M］．成都：西南财经大学出版社，2009.

[20] 刘凤娇．大学生心理健康辅导教育［M］．长沙：中南大学出版社，2012.

[21] 朱艳，肖淑梅．高职大学生心理健康教育［M］．北京：中国铁道出版社，2012.

[22] 汪元宏．大学生心理健康教育新编［M］．南京：南京大学出版社，2012.

[23] 张雷．高职学生职业发展与就业指导［M］．北京：现代教育出版社，2012.

［24］顾红．大学生心理健康辅导［M］．天津：天津大学出版社，2016.

［25］杨晓慧，社会主义核心价值体系融入大学生思想政治教育全过程的基本问题研究［D］．北京：人民出版社，2011（5）.

［26］阎高程．用社会主义核心价值体系统领大学生思想政治教育［N］．光明日报，第2版，2009－05－09.

［27］杨业华．把培育和践行核心价值观融入大学生思想政治教育全过程［N］．光明日报，第1版，2014－01－15.

［28］习近平．把培育和弘扬社会主义核心价值观作为凝魂聚气强基固本的基础工程［N］．人民日报，第1版，2014－02－26.

［29］中共中央、国务院．关于进一步加强和改进大学生思想政治教育的意见（中发〔2004〕16号）［Z］.2004－08－26.

［30］中共中央、国务院．关于进一步加强和改进未成年人思想道德建设的若干意见［Z］.2004－03－22.

［31］陆洪．大学生成人成才的理论与实践［M］．天津：天津社会科学院出版社，2006（9）.

［32］赵侠．大学生心理健康教程［M］．香港：现代知识出版社，2003.